REGINA SCHLEHECK
Mörderisches
Bergisches Land

ABGRÜNDIG BERGISCH Wer beim Bergischen Land Wanderschuhe assoziiert, mag auf die falsche Fährte geraten: Nicht der gebirgigen Landschaft verdankt die Region ihren Namen, sondern dem Adelsgeschlecht derer von Berg, das sie zu politischer Blüte brachte. Bodenschätze, Wasserreichtum und protestantisches Ethos sorgten für wirtschaftlichen Boom. Natur und Kultur zeichnen es als (Nah-)Erholungsgebiet aus, das per Pedes, auf Rädern, Schienen, auch schwebend, erobert werden kann. Dass in Schluchten und Schlachten gelegentlich jemand auf der Strecke geblieben sein dürfte, führt Regina Schleheck in 11 spannenden Kurzkrimis mit verschiedenen Protagonisten an unterschiedlichsten Schauplätzen auf bitterböse, schwarzhumorige und zu Herzen gehende Weise aus. Trotz der historischen Namensherkunft: Eines können Land, Leute und Lektüre nicht: platt.

© B. Dünkelmann

Regina Schlehecks Biografie hat in ihrer Bibliografie Niederschlag gefunden. In der Bergischen Metropole Wuppertal geboren, in Köln aufgewachsen, lebt die hauptberufliche Oberstudienrätin, freiberufliche Autorin, Herausgeberin und Referentin sowie fünffache Mutter heute in Leverkusen an der Grenze von Rheinland und Bergischem Land. Seit 2002 veröffentlicht sie Kurzgeschichten, Erzählungen, Romane, Hörspiele und mehr, wurde vielfach ausgezeichnet, unter anderem mit dem Deutschen Phantastik Preis sowie dem Friedrich-Glauser-Preis in der Sparte Kurzkrimi. Mit dem »Mörderischen Bergischen Land« legt sie nun den vierten Krimi-Band im Gmeiner Verlag vor, jeder davon mit eigenem biografisch begründeten regionalen Schwerpunkt.

Bisherige Veröffentlichungen im Gmeiner-Verlag:
Mörderisches Leverkusen und Umgebung (2018)
Der Kirmesmörder - Jürgen Bartsch (2016)
Wer mordet schon in Köln? (2016)

REGINA SCHLEHECK
Mörderisches Bergisches Land
11 Krimis und 125 Freizeittipps

GMEINER

Die automatisierte Analyse des Werkes, um daraus
Informationen insbesondere über Muster, Trends und
Korrelationen gemäß § 44b UrhG (»Text und Data Mining«)
zu gewinnen, ist untersagt.

Bei Fragen zur Produktsicherheit gemäß der Verordnung
über die allgemeine Produktsicherheit (GPSR) wenden Sie
sich bitte an den Verlag.

Immer informiert

Spannung pur – mit unserem Newsletter informieren wir Sie
regelmäßig über Wissenswertes aus unserer Bücherwelt.

Gefällt mir!

Facebook: @Gmeiner.Verlag
Instagram: @gmeinerverlag
Twitter: @GmeinerVerlag

Besuchen Sie uns im Internet:
www.gmeiner-verlag.de

© 2019 – Gmeiner-Verlag GmbH
Im Ehnried 5, 88605 Meßkirch
Telefon 0 75 75 / 20 95 - 0
info@gmeiner-verlag.de
Alle Rechte vorbehalten

Lektorat: Katja Ernst
Herstellung: Julia Franze
Umschlaggestaltung: U.O.R.G. Lutz Eberle, Stuttgart
unter Verwendung eines Fotos von: © sehbaer_nrw / stock.adobe.com
Druck: Zeitfracht Medien GmbH, Industriestraße 23, 70565 Stuttgart
Printed in Germany
ISBN 978-3-8392-2522-6

Personen und Handlung sind frei erfunden.
Ähnlichkeiten mit lebenden oder toten Personen
sind rein zufällig und nicht beabsichtigt.

1. FIEBERKURVE

Vibrieren auf Glas. Sie schreckte aus wirren Träumen hoch. Corega-Tabs und Power-Sprühflaschen wirbelten im Schleudergang durch ihr Hirn, verblassten, die Drehzahl verlangsamte sich. Der Schwindel blieb. Verfluchte Frittierkörbe! Horst war in dem Punkt seit einigen Wochen überpenibel. Der »Wütenden Wanze« [1] war das Gesundheitsamt auf den Panzer gerückt. Manchmal schaffte sie es einfach nicht. An Sonn- und Feiertagen bei entsprechendem Wetter brummte die Bude. Aus Hückeswagen [2], Wipperfürth [3], Radevormwald [4] und Wermelskirchen [5] kamen sie zur Bever-Talsperre [6] gefahren, geknattert und geradelt. Marga konnte gar nicht so schnell Fritten nachbrutzeln, wie sie ihr aus den Händen gerissen wurden. Wer mochte da nach Feierabend noch zur Bürste greifen? Klar, wenn sie es zu lange vor sich herschob, hatte sie ein Problem. Aber auch Tricks parat. Manuell. Maschinell. Im Eimer einweichen. Kochendes Wasser, konzentriertes Spülmittel, Essig, Grill- oder Gebissreiniger. In einen Kopfkissenbezug stopfen und im Kochgang in der Waschmaschine. Mit Natronlauge oder WC-Reiniger in der Wanne. Rückstände mussten eliminiert, Fett aufgefangen, gesammelt und entsorgt werden. Dennoch: Sollte nicht *jeder* seins wegkriegen?

Ihr Kopf dröhnte. Doch der letzte Gedanke gab ihr Kraft. Sie rollte auf die Seite und griff nach dem Smartphone auf dem Nachttisch. Dabei fegte sie ihren Ring von der Glasplatte. Jürgens Foto im Aufstellrähmchen guckte streng.

Sie drehte es zur Wand und tastete ächzend auf dem Boden nach dem Ring. Er musste unters Bett gerollt sein. Der *Ring*. Jürgen war seit gestern nicht wieder in die gemeinsame Schlafstätte geplumpst. Wie sollte man diesen Vorgang auch anders bezeichnen? Sein aktueller Leibeszustand hatte mit dem im Rähmchen nicht mehr viel gemein. Die Sprungfedern ächzten, wenn er sich auf der Matratze niederließ. Wenn er sie – hieß es »zunehmend selten« oder »abnehmend häufig«? – bestieg, wusste sie oft nicht, was ihr größere Sorge bescherte: dass der Rahmen nachgeben oder seine Oberarmkraft nachlassen könnte. Sobald er kam, wand sie sich blitzschnell unter ihm hervor, um nicht unter drei zuckenden Zentnern begraben zu werden. Atemberaubende Körperfülle!

Erschwerend kam hinzu, dass ihr BMI auch nicht mehr dem im Bilderrähmchen links neben dem Bett entsprach. Dass Jürgen ihr die BMW überlassen hatte, lag nicht nur daran, dass er sich etwas Besseres leisten wollte. Er hatte Ballast loswerden wollen. No more Sozia. Seitdem fuhr er solo.

Mühsam stemmte sie sich hoch, rollte auf den Rücken. »Get up!«, sang es in ihrem Kopf. »Like a sexmachine!« Entsperrte das Smartphone. 7 Uhr! Wie lange hatte sie geschlafen? Eine Nachricht. Die Buchstaben auf dem Display tanzten vor ihren Augen. »Geilomat«, entzifferte sie, war gleichzeitig sauer und fühlte sich ertappt. Konnte er Gedanken lesen? Nach zwei Jahrzehnten hatte sich ein gewisser Gleichklang eingestellt. Neben dem, was ihr zunehmend zu schaffen machte. Die Augen tränten. Sie legte das Handy weg. Wo war das Fieberthermometer? Tastete das Laken ab. Erst als sie das Kopfkissen mit einem Ruck wegzog, war das blöde Teil wieder da. Der Schleudergang auch. Was half: Hochlage, Kissen unter den Kopf stopfen, Schrankknauf fixieren, Temperaturmesser unter die Zunge, Nasenatmung, Konzentration.

Nicht einmal angerufen von unterwegs! Gefragt, wie es ihr ging. Nur eine Messenger-Nachricht am zweiten Tag. *Geilomat*!

Ping! Als sie das Thermometer herausziehen wollte, klebte es an der Zunge. Ein Himmelreich für einen Tee! Wenigstens ein Wasser! Anzeige fixieren. Blinzeln. 39 noch was.

Die Tour war ihm wichtiger gewesen. 39 noch was und Jürgen jottwedee. Kawa, Kumpels, Campen. Skihütte Egen [7]! Ein Witz! Es ging nur ums Saufen! Zwei Stunden im großen Bogen um die Kerspetalsperre [8], Abstecher in den Märkischen Kreis, über Großfastenrath [9] zurück, in der Hütte aufschlagen, Jungskram machen. Am nächsten Tag schliefen sie bis abends den Rausch aus, ehe sie wieder halbwegs auf den Maschinen sitzen konnten, um die paar Kilometer bis nach Hause zu schaffen.

»Eine Männertour, *komm*, Marga!«, hatte er gesagt. Gemeint: »Geh! Bleib weg!« Ergänzte: »Dir geht's doch eh nicht gut. Dann hast du deine Ruhe. Morgen Abend bin ich zurück. Versprochen! Heike, Moni und Beate bleiben auch zu Hause.«

Okay. Aber die lagen jetzt nicht mit 39 noch was im Bett. *Sie* hatte an ihn gedacht! Obwohl es ihr selbst richtig scheiße ging! Eine Tüte Pommes und Würstchen eingepackt für ihn, Frittenfett abgefüllt. Horst um eins gesagt, es ginge nicht mehr. Erst auf dem Heimweg hatte sie gemerkt, wie sehr es sie erwischt hatte. Jede Streife hätte sie angehalten, so war sie geschlingert.

Als sie die Lider schloss, tanzten rote Pünktchen darunter.

Hinter der Stirn rumorte es. War da nicht noch was gewesen? Auf dem Display! Der rote Punkt auf dem Telefonsymbol. Hatte er doch angerufen und sie es schlicht verpennt? Was hatte sie noch deliriert? Irgendwas mit den Frittenkörben, die sie nicht mehr gereinigt hatte. Erneut tränten die Augen, als sie das Smartphone entsperrte. Auf der Anrufliste Horsts Name. Klar! Wenn es nach ihm ginge, stände sie heute Abend wieder in der Küche. Ätzende Tipperei mit glühenden Fingern. Buchstabe für Buchstabe. Groß: »BIN KRANK!« Den Zusatz »LMAA« sparte sie sich. Ließ das Telefon fallen. Die Zunge klebte am Gaumen. Was half's? Abwarten und Tee trinken war nicht. Aufstehen und Tee machen!

Der Weg zur Küche: hochstemmen, torkeln, festklammern. Wie viel Kraft es kostete, den Wasserkocher zu füllen und zurückzustellen! Fritten und Würstchen standen da wie bestellt und nicht weggeräumt. Sie stopfte sie in den Kühlschrank. Wer weiß, wie spät es werden würde. Sein Essen konnte er sich diesmal selbst machen. Das Fett! – Lag die Flasche noch im Fahrradkorb? Sie erinnerte sich nicht, sie ins Haus getragen zu haben. Da war nur Watte im Kopf. Egal! Nicht ihr Problem. Wo hatte Jürgen bloß den Kamillentee verräumt, verdammt? Wahrscheinlich weggeschmissen. Das sah ihm ähnlich. Als er das letzte Mal von seiner Männertour zurückgekommen war – wer hatte ihm Kotzkübel, Waschlappen und Tee gereicht?

Arschloch! Sie würde es ihm zeigen!

*

Doktor Kluthen war Kummer gewöhnt. Wer an der Bevertalstraße ein Häuschen hatte, musste die Menschen ertragen, die es zur Talsperre zog. Trotzdem. Das mit den Motorrädern ging ihm über die Hutschnur. Er hatte den Verkehrsausschuss des Kreises ultimativ aufgefordert, an den Wochenenden bei solchen Wetterlagen eine Straßensperre einzurichten. Also nicht die, die de facto vorlag, wenn die Biker sich an den Imbisswagen versammelten und schwere Maschinen im dreistelligen Bereich rechts abstellten. Links hockten die schwergewichtigen Besitzer breitbeinig auf der Leitplanke, Frittenschale, Bier oder Eistüte in der Hand, mit ledrigen Kumpels fachsimpelnd, die mit Bierdosen davorstanden, die Fahrrinne gefährlich verengend und nur widerwillig zurückweichend, wenn er, Doktor Kluthen, sich mit seinem Cabrio hupend einen Weg zu bahnen versuchte. Ein Parkplatz musste her. Irgendwo unten, schön weit weg. Hinter dem Beverteich. Ein Kilometer Fußmarsch bergauf. Die sollten was tun für ihr Vergnügen! So wie er, Doktor Kluthen, sein Leben lang geschuftet hatte für sein Häuschen in idyllischer Seenähelage. Für einen wohlverdienten Ruhestand, der diesen Namen verdiente: Ruhe. Eine Straßensperre, die ihren Namen verdiente, trug ein Durchfahrt-Verboten-Schild mit dem Zusatz »Anlieger frei«. Okay. Vermutlich würde man noch hinzufügen müssen: »Es ist *kein* Anliegen, bis an die Bever-Talsperre zu fahren, sein Motorrad am Straßenrand zu parken und sich ebenda an einer der beiden Imbissbuden zu stärken.« Er dachte an die Strecke nach Odenthal [10]. Holzkreuze markierten den Weg zum Altenberger Dom. Sie waren den Idioten genauso egal wie das Durchfahrt-Verboten-Schild an der L 101. Nur Linienbusse und Anlieger! Tja. Direkt an der Abzweigung auf die L 310 stand ein Kiosk. Klar kamen die Bullen auf ihren Bikes von Zeit zu Zeit vorbei. Um Broschüren zum Thema Fahrsicherheit zu verteilen. Dann gab's Polizei-Kaffee gratis und dumme Witze. Die steckten doch alle unter einer Decke! Bei gutem Wetter ging gar nichts mehr. Hupen war keine Lösung. Zumal es den Lärmpegel nur noch erhöhte. Die Krawallos, die meinten, sie müssten den Anwohnern so richtig zeigen, wie viel PS sie unter den Klöten hatten, indem sie ihre Maschinen im kleinsten Gang röhren ließen, erreichte man damit ohnehin nicht. Da war jedes Entgegenkommen für die Tonne. Müll! Noch so ein Thema. Wieso kriegten diese riesigen Kerle in Lederstramplern es nicht hin, ihre Hinterlassenschaften ordnungsgemäß zu entsorgen? Wer die Natur nicht schätzte, hatte ihr gefälligst fernzubleiben. Sollten die sich gleich auf der Deponie treffen! Gut, die in Großenscheidt war eine Erddeponie für Bodenaushub, nicht für Flaschen und Frittengäbelchen. Aber die landeten doch ohnehin alle auf dem Boden!

Fairerweise musste man ergänzen: Es waren auch Frauen dabei. Obwohl. Wie sollte man die unterscheiden, wenn alle Ganzkörperkondome und Helme trugen? Dass darunter gelegentlich Pferdeschwänze hervorlugten, hatte nichts zu sagen. Von Friseurbesuchen hielten die meisten der Herren wenig. Der Körperbau war schon gar kein Indikator. Pferdehintern überwogen bei den Vertretern beiderlei Geschlechts. Allenfalls die Rauschebärte, die beim Hocken auf der Leitplanke entblößt wurden. Manche davon derartige Dickichte, dass man sich wundern musste, wie die Kartoffelstäbchen überhaupt ihren Weg in die Futterluke fanden.

Nein, es gab nicht viel, was Doktor Kluthen den Bikern abgewinnen konnte. Genau genommen nichts. Seit er sich zur Ruhe gesetzt hatte, war kein Tag verstrichen, an dem er nicht darüber nachgedacht hatte, wie er es ihnen zeigen konnte.

Auf einer Fachtagung war er mit einem Dermatologen aus Denklingen 11 zusammengekommen, einem Harley-Davidson-Fan, der auf seiner nächsten Chopper-Tages-Tour bei ihm reingeschneit war. Sie hatten eine kleine Spritztour zum Café Hubraum 12 gemacht und ein Selters genossen. Mit unschöner Regelmäßigkeit, hatte der Kollege geklagt, werde er auf seinen Ausflügen von Motorradfahrern genötigt, dem hippokratischen Eid Folge zu leisten. Ja, es gab neben den Krawallbolzen auch besonnene Biker. Akademiker. Die genauso unter den Chaoten litten.

Der Verkehrsausschuss hatte nicht die Bohne reagiert. Erst Wochen später kriegte Doktor Kluthen den Vorsitzenden ans Telefon. Der Kerl machte seinem Namen alle Ehre. Ausschuss halt! Eine Sperrung käme auf der Strecke überhaupt nicht infrage. Allenfalls könnte man darüber nachdenken, ob man den Imbisswagen die Genehmigung entzöge. Er könnte ja einen entsprechenden Antrag stellen.

»Das ist *Ihr* Job!«, hatte Doktor Kluthen gebrüllt, dem in dem Moment leider die Contenance flöten gegangen war. Wie kam dieser Idiot dazu, ihn derart abzuwimmeln? Er war Steuerzahler und Wähler. Ohne ihn wäre der andere ein Nichts! Das vermeintliche Nichts hatte sich freundlich verabschiedet und ihm viel Erfolg gewünscht. Doktor Kluthen hatte drei Tage geschäumt, schließlich zähneknirschend einen neuen Antrag geschrieben. Und nichts mehr gehört.

Heute lockte die Sonne den letzten Vandalen hinterm Ofen hervor. Ein heißer Ofen nach dem anderen knatterte an seinem Häuschen vorbei. Aus reiner Notwehr griff Doktor Kluthen schließlich zum Rasenmäher, um den Krach zu übertönen. Besser wurde es dadurch nicht. Aber der Rasen machte wieder etwas her. Dafür spannte die Kopfhaut. Der spärliche Haarwuchs! Er hätte sich schützen müssen! Doktor Kluthen verstaute den Rasenmäher im Schuppen, wo auch das Sonnenöl stand, nahm die Flasche mit zur Bank auf der Terrasse, wo er Kopf, Gesicht und Arme einrieb.

ROOOOAAAARRRHHHHHHH!

Doktor Kluthen zuckte zusammen. Jähe Wut packte ihn. Ehe er wusste, was er tat, flog die Sonnenölflasche im hohen Bogen über den Zaun hinweg Richtung Bevertalstraße. Platsch! Dem Geräusch nach hatte er den Hooligan nicht erwischt. Schade um das gute Öl! Doktor Kluthen beschloss, den Rest des Abends vor dem Fernseher zu verbringen.

Arschlöcher! Er würde es ihnen noch zeigen!

*

Horst fixierte die beiden Wagen 324 Meter Luftlinie jenseits des Wassers. Weiß und schwarz. Eine goldene Nase verdienten die sich an den Motorradfahrern. Dem Enzo war das doch in den Schoß gefallen! Der hatte seinen Imbissstand von seinem Onkel geerbt. Während andere um ihre Existenz kämpften! Um das Lokal übernehmen zu können, hatte er, Horst, sich fett verschulden müssen. Und kämpfte seitdem ums Überleben. Dabei war seine Terrasse mit Seeblick diesen Schießbuden am anderen Ufer weit überlegen! Sitzplätze drinnen und draußen, überdacht, umfangreiche Speisekarte, riesiger Parkplatz hinterm Haus. Genau das war aber für diese Mopedmopperer das Problem! Sie hatten während des Essens ihre Augensterne nicht im Blick! Was wiederum nur zeigte, was für Asis das waren. Sportsleute! Sich gegenseitig beklauen oder die Maschinen demolieren! Offensichtlich ging es doch immer nur darum, wer den Größten hatte. Und heimlich pinkelte man sich gegenseitig ans Bein. Zum Glück machten es die Wanderer und Badegäste halbwegs wett. Aber solange jede Tageseinnahmenabrechnung für Horst einen Offenbarungseid bedeuten konnte, gönnte er denen da drüben keinen Cent. Heute war endlich mal wieder richtig was los. Ausgerechnet da musste Marga sich krankmelden! Und war nicht mehr zu erreichen. Klar hatte er ihr gesagt, sie sollte sich hinlegen. Mittagsnickerchen. Bewirkt ja gelegentlich Wunder. Aber für den Abend hatte er fest mit ihr gerechnet. Eine Vertretung würde er so kurzfristig nicht finden. Bis gerade eben hatte er sich die Finger wund telefoniert. Wer weiß. Vielleicht war ihr Akku ja leer. Oder sie hatte das Ding auf lautlos gestellt. Logisch. Im Betrieb verlangte er das von ihr. Aber in ihrer Freizeit konnte er schließlich erwarten, dass sie erreichbar war! Er seufzte. Aufregen half nichts. Er würde nach ihr gucken. Den besorgten Chef markieren.

Fünf Minuten später stand er an der Ecke Beverdamm/Bevertalstraße. Kein Durchkommen. Hunderte Biker rangierten ihre Maschinen hin und her oder standen in Grüppchen rum. Horst fuhr rechts ran, schmiss die Autotür hinter sich zu und marschierte Richtung Enzos Frittenbude. Das wollte er doch mal sehen!

Es dauerte eine gute Viertelstunde, bis er zurück war, die Pappschale auf dem Schoß platzierte und Gas geben konnte. Was für ein Scheißservice! Vorsichtig stocherte er im Fahren mit dem Gäbelchen in der Mayo-Ketchup-Masse, um die Konsistenz der Kartoffelprodukte darunter zu begutachten. Viel zu weiß! Bereits im Begriff mit dem breiigen Belag eine Symbiose einzugehen, die geeignet war, den Verdauungskanal nachhaltig zu verkleistern! Sicherheitshalber schob er sich trotzdem eins der Stäbchen vorsichtig zwischen die Zähne, nachdem er endlich die Kurve gekriegt hatte und bergab Gas geben konnte. Schüttelte sich. Würgte und kurbelte das Seitenfenster runter. Ab in die Pampa mit dieser Pampe! Im Rückspiegel registrierte er befriedigt den satten Matschfleck auf dem Asphalt.

Sein Smartphone piepste. »BIN KRANK!«, las er.

Mit quietschenden Reifen wendete er in voller Fahrt. Ein entgegenkommender Biker wich aus, drohte mit der Faust. Arschloch! Denen würde er es noch zeigen!

*

Als Doktor Kluthen den ohrenbetäubenden Crash hörte, fiel er fast vom Sofa. Dröhnen, Quietschen, Schliddern von Reifen auf Straßenbelag, Motorjaulen, gefolgt von einem dumpfen Aufprall, überlagert von helleren Geräuschen, berstendem Metall, Scheppern, Kullern. Plötzlich eintretende Stille. Das Einzige, was fehlte: ein Schrei. Logisch. Der Kerl musste einen Helm aufgehabt haben. Doktor Kluthen schlüpfte in die Slipper, schnappte die Arzttasche und rannte nach draußen. Sah auf einen Blick, dass es keinen Sinn mehr machte, bei einem Menschen mit derartig abgewinkeltem Kopf und zerschmettertem Helm nach Lebenszeichen zu suchen. Eilte dennoch über die Straße zu dem Verunfallten und hätte sich fast langgelegt. Was für eine Sauerei! Eine zerschmetterte Glasflasche in einer Lache von hellem ... – War das Frittierfett? Großflächig verteilte zermatschte Überbleibsel einer Schale Pommes mit Mayo und Ketchup. Und – sein Herz setzte für einen kurzen Moment aus – eine zerbrochene Sonnenölflasche! Doktor Kluthen bückte sich blitzschnell, klaubte die schmierigen Plastikteile auf und stopfte sie ins Außenfach seiner Tasche. Als er wieder aufblickte, knatterte ein Motorrad bergauf um die Kurve, näherte sich langsam, stoppte. Eine behandschuhte Pranke klappte das Visier hoch. Weit aufgerissene Augen. Im braunen Bartgestrüpp tat sich ein Abgrund auf, aus dem ein waidwunder Hirsch röhrte: »Neeein! Jürgen!«

FREIZEITTIPPS:

1 »Wütende Wanze« (Zornige Ameise)
Die »Wütende Wanze« gibt es nicht. Wohl aber die »Zornige Ameise«, die nicht nur aufgrund ihres großartigen Namens eine Erwähnung – und einen Besuch! – wert ist. Wie der Inhaber, der ebenso wenig wie seine Gastwirtschaft Ähnlichkeit mit der »Wütenden Wanze« und deren Betreiber aufweist, versichert, waren weder das Insekt noch die ihm zugeschriebene Eigenschaft maßgebend für die Wahl des Namens, sondern dessen Besonderheit und Einprägsamkeit gaben den Ausschlag für die Benennung des Ausflugslokals. Der eifrige Googler findet im Ruhrgebiet weitere gastronomische Einrichtungen dieses Namens, die aber nichts miteinander zu tun haben sollen: einen Campingplatz an der Ruhr in unmittelbarer Nähe des Essener Gruga-Geländes, auch eines der Gruga-Bähnchen heißt »Zornige Ameise«, außerdem ein uriges Grilllokal in Essen im Sträßchen »Zornige Ameise« am Ruhrknick in einem historischen Gebäude von 1778: eine ehemalige Glashütte, seit 1858 Brauerei mit angegliederter Gaststätte. Hier findet sich eine Entstehungsgeschichte zum Namen: Mitglieder eines »Trampelklubs« – Wanderer – entdeckten in den 1860er-Jahren eine Ameise in ihrem Essen. Nach einem Disput mit der Köchin wurden sie an die frische Luft befördert, und sie rächten sich, indem sie über der Tür des Hauses ein Schild anbrachten, auf dem stand: »Zur zornigen Migampel« – plattdeutsch für Ameise. Der Wirt fand den Namen offensichtlich ähnlich werbewirksam wie der Besitzer des Ausflugslokals an der Bever-Talsperre, das im Übrigen unter anderem durch seine äußerst attraktive Lage direkt am Wasser besticht.

2 Hückeswagen

Neben der Bever-Talsperre 6 und der Wupper-Talsperre 23, die sich im Stadtgebiet befinden, kann die Schloss-Stadt wassertechnisch mit der Lage an der Wupper punkten. Vor allem aber mit ihrer Geschichte, die im Zentrum augenfällig wird. Hückeswagen beansprucht, die älteste Stadt im Oberbergischen zu sein, wenngleich das benachbarte Wipperfürth 3 ebenfalls den Titel für sich reklamiert. Vom Tal aus führt die Marktstraße durch die historische Altstadt hinauf zum Schlossberg. Eins der verschieferten Häuser ist das Geburtshaus von Maria Zanders, geborene Johanny (1839–1904), spätere Kulturstifterin in Bergisch Gladbach 35.

Das heute von der Stadtverwaltung und als Heimatmuseum genutzte Schloss Hückeswagen wurde 1198 erstmals urkundlich als »castrum Hukingiswage« erwähnt, die Hückeswagener Grafen finden sich bereits 1138 dokumentiert. 1260 verkauften sie ihre Burg an die Grafen von Berg, später wurde diese zum Witwensitz der Gräfin Margarete von Hochstaden, Schwester des Kölner Erzbischofs, der den Grundstein des Kölner Doms legte und den Bürgern der Stadt das Stapelrecht bescherte. In der zweiten Hälfte des 19. Jahrhunderts ging die Burg nach zahlreichen Verpfändungen und einer Umwidmung zum Schloss im Jahr 1397 in den Besitz der Stadt über. Der Eingang zum Heimatmuseum befindet sich im schiefwinkligen Torturm, dessen Baustil zwischen Spätromantik und Frühgotik liegt. Darin werden Exponate aus fast 1.000 Jahren Orts- und Kirchengeschichte ausgestellt. Achtung: Der Eintritt ist frei, aber nur sonntags, am ersten Samstag im Monat und nach Vereinbarung möglich. Sehenswert sind auch der Bergfried, der »Schelmenturm« genannt wird, und der Schlossgarten mit Pavillon und Rosenanlage.

Vor dem Schlossplatz steht die imposante, 1787 eingeweihte evangelische Pauluskirche, deren Vorgängerbau Sankt Nikolaus 1508 fertiggestellt wurde und nach einem Brand 1753 ersetzt werden musste. Ein weiterer evangelischer Sakralbau, die Johanniskirche in der Kölner Straße 34, wurde 2012 entweiht und wird heute als Kolumbarium genutzt.

Auf dem zentralen Wilhelmsplatz, wo der Besucher eins der zahlreichen gastronomischen Angebote und das Wasserspiel des »Schaschlikbrunnens« genießen kann, steht am Anfang der Islandstraße das in der ersten Hälfte des 19. Jahrhunderts erbaute Montanus-Haus. Es wurde benannt nach dem in der Stadt zwischen 1848 und 1856 als Notar ansässigen Vinzenz Jakob von Zuccalmaglio (1806–1876), der unter dem Pseudonym »Montanus« Heimatgedichte und Theaterstücke veröffentlichte und dafür, obwohl seine Verdienste heute weitgehend unbekannt sind, in vielen Städten nicht nur im Bergischen in mehrfacher Weise gewürdigt wurde. Etwa in seinem Geburtsort Leverkusen-Wiesdorf **42**, **46** mit der Montanusstraße und der Montanus-Realschule. In Burscheid **96** – wo sein Vater, Jacob Salentin von Zuccalmaglio (Jurist und Politiker), 1812 die Musicalische Academie gründete – mit einer Büste in der Montanusstraße. In Bergisch Gladbach, wo er sich als Notariatskandidat betätigte, wurde er mit einem Denkmal in der Fußgängerzone geehrt, es wurde ebenfalls eine Straße nach ihm benannt und eine Plakette seines Namens wird jährlich verliehen. In Remscheid-Lennep **39** gibt es den Montanusweg und in Solingen **28** einen Montanushof.

In der Islandstraße stößt man außerdem auf das Tuchweberdenkmal, das daran erinnert, dass Hückeswagen einmal eins der wichtigsten Zentren der Tuchmacherindustrie war, wovon die Tuchmachervillen an der Bachstraße, darunter die Villa Schnabel, zeugen.

Historisch bedeutsam und interessant anzusehen, wenn auch zu Teilen nur von außen, sind einige erhaltene Mühlen auf dem Stadtgebiet: Die Schnabelsmühle liegt an der Vorsperre der Wupper-Talsperre und wird gastronomisch genutzt. Die Walkmühle befindet sich an der Wupper-Talsperre unterhalb der Ortschaft Pixberg und ist heute ein privates Wohnhaus. Die Hangbergermühle am Dörpebach wird inzwischen ebenfalls als Wohnhaus genutzt.

Wer mit dem Auto nach Hückeswagen kommt, wird sich wundern: Die Ampelmännchen aus der DDR wurden hier 2010 nach einer gewonnenen Wette des Bürgermeisters flächendeckend eingeführt, ohne dass die Stadt dafür zahlen musste.

Wer an Kleinkunst und Veranstaltungen interessiert ist, sollte das Kultur-Haus-Zach in der Islandstraße besuchen – ein ehemaliges Bekleidungsgeschäft von 1908, das immer wieder verschiedenen Zwecken diente und seit 2010 von einem Trägerverein betrieben wird, der aus bürgerschaftlichem Engagement erwuchs. Im Programm sind Kinovorführungen, Musikveranstaltungen und andere Events. Das prächtige Haus kann auch für private Zwecke angemietet werden.

3 Wipperfürth

Die Stadt – deren Name eigentlich »Wupperfürth« lauten müsste, weil die Wipper im oberen Verlauf »Wipper« heißt, ab der »Furth« dann »Wupper« – wurde bereits 1131 als »Wepereforthe« erwähnt und gilt als älteste Stadt im Bergischen Land. Aufgrund ihrer durch den Wasserverlauf geprägten Bedeutung als Handelsverkehrsknotenpunkt nennt sie sich seit 2012 Hansestadt. Mitglied der Hanse war sie seit dem 14. Jahrhundert. Die Flusslage wirkte sich nicht nur auf den Handel, sondern auch auf das Handwerk aus, wovon viele Mühlen zeugen, die Mahl- und Hammerwerke antrieben. 1563 fand das Metallgewerbe bereits Erwähnung, das im 19. Jahrhundert Eisenfabriken, Kupferbergwerke und Schmelzhütten hervorbrachte. Aus einer Knochenstampfmühle entwickelte sich ein chemischer Industriezweig. Doch natürlich gab es in Wipperfürth auch Tuchindustrie. Beredtes Zeugnis legen heute noch einige Namen im Stadtgebiet ab – so zum Beispiel der Ortsteil »Hämmern«, die Straße »Alte Papiermühle«, aber auch manche Gebäude: Die Schnipperinger Mühle an der Lindlarer Sülz beherbergt nach langen Um- und Ausbauten nun wieder eine Speisen- und Schankwirtschaft, die nicht nur den Pächtern der angrenzenden Ferienhäuschen, Campingplatzgästen, sondern zudem Wanderern, insbesondere Familien, offensteht. Die Scheidermühle am Gaulbach, Nagelsbüchel 3 – ehemalige Wassermühle, später Freibad, zuletzt Gaststätte und Hotel –, kann heute nur von außen besichtigt werden. Die Vordermühle, nicht weit entfernt am Bach Dierdorfer Siefen, Zufluss der Lindlarer Sülz, wurde zuletzt als Bäckerei genutzt, ist nun ebenfalls nicht mehr zugänglich. 2014 entstand in der »Villa Ohl« in der Ortschaft Ohl, Sauerlandstraße 7, das Bergisch-Märkische Pulvermuseum, das über die Geschichte der Pulvermühlen im Tal der Wipper informiert. Der Eintritt ist frei, das Museum hat nur sonntags geöffnet.

Die Alte Drahtzieherei in der Wupperstraße 8 ist seit 2007 ein Kultur- und Veranstaltungszentrum. In der ehemaligen Werkshalle des Leuchtmittelproduzenten Radium wurden zwischen 1948 und der Jahrtausendwende Glühfäden aus Wolfram hergestellt. Nach einigen Jahren Leerstand gelang es der Bürgerstiftung »Wir Wipperfürther«, Sanierung und Umbau zur Kleinkunststätte samt Gastronomie zu stemmen.

Nach wie vor sehr belebt ist das Wipperfürther Ortszentrum. Am Marktplatz in prächtigen alten Bauten findet sich ein großes gastronomisches Angebot: Neben dem Gasthaus Penne in einem alten Herrenhaus, dem Hotel Haus am Markt, dem Hansecafé und dem Brauhaus stehen dort das Alte Stadthaus, das Rathaus und die evangelische Kirche, die 1877 eingeweiht wurde, nachdem der Vorgängerbau durch einen Stadtbrand zerstört worden war. Unbedingt sehenswert ist das mit Abstand älteste Gebäude von Wipperfürth, das sich ganz in der Nähe am Kirchplatz befindet: die katholische dreischiffige Pfeilerbasilika Sankt Nikolaus von 1143, die aufgrund ihres ausgewogenen romanischen Stils mit gotischen Elementen als bedeutendster und einheitlichster Kirchenbau im ganzen Oberbergischen Bezirk gilt.

Ebenfalls einen Besuch wert: das ehemalige Franziskanerkloster Wipperfürth auf dem Klosterberg mit der Antoniuskirche von 1674, heute Sitz einer katholischen Familienbildungsstätte.

Eine interessante lokale Persönlichkeit und einer der erfolgreichsten Textilunternehmer in Deutschland war Alfons Müller-Wipperfürth, geborener Müller – den Namenszusatz ließ er sich 1952 von Stadt und Regierung genehmigen. Er war auch als »rheinischer Hosenkönig« bekannt, denn er gründete in Wipperfürth ein Textilimperium, indem er Anzüge von der Stange entwickelte und im Direktvertrieb per eigener Fahrzeugflotte in seine Läden auslieferte. Auf der Höhe seines Erfolgs verfügte er über 18 Fabriken in sechs Ländern mit mehr als 220 Bekleidungsgeschäften und über 8.000 Mitarbeitern. In seiner Freizeit war Alfons Müller-Wipperfürth ein waghalsiger Hobbyflieger und sprang 1964 bei einem Flugzeugabsturz, der drei Tote forderte, Freund Hein von der Schippe. Dem Zugriff des Fiskus konnte er sich aber nicht entziehen. Nicht nur aufgrund von steuerlichen Problemen, auch weil er den Trend weg vom Anzug zur Freizeitmode verpasst hatte, wurde der Betrieb 1982 schließlich geschlossen.

4 Radevormwald

»Rade«, wie die Einwohner ihre Stadt nennen, bildet mit ihrer Lage 400 Meter über dem Meeresspiegel sozusagen das »Dach des Bergischen«. Seit 2012 trägt sie den offiziellen Namenszusatz »Stadt auf der Höhe«. Der Name »Radevormwald« leitet sich aus »Rodung vor dem Walde« ab. 1050 wurde der Ort als »Rotha« erstmalig urkundlich erwähnt. Zu Beginn des 14. Jahrhunderts erhielt er von Graf Adolf VI. von Berg Stadtrechte und diente als Bollwerk gegen das märkische Sauerland. Eine wechselvolle Geschichte mit mehreren Eroberungen im 30-jährigen Krieg, Hungersnöten, religiöser Verfolgung und verheerenden Stadtbränden ließ nicht viel historische Bausubstanz übrig.

Die Lage an der Wupper hatte auch hier insbesondere die Textilindustrie befördert, viele mittelständische Unternehmen etablierten sich, aber mit dem Ende des 20. Jahrhunderts war in Sachen Textil nicht mehr viel los. Anbindung und Ausbau des Eisenbahnnetzes um die Jahrhundertwende zum 20. Jahrhundert waren für den wirtschaftlichen Aufschwung von Radevormwald segensreich. Am 27. Mai 1971 kam es zu einem tragischen Bahnunglück mit 46 Toten, darunter 41 Schüler, als ein Sonder- mit einem Güterzug kollidierte. Auf dem Kommunalfriedhof Am Kreuz erinnert ein Gedenkkreuz an die Toten. Viele Menschen bringen bis heute den Namen der Stadt mit dem Unglück in Verbindung.

Dem lassen sich zum Glück viele Aspekte entgegenhalten, für die sich ein Besuch von Radevormwald und Umgebung lohnt. Geschichtlich Interessierte sollten in der zweitältesten Jugendherberge der Welt an der Telegrafenstraße am Kollenberg einkehren. Das Heimatmuseum am Rathaus in der Hohenfuhrstraße 8 ist sonntags zu besichtigen. Es enthält mehr als 3.000 Exponate zu Handel, Handwerk, Wohnkultur und Stadtentwicklung Radevormwalds. Nach Voranmeldung kann man sogar eine Bergische Kaffeetafel **75** im Haus genießen.

Im Wülfing-Museum auf dem Gelände der ehemaligen Tuchfabrik »Johann Wülfing & Sohn« im Ortsteil Dahlerau, Am Graben 4–6, kann man sonntags und an Thementagen oder im Rahmen von Gruppenführungen die Tuchproduktion anschaulich nachvollziehen und entsprechende Maschinen kennenlernen, deren Bedienung von früheren Mitarbeitern des Unternehmens vorgeführt wird. Das Museum liegt übrigens an einer Fahrraddraisinenstrecke von der Stauseebrücke in Beyenburg **53**, **86** über Dahlerau, Dahlhausen bis Wilhelmsthal, ehrenamtlich betrieben von dem Verein Wuppertrail mit neun Draisinen, die acht Kilometer über Schienen an der Wupper entlangführt. Zwei rollstuhltaugliche Wagen sollen noch dazukommen. Je vier bis fünf Personen finden auf jedem Gefährt Platz, zwei bis drei müssen in die Pedale treten, um den Passagieren tolle Ausblicke zu gewähren: Neben dem Industriemuseum sieht man den Stausee, passiert eine alte Dampflok und ehemalige Bahnhöfe, aber vor allem kann man das Grün der idyllischen Wupperauen genießen. Für Wanderer und Radfahrer werden darüber hinaus in der Umgebung von Radevormwald viele Touren angeboten. Unter anderem führt der Graf-Engelbert-Weg durch Radevormwald.

Von ehemals zahlreichen Mühlen gibt es nicht mehr viele in der Umgebung zu entdecken, einige wurden niedergelegt oder mussten Talsperren weichen. Die noch vorhandenen sind meist nur von außen zu besichtigen. Die »Oberste Mühle« unter gleichnamiger Adresse an der Uelfe ist heute eine Gaststätte.

Apropos Gastronomie: Der in der Geschichte genannte Imbisswagen von Enzo hat einen realen Bezug, die geschilderte Qualität seiner Pommes ist hingegen rein fiktiv. Der Imbisswagen seines Vorbilds Renzo Valenti soll mittlerweile in Radevormwald-Rädereichen auf einem Grundstück direkt am Kreisverkehr einen neuen Standort gefunden haben, wo er außer Pommes und Currywurst auch selbst gemachtes Eis an Motorradfahrer, Berufspendler und Beschäftigte des Industriegebietes verkauft.

Noch ein imbissgastronomisches Bonbon zu Radevormwalde: 1963 erfand Friedhelm Selbach – Gründer der Friedhelm Selbach GmbH, die Getränke-Technologien wie Kühl- und Zapfgeräte vertreibt – hier zwar nicht die Currywurst, aber doch ein affines Erfolgsprodukt: den Currywurstschneider.

5 Wermelskirchen

Der Ort wurde um 1150 erstmalig urkundlich als »Werenboldeskirken« erwähnt. In der Hansezeit – Mitte 12. bis Mitte 17. Jahrhundert – spielte Wermelskirchen eine wichtige Rolle beim Warentransport über Land, bis ins 18. Jahrhundert waren Fuhrunternehmen ein wichtiger Erwerbszweig für die Ortschaft.

1873 erhielt Wermelskirchen Stadtrechte, heute gibt es drei Stadtteile – Wermelskirchen, Dabringhausen und Dhünn. In allen dreien finden sich historische Gebäude, vor allem Fachwerkbauten, die unter Denkmalschutz stehen: im Wermelskirchener Stadtzentrum, am Markt und im Eich ganze Fachwerkhäuser-Ensembles, darunter der Kunstverein, das Restaurant Bergischer Löwe von 1758, die Bürgerhäuser an der Eich mit der Musikschule und das Hotel Zur Eich. In Dhünn-Haarhausen steht das älteste Fachwerkhaus Wermelskirchens, das aus der Mitte des 16. Jahrhunderts stammt, in Dhünn-Krähenbach ein weiteres, das 1583 errichtet worden sein muss. In Dabringhausen-Großeledder kann man ein Barockhaus von 1777 bewundern.

Die im Zuge der Reformation zu einem evangelischen Sakralbau umgewidmete romanische Bartholomäuskirche am Wermelskirchener Markt stammt ursprünglich aus dem 11. Jahrhundert, heute ist nur noch der Turm aus dem 12. Jahrhundert erhalten. Seit 2002 ist die Michaelskapelle wieder zugänglich, die sich im zweiten Geschoss des Turms befindet und der älteste Teil der Kirche ist. Im 18. Jahrhundert wurde die Dachkonstruktion saniert und durch eine barocke Schweifhaube mit Zwiebelspitze ersetzt. Das Langhaus wurde 1838 abgerissen und im Stil des preußischen Neoklassizismus neu gebaut.

An der Kölner Straße steht die katholische neugotische Kirche Sankt Michael. Von dem ursprünglichen Bau aus dem 19. Jahrhundert ist ebenfalls lediglich der Turm erhalten geblieben. Das Schiff wurde 1952 niedergelegt und wieder errichtet.

Wer nach dem Besuch der Stadtkirche noch Bewegungsdrang verspürt: Gleich hinter der Kirche beginnt ein Wanderpfad durch eine Park- und Freizeitanlage, die nach kurzer Zeit zum Eifgenbach 113 führt.

Nur wenige Minuten in der anderen Richtung, an der oberen Remscheider Straße, kann man einen 1870 gepflanzten, mittlerweile 26 Meter hohen Riesenmammutbaum bewundern, der alljährlich zu einem der größten lebenden Weihnachtsbäume Europas geschmückt wird.

Wer das Exotische liebt: Unter der Adresse Emminghausen 80 befindet sich eine Farm, auf der Strauße und Bisons gehalten werden – zum Anschauen der Tiere und Kaufen entsprechender Produkte.

In Wermelskirchen sind überwiegend kleine und mittelständische Unternehmen angesiedelt, doch auch das größte Unternehmen in der Region Rhein-Berg ist hier mit seinem Hauptsitz vertreten: Der Baumarktfachhändler Obi betreibt europaweit insgesamt 580 Baumärkte, 350 davon in Deutschland. 1970 wurde der erste in Hamburg-Poppenbüttel eröffnet. Das fünftgrößte Unternehmen, die Emil Lux GmbH, wurde 1918 in Wermelskirchen gegründet und ist dort nach wie vor ansässig. Sie liefert Werkzeuge und Schneidwaren innerhalb Deutschlands und nach Osteuropa aus und vertreibt mittlerweile mehr als 13.000 Do-it-yourself-Produkte.

Bis Ende der 60er-Jahre war die Schuh- und Schäfteproduktion ein bedeutender Wirtschaftszweig Wermelskirchens. Die Ende des 19. Jahrhunderts errichtete Kattwinkelsche Fabrik in der Kattwinkelstraße 3 ist eins der wenigen erhaltenen Zeugnisse aus jener Zeit. Heute ist das denkmalgeschützte Gebäude Begegnungs- und Kulturzentrum der Stadt, wo unterschiedlichste freizeitpädagogische und soziokulturelle Aktivitäten für alle Bevölkerungsschichten angeboten werden. Seit 1991 ist auch die Stadtbücherei hier untergebracht.

Ein weiteres Beispiel der Umnutzung von Zeugnissen der Industriegeschichte ist der Panorama-Radweg Balkantrasse **74**, der durch Wermelskirchen führt – auf einer ehemaligen Güterbahnstrecke.

Einer der bekanntesten Söhne der Stadt, wenngleich letzten Endes prägend für eine andere, ist Carl Leverkus (1804–1889). Nachdem der studierte Pharmazeut keine Zulassung für eine Apotheke bekommen hatte, wandte er sich der Herstellung von Farben zu und verlegte seine Fabrik nach Wiesdorf **46** am Rhein. Die dort neu entstehende Siedlung wurde nach ihm benannt. Nach seinem Tod kauften die Elberfelder Farbenfabriken vorm. Friedr. Bayer & Co AG **43** seinen Betrieb und das Gelände und übernahmen für den immer weiter wachsenden Ort den Namen Leverkusen **42**.

Für Biker ist Wermelskirchen eine besondere Adresse: Von April bis Oktober findet in der Scheune von Rolf und Gabi Sonnborn im Ortsteil Eipringhausen an jedem dritten Sonntag im Monat seit einem Vierteljahrhundert ein Motorradgottesdienst **12** statt, an dem jedes Mal mehrere hundert Menschen teilnehmen.

6 Bever-Talsperre

Wenn man sich der Bever-Talsperre von Hückeswagen über die Bevertalstraße nähert, kommt man zunächst am Beverteich vorbei. Der Weg führt bergauf und schnell wird klar, warum er eine beliebte Motorradstrecke ist (wie viele andere Straßen im Bergischen): Höhen und Tiefen, Kurvenlagen und viel Natur. Oben angekommen geht es auf der K5 direkt am Wasser weiter – ein wunderbarer Ort, um anzuhalten und eine kurze Pause einzulegen. Schade, dass hier kein Imbisswagen steht ... Bis 2016 waren es gleich zwei – und bis zu 200 geparkte Motorräder, die ein Durchkommen mühsam machten, zumal die Fahrer auf den Leitplanken gegenüber hockten. Aus diesen Gründen musste der beliebte, Jahrzehnte alte Bikertreff nach Beschwerden von Anwohnern – und wie es hieß Konkurrenten – schließen. Eis- und Imbisswagen räumten das Feld und mit ihnen die Kundschaft. Als Biker-Treff-Alternative bietet sich die »Zornige Ameise« **1** an – mit Parkmöglichkeiten hinterm Haus. Renzo Valentis Wagen steht nun in Rade **4**, wo ihn viele der Motorradfahrer weiterhin besuchen.

Der Freizeitwert der Bever-Talsperre ist dadurch nicht beeinträchtigt. Als sie 1898 fertiggestellt wurde, war sie die erste Nutzwasser-Talsperre **8** des Wuppergebietes. Nach der Erweiterung 1938 war sie bis zur Fertigstellung der Wupper-Talsperre **23** 1987 mit einem Inhalt von 23,7 Millionen Kubikmetern zudem die größte. Es gibt vier ausgewiesene Badestellen an vier Seitenarmen, an anderen ist es nicht verboten zu schwimmen, allerdings auch nicht erwünscht, da sie für Rettungskräfte nur schwer erreichbar sind. Außerdem finden sich dort vier Zeltplätze und Wohnmobilstellplätze.

Am südlichen Ufer des westlichen Seitenarms liegen die Campingplätze Käfernberg und Großberghausen einander gegenüber. Viele Stammgäste sind hier anzutreffen, aber auch »neues« Publikum, während der Campingplatz Müller in Mittellage ausschließlich Dauercampern vorbehalten ist. Der nördlichste Platz, »Im Kellerchen« in Großhöhfeld, beherbergt ebenfalls überwiegend Dauergäste. Gastronomische Versorgung mit Seeblick garantieren neben der »Zornigen Ameise« das »Haus am See« am Campingplatz 1, wo man zudem Tretboote ausleihen kann, die »Bever-Klause«, Großberghausen 18 und der »Beverblick«, Beverblick 1. Überall hier und am Käfernberg darf man offiziell baden.

Technisch Interessierte können montag- bis donnerstagvormittags an Besichtigungen durch die Stauanlage teilnehmen (nach Vereinbarung).

Außer Motorbooten sind sämtliche Wasserfahrzeuge auf der Talsperre erlaubt, allein drei Segelsportvereine sind dort ansässig, die auch nationale Regatten veranstalten. Seit 2001 finden auf der Bever-Talsperre darüber hinaus Drachenbootrennen [86] statt. Daneben kann man dort tauchen und angeln. Die Wasserqualität ist laut Umweltministerium gut. Und natürlich lädt die gesamte Region um den See nicht nur zum Motorradfahren, sondern zu Wander- und Fahrradtouren ein.

[7] Skihütte Egen

Der Skiclub Remscheid Weiß-Blau betreibt am Platzweg in der Ortschaft Egen seit über 80 Jahren die Rudolf-Günther-Hütte. Erst 2018 jedoch wurde das Grundstück offiziell erworben. Auch Clubfremde können die zweistöckige Blockhütte anmieten, bis zu elf Selbstversorger darin nächtigen. Die obere Etage enthält zwei Schlafräume und die »Hasenstube« mit Tischen und Bänken und umlaufender geräumiger Holzterrasse. Parterre beziehungsweise Hanglage bedingt im Souterrain befindet sich ein geräumiger Partyraum mit Sitzgelegenheiten, bei dessen Nutzung man keine Bedenken haben muss, was die Dezibel der Musikbeschallung angeht: Die Location liegt einsam im Wald von Wipperfürth zwischen der Bever- und der Neye-Talsperre, die der Remscheider Trinkwasser-Versorgung dient und daher für Wassersport tabu ist. Weshalb sich von der Hütte aus auch ein Rundwanderweg über die Bever- zur Neye-Talsperre, an deren Ufer entlang in Richtung In den Eicken und zurück nach Egen anbietet.

Die Ortschaft Egen liegt auf der Wasserscheide zwischen den Bächen Bever und Lüttgenau, nicht weit von der Quelle des Egenbachs. 1548 wurde sie zum ersten Mal urkundlich erwähnt. Ein »Jorgen op dem Eigen« wurde in den Listen der Bergischen »Spann- und Schüppendienste« angeführt. Er war demnach zu Frondiensten verpflichtet, musste Zugvieh und Geschirr für die Obrigkeit zur Verfügung stellen, außerdem bei der Anlage von Straßen, Wassergräben und Landwehren oder Rodungen helfen. Sehenswert: die 1850 errichtete katholische Bruchsteinsaalkirche »Unbefleckte Empfängnis«, die unter Denkmalschutz steht.

8 Kerspetalsperre

Die Kerspetalsperre befindet sich im Oberen Volmetal an der äußersten Ostgrenze des Oberbergischen Kreises, gehört zu größten Teilen bereits zum Märkischen Kreis und liegt auf den Stadtgebieten der Städte Wipperfürth, Halver und Kierspe. Ihren Namen verdankt sie der Kerspe, einem rechtsseitigen Nebenfluss der Wupper beziehungsweise Wipper, den sie staut. Sie versorgt die Städte Wuppertal, Wipperfürth und Remscheid mit Trinkwasser und liegt im Wasserschutzgebiet, weshalb der Zugang zum Ufer durch einen Zaun versperrt wird. Neben der Trinkwassergewinnung speist sie eine kleine Wasserkraftanlage. Sie fasst 15,5 Millionen Kubikmeter Wasser, von denen 20 Millionen Kubikmeter jährlich entnommen werden, täglich maximal 70.000 Kubikmeter. 1912 wurde die ursprüngliche Staumauer fertiggestellt, 1990 saniert und verstärkt.

Da in den Tipps nur eine kleine Auswahl der Fülle an Talsperren im Bergischen Land Platz findet, werden sie an dieser Stelle mit Angaben zu Ort, Fertigstellung, Nutzung und Größe in Hinsicht auf die Wasseroberfläche aufgelistet, gestaffelt nach Größe:

* Große Dhünn-Talsperre bei Kürten **87**, Trinkwassertalsperre, 1985, 440 Hektar
* Wupper-Talsperre **23** bei Hückeswagen **2**, Nutzwassertalsperre, 1987, 225 Hektar
* Wiehltalsperre **71** bei Reichshof **70**, Trinkwassertalsperre, 1973, 220 Hektar
* Bever-Talsperre bei Hückeswagen **2**, Nutzwassertalsperre, 1898, 200 Hektar
* Kerspetalsperre bei Großfastenrath **9**, Trinkwassertalsperre, 1912, 150 Hektar
* Aggertalsperre bei Bergneustadt **68**, Nutzwassertalsperre, 1928, 140 Hektar
* Neyetalsperre bei Wipperfürth **3**, Trinkwassertalsperre, 1909, 68 Hektar
* Genkeltalsperre bei Gummersbach **81**, Trinkwassertalsperre, 1952, 64 Hektar
* Herbringhauser Talsperre bei Wuppertal **32**, Trinkwassertalsperre, 1901, 29,3 Hektar
* Lingese-Talsperre bei Marienheide **76** Nutzwassertalsperre, seit 1899, 38,8 Hektar
* Sengbachtalsperre bei Solingen **26**, Trinkwassertalsperre, 1903, 20 Hektar
* Beyenburger Stausee **86** bei Wuppertal **32**, ursprüngliche Nutzwassertalsperre, 1953, 15,5 Hektar
* Stausee Ehreshoven bei Engelskirchen **73**, Nutzwassertalsperre, 1932, 15,4 Hektar
* Biebersteiner Stausee bei Reichshof **70**, Nutzwassertalsperre, 1936, 14,4 Hektar
* Eschbachtalsperre bei Remscheid **30**, Trinkwassertalsperre, 1891, 14 Hektar

* Talsperre Diepental bei Pattscheid **102**, Nutzwassertalsperre, 1908, 9 Hektar, verlandet aktuell
* Schevelinger Talsperre bei Wipperfürth **3**, Trinkwassertalsperre, 1941, 8 Hektar
* Brucher Talsperre **85** bei Marienheide **76**, 1913, Nutzwassertalsperre, 4,7 Hektar
* Panzertalsperre, bei Remscheid-Lennep **30**, ursprüngliche Trinkwassertalsperre,1893, 3 Hektar
* Ronsdorfer Talsperre bei Ronsdorf **114**, ursprüngliche Trinkwassersperre, 1899, 2, 47 Hektar

Wer die Kerspetalsperre umrunden möchte, kann dies auf einem etwa 14 Kilometer langen Wanderweg durch das umgebende Waldgebiet tun, der jedoch nur wenige Aussichten auf das Wasser freigibt und weitgehend auf asphaltierten und befestigten Straßen verläuft. Hinweisschilder informieren zum Thema Wasser und Trinkwasserversorgung, und es gibt eine kleine Freiluftausstellung von historischen Armaturen, die früher im Betrieb verwendet wurden.

9 Großfastenrath

1445 erstmalig als »Vastenroede« urkundlich erwähnt, nannte sich der Ort 1715 bereits »gr. Fastenrod« und umfasste drei Höfe. Über hundert Jahre später zählten sieben Gebäude zu »Gr. Fastenrath«, wie er zu jener Zeit hieß. Heute liegt Großfastenrath 300 Meter von der Kerspetalsperren-Staumauer entfernt, auf der Grenze des Oberbergischen Kreises. Dass es kein allzu heimeliger Wohnort war, davon zeugen noch die als Bodendenkmäler geschützten Reste einer Landwehrlinie, die im Norden und Südwesten des Ortes verlief. Diese Linie ist von Wuppertal-Elberfeld bis nach Marienheide-Krummenohl nachweisbar. Eine

Datierung ist bisher nicht eindeutig, manche verorten ihren Ursprung in der karolingischen Zeit, doch die Mehrzahl der Historiker geht davon aus, dass das Herzogtum Berg damit die Landesgrenzen gegen Einfälle aus dem Märkischen zu sichern versuchte. Mindestens aber diente die Befestigung dazu, Zollgrenzen zu markieren und Menschen daran zu hindern, die Grenzen einfach außerhalb der angelegten und mit Schlagbäumen gesicherten Straßen zu übertreten.

Mittelalterliche Landwehren bestanden in der Regel aus Erdwällen und Gräben, wobei die Ersten beim Ausheben der Zweiten aufgeworfen wurden. In Waldgebieten wie um Großfastenrath herum sind sie oft erhalten geblieben, in den Orten selbst fielen sie häufig Bautätigkeiten zum Opfer. Der Bodenwall wurde im Mittelalter durch eine entsprechende Vegetation ergänzt und fast undurchdringlich gemacht. Diese Bepflanzung, oft Hainbuchen, wurde ineinander verflochten, sodass sie zu einem Dickicht zusammenwuchs, das »Gehölz« genannt und von »Gedörn« umpflanzt wurde, dornigen Sträuchern wie Brombeeren, Weißdorn, Schwarzdorn, Heckenrosen, Ilex. Keine Berliner oder Chinesische Mauer, aber für die damaligen Zwecke effektiv. Heute können solche Zeugnisse früherer Besiedlung nicht nur historisch-geografische Aufschlüsse liefern, sondern sie vermitteln zudem eine Ahnung vom Lebensgefühl der Bewohner der Region.

10 Odenthal

Odenthal-Altenberg kann insofern als Wiege des Bergischen Lands gelten, als dort in der Burg Berge seit der Zeit Adolfs II. von Berg (circa 1095–1170) die Grafen von Berg residierten, bevor sie Schloss Burg in Solingen zu ihrem Hauptsitz erkoren, den sie ursprünglich »Neuenberge« nannten. Das Bergische Land verdankt ihnen seinen Namen, nicht etwa, wie oft angenommen wird, seiner bergigen Landschaft. Auch das Bergische Wappen, der doppelt gezinnte Querbalken auf Silber, ist auf sie zurückzuführen, ebenso wie der später hinzugefügte Limburger Löwe im silbernen Feld und mit blauer Krone, der heute, versehen mit verschiedenen regionalen Symbolen, auf den Stadtwappen vieler Bergischer Gemeinden zu finden ist. Heinrich von Limburg (1195–1247) führte den Löwen 1226 ein, nachdem die Grafschaft Berg nach der Ermordung des kinderlosen Erzbischofs Engelbert (um 1185–1225) über Heinrichs Ehefrau Irmgard von Berg (um 1204–1249) an ihn gefallen war.

Als 1233 Zisterziensermönche aus dem Burgund nach Altenberg kamen, überließen die Grafen von Berg ihnen ihre Burg, damit sie dort ein Kloster errichten konnten. Der Orden legte 1259 den Grundstein zu einem gotischen Dom, der 1379 geweiht und 1400 mit einem großen Westfenster versehen wurde, das das himmlische Jerusalem zeigt – bis heute das größte Kirchenfenster jenseits der Alpen. Die Philosophie der Zisterzienser war von Askese und Klarheit geprägt, die sich in dem Bau niederschlugen und spätere Epochen überlebten, weshalb der Dom – eine Kathedrale konnte er sich nie nennen, weil der Ort kein Bischofssitz war – zu einer der meistbesuchten Sehenswürdigkeiten im Bergischen Land wurde. Sehr sparsame figürliche Darstellung – die doppelseitig geschnitzte »Altenberger Madonna« über dem Altar stammt von 1530 – und farbige Gestaltung sowie ein kleiner Dachreiter, der den Turm ersetzt, stehen für diese Zurückhaltung. Als eine wichtige Pilgerstation auf dem Bergischen Jakobsweg von Wuppertal-Beyenburg **32**, **53**, **86** über Remscheid-Lennep **30**, Wermelskirchen **5** und weiter in Richtung Köln und Aachen geriet Odenthal im Zuge der Säkularisation und der Auflösung der Abtei 1803 in Vergessenheit, das Gebäudeensemble gelangte in den Besitz eines Kölner Weinhändlers, der es an Chemieunternehmer verpachtete. Als es durch eine Explosion und einen Brand schwer beschädigt wurde, verfiel es lange ungenutzt beziehungsweise wurde als Steinbruch missbraucht. Die Wende kam mit Franz Egon von Fürstenberg-Stammheim, der die Ruinen erwarb, um sie zu sanieren, was dank der Finanzierung durch den Preußenkönig Friedrich Wilhelm III. schließlich gelang, der die Unterstützung an die Auflage band, dass die Kirche fortan als Simultankirche genutzt werden sollte. Heute im Besitz des Landes NRW wird sie nach dem »Nacheinander-Prinzip« betrieben: Um 9 Uhr findet die evangelische, um 10:30 Uhr die katholische Messe statt. Dicht neben dem Küchenhof ist die Markuskapelle zu besichtigen, die in ihrer Schlichtheit und Ruhe zu meditativem Verweilen einlädt, 1225 erbaut wurde und damit das älteste Gebäude in Altenberg ist.

Die Wanderwege rund um den Dom – abseits oder in Kombination mit dem Pilgerpfad – sind eine weitere Attraktion des Ortes. Sie sind oft thematisch ausgerichtet, so zum Beispiel zum Thema Mühlen, Bäche, Kräuter, Wildpark, Waldlehrpfad, Denkmäler, Hexen (vgl. 37, 124, gerne unter Einbezug des 200 Jahre alten Märchenwalds (am Märchenwaldweg 15). Wer das Außergewöhnliche liebt: In Altenberg-Blecher bietet eine Tierpädagogin Trekking-Touren nach Altenberg und zurück mit Eseln an.

Gastronomisch empfehlen sich das direkt am Dom gelegene Hotel und Restaurant Zur Post in altehrwürdigem prächtigem Fachwerkbau, in dem unter anderem Krimidinner stattfinden, und viele weitere Einkehrmöglichkeiten in unmittelbarer Nähe.

Das an der Altenberger-Dom-Straße 1 gelegene Schloss Strauweiler – 1300 erstmalig aktenkundig als Sitz der Edlen von Odenthal, heute als Bau aus dem 16. und 17. Jahrhundert im Besitz des Prinzen zu Sayn-Wittgenstein-Berleburg – ist für die Öffentlichkeit normalerweise nicht zugänglich, aber öffnet seine Pforten regelmäßig im Rahmen des Altenberger Kultursommers, der an verschiedenen Veranstaltungsstätten entlang der Dhünn ein breites Spektrum an Musikrichtungen von Klassik bis Rock präsentiert, oft auch Open Air, so zum Beispiel im Garten von Schloss Strauweiler.

Für archäologisch Interessierte empfiehlt sich eine Wanderung zur Wallanlage Erberich, südöstlich von Odenthal-Erberich an einer Felsnase eines Höhenzugs oberhalb der Dhünn – strategisch sowohl zur Verteidigung wie zur Kontrolle der durchziehenden Reisenden hervorragend gelegen. Eine bodengeschichtliche Auswertung der eindrucksvollen Anlage ist noch nicht abgeschlossen, aber viele Funde in der Umgebung aus der Stein-, Eisen-, Bronze- und Römerzeit belegen die Bedeutung des Geländes und lassen vermuten, dass es sich um die älteste Befestigung dieser Zeit im Rheinland handelt.

Wer über das Wandern hinaus sportliche Bewegung liebt: Am Kramerhof 100 in exponierter Lage auf einem Hügel und mitten in einem Wäldchen liegt ein Hochseilgarten, in dem man unter fachlicher Anleitung allein, mit Familie oder im Team Spitzen-Erfahrungen machen kann. Das Thalfahrt-Festival lockt jedes Jahr im Sommer Skater und BMX-Fahrer in den Skatepark und vor die Konzertbühne im Dhünntalstadion.

11 Denklingen

Der »Buwe as zu Dencklyngen gebuwet is« (hochdeutsch: »Bau, der in Denklingen erbaut ist«) wurde in einem Gerichtsstreit zwischen dem Herzog von Berg und dem Grafen von Sayn 1404 erstmals erwähnt und macht deutlich, dass die von Bergs um die Zeit eine Burg auf Denklinger Gebiet errichtet hatten, das ursprünglich Eigentum derer von Sayn gewesen war. Die kleine Ortschaft der heutigen Gemeinde Reichshof **70** war also schon früh bedeutsam und bereits unter den Saynern Gerichtssitz. 1413 deklarierte der damalige Besitzer Johann von Gimborn die Burg als »Offenhaus«, unterwarf sich damit freiwillig der Lehnsherrschaft und genoss so gleichzeitig den Schutz Graf Adolfs von Berg, dem sie nun jederzeit »offenstand«, weshalb dieser von »unserem Slosse« sprach. Vom 16. bis zum 18. Jahrhundert wurde die Anlage als Wasserburg neu errichtet. 1672, nach dem Einmarsch der Franzosen und der Abschaffung der Leibeigenschaft, diente sie als Rentmeisterei, als Finanzamt. 1969 wurde die Gemeinde Reichshof, die sich aus Denklingen und Eckenhagen bildete, mit Verwaltungssitz in Denklingen gegründet. Wer sich traut, kann heute im ersten Stockwerk der Burg eine standesamtliche Verbindung eingehen. Neben dem historischen Gemäuer steht eine kleine, denkmalgeschützte evangelische Kapelle, 1693 bis 1694 als Simultankirche errichtet.

Auf dem Burghof findet jedes Jahr zu Pfingsten der Oberbergische Töpfermarkt statt, auf dem Handwerker und Künstler aus ganz Deutschland, Belgien und Holland Ware und Kunstwerke feilbieten.

Auch wenn der Burggraben heute nicht mehr erhalten ist, so ist nahe der Burg doch reichlich Wasser vorhanden: Der Volksmund hat Denklingen den Spitznamen »Klein-Venedig« verpasst, weil die Häuser mitten im Ortskern dicht ans Wasser gebaut sind, und zwar an den Mühlenteich, den »Klus«, an dessen Rand ein großer Mühlstein zum Picknicken einlädt. Dahinter liegt die katholische Kirche Sankt Antonius von 1886 an der Hauptstraße 17.

Neben vielen Wandermöglichkeiten bietet die Region Radfahrern ein besonderes Schmankerl: Am Rathaus startet die 23 Kilometer lange Fahrradrunde »Tour de Denklingen«, eine von vier Strecken, die die Stadt Reichshof mithilfe des dort ansässigen Fahrradreifenherstellers Bohle – Markenname »Schwalbe« – ausgearbeitet hat. Der gut beschilderte »Fahrradpark« kann mit entsprechendem Kartenmaterial erforscht werden.

12 Café Hubraum

Direkt an der Wupper an der kurvenreichen L74 liegt seit 1993 das gemütliche Café Hubraum, ein Biker-Treff samt Biergarten, in dem auch Wanderer, Radfahrer, Reiter und sonstige Gäste willkommen sind, die draußen mit Blick aufs Wasser an Biertischen oder in Liegestühlen im Beach-Bereich wie im urigen Inneren mit Motor-Zapfanlage und Kaminraum speise- und getränketechnisch versorgt werden.

Das Bergische Land mit seiner abwechslungsreichen Landschaft und unzähligen sakralen und industriegeschichtlichen Bauten, Burgen und Schlössern zum Gucken und Staunen ist neben der fahrerischen Herausforderung zur »Er-Fahrung« per Motorrad hervorragend geeignet. Entsprechend finden sich viele Touren im Netz. Eine beliebte Strecke führt zum Beispiel über Remscheid **30**, Solingen **28**, Kürten **87**, Wipperfürth **3** und Radevormwald **4**. Unterwegs gibt es natürlich viele Einkehrmöglichkeiten, die sich auf Motorradfahrer eingestellt haben.

Neben dem Solinger Café Hubraum gilt das Hotel, Café und Restaurant Landhaus Fuchs, Unterbersten 27, in Kürten als klassischer Treff. Wen es weiter nordwestlich in den Kreis Mettmann zieht, der wird das Café Schräglage in der Mettmanner Straße 20, 40699 Erkrath 119 schätzen, nach längerer Auszeit nun endlich wiedereröffnet.

Neben dem bereits erwähnten Biker-Gottesdienst in Wermelskirchen 5 existiert seit 2007 eine vergleichbare Veranstaltung in Gummersbach 81, wo sie seitdem mit wenigen Unterbrechungen jährlich an der Neuapostolischen Kirche, In der Kalkschlade 2, stattfindet. Begonnen hat alles in Erkrath im September 2006, wo die Messe mit gut 200 Teilnehmern aus ganz NRW, den Niederlanden, Berlin, Halberstadt, Hamburg, Heilbronn, Lüneburg und Stralsund zum ersten Mal gefeiert wurde. Auf dem Marktplatz von Waldbröl 67 wird 2018 bereits der 20. Biker-Gottesdienst zelebriert. Im viel frequentierten Bergischen gibt es also zahlreiche Möglichkeiten für Freunde des Motorradsports, sich außer mit guter Schutzkleidung, entsprechender Fahrweise und vielen Rast- und Stärkungsmöglichkeiten auch mit himmlischem Segen auf sichere Tour zu begeben.

2. SAUBER, SOG UND TOD

Jahrelang hatte sie das Bergische durchstreift. Immer neue Touren zwischen Neandertal 13 und Nümbrecht 14, Heiligenhaus 15 und Hanfgarten 16. Immer auf der Suche nach dem Fachwerkhaus mit der geschieferten Nordseite. Eine Stecknadel im Nutscheid 17 zu finden, war vermutlich einfacher. Aber was wollte sie mit einer Stecknadel? Wer es kannte, konnte es nicht machen. Oder doch?

Stecknadelspitze tief unter den Fingernagel rammen. Hand auf heiße Herdplatte drücken. Teelöffel voller Salz hineinwürgen. Wenn sie eines konnte, eines gelernt hatte in dieser Zeit des Beherrschtwerdens, dann war es: nicht die Beherrschung zu verlieren.

»Was hattest du, verdammt noch mal, am Montag in Morsbach 18 verloren?«, fragte Kurt, der sie ins Büro beordert hatte. »Kara hat mir eine Aufnahme von deinem Van geschickt. Es ist *ihr* Revier.«

»Und?«, fragte Elli. »Hab ich gewildert?«

Er stützte beide Fäuste auf den Schreibtisch. Sie wich seinem Blick nicht aus, blieb mit übereinandergeschlagenen Beinen sitzen, während er sich aus dem Stuhl hochstemmte, dem Wandscreen zuwandte und mit der flachen Hand erst auf die darauf markierte gelbe Schlängellinie der B56 schlug, dann weiter nördlich auf die B237. »*Das* ist deine Route!«

»Reg dich ab, Kurt«, sagte sie. »Erfülle ich mein Soll? Alles andere kann dir sonst wo vorbeigehen. Ich bin ein freier Mensch.«

Freier Mensch!, echote es in ihrem Kopf. *Freier Mensch!* In derselben Frequenz wie das Geräusch seiner flachen Hand auf dem Bildschirm. *Hirnklatsche. Du hast einen an der Klatsche.*

Er hatte dem nichts entgegenzusetzen.

»Wenn du nicht dauernd irgendwo rumgurken würdest, wo du nicht hingehörst, wäre das sicherlich zielführender«, entgegnete er. Es klang lahm. Was sollte er auch sagen? Keiner konnte ihr das Wasser reichen. Weil sie im Gegensatz zu den Kollegen nicht einfach nur Produkte an den Kunden brachte, sondern wusste, wie man Wünsche erspürte und Bedürfnisse befriedigte. Sie verfügte über einen siebten Sinn, der ihr sagte, was der andere wollte. Den sie aber nicht zu ihrem Vorteil nutzte. Sie haute niemanden übers Ohr, sondern beriet. Fundiert. Weil sie als Ingenieurin über das entsprechende Know-how verfügte. Sämtliche Geräte in- und auswendig kannte. An fast allen Modellreihen die Finger gehabt hatte. Bei Entwicklung, Fertigung, jetzt Vertrieb. Sie kriegte es hin, Uraltgeräte der Kunden – einen Thermofix aus den 20ern oder sogar einen Heinzelmann-Staubsauger, Erbstück aus der Jahrtausendwende, im Nullkommanichts auseinanderzunehmen und frisch gesäubert und geölt wieder zusammenzubauen, sodass er für weitere Jahrzehnte seinen Dienst tat. Service. Sie hatte es nicht nötig, jemandem aufzuschwatzen, dass sein Altgerät entsorgt gehörte. Stattdessen bewies sie, dass sein Vertrauen in die Qualität der Marke begründet war. Zeigte detailliert auf, in welchen Punkten die Reihen optimiert und welche neuen Produkte entwickelt worden waren. Verließ selten einen Haushalt ohne einen oder mehrere Kaufverträge. Und detaillierte Vorstellungen, was bei der nächsten Gerätegeneration verbessert werden könnte. Das Ziel lautete:

größtmögliche Effizienz und höchste Hygienestandards. Links oben auf dem Screen auf der Karte stand das Logo von Nachwerk [19] mit der grün-metallisch blitzenden Initiale N, angestrahlt von zwei darüber rotierenden Sternen. Sie mochten für Düsen oder Rotorblätter stehen. Entfernt erinnerten sie an Kreissägeblätter. Aber auch diese Assoziation fand Elli passend. Schließlich erforderte effiziente Hygiene gelegentlich radikale Maßnahmen.

»Was ist eigentlich los mit dir?«, fragte Kurt. »Warum bist du zu uns gekommen?«

Alarmglocke. Die unvermittelte Sanftheit in der Stimme. Worauf wollte er hinaus? Sie stand auf. »Du hattest mich einbestellt. Noch was?«

Als sie das Büro verließ, spürte sie seinen Blick im Rücken wie die Zinken von Ulfs Gabel. *Abräumen! Geht das nicht schneller?*

Während der Wagen an der Ladestation hing, räumte sie Waren ein und trank schlürfend einen Kaffee. Nicht ohne bei dem Geräusch zusammenzuzucken. Einziehen kühler Luft während des Einnehmens heißer Getränke schützte die Zunge, wenn man nicht warten wollte. Alle taten das. Andere Geräusche wie Schmatzen oder Rülpsen ließen sich vermeiden. *Mach den Mund zu beim Essen.* Was half es, sich Gos und No-Gos wieder und wieder vorzusagen, wenn sie es doch anders gelernt hatte? Es gab Lernen und Lernen. In der Schule hatte sie gelernt, dass der Mensch sich seines Verstandes bedienen müsse. Das hatte sie getan. Es hatte geholfen. Aber es war nicht die ganze Wahrheit. Der Mensch war nicht frei. Auch *er* war es mit Sicherheit nie gewesen. War Selbstbeherrschung nicht eine Form von Freiheit? Was aber, wenn man die Selbstbeherrschung nicht mehr beherrschte?

Sie fuhr Richtung Beyenburg, durch Kemna [20] und an den Erfurt-Werken vorbei. Auf der Strecke kannte sie längst jeden Schuppen in jeder Seitenstraße. An der Wupperschleife [21] fuhr sie in südlicher Richtung, L411, am H2O [22] vorbei, weiter geradeaus Richtung Wupper-Talsperre [23] auf einem Verbindungsweg, den sie bisher nicht befahren hatte. »Durchsholz« nannte sich die Straße beziehungsweise die Ansammlung von Häusern, durch die sie führte. Elli checkte sie im Vorbeifahren, scannte jedes einzelne davon, ebenso die vier, fünf dahinter liegenden Gebäude, um sie später gründlicher in Augenschein zu nehmen. Hier war die Welt zu Ende. Sie glaubte bereits, das Käffchen hinter sich gelassen zu haben, da erspähte sie jenseits einer hohen Hecke einen weiteren Dachgiebel und fuhr rechts ran. Als sie die Wagentür aufschnurren ließ, traf es sie wie eine Keule. Die Hitze? Der Geruch? Weder das eine noch das andere war ungewöhnlich. Ein sonniger Tag, leichter Wind. Keine Pollenträger in der Nähe. Eine Schlehenhecke. Längst ausgeblüht.

Bitterer Geschmack. Saure Beeren. Natürlicher Stacheldraht. Weglaufen unmöglich. Aufwallende Übelkeit. Du hast einen an der Klatsche!

Entschlossen überquerte sie die Straße, hielt auf die Einfahrt zu. Ein Metalltor versperrte den Weg und die Sicht. Dahinter ein LKW. Der Blick auf das Obergeschoss und das Dach des Hauses. Fachwerk. Die Nordseite geschiefert. Eine große Eiche. Ein Wellblechschuppen. Schmutzig grüne abplatzende Farbe. *Mutter! Frau mit Kind.*

Elli suchte einen Klingelknopf, fand ihn. U. Leysieffer. *Ulf?*

Außer dem Namen war da nur ein schwarzes Loch. Schmerz und Angst hatten einen Schleier über alles andere gelegt. Die Mutter, die hätte eingreifen, erzählen können, hatte erst geschwiegen, dann erst recht geschwiegen, schließlich für immer geschwiegen. Weil sie kurz darauf starb. Kurz darauf? Um welchen Zeitraum ging es? Im Krankenhaus, in dem die Mutter 30 Tage lag, nachdem man sie aufgekratzt und zusammengeflickt hatte, kritzelte sie Worte auf einen Zettel, den Elli an ihrem 16. Geburtstag zu lesen bekam. Exakt 30. Ein Wort für jeden Tag, der der Mutter da noch geblieben war. »Vergib mir, Elli. Ich war so glücklich, als Ulf uns anbot, bei ihm einzuziehen. Schlussendlich war ich froh, dass wir entkommen konnten. Ich war eine schlechte Mutter. Ich liebe dich.«

Ein einziges Foto hatte Elli gefunden. Verblichener Ausdruck auf billigem Papier. *Er* musste es aufgenommen haben. Das Lächeln der Mutter, Elli auf dem Arm, dahinter das Haus. Typisch Bergisches Land:

Fachwerk, eine Seite verschiefert. Eine riesige Eiche vor dem Haus. Im Hintergrund eine hohe Hecke. Rechts im Bild ein Teil eines giftgrünen Wellblechschuppens. Auf der Rückseite die Schrift der Mutter: »Elli, drei Jahre – Ulfs Haus«.

Als sie 18 wurde, erhielt sie einen Chip mit Daten aus dem Kinderheim. Ärztliche Untersuchungen, Röntgenaufnahmen, Mutmaßungen zur Art der Verletzungen, die die Narben und ihr Verlauf nahelegten. Zum Verhalten der Vierjährigen nach der Aufnahme. Zucken und Ducken. Rotz und Trotz. Waschzwang.

Erinnerungsfetzen.

Sie war mutterseelenallein. Vater unbekannt. Keine Angehörigen.

Aber seit ihrem 16. Lebensjahr hatte sie eine Mission.

Um sicherzugehen, öffnete sie den Scan. Sie hätte das Foto vor das Haus halten können. Die Frau mit dem Kind hätte sich nahtlos in die Umgebung eingefügt. Kein Zweifel! Ihre Hand griff in die Hecke, als suchte sie in den Zweigen Halt. Zuckte zurück.

Verkleckerte Milch. Leck das auf! Es gelang ihr nicht schnell genug. Stachelige Zweige, die die Haut peitschten. Grobe Finger, die ihren Kiefer aufsperrten. Beeren hineinstopften. Würgen.
Beherrsch dich.

Elli zog den Haarreif aus der Tasche, clippte das Aufnahmegerät in der Margeritendeko fest, schaltete es ein und streifte die Tarnkappe über: strahlendes Lächeln. Eine junge adrette Frau drückte auf den Klingelknopf. Hausbesuch in Sachen Effizienz und Hygiene. Wenn er der war, der sich in ihre Eingeweide eingeätzt hatte, würde er anbeißen.

Als sie eine Dreiviertelstunde später das Tor hinter sich schloss, schaffte sie es gerade noch, die schmale Straße zu überqueren und durch die zurückgleitende Tür ins Wageninnere zu gelangen. Sie plumpste auf den Sitz, zerrte einen Beutel aus dem Konsolenfach und übergab sich. Dass der frisch unterzeichnete Vertrag auf dem Beifahrersitz braune Sprenkel abbekam, war ihr egal.

»Was ist das?«, fragte Kurt, als sie ihm später die Papiere vorlegte.

Sein Zeigefinger wies auf den Straßennamen, der auf dem letzten Buchstaben einen kleinen braunen Punkt abgekriegt hatte, wodurch er sich wie »Durchsholo« las. »Durchs*holz* soll das heißen«, sagte Elli. »Der Weg war schlammig. Sorry.« Sie war genervt. Sosehr sie die konservative Werthaltung von Nachwerk schätzte: In manchen Dingen war die Firma hoffnungslos vor-vorgestrig. Wieso musste man sich im Jahr 2044 noch mit Papierverträgen abgeben? Gleichzeitig amüsierte sie die Vorstellung von, nein, die Erinnerung an das Hologramm, durch das sie Grundstück, Bebauung – alles, was durch die Kamera erfasst worden war –, zu Hause nachgestellt hatte. Durchs Holo würde es ihr leichtfallen, Schwachpunkte zu finden. Ulf hatte sich auf seinem Grundstück eingeigelt. Aber er war so leichtsinnig gewesen, ihr Zutritt zu seinem Revier zu verschaffen.

»Sagtest du nicht, dass du nicht wilderst, Elli? Das ist Karas Strecke! Was soll das?«

Verdammt! Das hatte sie vollkommen verdrängt! »Ups«, stammelte sie. »Tut mir leid, ich hatte da nur angehalten und nach dem Weg gefragt. Da sind wir irgendwie ins Gespräch gekommen …«

Er musterte sie eindringlich.

»Es war wirklich keine Absicht, Kurt«, setzte sie nach. »Kannst du nicht einfach Kara die Provision gutschreiben? Ich hab ihr absolut nichts wegnehmen wollen, aber ich konnte dem Kunden doch schlecht sagen, dass ich ihm eine Kollegin vorbeischicke, wo ich ihn einmal an der Angel hatte.«

»Du hast meine Frage nicht beantwortet«, sagte Kurt, der seinerseits nicht auf ihren Vorschlag mit der Provision reagierte.

»Welche Frage?«

»Warum du zu uns gekommen bist.«

Erneut rätselte sie, worauf er hinauswollte. Sie hatte weiß Gott eine hervorragende Antenne dafür, was ein Gegenüber von ihr erwartete. Doch Kurts Gesichtsausdruck, seine Stimmlage, geschweige denn die Stimmungslage dahinter erschlossen sich ihr gerade überhaupt nicht. Er wirkte streng, aber nicht fordernd. Es fehlte ein Hinweis, was er erwartete, was sie tun sollte. Was es ihm etwa ernst mit der Frage?

»Wie meinst du das?«
»Was bist du für ein Mensch, Elli?«, gab er zurück.
Etwas hinter ihren Ohren begann zu kribbeln.
»Du bist jetzt vier Jahre bei uns. Steigst mit Promotion summa cum laude in der Entwicklung ein. Feierst großartige Erfolge. Lässt dich statt in die Führungsetage in die Fertigung versetzen. Und von da in den Vertrieb. Klinken putzen. Das machst du mit links. Die meiste Zeit fährst du scheinbar ziellos durch die Gegend. Warum? Was suchst du?«

Elli schwieg. Sie musterte ihren Vorgesetzten, suchte die Antwort, die er hören wollte, in seinem Gesicht, seiner Haltung, seiner Stimme. Nichts. Nichts als eine Frage, die im Raum stand.

Sie entschloss sich zu einem Lächeln. Spürte, wie es missglückte. »Worum geht es, Kurt?«

Er beugte sich vor. »Um dich.«

Ihr Hirn ratterte. Kaum älter als sie selbst. Ende 20, Anfang 30. Wie sie studierter Ingenieur ohne Ambitionen, sonst wäre er nicht im Vertrieb. Unverheiratet. Zumindest ohne Ring. Keine Kinderbilder auf dem Schreibtisch. Der Figur nach zu urteilen Fitnesscenterbesucher. Immer korrekt. Streng, aber fair. Gepflegtes Äußeres, Jeans, schlichter Pullover, hochwertiges Material. Rasiert. Stirnfalten oberhalb der Nase, die die Frage unterstrichen. Braune Iris. Pupillen ungewöhnlich geweitet. Stand er unter Drogen? So groß auch wieder nicht. Stimme in einem Resonanzspektrum, das von ihr nahezu widerstandslos absorbiert wurde. Was, verdammt noch mal, wollte er hören?

Unwillkürlich entrang sich ihr ein Seufzer.

»Okay«, sagte er. »Ich kann dich wohl kaum zwingen.«
Zwingen? Es reichte. Sie stand auf. »Noch was?«

Als sie ihm diesmal den Rücken kehrte, fühlte es sich nicht nach einzelnen Zinken an. Nach gebündeltem Hitzestrahl. *Bügeleisen. Ein Eimer Wasser und ein Putzlumpen. Kleine Hände, die sich bemühten, den dicken Stoff auszuwringen. Ein Schwall Wasser, der mit dem Lappen auf den Boden klatschte. Gebrüll. Sauerei! Etwas Heißes nagelte sie auf den Boden. Kreischen. Nicht ihres. Der Schmerz hatte ihr den Atem geraubt.*

Bis heute schlief sie nicht auf dem Rücken. Obwohl das Gewebe längst verheilt und vernarbt war.

Sie brauchte eine Weile, ehe sie sich in die Materie eingefuchst hatte. IT war nicht ihre Domäne, auch wenn nichts ohne Elektronik funktionierte. Sie experimentierte am eigenen Auto, ehe sie sich in die Bauklasse des LKW einarbeitete. Zweimal fuhr sie nachts die Straße Durchsholz entlang, parkte ein Stückchen weiter am Straßenrand und führte eine Testreihe durch. Hackte sich von der Hecke aus ins System. Setzte Scheibenwischer in Bewegung, übte Anrollen, lautlos Rangieren. Die Beschleunigung aus dem Stand würde problematisch werden. Der Wagen war nicht allzu wendig. Dafür umso gewichtiger. Bei ihrer Mutter war das Tempo kein Problem gewesen. Das Auto war von hinten gekommen. In voller Fahrt. Das Pfeifen war Elli im Kopf hängen geblieben. Wie die anderen Geräusche.

Das Foto bewies: Die Mutter hatte gelacht. Lachen *können*. Warum kannte sie das Lachen ihrer Mutter nicht? Nur schrille Schreie, Kreischen, Brüllen, Klatschen, dumpfe Schläge, aufprallende Körper. Klänge der Kindheit. Hatte die Mutter nie ein Schlaflied gesungen? Gurrende Töne von sich gegeben? »Ich liebe dich«, hatte sie in krakeligen Buchstaben geschrieben. Wie mochte es sich angehört haben?

Pfeifen von hinten. Die Hand der Mutter wurde mit einem heftigen Ruck weggerissen. Sie selbst flog. Alles war leicht und hell. Dann der Aufprall. Als sie die Augen aufschlug, lag sie zwischen hohen Ähren im Feld. Sonne schmerzte in den Augen. Kein Auto weit und breit.

Eine Sirene. Noch eine.

Viele Jahre später erst begriff sie, dass Autos niemanden überfahren *konnten.* Der Fahrer musste sämtliche Sicherheitssysteme ausgeschaltet oder gewaltsam das Steuer herumgerissen haben. Wer sollte dazu einen Grund gehabt haben außer dem Mann, dem sie damals entkommen waren? Vermeintlich entkommen waren.

Sie brauchte einen Bannstrahl. Etwas, was ihn hinderte, beiseite zu springen, wenn der Wagen sich in Bewegung setzte. Wozu war sie Ingenieurin? In einer Firma, die mit Staubsaugern groß geworden war.

Sie hatte die Bewegungen des LKW nun viele Tage verfolgt. Alle Daten ausgewertet, die Adressen gecheckt. Er lieferte für einen Lebensmittelgroßhändler in der Region aus. Sie kannte die Routen. Wusste, wo sie ihn abfangen konnte.

Kara setzte sich in der Kantine neben sie. »Kurt hat mir deine Provision überwiesen«, sagte sie. »Danke für den neuen Kunden, Elli. Sehr fair.«

»Es ist dein Revier. Tut mir leid!« Elli zog mit der Gabel Spurrillen durchs Kartoffelpüree. Bratensoße rann in die Furchen. »Ich kam halt zufällig mit dem Typ ins Gespräch.«

»Zufällig.« Kara stöhnte. »Wie machst du das? Ich rede mir den Mund fusselig und du verkaufst *zufällig* den brandneuen Thermofix und den Scheuerplus.«

»Singlehaushalt«, sagte Elli. »Er hat mir was vorgeheult, dass keine Frau es bei ihm aushält.«

»Echt? *Das* hat er dir erzählt?«

»Na ja, er hat es natürlich anders ausgedrückt. Dumme Witze gemacht. Aber wir kennen unsere Pappenheimer doch.«

»Kann es sein«, fragte Kara, »dass er dich mit der Mitleidsmaske einfach anmachen wollte und du es nicht gerafft hast?«

»Anmachen?« *Aufflammende Streichhölzer vor Augen, schmelzende Wimpern, Zigaretten, die auf nackten Beinen ausgedrückt wurden.*

»Sag mal, hast du eigentlich einen Freund?«

»Einen was?«

Kara lachte. »Mein Gott, Elli, du bist jung und siehst so toll aus, aber man hat immer den Eindruck ... Kannst du mit Männern überhaupt etwas anfangen?«

Was ging die das denn an? »Wenn ich mich recht erinnere, war eben von einem *Kunden* die Rede.«

»Einem richtig netten.« Kara lächelte. »Mag sein, dass man in meinem Alter auch einfach nicht mehr so wählerisch ist.« Sie zwinkerte. »Ich war schon zweimal bei ihm.«

»Du warst zweimal bei ihm?«

»Na, er hatte Probleme mit der Bedienung von dem Thermofix. Männer und Technik! Ich hab nach Feierabend nach ihm geguckt. Da hat er mich gleich zum Essen eingeladen, nachdem er kapiert hatte, wie es ging.«

Elli stand auf und hob ihr Tablett an.

»He! Bist du schon satt?« Kara beäugte braune Schlieren in gelblicher Gebirgslandschaft.

»Sorry. Kopfschmerzen!« Elli flüchtete zur Geschirrabgabe.

Wenige Tage darauf startete sie in Richtung Vohwinkel **24**. Suchte Kunden in der Nähe der Endstation der

Schwebebahn 25 auf, fuhr von dort auf die L418, bog südlich Richtung Hahnerberg ein, kurz vor der Heiligen Ewalde 26 nahm sie Kurs auf Südosten, mäanderte über Landstraßen bis Lennep, am Röntgen Museum 27 vorbei, hielt auf die B229 zu und postierte sich kurz vor dem Ortsausgang gegenüber einem Discounter. Sie dunkelte die Scheiben ab. Das Display leuchtete auf. Die Koordinaten des LKW bewegten sich auf ihren Standort zu. Sie aktivierte den Vacuumer und gab den Trackpoint für die Düse ein.

Mach das weg, Elli! Aber dalli! Als sie das Wort »eliminieren« lernte, hatte sie es längst internalisiert. Elli war die, die den Dreck wegmachte. Sie *minimierte* ihn. *Er* hatte sie so programmiert. Selbst schuld!

Der große Wagen näherte sich, verlangsamte seine Fahrt, stoppte, rangierte. Die Sonne blendete, erlaubte keinen Einblick ins Innere. Die Fahrertür schwang auf, Ulf kletterte aus der Kabine und steuerte den Eingang an. Elli atmete tief durch und übernahm das Kommando über seinen Bordcomputer. Während das anvisierte Ziel die Front des 7,5-Tonners entlangging, startete sie den Motor, beschleunigte abrupt und aktivierte die Düse. Ihr Hirn schaltete auf Slow Motion. Nahm eine nahezu simultane Abfolge von Aktionen nacheinander wahr: das Aufheulen der Maschine. Der Wagen machte einen Satz vorwärts. Eine unsichtbare Kraft riss den Mann von den Füßen, er stürzte vor den lospreschenden LKW, der genauso plötzlich, wie er gestartet war, die Richtung änderte, haarscharf an dem am Boden Liegenden vorbeibretterte, mit quietschenden Reifen auf die Straße schlitterte, dort einen entgegenkommenden PKW touchierte, sich um die eigene Achse drehte und sein Heck in das Heck ihres Vans rammte. Der Aufprall ließ den Wagen auf den Bürgersteig hopsen. Ellis Bewusstsein setzte aus.

Als sie die Augen aufschlug, sah alles aus wie in dem Moment, den sie zuletzt wahrgenommen hatte. Der LKW. Die Straße. Nur waren da wie aus dem Nichts allerhand Menschen. Ein Mann äugte durch die verspiegelte Fensterscheibe ihres Vans, jemand rüttelte auf der anderen Seite an der verriegelten Tür. Geistesgegenwärtig gab sie den Löschbefehl. *Tabula rasa.* Der Rechner fuhr herunter. Elli entriegelte von innen. Schreckte zurück.

»Elli!«, schrie Kara. »Was machst du hier?«

Fünf Coffee to go später – die sie überwiegend im Stehen tranken, weil sie natürlich nicht gehen durften, ehe die Polizei alles aufgenommen hatte – war das Vakuum in ihrem Hirn überwunden. Nach gründlicher Umstrukturierung. Karas neuer Lover war ein supernetter Kerl, wie es schien. Warum war ihr das nicht aufgefallen, als sie ihn zu Hause aufgesucht hatte? Ihr Gespräch hatte sich um Haushaltsfragen gedreht, um Sauberkeit, sein Bedauern, dass ihm die weibliche Hand fehle. Sie hatte das Thema Kinder angeschnitten. Die kämen ihm nicht mehr ins Haus, hatte er gesagt. *Blagen.* Für ihn sei der Zug ohnehin abgefahren. Vor vielen Jahren habe er mal mit einer Alleinerziehenden zusammengelebt. Süße kleine Tochter. Aber sehr anstrengend.

Sie hatte erfahren, was sie hatte wissen wollen. Was sie nicht erfahren hatte: dass er erst seit einigen Jahren in dem Haus lebte. Dass er es ersteigert hatte. Der Vorbesitzer war bei einem Autounfall ums Leben gekommen. Merkwürdiger Typ. Musste sehr zurückgezogen gelebt haben. Ein Namensvetter. Ulf Soundso, den Nachnamen hatte er vergessen, aber der Vorname war gleich gewesen. Familie hätte der sowieso nicht gehabt.

Auch die Logiklücke im Ablauf des Unfallgeschehens

war überbrückt. Der eigenmächtige Richtungswechsel des LKW. Die Fahrerkabine war nicht leer gewesen. Kara hatte Ulf auf seiner letzten Tour an dem Tag begleitet, um vom Beifahrersitz aus panisch das Steuer herumzureißen, als der Wagen ansprang und auf ihn zuhielt. *Versagen der Technik! Mordsgefährlich!*

Nebeneffekt des spontanen Erregungspotenzials und des darauf folgenden Schockzustands: Karas Erleichterung, dass sie mit ihrem Eingreifen ihrem Liebhaber das Leben gerettet, gleichzeitig das mehrerer anderer Menschen fast eliminiert hätte – zumal das ihrer Kollegin, aber doch eben nur fast –, sorgte für eine Endorphinausschüttung, die jegliches Misstrauen sedierte. Kein Nachbohren, was Elli schon wieder in ihrem Revier getrieben habe. Pure Erleichterung.

Kurt tauchte auf, regelte den Abtransport des Vans, bot an, sie ins Krankenhaus zu fahren. Alle drei lehnten ab. Also setzte er Ulf und Kara in Durchsholz ab und brachte Elli nach Hause.

»Ich klingel dich nachher noch einmal an, ja?«

»Okay«, sagte sie. Konnte ein »gern« gerade noch unterdrücken.

Als er gegen acht nicht etwa anrief, sondern an ihrer Tür klingelte, Werkstattbericht, Rückmeldung des Leiters der Technikabteilung und eine Flasche Schampus mitbrachte, war das für das Absenken ihres Hormonspiegels mehr als kontraproduktiv.

»Den Van müssen sie verschrotten. Aber deine Saugkonstruktion am Unterboden – sie wollen sie patentieren und für die Straßenreinigung optimieren. Geniale Idee! Wie bist du darauf gekommen?«

»Spielerei«, wehrte sie ab. »Ich war den Dreck in der Garagenauffahrt leid.«

Ja. Dreck gehörte eliminiert. Heute in seiner schlimmsten Form: *Seelendreck. Von Elli minimiert!*
Tabula rasa. Alles auf Anfang.
»Wartet eigentlich zu Hause jemand auf dich, Kurt?«, fragte sie.

FREIZEITTIPPS:

13 Neandertal

1856 legten Steinbrucharbeiter im Neandertal bei Erkrath 119 im Lehmboden eines Höhleneingangs fossile Knochen frei, die sie achtlos mit dem Aushub zu Tal warfen. Die Steinbruchbesitzer hoben sie auf in der Annahme, es handle sich um Reste eines Höhlenbären. Als sie die Knochen dem Fossiliensammler Johann Carl Fuhlrott (1803–1877), der in Elberfeld 45 als Lehrer an einer Realschule unterrichtete, zukommen ließen, erkannte er auf Anhieb, dass es sich dabei um Überreste eines Menschen handeln musste, der sich allerdings von den Menschen der Neuzeit erheblich unterschied. Als über seinen Befund in der Elberfelder Zeitung und im Barmer Bürgerblatt berichtet wurde, meldeten sich zwei Bonner Anatomieprofessoren bei ihm, die die Knochen ebenfalls untersuchten und seine Annahme bestätigten. Drei Jahre später veröffentlichte Darwin sein Hauptwerk »Über die Entstehung der Arten«. Renommierte Naturwissenschaftler, darunter der Zellbiologe Rudolf Virchow, erkannten diese Deutung aber nicht an, sondern tendierten zu der Annahme, es handle sich um das Skelett eines rachitisch Deformierten. Virchow rückte bis zu seinem Tod 1902 von dieser These nicht ab. Bereits als 1886 in einer Höhle in Belgien zwei weitere Skelette geborgen wurden, die dem gleichen Typus entsprachen, setzte sich die Erkenntnis aber nach und nach durch, dass es sich dabei um eine urzeitliche eigenständige, vom Homo sapiens abweichende Menschenform handeln müsse – den Neandertaler (Homo neanderthalensis). Ältere Funde gleicher Art konnten ebenfalls zugeordnet werden. Um die

Jahrtausendwende grub man schließlich am Fundort nach und entdeckte viele weitere Skelettfragmente, die darauf schließen ließen, dass es nicht nur Knochen *eines* Neandertalers waren, sondern von mehreren Individuen, außerdem stieß man auf Steingeräte.

Fuhlrott erlebte den Durchbruch seiner Entdeckung nicht mehr, aber die Schule, an der er 40 Jahre lehrte, erhielt nach seinem Tod seinen Namen. Auch in anderen Orten, unter anderem in Erkrath, wurde eine Schule nach ihm benannt. Das naturkundliche Fuhlrott-Museum in Wuppertal **32** wurde 2008 wieder geschlossen.

Im Neandertal in der Talstraße 300 entstand das Neanderthal Museum, das in sehr anschaulicher Weise Exponate zur Entwicklung der Menschheit mit besonderem Schwerpunkt auf den Neandertaler zeigt. Es hat jährlich 170.000 Besucher, die sich eine kostenlose App mit Infos und Audiotexten auf das Smartphone laden können. Für Kinder werden Outdoor-Programme angeboten, sie können künstlerische wie handwerkliche Fertigkeiten der Steinzeitmenschen erlernen, Werkzeuge und Waffen anfertigen und üben, damit umzugehen.

Im August 2017 zeigte eine Ausstellung zur Migration im Neanderthal Museum auf, wie eng Menschen verschiedener Kontinente miteinander verwandt sind, weil sie von jeher der Jagdbeute folgten, wandernd große Strecken zurücklegten und so einen bunten Genpool entstehen ließen. Erst vor 4.500 Jahren entwickelte sich die helle Hautfarbe der Europäer, und ein bis vier Prozent unserer heutigen Anlagen stammen vom vermeintlich ausgestorbenen Neandertaler.

Zu Beginn des Jahrs 2018 sorgte ein Bericht in der Wissenschaftszeitung »Science« für Furore. Ein Wissenschaftlerteam aus Deutschland, Großbritannien, Frankreich und

Spanien untersuchte Höhlenmalereien in drei weit voneinander entfernt liegenden Höhlen in Spanien und stellte fest, dass sie wesentlich älter waren als angenommen und daher dem Homo neanderthalensis zuzuordnen sein müssten. Was bewiese, dass dieser, oft als »blöder Wilde« geschmäht, dem modernen Homo sapiens viel näher gestanden habe als bislang gedacht – an Abstraktionsfähigkeit, symbolischem Denken und planerischem Handeln durchaus ebenbürtig. In einer spanischen Höhle fanden sich sogar aus Muscheln gefertigte Artefakte, die etwa 115.000 Jahre alt sind.

Im Neandertal, dem ältesten Naturschutzgebiet Deutschlands, wurde ein 23 Hektar großes Eiszeitliches Wildgehege errichtet, wo Besucher aus Wisenten rückgezüchtete Auerochsen und Tarpane, Nachfahren des eurasischen Wildpferds, von einer Besucherplattform aus bewundern können. Auf einem rund anderthalbstündigen Wanderweg kann das Gelände umrundet werden. Entlang des Wegs vom Museum zum Wildgehege findet man Skulpturen, Teil des Kunstwegs »Menschenspuren«.

Wem der Rundweg durch das Neandertal nicht genügt: Der Neanderlandsteig ist ein 240 Kilometer langer Wanderweg, der in mehreren Etappen durch die niederbergische Landschaft von Wülfrath **61** bis nach Neviges **47** führt.

Für Radfahrer bietet der ADFC eine Tour mit einer Gesamtstrecke von 75 Kilometern von Leverkusen **42** über Opladen **98**, Langenfeld, **108** durch die Ohligser Heide **28** und das Neandertal bei Erkrath nach Gruiten **63** an.

14 Nümbrecht

Vermutlich seit dem 8. Jahrhundert wurde im heutigen Gebiet von Nümbrecht gesiedelt, auf 955 datiert der älteste

Bau. 1131 wurde »Nuenbret« erstmals urkundlich erwähnt, bis 1743 gehörte es unter dem Haus Sayn-Wittgenstein, das Ende des 13. Jahrhunderts die Burg Homburg errichtete, mit Wiehl 66 und Marienberghausen zum protestantisch geprägten »Windecker Ländchen«. Im 19. Jahrhundert war Nümbrecht Zentrum der oberbergischen Erweckungsbewegung, im 20. Jahrhundert hieß es zeitweise »Homburg«, bis die Gemeinde eine Umbenennung beantragte. Heute ist es ein »Heilklimatischer Kurort der Premium Class« – einer von 16 in Deutschland. Wenn man sich am Kurpark vorbei in die Innenstadt bewegt, fällt einem eine schlanke Knabenskulptur vor dem der Straße nahe gelegenen Teich, am Weiherplatz, auf, die der Düsseldorfer Künstler Clemens Pasch 1983 schuf. »Der Knabe mit Stecken«, nach einem ehemaligen Gemeindedirektor »Helmut« genannt, verkörpert die Armut, die aber hoffnungsvoll in die Zukunft blickt. Eins von vielen Kunstwerken, die der im gleichen Jahr gegründete Kunstverein zur Verschönerung des Kurorts stiftete. Zur Landesgartenschau 1974 wurde im selben Park der »Säulenbrunnen« errichtet, der mittlerweile als Wahrzeichen der Stadt gilt und der auf den ersten Blick als anatomische Studie verstanden werden könnte, die verschiedenen Körperteile stehen tatsächlich jedoch für Eigenschaften wie Schönheit, Fruchtbarkeit, Durchsetzungsfähigkeit, Begreifen, Schaffen und Eroberung. Die Mischung aus modernem Gestaltungswillen und Tradition ist insbesondere im Ortszentrum überall spürbar, das durch viele Fachwerkhäuser und vor allem die »Tausendjährige Kirche« geprägt ist, die als einer der interessantesten Sakralbauten des Oberbergischen gilt. Der schlicht-weiße Außenkörper mit dem wuchtigen romanischen Turm samt barocker Turmhaube ist weniger ungewöhnlich als die vier Spitzgiebel am Schiff. Im Inneren finden sich barocke Kostbarkeiten wie Orgel, Kanzel, Abendmahlstisch und mehr.

Gleich vor der Kirche geht die alte Poststraße ab, die an die Wiehltaler Postkutschenära von 1851 erinnert. Ein Stückchen hinter der Kirche können Touristen in einem gelben nostalgischen Nachbau der Kaiserlichen Postkutsche von 1871 in einer zweistündigen Fahrt gemütlich nach Wiehl schaukeln.

Wer sich auf den Weg zurück in Richtung Kurpark macht, stößt auf Erinnerungen an das Dritte Reich: darunter die Lina-Friedrichs-Straße, für die ein Teilstück der ehemaligen Dr.-Rieck-Straße umbenannt wurde. Sie gemahnt stellvertretend an diejenigen Nümbrechter, die jüdischen Mitbürgern mit mutiger Nachbarschaftshilfe beistanden, und führt zum heutigen Dorfplatz, auf dem bis 1938 eine Synagoge stand, woran eine Stele gemahnt. Am Dorfplatz gelegen findet sich der 150 Jahre alte »Waisensaal«. Nach rechts zweigt von der Hauptstraße kurz darauf die Meta-Herz-Straße ab, die ihren Namen von einer in Birkenau ermordeten jüdischen Mitbürgerin hat.

Gleich wieder nach rechts führt von der Meta-Herz-Straße ein Weg zur Gaststätte Spies, die in einem 300 Jahre alten Fachwerkhaus beheimatet ist: eine urige Schankwirtschaft, in deren Biergarten in den Sommermonaten Grillgut angeboten und die von Stamm- wie von Kurgästen gern frequentiert wird.

Im Nordwesten des Ortes empfiehlt sich für sportliche Wanderer der 34 Meter hohe hölzerne Aussichtsturm »Auf dem Lindchen«, von dem aus man bei gutem Wetter bis zum Sieben- und Rothaargebirge gucken kann. Was man auf keinen Fall verpassen sollte: einen Besuch des etwa einen Kilometer nördlich der Stadt liegenden imposanten

Schlosses Homburg. Das erste Gebäude von 1180 musste zweimal aufgrund von Bränden neu errichtet werden, der heutige Bau stammt von 1680. 1820 wurde er Wohnsitz des Erbprinzen Friedrich, der das Schloss im Stil des Klassizismus gestaltete, später wurde es Sommerresidenz des preußischen Kaisers Wilhelm II. Seit 1926 dient es musealen Ausstellungszwecken und ist ein eindrucksvoller Veranstaltungsort unter anderem für Konzerte. Inzwischen befindet Schloss Homburg sich im Besitz der Verwaltung der Staatlichen Schlösser und Gärten Hessen. Sehenswert: der freistehende Weiße Turm, ehemaliger Bergfried des 1860er-Baus und weithin erkennbares Wahrzeichen des heutigen Schlosses, die prächtigen Portale, der Speisesaal mit Wandmalereien im »pompejanischen Stil«, die Schlosskirche mit Orgel von 1787 und die darunter liegende Familiengruft der Landgrafen mit 77 Särgen.

Rund um den Prachtbau laden Wälder zu Wanderungen und Entdeckungen ein. Gleich zu dessen Füßen liegen die 350 Millionen Jahre alten »Dicken Steine«. Ein Naturerlebnisrundpfad führt unter anderem an der zum Schloss gehörenden »Holsteins Mühle« vorbei, die unter Denkmalschutz steht und inzwischen als Gaststätte genutzt wird.

Nicht verpassen sollte man auch einen Besuch der evangelischen Bonten Kerke (Bunte Kirche) in Marienberghausen, von der nur noch der Turm aus dem 12. Jahrhundert stammt. Sehenswert sind aber insbesondere die unter der Tünche der Reformationszeit erhalten gebliebenen spätgotischen Wand- und Gewölbemalereien, die dem einfachen Volk zu Beginn des letzten Jahrtausends biblische Geschichten anschaulich machten, hier unter anderem das Jüngste Gericht, die Verkündung, den Drachenkampf des heiligen Georg und die Versuchung des heiligen Antonius.

Fünf Kilometer südlich von Nümbrecht befindet sich das »Ökologische Dorf der Zukunft«, Benroth, das man über die etwa einstündige »Ökomeile« erwandern kann, um Eindrücke zu ökologischem Leben zu erhalten, zu Feuchtbiotopen, Trockenmauern, Hecken, Rückbau von Siedlungssünden.

Im ebenfalls südlich gelegenen Berkenroth, auf dem Hof der Familie Eschmann-Rosenthal, Am Kappenufer 11, kann man »Kuhkuscheln«. Als erste Einrichtung in NRW praktizieren der gelernte Metzger und seine Frau diese tierische Therapieform, bei der Schulklassen wie gestresste Manager Nähe zu den mächtigen, sanften Tieren entwickeln und mit ihnen Trekkingtouren machen können.

15 Heiligenhaus

Nahezu am anderen Ende des Bergischen Kreises von Nümbrecht aus gesehen, im Kreis Mettmann, liegt die Stadt Heiligenhaus, deren Siedlungsgeschichte untrennbar mit dem 796 gegründeten Kloster Werden verbunden ist. 847 hatte ein Edelmann namens Wolf einen Teil seines Erbes, eines Landgutes namens »Villa Hestratescethe« (Hetterscheidt), dem Kloster vermacht, 1360 stand dort bereits ein »Wehrhaus«, im 15. Jahrhundert »Slot« (Schloss) genannt. 1492/1495 ist von »yn de koecke« beziehungsweise »yn de kuick« die Rede, vermutlich auf den eigenen Haushalt (die Küche) des Abts von Werden bezogen. Heute ist nur noch ein Wehrturm des Schlosses erhalten. Zur Abtei gehörten 20 umliegende Höfe, eine Kornmühle samt Teich (entstanden durch den aufgestauten Vogelsangbach) und weiteren Fachwerkbauten. Der jetzige Stadtteil Hetterscheidt, im Mittelalter eine eigene Honschaft, ist demnach die Keimzelle von Heiligenhaus.

Ein historischer Rundgang namens »Abtsküche« beginnt an der neoromanischen alten Kapelle Sankt Jakobus gegenüber dem Teich auf der anderen Straßenseite und führt an den genannten Anlagen vorbei. Direkt neben der Kapelle befindet sich die erste katholische Schule, 1783 erbaut. Der Abt von Werden hatte der katholischen Schulgemeinde dafür sechs Morgen Land geschenkt. 1792 erhielt das Gebäude einen Anbau, der als Kapelle eingeweiht wurde – Vorgängerbau der jetzigen Kapelle. 1907 entstand ein Ziegelsteinbau direkt daneben, der bis 1966 als Schule genutzt wurde, mittlerweile beherbergt er die heimatkundliche Sammlung des Geschichtsvereins Heiligenhaus.

Das eigentliche Stadtzentrum von Heiligenhaus wird von der markanten katholischen Kirche Sankt Suitbertus geprägt, die aufgrund ihres hohen neugotischen Turmhelms gerne »Dom« genannt wird. Die Kirche wurde 1898 geweiht, die hervorragende Akustik im Inneren bot Anlass, das 20-jährige Jubiläum mit einer Konzertreihe zu feiern. Am anderen Ende der Innenstadt befindet sich die vergleichsweise schlichte evangelisch-reformierte Stadtkirche, die barocke Alte Kirche von 1769.

In der Stadtmitte steht das Rathaus, davor die Skulptur eines Schlossschmieds, Symbol für die seit 1680 ansässige Schloss- und Beschlagindustrie, die bis heute einen bedeutenden Zweig des mittelständisch geprägten Gewerbes ausmacht: Es werden Schlösser, Beschläge und Verriegelungen produziert sowie Zulieferteile für die deutsche Automobilproduktion. Entsprechend empfiehlt sich eine Stärkung in der Gaststätte »Aule Schmet«, nicht weit von Sankt Suitbertus. In dem denkmalgeschützten Gebäude von 1873 befand sich ursprünglich eine Schmiede, in den 80er-Jahren eine Musikkneipe, inzwischen kann man dort im sehr urigen

Inneren oder im Biergarten auf der Terrasse Flammkuchen und bodenständige Küche genießen.

16 Hanfgarten

Hanfgarten-Hardt ist ein Ortsteil von Gummersbach im Oberbergischen Kreis, entstanden aus der Zusammenlegung der beiden vorher eigenständigen Ortschaften Hanfgarten und Vor der Hardt. Die Einwohnerzahl liegt bei knapp über 300 Personen. Eine erste urkundliche Erwähnung findet sich 1542, als ein Jacob vor der Harrt in den »Türkensteuerlisten« genannt wurde. Dabei handelte es sich um eine Abgabe, die der Kaiser des Heiligen Römischen Reichs während der Türkenkriege von den Reichsständen einforderte. Dass der Ort hier Erwähnung findet, ist ausschließlich seinem Namen geschuldet, der darauf verweist, dass dort Hanf angebaut wurde, ähnlich wie bei den Städten Hennef und Bad Honnef im Rhein-Sieg-Kreis, deren Namen ebenfalls Rückschlüsse auf die dortige Bodennutzung geben. Auch der Hanfbach, der bei Hennef in die Sieg mündet, erzählt davon.

Tatsächlich war der Hanfanbau weltweit lange sehr verbreitet und ist zurzeit auch wieder sehr im Kommen, was mit der problemlosen Zucht, Nachhaltigkeit und vielseitigen Verwendbarkeit der Pflanze als Futtermittel, in der Medizin und der Textilindustrie zu tun hat. Selbst zum Hausbau, als Basis für Farben, Lacke, Waschmittel und vieles mehr ist Hanf verwendbar. Es gibt aber auch Anlass, über Anbaubedingungen im Bergischen Land nachzudenken.

Zunächst zum Hanf: Um 400 n. Chr. begann in Europa die Zeit der ursprünglich in China beheimateten Pflanze. Um 900 muss Karl der Große die Bauern sogar gesetzlich zum Hanfanbau verpflichtet, sich Steuern mit Hanfsamen entrichten lassen haben. Der Wert der Nutzpflanze zeigt sich auch im Zusammenhang mit bedeutenden Erfindungen: Die Gutenberg-Bibel wurde auf Hanfpapier gedruckt. Henry Ford dachte bereits 1920 über die Verwendung von Hanf nach und stellte 1941 ein Auto mit hanfverstärkter Karosserie vor. Die um zwei Drittel leichtere und zehnmal stoßfestere Textur war damaligen Metallkarosserien weit überlegen. Zudem lief der Motor mit Hanföl beziehungsweise Methanol. Mit dem Verbot des Anbaus von Hanf blieb es bei dem Prototyp. Wie sehr der Nutzen die Bedenken überwog, zeigt sich auch daran, dass im Ersten wie im Zweiten Weltkrieg der Anbau wieder forciert wurde. In einer »Lustigen Hanffibel«, 1943 vom Reichsnährstand Berlin herausgegeben, heißt es: »Das deutsche Volk ist auf der Welt vornehmlich auf sich selbst gestellt. Zu oft getäuscht ward sein Vertrauen, auf fremde Hilfe nur zu bauen. Was heut es leistet, was es schafft, verdankt es seiner eignen Kraft, und diese Kraft wächst urgesund, aus deutschem Geist und deutschem Grund. Jedoch der deutschen Scholle Schoß schenkt nicht allein die Nahrung bloß. In großer Menge spendet sie auch Rohstoff für die Industrie. Zu solchem Rohstoff, hoch an Wert, auch unser guter Hanf gehört! Was er erbringt, wo man ihn baut, und was man macht aus seiner Haut, was man beim Anbau muss verstehen, kann man aus dieser Fibel sehen.«

Bis 1937 wurden circa 80 Prozent der weltweit verwendeten Schnüre, Seile und Taue aus Hanf hergestellt – Hauptproduzent war der damalige Kriegsgegner Russland.

Was in Bezug auf Industrie und Weltwirtschaft zum Rückgang des Hanfanbaus beigetragen hatte: Die Dampfkraft machte die Segelschifffahrt bedeutungslos und sorgte für einen erheblich sinkenden Bedarf an Tauen. Die Kunststoffindustrie versetzte dem Hanfanbau schließlich den Todesstoß.

Das Bergische Land war aufgrund der Höhenlage, des kühlen Klimas, des steinigen und lehmigen Bodens bis zur Zeit der Franken kein attraktives Siedelland gewesen. Karl der Große wies während der Sachsenkriege die an Rhein und Ruhr ansässigen Adligen an, in dem Niemandsland zwischen Sachsen und dem Frankenreich Herrenhöfe anzulegen, um das Territorium zu sichern. Daraufhin nahm die Besiedlung zu, angebaut wurde vor allem anspruchsloser Hafer, außerdem gab es ein wenig Viehhaltung. Rinder, Schafe und Schweine wurden zur Futtersuche in die Allmende, den gemeinschaftlichen Grundbesitz, getrieben. Erst nach der Gründung des Deutschen Reiches im 10. Jahrhundert bis ins 16. Jahrhundert setzte die Zeit der Rodung und intensiveren Besiedlung ein, begleitet von der Machtausdehnung der Herren von Berg, denen das Land seinen Namen verdankt. Der Wupperraum wurde zum Zentrum der Kleineisenindustrie; Erzbergwerke und Rennöfen zur Gewinnung von Eisen waren hier verbreitet. Die hohen Niederschläge und das starke Gefälle zu Rhein und Ruhr förderten die Nutzung der Wasserkraft und damit eine frühe industrielle Entwicklung des Bergischen. Es wundert nicht, dass unter diesen ungünstigen Anbaubedingungen eine Pflanze wie der Hanf durchaus eine Rolle im Bergischen gespielt hat.

17 Nutscheid

Der Höhenzug Nutscheid zwischen den Flüssen Sieg und Bröl liegt überwiegend im Rhein-Sieg-, aber auch im Oberbergischen Kreis. Bis 1604 verlief über seinen Kamm die Grenze zwischen der Reichsherrschaft Homburg und dem

Herzogtum Berg, weswegen man hier zum Teil gut erhaltene Überreste von mittelalterlichen Landwehren 9 und Höhensperren findet. Die höchste Erhebung, das Hohe Wäldchen, ist 378 Meter über dem Meeresspiegel. Weitere Höhen sind der Goldberg und der Selbachsberg.

Es handelt sich bei der Nutscheid mit 1.500 Hektar Fläche um das größte zusammenhängende Waldgebiet im Bergischen Land, das zu Teilen unter Naturschutz steht. Außerdem wird hier noch traditionell Waldnutzung betrieben, es werden Bäume »auf den Stock gesetzt«, das heißt alle paar Jahre ein gutes Stück oberhalb des Bodens gekappt, sodass sie neu ausschlagen können.

Die Nutscheid ist ein ideales Wandergebiet. An der Vierbuchermühle in der Nähe des Naturerlebnisparks Panarbora bei Waldbröl 67 startet beispielsweise ein 13 Kilometer langer familientauglicher Rundweg zu Waldmythen, der auf elf Infotafeln am Weg über geheimnisvolle Wesen wie Kobolde, Zwerge, Feen, Elfen, Riesen und den bösen Wolf informiert und sie über acht Audiostationen zudem akustisch lebendig werden lässt.

Die Nutscheidstraße, die über den Höhenzug führt, ist ein uralter Handelsweg – wie alt, ist umstritten. Andere Bezeichnungen wie »Römerstraße« könnten vermuten lassen, dass sie bereits von den Römern genutzt wurde. Ob diese sie auch bauten, ist umstritten. Der »Eisenweg« deutet eher darauf hin, dass die Kelten sie um 500 v. Chr. schon nutzten, um das im Siegerland abgebaute Eisenerz ins Rheintal zu transportieren. Als Wanderweg ist die Nutscheidstraße gut zu begehen und bietet wunderbare Ausblicke.

18 Morsbach

In direkter Nachbarschaft zu Waldbröl 67 liegt Morsbach, die südlichste Gemeinde des Oberbergischen, angrenzend an Sauerland, Siegerland und den Westerwald. Die Namensherkunft – Moor und Bach – betont gleich doppelt, dass es sich um ein Feuchtbiotop handelt. Das allerdings schon in der Jungsteinzeit besiedelt gewesen sein muss, wie Funde belegen. Um 895 war der Ort dann aktenkundig – und damit die älteste urkundlich erwähnte Gemeinde des Oberbergischen. Lange gehörte »Moirsbach« zum Machtbereich der Sayn-Homburger, um 1400 wurde es zu Teilen »Eigenthumb« des Herzogtums Berg und gespalten: Der homburgische Teil trat zum Protestantismus über, der Bergische blieb katholisch. 1604 kam es zur Wiedervereinigung unter Bergischer Herrschaft. Die Enklavensituation als überwiegend katholische Gemeinde in protestantischem Umfeld prägt die »Republik Morsbach«, wie sie sich nennt, bis heute. Ein wenig fühlt man sich an das wackere Dorf der Gallier erinnert, das mit Asterix und Obelix der römischen Herrschaft die Stirn bietet, wenn man den Stolz der »Republikaner« erlebt: Die mit 444 Metern höchste Erhebung der Gemeinde ist durch einen – geklauten – Grenzstein als »Gipfel der Republik« markiert. In der Kirchstraße 13 gibt es sogar ein Wirtshaus zur Republik. Seit 1997 wird das legendäre Schubkarrenrennen mit verrückten Gefährten um den »Großen Preis der Republik« veranstaltet, bei dem jeder Teilnehmer in den Löschschaumwogen der Feuerwehr endet. Seit 2006 findet immer im August eine »Lange Nacht der Republik« statt, in der Läden, Lokale, Handwerk und Vereine Aktionen und Attraktionen bieten.

Unter den historisch bedeutsamen Gebäuden der Gemeinde ist die zentral gelegene romanische Emporenbasilika Sankt Gertrud aus dem 12./13. Jahrhundert zu nennen. Der imposante Bruchsteinbau mit vorgelagertem, 31 Meter hohem Westturm wurde kaum verändert im Laufe der Zeit. Einzigartig sind vor allem die aus der Erbauungszeit stammenden Freskomalereien im Chor der Kirche, die erst in den 50er-Jahren wiederentdeckt und freigelegt wurden.

Im Rossenbacher Tal zeugt das Bodendenkmal Stollenmundloch der Grube Magdalena von der Bergbaugeschichte des Ortes. Dahinter öffnet sich ein 2.050 Meter langer Stollen, der zwischen 1890 und 1912 zum Eisenerzabbau genutzt wurde.

Der anderthalb Kilometer vom Ortszentrum entfernt liegende Aussichtsturm auf dem 329 Meter hohen Berg Hohe Hardt, der »Eiffelturm von Morsbach«, ist über die K43 und die Straße »Zum Aussichtsturm« zu erreichen und nur etwas für sportlich Ambitionierte und Schwindelfreie: Eine Wendeltreppe mit 169 Stufen führt in 35 Meter Höhe und garantiert dort fantastische Fernsichten. Etwa fünf Kilometer entfernt steht die Burg Volpertshausen, erstmalig erwähnt 1462. Es handelt sich um eine Niederungsburg, die mit künstlichen Gräben und Wällen vor feindlichen Übergriffen geschützt wurde. Der kräftige Bruchsteinbau mit verschiefertem Walmdach ist in Privatbesitz und kann nur von außen besichtigt werden. Weitere vier Kilometer östlich liegt das Dorf Holpe mit seinem einzigartigen ursprünglich erhaltenen Ortskern mit Fachwerkhäusern, evangelischer und katholischer Kirche und lebendiger Dorfstruktur, weshalb das Örtchen 1999 und 2002 auf Kreisebene, im Jahr 2000 sogar auf Landesebene, zum »Golddorf« im Rahmen des Wettbewerbs »Unser Dorf soll schöner werden – Unser Dorf hat Zukunft« gekürt wurde.

19 Nachwerk

Der Name »Nachwerk« ist natürlich fiktiv und soll deutlich machen, dass das in der Zukunft verortete Unternehmen in »Sauber, Sog und Tod« keinerlei Verbindung oder Bezug zu der 1883 in Barmen 44 gegründeten Möbelstoff- und Teppichfabrik Vorwerk hat. Diese entwickelte 1929 den Staubsauger »Kobold«, der – zumal im Zusammenhang mit dem Direktvertrieb – durchschlagenden Erfolg hatte. Loriots Sketch über den Staubsaugervertreter, der den »Saugbläser Heinzelmann« vertreibt, persiflierte die Verkaufsvertreter, die in Zeiten des Wirtschaftswunders deutsche Hausfrauen glücklich machten.

Die Geschichte der Firma und der Familie Vorwerk ist dabei eng mit der Barmens 44 verwoben. Das erste Unternehmen, 1827 von dem Färbersohn Johann Peter Vorwerk (1760–1842) gegründet und von dessen Sohn Carl Vorwerk (1812–1890) mitgeführt, »Vorwerk & Sohn«, verkaufte zunächst »Barmer Artikel« wie Bänder, Kordeln, Schnüre und Litzen. Carl Vorwerks Söhne Carl II. (1847–1907) und Adolf (1853–1925) machten eine Ausbildung im Ausland. Als sie zurückkehrten, gründeten die Brüder 1883 die Teppichweberei »Vorwerk & Co«, aus der die heutige Firma Vorwerk entstanden ist. Adolf stieg nach einem Jahr aus und in die Firma seines Vaters ein. Beide Unternehmen florierten. Nach dem frühen Tod von Carl III. übernahm 1907 sein Schwager August Mittelsten Scheid (1871–1955) die »Vorwerk & Co«. Unter seiner Leitung begann die Diversifizierung und Produktion von Zahnrädern, Getrieben, Automobilachsen, elektrischen Motoren für Grammophone, schließlich des Verkaufsschlagers Kobold. 1971 wurde der Thermomix eingeführt, dessen Umsätze 2014 erstmals jene des Kobolds übertrafen und in den Folgejahren noch gesteigert wurden.

Adolf Vorwerk engagierte sich neben der Tätigkeit im Familienunternehmen sehr stark städtebaulich. Angesichts der industriellen Nutzung des engen Tals der Wupper erkannte er die Wichtigkeit der Höhenlage. 1895 errichtete er für seine Familie ein Sommerhaus im Schweizer Villenstil an der Friesenstraße 23, heute Adolf-Vorwerk-Straße 23, einem Villenviertel am Wald. 1907 ließ er einen 5,9 Hektar großen weitläufigen Park auf der Südhöhe am Toelleturm anlegen, mit Blick über das Murmelbachtal, vielen Sportplätzen, einer Bergbahn und einem Luftkurhaus, das ein beliebtes Ausflugslokal ist. In dem Park wurden im Laufe der Jahre immer mehr Details ergänzt und ausgebaut: ein Laubengang, ein Steinbruch, ein Goldfischteich, ein Badeteich, ein Pumpenhaus am Marper Bach, ein Wäldchen, eine Grotte mit Wasserfall und vor allem viele, viele Rhododendronbüsche.

Nach dem Tod von Alfred Vorwerk kümmerten sich seine Nachfahren mehr oder weniger intensiv um den Park und gründeten schließlich eine Stiftung, die Alfred-Vorwerk-Park-Stiftung, die ihn nach gründlicher Sanierung 2003 für Besucher öffnete. Die Anlagen sollen auf Dauer den Wuppertaler Bürgern zur Verfügung stehen. Aufgrund seiner überregionalen Bedeutung soll der Park in das Europäische Gartennetzwerk EGHN aufgenommen werden.

[20] Kemna

In einem stillgelegten Textilwerk im Wuppertaler Ortsteil Kemna an der Beyenburger Straße in Barmen [44] richtete die NSDAP ein »Schutzhaftlager« ein, in dem sie zwischen Juli 1933 und Januar 1934 4.600 bis 5.000 politisch missliebige Personen einsperrte – die Angaben über die Anzahl gehen auseinander –, darunter Angehörige der Wuppertaler SPD und vor allem Mitglieder der KPD. Es war eins der ersten Konzentrationslager, ein »Provisorium«. Nach der Schließung wurden viele der Gefangenen in ein Lager im Emsland verlegt.

Die Inhaftierten mussten Zwangsarbeit leisten: im Lagerbetrieb, beim Bau eines Hauses für die mehrköpfige Wachmannschaft, bei Straßenarbeiten, bei Regulierungsarbeiten, beim Deichbau am Wupperufer und so weiter. Dass dabei nicht zimperlich mit ihnen umgegangen wurde, dass es keine angemessene Verpflegung, aber Gewalt und Folter gab, wird keinen wundern. Überliefert sind zwei lagertypische Spezialbehandlungen: Bei den Verhören wurden Häftlinge gezwungen, mit Schmierfett, Petroleum, Rübenkraut und Salz oder Kot angereicherte Salzheringe, sogenannte Kemna-Schnittchen, zu essen. Wer sich weigerte, wurde blutig geschlagen. Manche erbrachen die Stücke Hering und wurden aufgefordert, die ausgewürgten Stücke noch einmal zu essen. An den erzwungenen Verzehr schloss sich meist eine Durstfolter an. Die andere Kemna-Spezialität: Häftlinge wurden mit Gewalt in viel zu kleine Fabrik-Kleiderspinde, die »Kemna-Särge«, gepresst.

Dass in der Beyenburger Straße Gräueltaten verübt wurden, war kein Geheimnis. Während unartigen Kindern früher gedroht wurde: »Ich sag's dem Schutzmann (Polizist)!«, hieß es nun: »Du kommst in die Kemna.«

Nach dem Krieg wurden im Kemna-Prozess vom 1. März bis 15. Mai 1948 30 Personen angeklagt. Mit geringen Folgen: Ein Todesurteil wurde gefällt, jedoch nicht vollstreckt. Lebenslängliche Zuchthausstrafen wurden nach wenigen Jahren zur Bewährung ausgesetzt. Der führende Kopf hinter den Folterungen des Dritten Reichs, Hermann Wilhelm Göring (1893–1946), für die Gründung der Gestapo sowie die Einrichtung der ersten Konzentrationslager ab 1933 verantwortlich, wurde im Rahmen des Nürnberger Prozesses gegen die Hauptkriegsverbrecher vor dem Internationalen Militärgerichtshof zum Tode verurteilt, entzog sich der Hinrichtung aber durch Suizid. In der Wuppertaler Bevölkerung hatte er längst einen Spitznamen weg: »Er hieß bei uns nur noch Hermann Maier, denn er hatte zu Beginn des Krieges erklärt, er wolle ›Maier‹ heißen, wenn auch nur ein feindliches Flugzeug über Deutschland auftauchen würde. Inzwischen flogen viele feindliche Flugzeuge über Deutschland.« Derselbe Augenzeuge berichtete außerdem über die Indoktrinierung von klein auf: 1943 sei er mit Hunderten anderen Zehnjährigen im Deutschen Jungvolk (DJ) aufgenommen worden. Die »Pimpfe« mussten auf der Hardt am Bismarckturm den Fahneneid schwören und sangen Lieder wie: »Unsere Fahne flattert uns voran« oder »Wetzt die langen Messer …, Blut muss fließen knüppelhageldick, wir scheißen auf die Freiheit der Judenrepublik«, Refrain: »Lasst das Rindvieh baumeln, bis es runterfällt«. Wenn Bomben herunterzufallen drohten, sich also feindliche Flugzeuge näherten, schrien die Kinder: »Christbäume!« Nach dem Angriff mussten sie Bombensplitter sammeln, Blindgänger und Stabbrandbomben, einmal hätten sie sogar einen Kanister Phosphor geborgen.

Der Name einer anderen Nazi-Größe ist mit Wuppertal eng verbunden: Joseph Göbbels (1897–1945) wurde im Oktober 1924 Redakteur des Elberfelder Gaukampfblatts »Völkische Freiheit«, kurz darauf trat er in die frisch gegründete NSDAP ein, wurde Geschäftsführer des Gaues Rheinland-Nord, zog nach Elberfeld und entwickelte sich zum führenden Agitator der Partei, nicht nur im Rheinland und in Westfalen: In einem Jahr trat er 189-mal als Redner auf und wurde von Hitler am 9. November 1926 zum Gauleiter von Berlin-Brandenburg ernannt. Heute ist Wuppertal unter Rechtsradikalen wieder sehr beliebt.

Es gab und gibt aber auch Widerstand: Der Elberfelder Armin T. Wegner (1886–1978), Jurist und Dichter, der im Ersten Weltkrieg als Sanitätsoffizier in Ostanatolien eingesetzt war, dokumentierte den Genozid an Armeniern und protestierte 1933 in einem Brief an Hitler gegen die Judenverfolgung, wurde verhaftet und emigrierte nach Italien, wo er an der Universität Padua lehrte. 1962 erhielt er den Eduard-von-der-Heydt Preis der Stadt Wuppertal. 1968 erfolgte die Ehrung als »Gerechter unter den Völkern« in der Gedenkstätte Yad Vashem in Jerusalem. Am 28. September 2002 wurde in der Begegnungsstätte Alte Synagoge in Wuppertal die Armin-T.-Wegner-Gesellschaft e. V. zur Pflege und Verbreitung seines Werks gegründet.

Walter Hösterey (1888–1966) – Sohn eines bekannten Elberfelder Brezelbäckers – war Schriftsteller und Verleger, überzeugter Pazifist, geriet 1933 vorübergehend in »Schutzhaft«, emigrierte nach Dänemark, wo er 1940 erneut verhaftet wurde. Die Zeit bis zum Ende des Kriegs verbrachte er in KZs, später engagierte er sich für die Aufarbeitung von KZ-Verbrechen. 1953 erhielt er das Bundesverdienstkreuz und 1964 das Große Bundesverdienstkreuz.

Am Karl-Ibach-Weg in Kemna, etwas oberhalb der Beyenburger Straße, direkt gegenüber dem ehemaligen KZ, erinnert ein 1983 eingeweihtes Mahnmal an das KZ. Es wurde von Schülern des Wuppertaler Gymnasiums Am Kothen im Rahmen eines Jugendwettbewerbs entworfen und 1983 mithilfe von Spenden und der Mitarbeit von Wuppertaler Bürgern und Jugendlichen realisiert.

Ebenfalls Schülern ist der 3,6 Kilometer lange Mahnmalweg KZ Kemna zu verdanken, der im Herbst 2001 von der Jugendhilfe Wuppertal und mehreren städtischen Hauptschulen entwickelt und mit handgeschnitzten Hinweistafeln versehen wurde. Er startet am Langerfelder Marktplatz, verläuft vom historischen Stadtzentrum an der Kirche, dem Friedhof und dem Schwimmbad vorbei auf den Berg, unterquert die A1, führt weiter am Kattendieck entlang zum Ehrenberg und folgt dem Ehrenberger Bach talwärts zur Wupper, wo er an dem Mahnmal endet.

21 Wupperschleife

Die Wupperschleife hinter Kemna ist zufällig gewählt, um dem »Bergischen Amazonas« Aufmerksamkeit zu widmen. Einige Zahlen und Namen vorweg:

Die Wupper entspringt bei Marienheide-Börlinghausen 76 (441 Meter ü. NN) unterhalb eines Hochmoors mit außergewöhnlicher Vegetation und steht wie das ganze Quellgebiet unter Naturschutz. 37 Quellen speisen sie. Dort befindet sich auch der Start des 125 Kilometer langen Wupperwanderwegs, der 2005 entlang des Flusses bis zu dessen Mündung in den Rhein eingerichtet wurde. Die Wupper nimmt eine kleine Abkürzung, sie legt bis zur Mündung nur 115 Kilometer zurück. Auf den ersten etwa 15 Kilometern von der Quelle bis Leiersmühle in Wipperfürth trägt sie den Namen »Wipper«. In neueren Karten wird sie aber oft bereits ab der Einmündung der Kerspe bei Wipperfürth-Ohl 3 »Wupper« genannt.

Die wichtigsten Nebenflüsse sind: Kerspe, Bever, Schwelme, Morsbach und Dhünn. Die Dhünn ist erst 1840 durch Kanalisierung kurz vor der Mündung dazugekommen, vorher floss sie direkt in den Rhein.

Die Städte und Gemeinden an der Wupper sind: Marienheide, Wipperfürth, Hückeswagen **2**, Radevormwald **4**, Ennepetal, Schwelm, Wuppertal **32**, Solingen **28**, Remscheid **30**, Leichlingen **105** und Leverkusen.

Insgesamt fast 200 Brücken queren den Fluss, darunter so außergewöhnliche wie Deutschlands höchste Eisenbahnbrücke: die Müngstener Brücke **41** bei Remscheid. Zehn Kilometer lang führt die Wuppertaler Schwebebahn **25** in zwölf Metern Höhe die Wupper entlang. Mit der Leverkusener Schiffsbrücke ist ein weiterer einzigartiger Zeuge der NRW-Verkehrsgeschichte wieder erlebbar, der allerdings ein kleines bisschen gemogelt ist. Die Schiffsbrücke liegt nach wie vor an der ursprünglichen Mündung, die heute jedoch nur noch ein Rheinseitenarm ist, während der Wupperverlauf im allerletzten Stück umgelegt wurde.

Die identitätsstiftende Rolle der Wupper für das Bergische Land verdeutlicht das Bergische Heimatlied, das 1892 von dem Solinger Rudolf Hartkopf (1859–1944) gedichtet wurde. Die ersten beiden Strophen lauten wie folgt:

Wo die Wälder noch rauschen, die Nachtigall singt,
die Berge hoch ragen, der Amboss erklingt.
Wo die Quelle noch rinnet aus moosigem Stein,
die Bächlein noch murmeln im blumigen Hain.
Wo im Schatten der Eiche die Wiege mir stand,
da ist meine Heimat, mein Bergisches Land.

Wo die Wupper wild woget auf steinigem Weg
An Klippen und Klüften sich windet der Steg.
Wo der rauchende Schlot und der Räder Gebraus,
die flammende Esse, der Hämmer Gesaus
Verkünden und rühmen die fleißige Hand:
Da ist meine Heimat, mein Bergisches Land.

Die Wupper hatte lange den Beinamen »Arbeiter unter den Flüssen« beziehungsweise »fleißigster Fluss Deutschlands«. Nicht von ungefähr: Bis zum 16. Jahrhundert wurde ihre Wasserkraft durch Mühlen intensiv genutzt. 1527 begann die industrielle Nutzung, als der Herzog von Berg den Gemeinden Barmen und Elberfeld die Exklusivrechte zur Garnbleichung zugestand. Färbereien und Tuchdruckereien des 19. Jahrhunderts sorgten mit den Farben Fuchsin, Aldehydgrün und Türkischrot für gewaltige Verschmutzungen des Wassers. Die Metall- und Chemieindustrie setzte noch eins oben drauf. Die kommunalen Abwässer der wachsenden Städte sorgten schließlich dafür, dass der Fluss kippte. Lachse waren ab 1830 verschwunden. 1850, 1859 und 1867 gab es Choleraepidemien. Im 19./20. Jahrhundert galt die Wupper im Unterlauf als der schmutzigste Fluss Deutschlands. Der für den Wahlkreis Solingen 1903 in den Reichstag eingezogene Sozialdemokrat Philipp Scheidemann (1865–1939), späterer Reichsministerpräsident, mokierte sich in seiner ersten Reichstagsrede, dass die früher so fischreiche Wupper inzwischen so schwarz sei, dass, wenn man einen Nationalliberalen darin eintauche, man ihn als Zentrumsmann wieder herausziehen könne. Lange war die Wupper ein reiner Abwasserkanal. Bis in die 80er-Jahre des 20. Jahrhunderts bekamen Wuppertaler Schulkinder »stinkefrei«, wenn der Fluss im Sommer allzu ekelerregende Ausdünstungen verströmte.

Heute tummeln sich in der mal wild und ungezähmt, mal gemächlich fließenden Wupper wieder Lachse, Bachforellen, Welse, Barsche, Hechte und Zander. Eine ganze Reihe weiterer Tierarten konnte durch das Bemühen um Renaturierung hier (erneut) heimisch werden: Eisvögel, Waschbären, Fischadler, Schwarzstörche, Uhus, Graureiher, Kormorane. Auch bezüglich der Landschaft können Wanderer einiges zwischen nahezu unberührter Natur, Wäldern und Auen erleben.

An dieser Stelle sollte der Ausdruck »über die Wupper gehen« für »sterben« nicht vergessen werden, zu dem es gleich mehrere Erklärungen gibt:

Wollte in Wuppertal ein Unternehmer zum Gericht, um Insolvenz anzumelden, musste er dazu die Wupper überqueren, da sich das Gericht auf einer Wupperinsel befand.

Zum Tode Verurteilte wurden von der Gerichtsinsel zur Hinrichtung in ein Gefängnis über die Wupper gebracht.

Leichen mussten zur Beisetzung auf die andere Seite der Wupper überführt werden.

Als der Soldatenkönig Friedrich Wilhelm I. von Preußen Zwangsrekrutierungen vornahm, flohen viele junge Männer im 18. Jahrhundert aus der Grafschaft Mark ins Herzogtum Berg über die Wupper, um sich in den aufblühenden Manufakturen als Arbeitskräfte zu verdingen.

Schiffbar war die Wupper nie, aber bei einem Pegelstand von 60 Zentimetern ist sie mit Kanus oder Kajaks zu befahren. Das gilt allerdings nur eingeschränkt, denn der Schutz von Flora und Fauna hat Priorität. Die seit 1984 stattfindende beliebte Wupperfloßfahrt zwischen Solingen und Opladen **98** musste 2014 schließlich aus Naturschutzgründen eingestellt werden. Teils aufwendig kostümierte Teams mit jeglichem wuppertauglichen Gefährt waren bis dahin jeweils im September gemächlich die 16 Kilometer lange Strecke abwärts geschippert.

22 H2O

Das Sauna- und Badeparadies H2O in der Hackenberger Straße 109 in Remscheid-Lennep wurde 1986 eröffnet und 2017 einer Komplettsanierung unterzogen, sodass es sich nun in neuen, warmen Farben zeigt. Das Angebot ist unverändert vielseitig. Es gibt eine Wasserlandschaft mit einem 25-Meter-Sportbecken, einem Sprungturm und einem Solebecken, Whirlpool und Lehrschwimmbecken. Im Erlebnisbereich hat der Besucher die Wahl zwischen einem 60-Meter-Wildwasserfluss, einer 20-Meter-Röhrenrutsche, einer Steilrutsche, einem Kletternetz und einer Hängebrücke. Eine Kinderspielzone befindet sich außerdem innen wie außen. Im Außenbereich findet der Besucher darüber hinaus ein weiteres Solebecken und ein Sportschwimmbecken, innen und außen zudem Gastronomie. Der Saunabereich verfügt über ein Gradierwerk, Außenbecken und natürlich verschiedene Saunen.

Zudem bietet das Bad Aktionen an wie Fun- und Action-Tage für Kinder, Entspannungszeremonien für Gestresste, Schnuppertauchen für Interessierte oder Gesundheitstage mit Wassergymnastik für alle, die Spaß daran haben. Mit diesen Angeboten steht das H2O in der Region nicht allein. Im Folgenden eine Übersicht über einige Spaß-, Frei- und Hallenbäder im Bergischen Land, alphabetisch sortiert nach Orten:

- Kombibad Paffrath, Borngasse 2, 51469 Bergisch Gladbach [35]
- Vitalbad Burscheid, Im Hagen 9, 51399 Burscheid [96]
- Gumbala Bade- und Saunaland, Singerbrinkstraße 31, 51643 Gummersbach [81]
- Hildorado, Grünstraße 2, 40723 Hilden [118]
- Bürgerbad Hückeswagen, Zum Sportzentrum 9, 42499 Hückeswagen [2]

- Splash Betriebs LTD. & Co KG, Broch 8, 51515 Kürten [87]
- Blütenbad Leichlingen, Am Büscherhof 45, 42799 Leichlingen (Rheinland) [105]
- Freizeitbad CaLevornia, Bismarckstraße 182, 51373 Leverkusen [42]
- Freibad Wiembachtal, Talstraße 62, 51379 Leverkusen [42] bzw. [98]
- Hallenbad Bergisch-Neukirchen, Wuppertalstraße 10, 51381 Leverkusen-Bergisch-Neukirchen [103]
- Parkbad Sportzentrum Lindlar, Brionner Straße 1, 51789 Lindlar [72]
- Mona Mare, Kurt-Schumacher-Straße 2, 40789 Monheim am Rhein [120]
- Dolphi-Bad, Hahner Straße, 51597 Morsbach, Im Schul- und Sportzentrum [18]
- Schwimmbad Element, Mateh-Yehuda-Straße 1, 51588 Nümbrecht [14]
- Badino Freizeitbad, Propsteistraße 25, 51491 Overath [79]
- Life-ness – Saunalandschaft & Sportbad, Carl-Diem-Straße 33, 42477 Radevormwald [4]
- Freibad Eschbachtal, Eschbachtal 5, 42859 Remscheid [30]
- Freibad Ohligser Heide (Heidebad), Langhansstraße 100, 42697 Solingen 28
- Freibad Ittertal, Mittelitter 10, 42719 Solingen
- Freibad Dabringhausen, Coenemühle 1, 42929 Wermelskirchen [5]
- Wiehler Wasser Welt, Mühlenstraße 23, 51674 Wiehl [66]

- Walter-Leo-Schmitz-Bad, Ostlandstraße 32, 51688 Wipperfürth **3**
- Freibad Vohwinkel, Gräfrather Straße 43 c, 42329 Wuppertal **32**

23 **Wupper-Talsperre**

Die Wupper-Talsperre **8** dient vor allem der Regulierung, dem Hochwasserschutz und der Niedrigwassererhöhung der Wupper. Insbesondere ihre Vorsperren – die Wupper-, Wiebach-, Dörpe-, Feldbach- und Lenneper-Bach-Vorsperre – erfüllen darüber hinaus ökologische Aufgaben, indem sie zahlreichen Tier- und Pflanzenarten Lebensraum bieten.

Die Besucher werden die Talsperre vor allem als Freizeitraum wahrnehmen: zum Wandern, Picknicken – es gibt einen Imbiss –, Segeln, Rudern, Tauchen, Angeln und Tretbootfahren, und wer länger genießen will, kann sich in einer der Ferienhaussiedlungen einquartieren. An der Wassersport- und Freizeitanlage Kräwinklerbrücke befindet sich eine Badestelle. Kräwinklerbrücke ist auch der Name der Ortschaft am Wasser – und im Wasser. Ein Teil des Ortsgebiets wurde beim Bau der Wuppersperre geflutet.

Der Name »Kräwinklerbrücke« soll durch Umstellung von r und a aus »Karwinkel« entstanden sein, bedeutet also »Winkel in der Bergmulde«. »Krähe« ist direkt mit »Kar« verwandt, denn die Grundbedeutung beider Begriffe ist tönen (vom Wasser) und schreien (vom Vogel). Zu dem Teil der Ortschaft, der untergegangen ist, gehört unter anderem die Kräwinkler Wupperbrücke. Auch wenn man tauchen muss, um sie zu erleben, ist sie die älteste noch erhaltene Wupperbrücke, wenige Jahrzehnte vor der 1775 errichteten Brücke in Barmen-Heckinghausen fertiggestellt. Wenn man sich die Liste der Gebäude vergegenwärtigt, die allein dieser Sperre weichen mussten – und diese Gebäude stehen ja für Menschen, die sie geschaffen und darin gelebt und gearbeitet haben –, wird deutlich, dass viele Stätten der Freude eine Geschichte haben, die von Entbehrung und Zerstörung erzählt. Neben ganzen Industrieanlagen und vielen Wohnhäusern wurde für die Sperre ein kleiner Sakralbau abgerissen: die Kräwinkler Kapelle Maria zur Mühlen, gestiftet 1945 von einem katholischen Flüchtling aus dem deutschen Osten, der in der neuen Heimat nur evangelische Gotteshäuser vorgefunden hatte. So wurde die Kapelle gebaut – wiederum auf den Grundmauern eines anderen Gebäudes: der ehemaligen Getreidemühle an der Mündung des Heider Baches in die Wupper. Eins entsteht aus dem anderen und verschwindet in der Versenkung.

Ein gewaltiger Gegenstand wurde jedenfalls wieder aus der Versenkung zurückgeholt: Der Heimat- und Verkehrsverein ließ 1980 einen Mondstein bergen, verbunden mit hohem technischem Aufwand, und in den Froweinpark in Bergerhof schaffen. Nach einer bergischen Sage hatten an der Stelle, wo das Wiehbachtal heute durch die Wupper geflutet wurde, drei besonders große Felsbrocken gelegen, die wie überdimensionierte Schrittsteine wirkten, als hätten sie Riesen dazu gedient, an dieser Stelle die Wupper zu überqueren. Der Sage nach drehen sich diese Steine herum, wenn sie das Neujahrsläuten der Glocken von Radevormwald hören.

24 Vohwinkel

Im Westen von Wuppertal 32 befindet sich mit Vohwinkel der drittgrößte Stadtteil nach Elberfeld 45 und Barmen 44, das bis 1929 selbstständig war. Die Namensherkunft liegt eigentlich auf der Zunge, ist aber nicht unumstritten und begründet sich zum Teil aus unterschiedlichen historischen Schreibweisen. 1312 etwa findet sich ein »vouinkel«, in einer Verkaufsurkunde von 1356 heißt es »vowynkele«, in einer Stiftungsurkunde von 1482 »fowinckele«, später »fowinckell«, in einer Pächterurkunde von 1488 steht »to vowinkele« beziehungsweise »up deme vowinkele«, Kirchenrechnungen von 1636 und 1665 halten »vohwinckel« und »fowinckell« fest, das »Ambt Solingen« schreibt um 1715 »fuwinckel«, 1789–1790 »furwinkel« und eine Kirchenrechnung von 1838 wieder »vohwinckel«, später »vohwinkel«. Aus diesem Grund tun sich Etymologen mit der Frage schwer, ob der Ort »vor dem Winkel« – vermutlich ist die Wupperkrümmung gemeint – oder »Fuchswinkel« heißt. Letztere Deutung wird von den Vohwinkelern favorisiert und hat auch im Wappen des Stadtteils Niederschlag gefunden, das mit einem Fuchs über einem silberfarbenen Winkel, dessen Lage in einer fuchsreichen Gegend am Knie der Wupper andeutet, im Hintergrund die Farben des Bergischen – Rot-Weiß – und des Rheinischen – Grün-Weiß.

Den historischen Kern von Vohwinkel bildete der heute ein kleines Stückchen nordöstlich des Zentrums liegende Oberhof Lüntenbeck, ein kleines Waldgut in einer Talsenke. Um 1200 wurde Lüntenbeck zum ersten Mal erwähnt, am 27. Juli 1825 wäre der Oberhof beinahe durch ein Feuer zerstört worden. Scheunen und Wirtschaftsgebäude brannten ab, doch das zweieinhalbgeschossige, aus der Zeit des Hochbarock stammende Haupthaus mit angebautem Turm und der inzwischen mit Schiefer und Holzschindeln verkleidete Mühlenturm konnten gerettet werden. Die Nutzung wandelte sich von einem Ritter- zu einem Bauerngut, mittlerweile befindet es sich in Privatbesitz und kann daher nur von außen besichtigt werden, wird von Praxen, Unternehmen, für standesamtliche Trauungen und erfreulicherweise auch gastronomisch genutzt.

Den heutigen Kern von Vohwinkel durchquert die Kaiserstraße, deren Namensgebung auf einen Besuch des Ortes von Kaiser Wilhelm II. zurückgeht. Zwei Jahre nach Baubeginn der Schwebebahn **25** unternahm das Staatsoberhaupt samt Gattin damit eine Probefahrt von Elberfeld **45**, wo er das neue Rathaus eingeweiht hatte, nach Vohwinkel, wo das durchlauchte Paar mit einem Meer von Fahnen erwartet und per Kutsche über die jetzige Kaiserstraße zu dem vor dem Kreishaus errichteten Siegesbrunnen expediert wurde, um dessen Enthüllung beizuwohnen. Das einschneidende Ereignis wurde am 17. Mai 2008 anlässlich der offiziellen Übergabe des neuen Schwebebahn-Bahnhofs an die Wuppertaler Bürger in einem Historienspiel nachgeahmt. In Ermangelung des im Zweiten Weltkrieg zerstörten Siegesbrunnens mit der Germania wurde eine in eine Toga gewandete Schauspielerin hinter den Zeltwänden eines Gartenpavillons »enthüllt«, woraufhin das »Volk« nach dem Entfernen der Planen lautstark weiter forderte: »Enthüllen! Enthüllen!«

An der Kaiserstraße finden sich neben dem Kreishaus weitere historische Gebäude, oft Fachwerk, wie das 1899 errichtete Kontorhaus einer Holzhandlung mit reich verziertem Giebel in der Nummer 29 und die ehemalige Seidenweberei Gebhard & Co. Vor dem Stationsgarten der Schwebebahn-Endkehre schneidet sie die Edith-Stein-Straße mit prächtigen Bürgervillen und der katholischen Kirche Sankt Maria Empfängnis von 1907, die in die ebenfalls sehenswerte Gräfrather Straße mit der evangelischen Kirche von 1890 übergeht. Auch ein Blick in die ganz am Anfang der Kaiserstraße kreuzende Gustavstraße oder die direkt hinter dem Park verlaufende Rubensstraße lohnt aufgrund einiger denkmalgeschützter Gebäude, insbesondere dem wunderschönen alten Rathaus von 1898, heute Einwohnermeldeamt und Stadtbibliothek.

Nicht allein des Namens wegen noch ein Hinweis für Hungrige auf den Stationsgarten 2: Der »Fuchswinkel« im Akzenta-Markt ist ein gelungenes Beispiel für gehobene Imbiss-Gastronomie. 300 Meter weiter, hinter den tunnelartigen Eisenbahnbrücken, liegt der an einen Sakralbau erinnernde alte Bahnhof von 1908, der 100 Jahre darauf als »BüBa«, Bürgerbahnhof, von einer Bürgerinitiative übernommen wurde und als multifunktionaler Treffpunkt mit etwa 50 öffentlichen Veranstaltungen im Jahr und Kunstausstellungen überregional Beachtung findet.

25 Schwebebahn

Es fällt schwer, sachlich über die Wuppertaler Schwebebahn zu berichten, weil sie so viele Aspekte vereinigt, die zum Schwärmen verleiten: von der Historie über das Fahrerlebnis, ökologisch-zukunftsweisende Gesichtspunkte bis hin zu ihr selbst als Alleinstellungsmerkmal. Besonders ermutigend ist sicherlich die Signalwirkung, die die Entscheidung der um die Jahrtausendwende vollkommen verschuldeten Stadt, ihr Wahrzeichen zu sanieren, mit sich brachte: eine spürbare Stärkung des »Wir-Gefühls« der Wuppertaler, die das bürgerschaftliche und auch wirtschaftliche Engagement vor Ort beflügelte.

In reinen Daten wiedergegeben, wurde die »einschienige Hängebahn System Eugen Langen« – benannt nach ihrem Entwickler – als Einrichtung öffentlichen Nahverkehrs am 01. März 1901 eröffnet. Die bereits erwähnte Fahrt des Kaiserpaares 24 fand auf einer Teilstrecke vor der endgültigen Fertigstellung statt. Seit dem 26. Mai 1997 steht die Anlage unter Denkmalschutz. Ihr Entwickler, der Unternehmer, Ingenieur und Erfinder Carl Eugen Langen (1833–1895), stammte aus der Kölner Zuckerdynastie Pfeifer und Langen und förderte unter anderem den Kolonialwarenhandel und den Ottomotor – er legte gewissermaßen den Grundstein für den späteren Konzern Klöckner-Humboldt-Deutz. Für den Bau des Viertaktmotors verpflichtete er die Mechaniker Gottlieb Daimler und Wilhelm Maybach. Außerdem engagierte er sich für eine Kölner Waggonfabrik, für die er die Wuppertaler und die Dresdner Schwebebahn entwickelte, bei denen im Gegensatz zur Magnetschwebebahn ein ständiger Kontakt zwischen Fahrweg und Fahrzeug besteht. Die Realisierung beider Projekte erlebte er nicht mehr, da er an einer Fischvergiftung starb, die er sich bei der Einweihung des Nord-Ostsee-Kanals zugezogen hatte. Ein Gedenktafel-Relief am Döppersberg in Elberfeld **45** erinnert an ihn.

Die Gesamtkosten des Baus der Schwebebahn betrugen 16 Millionen Goldmark. 19.200 Tonnen Eisen wurden benötigt und 472 bis zu 14 Meter hohe Stützen aufgestellt.

Etwa 300.000 Fahrgäste jährlich nutzen sie. Die durchgehend zweigleisige Strecke von Vohwinkel **24** bis Oberbarmen beträgt 13,3 Kilometer, zehn davon über der Wupper. Die Bahn hat 20 Haltestellen, davon vier auf der Landstrecke. Die verkehrsreichste ist die am Hauptbahnhof/Döppersberg, die am Alter Markt erschließt die Barmer Innenstadt, die an der Werther Brücke gilt als die schönste, deren Jugendstilelemente am besten erhalten geblieben sind. Die Züge sind bis zu 60 Stundenkilometer schnell, das normale Reisetempo beträgt etwa 27 Stundenkilometer, sie brauchen etwa 30 Minuten von einer Endhaltestelle zur anderen, verkehren heute teilweise im Zwei-Minuten-Takt und befördern bis zu 87.000 Passagiere pro Tag, etwa 24 Millionen jährlich.

Die Schwebebahn gilt als sicherstes Verkehrsmittel der Welt, obwohl 1999 fünf Menschen starben und 47 teils schwer verletzt wurden, als eine Bahn aufgrund einer von Bauarbeitern vergessenen Kralle in die Wupper stürzte. 2018 kam es gleich zweimal zu Pannen, die dazu führten, dass der Betrieb bis Sommer 2019 eingestellt wurde, um umfängliche Sicherungsmaßnahmen vorzunehmen.

Davor war in der über 100-jährigen Geschichte nur ein weiterer Unfall vermeldet worden: Als 1903 ein Fuhrmann zur Sicherung seiner Fracht hoch oben auf seiner Ladung saß, wurde er an der Sonnborner Straße von der über ihn hinweg fahrenden Bahn erfasst, aber zum Glück nicht tödlich verletzt.

Ein sensationeller Unfall ohne Personenschaden und – hier muss ergänzt werden – ohne Tierschaden ereignete sich am 21. Juli 1950, als der Zirkusdirektor Franz Althoff zu Werbezwecken mit der halbwüchsigen Elefantendame Tuffi am Alter Markt in Wuppertal-Barmen in die Bahn einstieg und in Richtung Elberfeld fuhr. Als der Elefant sich durch mitfahrende Fotografen bedrängt fühlte, sprang er kurzerhand durch eine Seitenwand ins Freie und landete in der Wupper, die an der Stelle nur 50 Zentimeter tief war. Das Tier stand am gleichen Abend wieder in der Manege, sein Herr zahlte 450 Mark Strafe und die Schwebebahn profitiert bis heute von dem Verkauf von Souvenirs, die an das Ereignis erinnern.

Neben der elektrisch betriebenen Schwebebahn gibt es die Möglichkeit, mit »Stangentaxis« der Solinger Stadtwerke **28** – gemeinhin besser bekannt als Oberleitungsbusse oder Trolleys – zu fahren, die Wuppertal und Vohwinkel miteinander verbinden. Die Stadt Wuppertal, die in den 50er- und 60er-Jahren viele Obusse eingesetzt hatte, begann mit den 70ern, ihr Netz zurückzubauen und die Elektrobusse durch Motorfahrzeuge zu ersetzen.

Wenn es nach den Vorstellungen einer Bürgerinitiative und vieler involvierter Unternehmen ginge, soll am Hauptbahnhof für 83 Millionen Euro bis 2025 eine Seilbahnstation gebaut werden, Ausgangspunkt für eine Luftlinienverbindung mit dem Universitätscampus/Grifflenberg und dem Schulzentrum Süd im Wohnquartier Küllenhahn. Sechs bis zu 70 Meter hohe Stahlstützen wären dafür erforderlich. Es gilt 165 Höhenmeter zu überwinden, die im Winter bei Eis und Schnee für Gelenkbusse nicht immer zu bewältigen sind. Zudem wäre damit eine deutliche Entlastung des Straßenverkehrs in Sicht, da man so auf 100 Busse verzichten könnte. Wuppertal wäre damit die erste Kommune in NRW, die eine Seilbahn als öffentliches Verkehrsmittel einsetzt. Bei einer Bürgerbefragung im Mai 2019 – am Tag der EU-Wahl – sprachen sich allerdings über 60 Prozent der Abstimmenden gegen das Projekt aus.

26 Heilige Ewalde

Im Jahr 1312 wurde erstmalig das Kirchspiel Cronenberg dokumentiert, der Sakralbau war den Brüdern Ewaldi gewidmet, zwei Mönchen, die am Ende des 7. Jahrhunderts im damaligen Gebiet der Sachsen als Missionare vermutlich in der Gegend, wo jetzt der Dortmunder Stadtteil Aplerbeck ist, ums Leben kamen. Das Gotteshaus stand an einer Stelle auf den heutigen Wuppertaler 32 Südhöhen, an der sich nun die Reformierte Kirche befindet, die aufgrund ihrer Proportionen und des besonders gelungenen Zwiebelturms als eins der schönsten Sakralgebäude im Bergischen Land gilt. Die protestantische Übernahme erfolgte ab 1570, als sich immer mehr Gemeindemitglieder der Reformation anschlossen. Erst Mitte des 18. Jahrhunderts hatte die Anzahl der Cronenberger Katholiken wieder eine Größenordnung erreicht, dass man über den Bau einer eigenen Kirche nachdachte. Ein Wirtshaus an der Köln-Hitdorfer Landstraße wurde gekauft und als Gemeindehaus umgestaltet, sodass am 19. März 1792, dem Josefstag, wieder eine katholische Messe abgehalten werden konnte. Die Gläubigen nannten sich nach dem Datum Sankt-Josefs-Gemeinde.

1843 wurde der erste eigene Kirchenbau eingeweiht, das neoklassizistische »Missionshaus«, das 1856 niederbrannte, später wiederhergerichtet und mit einem Anbau versehen wurde, in dem die Messen seitdem stattfanden. Als das Gebäude 1943 durch einen Bombenbrand wieder schwer in Mitleidenschaft gezogen worden war, nutzte die Gemeinde es dennoch weiter, bis ein Gutachten 1964 dessen Baufälligkeit feststellte, die zur Auslagerung der Gottesdienste in die evangelische Emmauskirche an der Hauptstraße 39 führte. 1972 wurde die alte Kirche gesprengt, Ende 1973 eine neue Zeltkirche fertiggestellt, und die Gemeinde nahm den ursprünglichen Namen Heilige Ewalde wieder an.

Die Architektur der neuen Kirche an der Hauptstraße 96 ist außergewöhnlich und unbedingt sehenswert. Sie entspricht der Richtung des Neuen Bauens – einer schlichten, sachlichen, rationalen Bauweise – beziehungsweise der organischen Architektur, die Funktionalität und ökologische Gesichtspunkte betont. Es handelt sich um eine Saalkirche aus Sichtbeton in der Form eines unregelmäßigen Achtecks mit spitzem verschiefertem Dach und frei stehendem, zehn Meter hohem, spitzem und ebenfalls mit Kunstschiefer verkleidetem Turm. Der Innenraum liegt unterhalb des Straßenniveaus und wird nur durch ein Oberlicht im Dach erhellt.

27 Röntgen Museum

Der erste Nobelpreis für Physik ging 1901 an Wilhelm Conrad Röntgen (1845–1923), der als Sohn eines Tuchfabrikanten am Gänsemarkt 1 in Remscheid-Lennep 30 geboren wurde. Seine wissenschaftliche Karriere entwickelte sich zunächst holprig. Die Familie zog in die Niederlande, wo Röntgen Probleme in der Schule hatte. Er erhielt keinen Abschluss und durfte sich nur als Gasthörer in der Universität Utrecht immatrikulieren. Erst im Alter von 20 Jahren gelang es ihm per Aufnahmeprüfung, an der Technischen Hochschule Zürich ein Studium aufzunehmen und drei Jahre später ein Diplom als Maschinenbauingenieur zu erhalten. Er begann ein Aufbaustudium Physik und promovierte mit Studien über Gase. Es folgten Lehrtätigkeiten in Stuttgart, Straßburg, Gießen und Würzburg. In Würzburg errang er am 8. November 1895 durchschlagenden wissenschaftlichen Erfolg: die Entdeckung der von ihm als »X-Strahlen« bezeichneten elektromagnetischen Wellen, die die Medizin in der Diagnostik des Knochenbaus enorm voranbrachten und die im deutschen Sprachraum nach ihrem Entdecker Röntgenstrahlen genannt werden. International tragen sie weiterhin den Namen »x-rays«. Seine Entdeckung durch ein Patent zu schützen, lehnte Röntgen ab, weil er sich der Allgemeinheit verpflichtet sah, wodurch sich die Röntgentechnik rasch verbreitete. Experimente mit Röntgenstrahlen führten nicht lange darauf indirekt zur Entdeckung der Radioaktivität. Die schädliche Wirkung der Strahlen, die mit einem erhöhten Krebsrisiko einhergeht, wurde erst später erkannt. In entsprechender Dosierung können Röntgenstrahlen aber auch therapeutisch gegen Krebs eingesetzt werden.

Nur wenige Meter von Röntgens Geburtshaus entfernt – mitten in der historischen Altstadt von Lennep, in einem altbergischen Patrizierhaus an der Schwelmer Straße 41 – wurde ihm zu Ehren 1932 auf 2.100 Quadratmetern Fläche ein Museum eingerichtet, dessen Sammlung 155.000 Exponate umfasst, darunter viele Originale und eine weltweit einmalige Zusammenstellung an Geräten zur Entdeckung, Erforschung und Anwendung der Röntgentechnik. Natürlich informiert die Ausstellung außerdem über Leben und Wirken seines Namensgebers. Heute ist das Röntgen Museum bestrebt, sich vom wissenschaftszentrierten Spezialmuseum zu einem lebenspraktisch verankerten Themenort kreativen Forschens und erlebnisreichen Entdeckens zu entwickeln, einem Laboratorium des Lernens ganz im Sinne Röntgens. Dazu führt das Museumsteam zwischen 200 und 300 Führungen pro Jahr durch und empfängt rund 15.000 Besucher jährlich. Ein Shop und ein öffentlich zugängliches Café im gläsernen Anbau sowie der multimedial ausgestattete Eingangsbereich mit Infos zum jeweiligen »Objekt des Monats« beziehungsweise zum Museum laden auch Passanten ohne besondere Absichten zur Einkehr und zum Erkunden ein.

3. MAILS, MESSER, MORD IN MÜNGSTEN

Liebe Katharina,

ich hoffe, ich darf dich noch so nennen? Verzeih bitte, wenn ich nach einer Ewigkeit Kontakt zu dir aufnehme, aber du weißt ja, ich bin Jungfrau. Von Zeit zu Zeit ist es mir ein Bedürfnis, mein Adressverzeichnis aufzuräumen, und bevor ich Menschen, von denen ich jahrelang nichts mehr gehört habe, einfach rausschmeiße, erkundige ich mich lieber, ob die Kontaktdaten noch aktuell sind. Lebst du nach wie vor in Solingen [28]? Ist dein Nachname noch Scherer? Ich hoffe, diese E-Mail-Adresse existiert weiterhin und du erinnerst dich an mich!

Liebe Grüße
Mirja

Liebe Mirja,

welche Freude, von dir zu hören! Und wie könnte ich dich vergessen haben! Es waren immerhin drei Jahre, die wir gemeinsam am Ernst-Moritz-Arndt-Gymnasium [29] in Remscheid [30] verbracht haben, auch wenn Stundenplanüberschneidungen in der Oberstufe ja oft eher Glückssache sind. Wir waren in Religion zusammen, das weiß ich noch genau. Ich habe damals sehr bedauert, dass der Leistungskurs nicht zustande kam. Du gehörtest ja eher zu denjenigen, die das Fach gewählt hatten, weil es einen guten Schnitt versprach. Ich erinnere mich, dass du mir in einem Gespräch nahelegtest, statt Katholischer doch einfach Evangelische Theologie zu studieren, wenn ich schon unbedingt bei der Kirche Karriere machen wolle. Ich habe versucht, dir zu erklären, dass mir das Sakrament der Transsubstantiation heilig, eine derart pragmatische Entscheidung daher vollkommen unmöglich sei. Ich fürchte, du konntest meine Bedenken damals nicht nachvollziehen. Heute studiere ich immer noch an der Bergischen Universität [31] in Wuppertal [32], denn ich habe nach meinem Master of Education in Katholischer Theologie ein Philosophiestudium aufgenommen. Ich lebe wie damals im Häuschen meiner Mutter, die mittlerweile pflegebedürftig ist, und fahre abends und am Wochenende Taxi, damit wir über die Runden kommen. Leider limitiert es meine ehrenamtlichen Tätigkeiten etwas, aber ich finde ja schon lange, dass Schlaf überbewertet wird, wenn es um den Dienst an der guten Sache geht.

Und du?

Du wirst zwischenzeitlich Karriere gemacht haben. Deine Enttäuschung über dein schlechtes Abschneiden in den Abiturprüfungen ist mir noch lebhaft im Gedächtnis. Dabei wussten doch alle: Nichts wird dich hindern, deinen Weg zu gehen! In der Hinsicht hast du mir immer imponiert, auch wenn ich manchmal die Mittel bedenklich fand, die du wähltest. Es braucht Macher genauso wie Mahner, wenn die Menschheit sich entwickeln soll. Das ist schließlich unser aller Anliegen, nicht wahr?

Ich grüße dich ganz herzlich.

Katharina

Na ja, Katharina,

Karriere, was ist das?

Mir ist etwas widerfahren, was Frauen in dieser Hinsicht gelegentlich das Genick brechen kann. Ich hatte auf dem hiesigen Martinimarkt [33] die Wirkung von Glühwein ein wenig unterschätzt, zu spät erkannt, dass etwas schiefgegangen war, und muss nun mit den Konsequenzen leben. Zum Glück ist mein Mann Lukas ein Vorzeigevater, der mir den Rücken freihält. Als Erzieher ist er sozusagen prädestiniert dafür. Er hat einen sicheren Job im Kinderdorf Bethanien [34] und bemüht sich sehr, mich zu entschädigen für das Malheur, an dem er weiß Gott einen gewichtigen Anteil hatte. Auch wenn ich immer Jungfrau bleiben werde, bin ich tatsächlich pragmatisch genug, mein Leben in die Hand zu nehmen, statt irgendwelchen verquasten Ideologien wie der Parthenogenese nachzuhängen. Oh ja, ich erinnere mich sehr gut an unseren damaligen Disput! Ich hatte doch immer nur dein Bestes im Auge, dich stets bewundert für deinen messerscharfen Verstand. Die Schlussfolgerungen, die du zogst, sind mir allerdings bis heute fremd geblieben.

Ich bin damals nach Bergisch Gladbach [35] gegangen, um an einer der größten privaten Hochschulen, der Fachhochschule der Wirtschaft, einen Abschluss zu erwerben, den ich dank meiner Schwiegereltern, die sich ganz reizend um unsere Tochter gekümmert haben, mit nur einem Semester Verzögerung erhalten habe. Unmittelbar danach bot man mir eine Stelle beim Stadtentwicklungsbetrieb, einer Anstalt öffentlichen Rechts, an. Ich habe ein gutes Auskommen und das Fortkommen wird auch nicht auf sich warten lassen.

Du hast mich nun allerdings neugierig gemacht. Wie kommt es, dass du den Weg der Theologie nicht weiterverfolgst und dich stattdessen der vergleichsweise pragmatischen Philosophie zugewandt hast? Sollte ich da doch ein Fünkchen meines Denkens wiedererkennen?

Liebe Grüße
Mirja

Liebe Mirja,

es war mir von vornherein klar, welchen steinigen Weg ich mit meinem Studium eingeschlagen hatte. Aber habe doch keinen anderen gesehen. Bis heute nicht.

Die Auseinandersetzung mit der Gottes-Sohn-These ist etwas, mit dem ich wohl nie abschließen kann. Die Christologie-Vorlesungen an der Uni haben mich im tiefsten Inneren bewegt. Ich habe keine Antwort auf die Frage gefunden, warum Gottes Sohn keine Tochter ist. Warum er ausschließlich Männer als Apostel berufen hat, weswegen Frauen bis jetzt die Priesterweihe verweigert wird. Dabei ist die Reihe weiblicher Märtyrerinnen nicht nur eindrucksvoll, sondern ihr Bekenntnis, ihre Standhaftigkeit angesichts ihrer körperlichen Konstitution und der anhaltenden gesellschaftlichen Diskriminierung umso evidenter. Erinnerst du dich an das Bildnis der Katharina von Alexandrien im Solinger Klingenmuseum **36**? Zu ihren Füßen das heidnische Kaisertum, dessen Niederlage sie durch das auf den Kopf gerichtete Schwert in ihrer Rechten bestätigt. Ein Symbol natürlich! Was für einen grauenhaften Tod hat man ihr im Gegenzug beschert? Und wofür? Weil es ihr gelang, ausnahmslos jeden im friedlichen wissenschaftlichen Disput von ihrem Glauben zu überzeugen! Sämtliche Gelehrten, Philosophen, alle, die sie aufsuchten, bekehrte ihr Wort zum Christentum. Heißt es nicht im Johannesevangelium: »Im Anfang war das Wort, und das Wort war bei Gott, und das Wort war Gott … Und das Wort wurde Fleisch und wohnte unter uns.« Katharina verkörperte das Wort Gottes par excellence! Kaiser Maxentius wollte sie daraufhin zwischen zwei mit eisernen Sägen und spitzen Nägeln bewehrten Rädern zerreißen lassen. Als ein Engel das Folterinstrument und Tausende von Heiden gleich mit zerschmetterte, ließ der Kaiser Katharina enthaupten. Der Legende nach floss Milch statt Blut aus ihren Wunden. Heute gehört sie zu den vier großen heiligen Jungfrauen, »Virgines capitales«, die für ihren Glauben unsägliche Qualen erlitten, eine von vier Frauen unter den 14 Nothelfern. Entsprechend ihrem Martyrium durch das Rad ist sie Patronin der Spinnerinnen, Wagner und Müller, durch das Schwert Patronin der Schmiede, Scherenschleifer, Barbiere und Chirurgen und aufgrund ihrer Gelehrsamkeit Patronin von Professoren und Studenten, Lehrern und Schülern. Ja, leiden und lehren dürfen wir Frauen. Segen zu spenden wird uns verwehrt. Weil wir dem schwachen Geschlecht angehören. Schwach? Denk nur an all die Frauen deiner unmittelbaren Umgebung. Nein, nicht Heilige, ganz profane Mitbürgerinnen, die unmenschliche Qualen durchstehen, übermenschliche Kräfte an den Tag legen mussten. Nimm die Tagelöhnerin Katharina Güschen, deren Andenken durch eine Gedenktafel am Bensberger Rathaus und den Odenthaler Hexenbrunnen **37** hochgehalten wird. Die Frauen, die in deiner Region im Nationalsozialismus Widerstand leisteten: Katharina Roth, Erna Klug, Elisabeth Fritzen, Ruth Bein, Gertrud Hamacher … Ich bin noch lange nicht fertig mit meinem Ringen um Verstehen, Glauben, Wissen. Auch wenn ich natürlich sehe, was für ein Privileg es ist, sich damit beschäftigen zu dürfen. Daher versuche ich doch immer, ein wenig von dem weiterzugeben, was mir geschenkt wurde. Seit Anfang des Jahres unterrichte ich Flüchtlinge in Deutsch im Pfarrheim Sankt Katharina Wald in Solingen. Dabei musste ich übrigens neulich an dich denken. Ich sah dort jemanden am Kaffeetisch zwischen den Bewohnern sitzen, der deinem Bruder frappierend ähnelte. Leider war ich gerade mitten im Gespräch, und ehe ich

mich ihm zuwenden konnte, war er schon verschwunden. Kann es sein, dass Lars dort einmal zu Besuch war? Der Name Brandhorst sagte niemandem etwas. Vielleicht heißt er ja auch anders mittlerweile oder ich habe mich getäuscht. Ich glaube, wir hatten keinen gemeinsamen Kurs. Aber er war dir ja wie aus dem Gesicht geschnitten. Zwillinge halt.
Für heute ganz liebe Grüße
Katharina

Tja, Katharina,
das war ja mal wieder typisch! Ich stelle dir eine konkrete Frage und erhalte eine ausführliche Belehrung, die zwischen den Zeilen zwar viel von deinem Frust verrät, aber doch nie und nimmer das Eingeständnis, dass du auf dem Holzweg warst. Das ganze Gottesgeschwafel ist schlicht Humbug, das zeigt doch schon die Tatsache, dass durch eine Jungfernzeugung niemals ein Sohn entstehen könnte, sondern dass es sich natürlich um einen Klon der Mutter, also eine Tochter handeln müsste. Aber mit Biologie kann man Gottesanbeterinnen natürlich nicht kommen. Die fressen eher ihre Bewunderer, als dass sie etwas zugäben, was an ihrer Unfehlbarkeit kratzen würde. Ich erinnere an der Stelle gerne daran, dass du ohnehin eine Fehlbesetzung für das Zölibat wärst. Auch wenn ich dich nach wie vor eher am anderen Ufer sehe – ich erinnere nur an unseren Ausflug an die Wupper!
Nein, was Lars angeht, da musst du dich geirrt haben. Um es ganz drastisch auszudrücken: Er hasst Flüchtlinge und würde in so einer Einrichtung wahrscheinlich niemals mit einer Kaffeetasse, sondern allenfalls mit einem Molotowcocktail gesichtet werden. Scherz beiseite: Er ist mittlerweile in Berlin. Bis vor Kurzem war er gar nicht so weit

von hier in der Hermann-Löns-Kaserne **38** stationiert, ehe das Wachbataillon des Bundesministeriums für Verteidigung seinen letzten Zapfenstreich hatte. Ich sehe ihn nicht mehr allzu häufig seitdem. Und auch über das Internet ist er selten zu erreichen. Aber er weiß, dass er, wenn er in der Nähe ist, immer bei mir Unterschlupf findet. Zwillinge sind in der Hinsicht schon etwas Besonderes. Da gibt es ein Band, das sich so leicht nicht trennen lässt. Du als Einzelkind wirst das nicht nachvollziehen können. Na ja, man kann eben nicht alles haben.

Der Wetterbericht sagt, dass es bei euch gerade heftig regnet. Hier scheint die Sonne. Ich schicke mal ein paar sonnige Grüße.

Mirja

Ja, liebe Mirja,

Angst vor dem Fremden, vor Flüchtlingen, kann schnell in Feindschaft umschlagen, das kennen wir aus allen Kulturen. Die monotheistischen Weltreligionen haben in ihrem Hegemonialstreben oft dazu beigetragen oder tun es noch. Das Christentum kann sich da nicht ausnehmen. Du wirst dich nicht erinnern an die Diskussionen an unserer Schule. Lars und du, ihr seid ja erst 2006 zu uns gestoßen – vom Röntgen-Gymnasium **39** kamt ihr, wenn ich mich recht erinnere? Es gab immer wieder Versuche der Namensänderung, 2005 noch hatte die Schulkonferenz sich auf den neuen Namen »Städtisches Richard-von-Weizsäcker-Gymnasium« geeinigt, doch der Rat der Stadt lehnte ihn mit knapper Mehrheit ab. Ernst Moritz Arndt war eine umstrittene Persönlichkeit. 1937 wollte der damalige Schulleiter mit der Umbenennung wohl mit Verweis auf den »begeisterten Freiheitshelden und Vorkämpfer für das Dritte

Reich« Arndt der »Adolf-Hitler-Schule« zuvorkommen. Ja, Arndt war in der Paulskirchenversammlung dabei. Mit dem Freiherrn vom und zum Stein trat er für die nationale Erneuerung und für ein preußisches geeintes Kaisertum gegen Napoleon ein. Das macht noch keinen zum Nazi. Aber der Vorwurf der Fremdenfeindlichkeit, die in seinen Schriften erkennbar sei, hielt sich. Weshalb unser Schulprogramm eine kritische Auseinandersetzung mit unserem Namensgeber vorsah. Was ihr ja miterlebt habt: Die Stolpersteinverlegungen in den Jahren 2007 und 2008 für drei frühere jüdische Schüler, Opfer des Holocaust. Das Bemühen um deutsch-israelische Verständigung. Du warst doch dabei, als die Jugendlichen aus Hila hier waren, oder? Ihr gehörtet zwar nicht zu den Gastfamilien, an den Ausflügen hast du trotzdem teilgenommen, wenn ich mich recht erinnere?

Ich bin heute dankbar, dass wir in unserer Schulzeit entsprechend sensibilisiert wurden. Ihr werdet vielleicht andere Erfahrungen mitgebracht oder später gemacht haben. Hass ist dennoch keine Option. Aber ich kann mir auch nicht vorstellen, dass es in diesem krassen Sinne gemeint ist, wie du es beschreibst. Ich habe deinen Bruder immer als zurückhaltenden und höflichen Mitschüler, nie als Krawallo erlebt. Daher denke ich doch, dass du ihn ein wenig überzeichnest, um mich zu provozieren. Verzeih bitte, ich wollte kein Gutmenschentum herauskehren, lediglich deutlich machen, dass ich kein notorischer Bildungsschmarotzer bin – um es in ähnlich drastischer Weise auszudrücken.

Freunde?

Herzlich

Katharina

Soso, liebe Katharina,

du glaubst also, ich habe es nicht so gemeint, wie ich es geschrieben habe? Ja, ich erinnere mich noch gut an den Austausch. Zu gut. Du gehörtest ja zu den Glücklichen, die damals zehn Tage nach Israel fliegen durften. Lars und ich nicht. Weil wir noch zu frisch an der Schule waren? Weil wir nicht fromm genug taten? Nicht strebsam genug waren? Oh ja, wir durften dabei sein beim Empfang im Rathaus und bei den Ausflügen nach Schloss Burg **40** und zur Müngstener Brücke **41**. Ein Besuch des Wunderwerks aus Stahl, höchstes derartiges Bauwerk in Deutschland als überbrückendes Versöhnungsangebot an die Erzfeinde! – Ja, natürlich scherze ich! Aber was sollten solche Demonstrationen technologischer Heldentaten in Erz oder Stahl denn anderes bewirken, als den Gästen den Stinkefinger zu zeigen: Schaut her, wir sind immer noch die Größten! Und du immer vorneweg: Schulbeste, Goldmedaillenträgerin der internationalen Kulturolympiade, angehende DAAD-Stipendiatin, die alle in den Schatten stellte. Was haben sie dich immer bewundert! Und wie haben sie sich an dich rangewanzt! Dieser Noam – so hieß er doch, der Typ, der es schließlich schaffte, dich im Bus abzuschlecken –, na, hatte der in Israel noch eine Schnitte bei dir? Ging uns ja nichts an. Aber glaub mir, Lars war damals fertig mit der Welt. Du hast überhaupt nichts gecheckt. Weißt du, wie tief das Müngstener-Brücken-Syndrom bis heute bei ihm sitzt? Bei seinem letzten Besuch hat er mir stolz den jüngsten Neuerwerb seiner Messersammlung gezeigt: eins, das aus Original-Müngstener-Brückenstahl gefertigt wurde. Dich hat es vollkommen kaltgelassen, dass er die ganze Zeit hinter dir her war. Weißt du, dass er damals aus reinem Protest gegen die Israelis begonnen hat, Arabischunterricht zu nehmen? Heute spricht er es fast fließend!

Nun ja, alte Geschichten, wirst du sagen. Doch alles hat Auswirkungen. Actio und Reactio. Schon interessant zu sehen, dass du es nicht weiter gebracht hast als zur ewigen Studentin und Taxifahrerin.

Ich muss Schluss machen! Mach's gut. Nein: besser!

Mirja

Liebe Mirja,

du beschämst mich: dass ich deinen Bruder hätte auflaufen lassen. Bitte glaub mir, ich hatte keine Ahnung. Natürlich tut es mir leid, dass ich so unaufmerksam war. Lieber Himmel, ich war halt ein wenig pubertär, vermutlich eher eine Spätzünderin in diesen Dingen. Ja, an Noam erinnere ich mich. Ich wusste damals gar nicht, wie ich mich seiner erwehren sollte. In Israel habe ich nicht mehr viel von ihm mitgekriegt, da hatte er sich bereits auf ein Mädchen aus der Elf eingeschossen, bei der er aber, soviel ich weiß, auch nicht landen konnte. Glaube mir, in Liebesdingen wart ihr mir mit Sicherheit alle voraus. Und wenn ich höre, dass ich, obwohl das nie in meiner Absicht lag, dennoch Schaden angerichtet habe, zeigt es mir umso mehr, dass das Zölibat mit Sicherheit kein schlechter Weg ist.

Etwas anderes: Weißt du, dass vor einigen Wochen jemand in das Klingenmuseum eingebrochen ist und ein absolutes Unikat gestohlen hat? Eine Damastklinge, Geschenk der Zwilling J.A. Henckels, geschmiedet aus dem Stahl der Müngstener Brücke und weiteren hochlegierten Stählen. Du solltest Lars warnen. Es klingt fast, als sei er einem Hehler aufgesessen. Er sollte Kontakt mit der Polizei aufnehmen.

Grüße ihn bitte von mir.

Herzlich

Katharina

Ach, liebe Katharina,

es war vermutlich ein Fehler, dir von Lars zu erzählen, weil du es einfach nicht begreifst. Vermutlich nicht begreifen willst, denn doof bist du ja weiß Gott nicht. Lars ist das, was man ein stilles Wasser nennt. Ich bin wohl die Einzige, die weiß, was in ihm vorgeht. Es gibt Vibrations, die normale Menschen eben nicht kennen. Mit Verstand lässt sich das nicht erklären. Mit Mystik erst recht nicht. Er hat es noch nie leicht gehabt. Aber er hat sich Rückzugsmöglichkeiten geschaffen. Seine Messersammlung ist ein Schutzraum, der ihm Sicherheit gibt. Auf dem Gebiet ist er eine Koryphäe. Es sind tolle Stücke darunter. Ich glaube nicht, dass irgendjemand ihm hinsichtlich Herkunft oder Beschaffenheit seiner Messer etwas vormachen kann.

Wer anständig mit ihm umgeht, hat auch nichts zu befürchten. Dass er das Röntgen damals verlassen musste, lag vor allem daran, dass der Vater von der Gans ein hohes Tier bei der Bank war. Lars hatte ihr nichts getan. Er hatte sie lediglich warnen wollen. Weil sie sich über ihn lustig gemacht hatte. Ein schlichtes Schnitzmesser. Einfach lächerlich. Aber wer Geschrei macht, kriegt Recht. Ich habe keine Sekunde bedauert, die Schule zu wechseln. Nicht dass irgendetwas bei euch besser gewesen wäre. Doch schlimmer konnte es eh nicht kommen.

Nu ja. Die meisten leben halt auf einem anderen Stern. Einen schönen Abend noch.

Mirja

Liebe Mirja,

du willst mir erzählen, dass Lars der Schule verwiesen wurde, weil er ein Mädchen mit einem Messer bedroht hat?

Lieber Himmel! Ich hatte ja keine Ahnung! Wussten die Lehrer das?

Dass solche Dinge passieren, kommt natürlich vor. Und jeder hat sicherlich eine zweite Chance verdient. Im Flüchtlingsheim haben wir oft damit zu tun, dass Menschen Messer mit sich führen, die hierzulande nun mal verboten sind. Aus guten Gründen. Hier muss sich niemand mit dem Messer verteidigen. Und Messer ist bei uns nun mal nicht Messer. Verboten sind Einhandmesser, solche mit fester Klinge und mit über zwölf Zentimetern Klingenlänge, zweischneidige Klingen, Springmesser – ach, was erzähle ich dir. Du wirst es sicherlich besser wissen, wenn dein Bruder doch Fachmann ist.

Ein wenig beunruhigt es mich aber trotzdem. Nur gut, dass du mit ihm in so gutem Kontakt bist.

Liebe Grüße
Katharina

Liebe Katharina,

das tut mir aber leid, dass ich dir mit meiner letzten Mail Angst gemacht habe! Und jetzt geben die jüngsten Ereignisse dieser Angst auch noch Zunder. Du wirst es bereits in den Nachrichten erfahren haben. Sofern du auf deinem Stern so etwas guckst. Sie sind hinter Lars her! Panikmache auf allen Kanälen! Vollkommen absurder Mist, den man ihm vorwirft! Ich frage mich nur: Wie kommen die darauf?

Und das frage ich nicht nur mich, sondern auch dich, liebe Katharina! Meinen Herzensbruder kann ich schließlich nicht fragen, weil der untertauchen musste. Warum bloß? Wer kann der Polizei solchen Scheiß erzählt haben? Von wegen Waffenlager! Das er angelegt hätte, um Anschläge zu planen! Und die Sache mit den Flüchtlingsheimen, in denen er sich angeblich unter falschem Namen angemeldet hatte. Seine guten Arabischkenntnisse soll er dafür genutzt haben, um die Flüchtlinge anzustacheln und so Terrorangst bei unseren Landsleuten zu schüren, damit diese den Flüchtlingen endlich zeigten, wo der Zimmermann das Loch gelassen hat! Kannst du dir vorstellen, liebe Katharina, wie die Bullen auf so einen gequirlten Quark kommen? Na, Frau Scherer, denken Sie mal gründlich nach: Wer könnte meinem Bruder solche Scherereien bereitet haben?

Ich habe da eine Idee. Eine ganz blöde. Die heilige Katharina, Patronin der Messerstecher und Geräderten, die mit der flinken Zunge! Ja, plaudern kann die! Das traue ich der zu, dem Flüchtlingsflittchen!

Na, schauen wir mal, wie weit sie damit kommt!

Mirja

Sehr geehrte Frau Scherer,

ich weiß, dass das alles kaum zu verkraften ist. Die Polizei wird sich längst mit Ihnen in Verbindung gesetzt haben. Wenn Sie nicht vorher schon über die Nachrichten erfahren haben, dass der dringend tatverdächtige Bundeswehrsoldat gestellt und erschossen wurde, als er mit einem Messer auf die Einsatzkräfte losging. Was Sie nicht wissen werden: Bei seinem Unterschlupf handelte es sich um einen Caravan. Das tut wohl auch nicht viel zur Sache bis auf die Tatsache, dass er meiner Familie gehört. Der getötete Soldat gehörte ebenfalls zu meiner Familie. Er hatte die Beamten mit der Mordwaffe angegriffen. Einem Müngstener-Brückenstahl-Messer. Mit dem das Opfer schwer verletzt wurde. Die Messerattacke allein hätte es vermutlich nicht getötet, auch nicht die Tatsache, dass der Täter es anschließend überfuhr. Er muss es mehrfach mit den Rädern des eigenen Taxis überrollt haben. Direkt vor der Gaststätte, der früheren Diskothek »Exit«, in Sichtweite der Müngstener Brücke. Soweit sie im Mondlicht zu erkennen war. Schlussendlich schleifte er das Opfer zur Wupper und warf es ins Wasser, wo es ertrank. Ich beschreibe den Hergang so detailliert, weil ich es nach wie vor nicht fassen kann, wie ein einzelner Mensch von so schmächtiger Statur eine derartige grausame Kraft entwickeln konnte. Ich wende mich mit all meinem Entsetzen, all meiner Fassungslosigkeit an Sie, weil ich will, dass Sie es als Erste erfahren. Es ist Ihr gutes Recht nach dem, was man Ihnen angetan hat. Man hat Ihnen auf grausamste Art und Weise das Kind genommen. Ich habe selbst eine Tochter und vermag mir kaum vorzustellen, was es mit mir machen würde, wenn mein vollkommen unschuldiges Kind derart brutal ums Leben käme. Mein Schwager wurde gestern erschossen. Es muss ein vergleichsweise gnädiger Tod gewesen sein. Aber auch er war unschuldig. Zumindest ist er nicht der Mörder Ihrer Tochter, obwohl ihn alle dafür halten. Meine Frau kam heute Abend ebenfalls zu Tode. Dankenswerterweise hat sie unsere Tochter zu meinen Eltern gebracht, bevor sie sich erhängte. Der Notarzt hat die Strangulationen begutachtet und der Bestatter den Leichnam in die Rechtsmedizin verbracht. Als die Polizei sich verabschiedet hatte, fand ich auf meinem Computer eine Abschiedsmail an mich mit dem Geständnis. Auf dem Rechner meiner Frau dann den Schriftverkehr mit Ihrer Tochter. Bevor ich mich mit der Polizei in Verbindung setze, möchte ich, dass Sie es erfahren. Ich werde diesen Brief gleich ausdrucken und Ihnen überbringen.

Meine Frau war offensichtlich mehr an Ihrer Tochter als an mir interessiert. Die beiden Frauen kannten sich von der Schule, hatten gemeinsam Abitur gemacht. Die unerfüllte Liebe meiner Frau zu Ihrer Tochter muss sich in Hass gewandelt haben, dabei wird auch der Zwillingsbruder meiner Frau, der bereits erwähnte Bundeswehrsoldat, eine Rolle gespielt haben.

Ich bin unendlich traurig und beschämt und habe nichts als die Hoffnung, dass mein Brief, wenngleich keinen Trost, so doch zumindest ein wenig Klarheit bringen könnte.

Ich wünsche Ihnen viel Kraft, um das Entsetzliche durchzustehen.

Lukas Brandhorst

FREIZEITTIPPS:

28 Solingen

Solingen ist nach Einwohnerzahl und Fläche die mittlere der drei Städte des Bergischen Städtedreiecks – nach Wuppertal 32 und vor Remscheid 30. Sie führt den Beinamen »Klingenstadt« als Zentrum der deutschen Schneidwarenindustrie mit weltweitem Ruf.

Die fünf Stadtteile Gräfrath, Wald, Mitte, Höhscheid und Merscheid liegen auf fünf kleineren Höhenrücken östlich der Wupper, die aus ehemaligen Hofschaften entstanden sind. Sie bilden bis heute kein geschlossenes Stadtbild, sondern eher einen Zusammenschluss verschiedener Zentren.

Knapp die Hälfte des städtischen Grunds ist Landschaftsschutz-, fast zehn Prozent Naturschutzgebiet. Es gibt viel Wald, in den Tälern zahlreiche Bäche, im Stadtteil Ohligs ein großes Heidegebiet und eine Moorlandschaft, eine Fülle an Naherholungsmöglichkeiten also mitten in der Stadt – neben Parks und Grünflächen wie zum Beispiel dem Stadtpark am Vogelsang.

Erste beurkundete Zeugnisse einer Besiedlung datieren vermutlich auf 965, wo von einem »Gut Solagon« die Rede ist, gesichert ist »Solonchon« 1067 und 1172. Weitere überlieferte Namen sind »Soileggen« 1363, 1366 und 1377, »Soleggen« 1365, »Solingen« 1174, »Solungen« 1356 und 1382. »Sol« steht für ein Feuchtgebiet, »ingen« ist eine typische Namensendung im alemannischen Raum ohne tiefere Bedeutung.

Bedeutsamkeit erlangte die Region durch die Ansiedlung der Grafen von Berg auf der neu errichteten Schloss Burg Mitte des 12. Jahrhunderts. Auf die drei bekanntesten

Sehenswürdigkeiten der Stadt, Schloss Burg 40, Müngstener Brücke 41 und das Klingenmuseum 36 im historischen Stadtkern von Gräfrath wird später noch eingegangen.

1187 gründete der Benediktinerorden im heutigen Gräfrath ein Frauenkloster. Seit Anfang des 13. Jahrhunderts ist das Klingenhandwerk nachweisbar. 1374 erhielt Solingen das Stadtrecht. Über 100 Jahre später gab es zwei verheerende Brände. Zu Beginn des 17. Jahrhunderts brach erst die Pest aus, dann setzte der 30-jährige, später der siebenjährige Krieg der Stadt zu, wobei Schloss Burg fast vollständig zerstört wurde. Mit der Industrialisierung stieg die Bevölkerungszahl zwar wieder an, aber aus Bauern wurden Fabrikarbeiter, die Lebens- und Arbeitsbedingungen prekär. In 15 Jahren französischer Besetzung zu Beginn des 19. Jahrhunderts ließen fast 5.000 bergische Soldaten ihr Leben beim Russlandfeldzug. 1822 wurde das Bergische Land Teil der preußischen Rheinprovinz und Solingen Kreisstadt, zum Ende des Jahrhunderts schließlich kreisfrei. 1944 erlitt die Altstadt große Schäden durch Bombardierungen.

Der vielleicht bekannteste Sohn Solingens war Walter Scheel (1919–2016), von 1974 bis 1979 der vierte Bundespräsident der Bundesrepublik Deutschland.

1993 machte der Ort durch einen rechtsextremen Brandanschlag auf ein Haus in der Untere Wernerstraße 81 bundesweit und teilweise auch im Ausland von sich reden, bei dem fünf Mitglieder einer türkischen Familie ums Leben kamen. Das Wohnhaus wurde später abgerissen, eine Gedenktafel erinnert an das Geschehen, außerdem eine Skulptur vor dem Mildred-Scheel-Berufskolleg in der Beethovenstraße 225. Aufgrund ihrer industriellen Prägung hat Solingen schon immer Migranten angezogen. Im Stadtteil Ohligs dominieren italienischstämmige Einwanderer das Stadtbild, im Zentrum eher türkischstämmige, dort soll es außerdem eine große Salafistenszene geben.

Wirtschaftlich war und ist die Klingenindustrie nach wie vor von großer Bedeutung. Das bekannte Zwillingssignet ließ der Messermacher Peter Henckels im Juni 1731 bereits als Logo eintragen. Heute ist es eine der ältesten Marken der Welt. Das Sortiment wurde zwischenzeitlich erweitert auf Scheren, Kochgeschirr, Bestecke und Nagelpflege-Produkte. Nach der Solingen-Verordnung von 1994 ist der Name der Stadt markenrechtlich geschützt – als einziger Stadtname weltweit. Nur Industrieprodukte aus der Klingenstadt dürfen das Qualitätssiegel »Solingen« tragen. Wer ein Solinger Küchenschälmesser erwerben will, sollte sich den Namen »Zöppken« merken. Im Niederbergischen heißen die Messer »Pittermett«, im Rheinisch-Bergischen »Klöößchen«. Beim seit 1969 stattfindenden »Zöppkesmarkt« in der Solinger Innenstadt im September geht es aber nicht um Messer, sondern es handelt sich um einen der größten Straßentrödelmärkte in Nordrhein-Westfalen.

Die Schneidwarenindustrie ist auch Thema des LVR-Industriemuseums in der ehemaligen Scherenschlägerei und Gesenkschmiede von 1886 in der Merscheider Straße 289–297.

Schneidwerkzeuge sind jedoch nicht das einzige Alleinstellungsmerkmal Solingens in technisch-wirtschaftlicher Hinsicht. Seit 1928 eroberte eine Innovation den Weltmarkt: der Knirps. Der Solinger Hans Haupt (1898–1954) hatte sich den zusammenschiebbaren Taschenschirm patentieren lassen, ehe die Firma Bremshey & Co mit der Produktion begann.

Im Zusammenhang mit der Schwebebahn **25** ist eine weitere technische Besonderheit bereits erwähnt worden: Solingen verfügt über das mit Abstand größte Oberleitungsbus-

Netz in Deutschland, 2017 konnte sie bereits das 65-jährige Jubiläum ihres umweltfreundlichen Nahverkehrs feiern, an dem sie im Gegensatz zu Wuppertal immer festgehalten hat: Stangenbusse. Für Interessierte wird eine Museumstour mit einem Obus-Oldtimer angeboten, der von April bis Oktober regelmäßig zwischen der »guten Stube« der Stadt in Gräfrath und Schloss Burg pendelt.

Kulturell ist in Solingen allerhand los: Im Sommer gibt es in der – wie sie sich nennt – »Rock-City« beziehungsweise »Jazz-City Nr. 1« viele Open-Air-Konzerte, etwa in der Innenstadt am Neumarkt oder im Südpark am alten Bahnhof. In den ehemaligen Güterhallen befinden sich heute Künstlerateliers und Werkstätten, die sich zu der Interessengemeinschaft »Wir im Südpark« zusammengeschlossen haben und unter anderem seit 2006 im September die »Lichternacht« veranstalten, ein stimmungsvolles Kulturerlebnis für die ganze Familie mit zahlreichen Lichtinstallationen und Aktionen. Am 24. September 2011 gelang dabei ein Weltrekord, der es ins Guinness-Buch schaffte: Mittels einer vier Meter langen, 216 Kilogramm schweren batteriebetriebenen Taschenlampe mit der Leuchtkraft von 250 40-Watt-Glühbirnen wurde der Mitternachtshimmel angestrahlt. Die Reichweite der Energie soll bis zum Kölner Dom gereicht haben. Auf dem Gelände des Südparks findet sich natürlich auch Gastronomie. Das Restaurant Steinhaus im ehemaligen Bahnhofsgebäude ist für Einzelbesucher wie für größere Veranstaltungen eine gute Adresse. Und ein ganz besonderes Museum ist hier beheimatet: ein Plagiatmuseum.

An außergewöhnlichen Sammlungen hat Solingen darüber hinaus das »Laurel & Hardy Museum« in Solingen-Wald, Locher Straße 17, zu bieten. Dort kann man die »Dick und Doof«-Welt des Sammlers Wolfgang Günther bestaunen: Filme, Figuren, Fotos und Drehbücher des berühmten Komiker-Duos.

Im wunderschönen alten Gräfrather Rathaus, Wuppertaler Straße 160, ist das Kunstmuseum Solingen untergebracht – und eine europaweit einzigartige Einrichtung, die aus einer Bürgerstiftung entstanden ist: Im »Zentrum für verfolgte Künste« werden nur solche Künstler ausgestellt, die unter Verfolgung und Unterdrückung leiden mussten/müssen. Zumindest der Gast muss dort nichts entbehren: Im Restaurant Junkbrunnen kann er sich stärken.

29 Ernst-Moritz-Arndt-Gymnasium

Ernst Moritz Arndt (1769–1860) war ein deutscher Schriftsteller, Historiker und Freiheitskämpfer. Erst ein dreiviertel Jahr vor seiner Geburt war es seinem Vater, Sohn eines Hirten der Herrschaft zu Putbus in Schwedisch-Vorpommern, gelungen, sich aus der Leibeigenschaft freizukaufen, sodass Ernst Moritz Arndt als freier Mann zur Welt kam. Arndt legte das Abitur ab, studierte an den Universitäten Greifswald und Jena Evangelische Theologie, Geschichte, Erd- und Völkerkunde, Sprachen und Naturwissenschaften, wurde 1801 Privatdozent und veröffentlichte eine Schrift über die Geschichte der Leibeigenschaft in Pommern und auf Rügen, die ihm eine Klage einhandelte. Erst 1806 wurde die Leibeigenschaft in Schwedisch-Vorpommern aufgehoben. Im selben Jahr veröffentlichte Arndt den ersten Teil seiner antinapoleonischen Flugschrift »Geist der Zeit«, wurde außerordentlicher Professor in Greifswald, musste jedoch im selben Jahr noch vor den Truppen Napoleons nach Schweden flüchten. Er kehrte drei Jahre darauf illegal nach Deutschland zurück und ging mit

Beginn des Russlandkriegs mit Freiherr vom Stein nach Sankt Petersburg, von wo aus er den »Krieg der Tyrannen« geißelte und dem Streben nach Freiheit Ausdruck verlieh, das er in einer konstitutionellen Monarchie am ehesten gewahrt sah. 1813, mit dem Beginn der Freiheitskriege nach Napoleons Niederlage in Russland, kehrte Arndt nach Deutschland zurück, veröffentlichte in der Folgezeit unter anderem Kriegs- und Vaterlandslieder und entwarf Grundzüge einer neuen Verfassung. 1818 kam er als Professor für Geschichte an die Universität Bonn, bald darauf wurde ein Verfahren gegen ihn wegen »demagogischer Umtriebe« eröffnet und er, wiewohl nicht für schuldig befunden, suspendiert. Erst 1940 rehabilitierte Friedrich Wilhelm IV. ihn. 1948 zog Arndt als Fraktionsloser in die neu gebildete Nationalversammlung ein, legte das Mandat aber ein Jahr darauf nieder und widmete sich wieder dem akademischen Leben. Außerdem veröffentlichte er patriotische Literatur. Unter anderem lobte er die »Reinheit« des deutschen Volks, das nicht »durch fremde Völker verbastardet« worden sei, und warnte vor einer angeblichen jüdisch-intellektuellen Verschwörung, behauptete, die Juden seien aufgrund ihres »unstäten Daseyns« gemein, kleinlich, feige und geizig geworden. Toleranz ihnen gegenüber bezeichnete er als »Schwächlichkeit und Jämmerlichkeit«, Worte, die zur Zeit des Nationalsozialismus gerne aufgenommen wurden, was zur Folge hatte, dass eine ganze Reihe von Institutionen seinen Namen erhielt, unter anderem im Jahr 1933 die Universität Greifswald, die sich seit 2009 für eine Umbenennung einsetzte, aber erst seit dem Juni 2018 wieder offiziell »Universität Greifswald« heißt.

Das Ernst-Moritz-Arndt-Gymnasium in Remscheid, das 1827 als private höhere Bürgerschule gegründet wurde,

1901 Realgymnasium wurde und seit 1913 in dem wuchtigen neoklassizistischen Gebäude an der heute viel befahrenen Elberfelder Straße beheimatet ist, erhielt 1937 zunächst den Namen »Hindenburgschule«, wurde jedoch im selben Jahr noch in »Ernst-Moritz-Arndt-Schule« umbenannt. Der damalige Studiendirektor feierte Arndt als »begeisterten Freiheitshelden und Vorkämpfer für das Dritte Reich«. Das Gerücht, er habe mit der Namensgebung einer Umbenennung in »Adolf-Hitler-Schule« vorkommen wollen, findet sich nicht belegt.

Vor dem Eingang des Gymnasiums stößt man auf drei Stolpersteine, die 2007–2008 für jüdische Schüler des Gymnasiums verlegt wurden, die in Polen und Sachsenhausen ermordet wurden. Im Eingangsbereich werden an einer Wandtafel die Namen von insgesamt 35 jüdischen Schülern aufgezählt, deren gedacht wird, mit dem allerdings unglücklich formulierten Spruch: »Möge ihr Opfer nicht umsonst gewesen sein.«

Weitere (Kunst-)Objekte, Gemälde, Vitrinen und Skulpturen im Gebäudeinneren und auf dem Schulhof deuten auf eine sehr engagierte und kreative Schüler- und Lehrerschaft hin, die Zeichen setzt für Toleranz, Völkerverständigung, Nachhaltigkeit und gegen Rassismus. Nicht von ungefähr: Seit 1991, angestoßen durch die damalige Schülerzeitung »quo vadis«, dachte die Schulgemeinde über eine Namensänderung nach. Ein erster Antrag wurde im Schuljahr 1991/92 von der Schulkonferenz abgelehnt, die aber gleichzeitig forderte, dass das Thema »Arndt« verpflichtend in den Unterricht einzelner Jahrgangsstufen aufgenommen würde, damit alle Schüler sich mit dem Namensgeber kritisch auseinandersetzten. 2005 gab es einen zweiten Anlauf, diesmal beschloss die Schulkonferenz mit nur einer Gegenstimme eine Umbenennung in »Richard-von-Weizsäcker-Gymnasium«. Der Antrag wurde vom Rat der Stadt mit zwei Stimmen Mehrheit abgeschmettert, sodass der Name Ernst-Moritz-Arndt-Gymnasium bis heute erhalten geblieben ist.

30 Remscheid

Remscheid, namensgebender Ortsteil der kleinsten Stadt des Bergischen Städtedreiecks – östlich von Solingen 28 und südlich von Wuppertal 32 –, wurde 1173/89 zum ersten Mal urkundlich als »Remscheit« erwähnt. Die zweite Silbe steht für einen Höhenkamm oder eine Wasserscheide, was ziemlich genau die Lage der Stadt beschreibt, die sich im Inneren des großen Wupperbogens über Höhenzüge oberhalb der tief eingeschnittenen Täler des Eschbachs und Morsbachs erstreckt. Auf die Innenstadt bezogen ist es die höchstgelegene Großstadt nördlich der Donau. Mit 24 Prozent Steigung verläuft hier eine der steilsten innerörtlichen Straßen Deutschlands. Ein weiterer Fast-Superlativ ergibt sich ebenfalls aus der Lage: An ihren Berghängen laden die Wolken den sogenannten Steigungsregen ab, was Remscheid zu einem der niederschlagsreichsten Orte der BRD macht. Was wiederum begünstigt, dass die Fläche der »Großstadt im Grünen« zu 30 Prozent mit Wäldern bedeckt ist. Entsprechend findet in Remscheid Naherholung statt: 25 Rundwanderwege sind im Stadtgebiet ausgewiesen, das unter anderem vom Jakobsweg durchquert wird.

Das heutige Remscheid gliedert sich in vier Bezirke – Alt-Remscheid im Westen, Remscheid-Süd, Lennep im Osten und Lüttringhausen im Norden –, die zum Teil lange selbstständige Städte waren.

Erst 1808, unter Napoleon, erhielt Remscheid das Stadtrecht – das Lennep bereits im 13. Jahrhundert innehatte – und entwickelte sich im Zuge der Industrialisierung zu einem Zentrum des Maschinenbaus und der Werkzeugproduktion. Aufgrund weitreichender Handelsbeziehungen nach Übersee in diesem Bereich nennt sich Remscheid volkstümlich-traditionell seit den 1880er-Jahren die »Seestadt auf dem Berge«. Auch in dem Punkt hatte Lennep die Nase vorn: Als Mitglied der Hanse und preußische Kreisstadt galt es lange Zeit als eine der wichtigsten Städte des Bergischen Landes. Remscheid überflügelte die ältere Nachbarstadt und wurde 1929 mit ihr und Lüttringhausen zusammengelegt.

Im Zweiten Weltkrieg erlitten insbesondere das Remscheider Zentrum, aber auch Teile von Lüttringhausen schwere Schäden durch Luftangriffe.

Heute macht die Stadt als Konsumtempel von sich reden: Das 1986 zwischen Alleestraße und Konrad-Adenauer-Straße eröffnete Allee-Center ist mit über 100 Geschäften das größte Einkaufszentrum des Bergischen Landes.

Markenzeichen der Remscheider Innenstadt ist das eindrucksvolle Rathaus auf dem Theodor-Heuss-Platz, das 1906 eingeweiht wurde. Das ursprüngliche Gebäude hatte eine Breite von 86 Metern, einen 62 Meter hohen Turm, war innen und außen reich mit Fresken, Bildern sowie Buntglasfenstern verziert und die davorstehende Skulptur des Bergischen Löwen rundete das imposante Bild ab. Nachdem es im Krieg fast vollständig zerstört worden war, wurde es nur geringfügig kleiner dimensioniert wiederaufgebaut.

Ein weiteres Wahrzeichen und weithin sichtbare Landmarke in unmittelbarer Nähe ist der Wasserturm an der Hochstraße, der damals den Beinamen »Dicker Daumen des Kämmerers« erhielt. In einem Anfang der 50er-Jahre ausgelobten Wettbewerb ermittelte man den neuen Spitznamen »Waterbölles«.

Aufgrund der Stadtgeschichte und trotz Bombenschäden findet sich in den Zentren von Lüttringhausen und insbesondere Lennep ein großer Bestand an historischen Bauten. Allein 116 denkmalgeschützte Häuser, überwiegend Fachwerk, mit der typisch bergischen Verkleidung mit Schiefer – bestes natürliches und vor Ort reichlich vorhandenes Isolationsmaterial –, machen Lennep zu einem Schmuckstück, das man unbedingt besuchen sollte. Gastronomisch konzentriert sich das meiste rund um den Alten Markt.

Das nach dem berühmtesten Sohn der Stadt benannte Deutsche Röntgen Museum **27** wurde bereits thematisiert, das Röntgen-Gymnasium **39** wird gesondert berücksichtigt. Der 63 Kilometer lange Röntgenweg um die Stadt herum sei nur kurz erwähnt. Am Röntgenweg und von Teilen der alten Stadtmauer umgeben liegt der idyllische Hardtpark mit historischem Gartenhaus und Rosengarten, bis 1956 im Privatbesitz des Tuchfabrikanten Johann Wülfing, dem in Radevormwald **4** ein Industriemuseum gewidmet ist und der die Grünanlage, die seine Villa umgab, den Bürgern der Stadt stiftete.

Die evangelische Stadtkirche, deren Ursprungsbau im 14. Jahrhundert dem heiligen Jakobus geweiht wurde – der Turm wird sogar in das 13. Jahrhundert datiert –, machte Lennep zu einer wichtigen Station auf dem Jakobsweg. Nachdem sie rund 400 Jahre dem Johanniterorden gehört hatte, wurde sie 1570 evangelisch und 1726 im Stil des Barock umgestaltet. Auch die aus dem 19. Jahrhundert stammende katholische Pfarrkirche Sankt Bonaventura an der Hackenberger Straße 1 a ist für Jakobspilger eine wichtige Station, findet man hier doch ein Kirchenfenster mit einer Darstellung des heiligen Jakobus.

Ganz zentral an der Kölner Straße 2 c liegt die Kleinkunstbühne Rotationstheater, nicht weit vom Kulturzentrum Klosterkirche in der Klostergasse 8. In dem von 1696 stammenden Sakralgebäude finden seit 1987 Vorträge, Lesungen und Konzerte statt.

In der Wallstraße 54 informiert ein Schild am Jugendzentrum »Die Welle« unter dem Stichwort »Baden gegen die Anarchie« darüber, dass das ehemalige Schwimmbad von wohlhabenden Lenneper Bürgern und Fabrikanten gestiftet worden war, um »die sozialen Gegensätze zu mildern« und den Anarchismus abzuwehren. Heute ist von der alten Industriellenherrlichkeit nicht mehr viel übrig. Eins der bekanntesten ansässigen Unternehmen ist die Vaillant Group – Heizen, Kühlen, Warmwasser. Die Firma Mannesmann, die hier ihren Ursprung genommen hatte, wurde später übernommen und zerschlagen.

Auch in Lüttringhausen stellt eine evangelische Stadtkirche ein dominierendes Element im Altstadtensemble dar. Ein mittelalterlicher Vorgängerbau brannte mehrmals aus, und so wurde schließlich 1734 an derselben Stelle die heutige Kirche errichtet, die als Meisterwerk des Bergischen Barock bezeichnet wird. Das Rathaus von Lüttringhausen ist ähnlich eindrucksvoll wie das in Remscheid. Es liegt am nördlichen Rand der Altstadt in der Kreuzbergstraße 15, wurde 1907 errichtet, mit Einflüssen des Jugendstils. Der markante achteckige verschieferte Turm kann bestiegen werden. Und auch hier findet sich ein sehr markanter, 1904 erbauter verschieferter Wasserturm im östlichen Teil nahe der B1 in der Garschager Heide, der mittlerweile Privateigentum ist.

Ein weiteres, aufgrund seiner exponierten Lage weithin sichtbares und sehenswertes Gebäude ist ein Alleinstellungsmerkmal der Stadt und hat eine unschöne Geschichte:

die Justizvollzugsanstalt Lüttringhausen. Das historische Backsteingebäude und der Kirchturm stehen unter Denkmalschutz und werden nachts angestrahlt – nicht nur der Schönheit wegen. Hier wurden zu allen Zeiten, insbesondere während des Nationalsozialismus, politische Gefangen interniert und zum Teil auch liquidiert. Am 13. April 1945, wenige Tage vor Kriegsende bei dem Massaker in der Wenzelnbergschlucht nahe Langenfeld **108**, wurden 71 Häftlinge ermordet, 60 davon aus dem damaligen Zuchthaus Lüttringhausen. Von den meisten Toten, darunter viele polnische und russische Zwangsarbeiter, ist kaum mehr als der Name bekannt. Erst im Frühjahr 2019 konnte in einem Fall zweifelsfrei festgestellt werden, dass das Opfer aus dem Bergischen Land stammte.

Abschließend ein etwas ausgefallenerer Tipp: Wer einmal in das Handwerk des Falkners hineinschnuppern möchte, der kann im Norden des Stadtgebiets bei der Falknerei Bergisch Land, Grüne 1 eine Tour mit Falke, Eule oder Bussard buchen. Natürlich gehören zum Rundgang eine Einführung, die Ausrüstung mit Schutzhandschuh und viel Wissenswertes zur Lebensweise und zum Jagdverhalten der Greifvögel.

31 Bergische Universität Wuppertal

Einer der Initiatoren und Gründervater der Bergischen Universität Wuppertal war ein Mann, der selbst dem Bergischen Land entstammte und für das 20. Jahrhundert wohl mit Sicherheit als der berühmteste Sohn der Region gelten kann: Johannes Rau (1931–2006), geboren in Wuppertal, gelernter Verlagsbuchhändler, Journalist, Lektor und SPD-Politiker. Seine politische Karriere, sowohl in der Partei wie in der Exekutive, begann er als Juso-Vorsitzender in

Wuppertal. Er wurde Landtagsabgeordneter, Vorstandsmitglied der SPD-Fraktion, kam in den Wuppertaler Stadtrat, war 1969–70 Oberbürgermeister und wechselte in die Landesregierung, wo er bis 1978 das Ministerium für Wissenschaft und Forschung leitete. In seiner Amtszeit wurden fünf Gesamt- und eine Fernhochschule(n) gegründet. Er gilt als Vater der hochschulpolitischen Regionalisierung und NRW-Bildungsinitiative, die sich bemühte, Wissenschaft und Bildung zu dezentralisieren und in Regionen zu tragen, die bisher wenig Möglichkeiten geboten hatten, eine akademische Laufbahn einzuschlagen. Das galt insbesondere für das Bergische Land. Raus Werdegang führte ihn weiter über das Amt des Ministerpräsidenten (1978–1998), den Landesvorsitz der SPD, eine Kanzlerkandidatur (1987), den Vorsitz der Bundespartei und schließlich das Amt des Bundespräsidenten (1999–2004). Als er 2006 in Berlin starb, hatte er mehr für das Bergische Land bewirkt als je ein anderer Politiker in der Geschichte der Bundesrepublik.

Die Bergische Universität Wuppertal als eins seiner »Kinder« wurde 1972 in der Gaußstraße 20 zunächst als Gesamthochschule gegründet, 2003 dann in eine Universität umgewandelt. Sie ist allerdings nach wie vor keine klassische Volluni, weil ihr die Fakultäten Medizin und Jura fehlen. Dennoch verfügt sie über ein breites Fächerspektrum mit vielen interdisziplinären Verknüpfungen und Studiengängen wie Sicherheitstechnik und Industrial Design, die einzigartig und in besonderer Weise angeboten werden. Sie zeigt sich als forschungsstarke Universität – 2016 mit fast 420 Forschungsgruppen –, die in Rankings – etwa in Physik, Architektur und Design – gute Plätze belegt beziehungsweise Auszeichnungen einheimst. Auch der Rektor wird seit 2010 jährlich als einer der zehn besten in Deutschland nominiert.

Derzeit besuchen rund 22.000 Studierende die Bergische Universität und werden von 250 Professoren in etwa 1.030 Lehrveranstaltungen an drei Standorten unterrichtet.

Neben der Bergischen Universität gibt es nur noch eine kleine Universität in Wuppertal, die Kirchliche Hochschule Wuppertal/Bethel in der Missionsstraße 9b, aber immerhin einige Dependancen. So unterhält die Kölner Hochschule für Tanz und Musik einen Standort in Wuppertal in der Sedanstraße 2, die Technische Hochschule Köln betreibt einen in Gummersbach **81**, Am Sandberg 1, und in Leverkusen **42** im Chempark in der Kaiser-Wilhelm-Allee, ab Wintersemester 20/21 in der Neuen Bahnstadt **100**.

Die Zweigstelle einer Fachhochschule ist ebenfalls im Bergischen zu finden: Die Paderborner Fachhochschule für Wirtschaft NRW ist in Bergisch Gladbach **35** in der Hauptstraße 2 vertreten.

Darüber hinaus gibt es private Anbieter, die duale Studiengänge ermöglichen: Seit 1996 befindet sich die Fachhochschule der Wirtschaft (FHDW) im Rheinisch-Bergischen Kreis, am Standort Bergisch Gladbach im ehemaligen Gronauer Bahnhof. Sie gehört mit 650 Studierenden bundesweit zu den größten privaten Hochschulen und ist staatlich anerkannt. Und die Rheinische Fachhochschule Köln bietet in Wermelskirchen **5** in der Kattwinkelstraße 2 die Möglichkeit, in einer ihrer Zweigstellen zu studieren.

32 Wuppertal

Wuppertal ist mit Abstand die größte Stadt des Bergischen Lands: um die 352.400 Menschen (2016) leben hier auf 160 Quadratkilometern. Es handelt sich nicht um eine gewachsene Stadt, sondern sie entstand 1929 durch die Vereinigung der Städte Barmen 44, Elberfeld 45, Cronenberg, Ronsdorf 114 und Vohwinkel 24 sowie des Stadtteils Beyenburg. Der gemeinsame Name wurde lange diskutiert, ehe man sich auf »Wuppertal« einigte.

Die Lage am Fluss, der auf einer Strecke von 20 Kilometern das Stadtgebiet durchfließt, führte dazu, dass am Hang gesiedelt wurde, es gibt daher viele steile Straßen, viele Treppen – und viel Vegetation, die auf unebenem, schwer bebaubarem Grund gute Bedingungen hat, weshalb auch Wuppertal eine »Großstadt im Grünen« ist. Und: Die wichtigen Funktionen der Stadt ballen sich nicht in einem Zentrum, sondern reihen sich aneinander – entlang des Tals.

Erste Funde datieren aus der Bronzezeit. Ab dem 7. Jahrhundert siedelten die Germanen sich bis zur ersten Jahrtausendwende nur spärlich im Tal der Wupper an, weil es das Grenzgebiet zwischen Franken und Sachsen war. Älteste dokumentierte Bauten stammen von vor 874 beziehungsweise 931. Nach der Jahrtausendwende, mit der Gründung des Deutschen Reichs, setzte allmählich eine stärkere Rodung und Besiedlung ein. 1101 wurde Adolf von Berg, der erste Graf von Berg, erstmals urkundlich erwähnt. Die Ära des Bergischen Lands begann. Seit dem Jahr 1450 sind die Herstellung von Textilien und deren Bleichung in Wuppertal dokumentiert. Die Gegend bot beste Voraussetzungen für eine frühe Industrialisierung: Eisenerz, Kohle, Holz und Wasser. Wasserkraft trieb Textilmühlen, Blasebälge für Rennöfen, Schmiedefeuer, Hammerwerke, Band- und Webstühle an. Die liberale Konfessionspolitik der Edlen von Berg förderte das Unternehmertum, das sich überwiegend aus Protestanten zusammensetzte, die Seelenheil in der permanenten Selbstvergewisserung suchten, dass sie ein gutes Werk verrichteten. Bis heute hat Wuppertal die größte Konfessionsvielfalt Deutschlands. 2008 verlieh die Bundesregierung der Stadt den Titel »Ort der Vielfalt«. Die Gemeinschaft evangelischer Kirchen in Europa gestand ihr 2015 den Ehrentitel »Reformationsstadt Europas« zu.

Es gab auch eine starke jüdische Gemeinde in Wuppertal, deren Synagoge in der Gemarker Straße 15 beheimatet und deren Mitgliederzahl wieder auf 2.000 angewachsen ist. Das ursprüngliche Gotteshaus, die Alte Synagoge in der Genügsamkeitstraße, ist mittlerweile Begegnungsstätte, Museum und Lernort.

Im 19. Jahrhundert lebten im Stadtgebiet bereits über 100.000 Menschen. Wuppertal, eine der größten Städte der damaligen Zeit, war weltweit einer der wichtigsten Bank- und Handelsplätze. 1863 wurde der heutige Weltkonzern Bayer **43** in Wuppertal gegründet. Der wirtschaftliche Erfolg, der sich in Renommierbauten wie der 1900 eröffneten Historischen Stadthalle am Johannisberg 40 niederschlug, hatte auch Kehrseiten. Im »Historischen Zentrum« mitten im Tal an der Engelsstraße 10 mit Zeugnissen der Industriekultur werden die Arbeitsbedingungen der Frühindustrialisierung anschaulich. Das Haus der Textilfabrikanten-Familie Engels und eine Statue **56** erinnern an deren Sohn Friedrich (1820–1895), der sich angesichts der Verelendung der Arbeiter mit Karl Marx (1818–1883) zusammentat und das »Kommunistische Manifest« verfasste.

Else Lasker-Schüler (1869–1945) war Elberfelderin, aus einer jüdischen Bankiersfamilie stammend sowie eine der bedeutendsten Lyrikerinnen des Expressionismus und der avantgardistischen Moderne. 1909 veröffentlichte sie das Schauspiel »Die Wupper«, das von verfallendem Wohlstand, Armut, Alkoholismus, Auflösung sozialer Strukturen, Fragmentarisierung der Gesellschaft, von allgemeiner Orientierungs- und Hoffnungslosigkeit zu Beginn des Industriezeitalters erzählt, die sich viel später im absurden Theater wiederfindet.

Im 20. Jahrhundert richtete der Zweite Weltkrieg in Wuppertal schwere Schäden an. Zwei Bombenangriffe sorgten für jeweils mehrere tausend Tote.

Bis heute beheimatet Wuppertal zum Beispiel mit der Barmer GEK, den Barmenia Versicherungen, Vorwerk 19 und Erfurt & Sohn 52 bekannte Unternehmen. Die Innovationskraft scheint ungebrochen. Unternehmer des 21. Jahrhunderts wie Jörg Heynkes setzen auf erneuerbare Energien, digitale Transformation und Roboter.

Zentraler Verkehrsknotenpunkt und zudem einer der ältesten in Deutschland ist der Wuppertaler Hauptbahnhof. Sein Ursprungsbau von 1848 wurde fertiggestellt, nachdem 1841 mit der Eisenbahnstrecke der Düsseldorf-Elberfelder Eisenbahn-Gesellschaft die erste dampfbetriebene Verbindung in Westdeutschland (die zweite in Preußen) zustande gekommen war. Der dreigeschossige klassizistische Quader mit turmartigen Eckvorsprüngen und Säuleneingang mit korinthischen Kapitellen wirkt nach wie vor imposant, wird aber samt seiner Umgebung seit Jahren einer Restaurierung und Neustrukturierung unterzogen, was ihn zu einer Problemzone werden ließ: In einem Ranking von 2017 erreichte er den letzten Platz in der Beliebtheitsskala der deutschen Bahnhöfe. Monatelang wurde der Verkehr komplett eingestellt. Vor Mitte der 2020er-Jahre ist mit einer Fertigstellung nicht zu rechnen. Man mag das als Symbol des Niedergangs verstehen, womit die Stadt in der zweiten Hälfte des 20. Jahrhunderts mit dem Rückgang der Textilindustrie bereits Erfahrung machte. Aber auch als eins des

Aufbruchs. Dieser zeigt sich in Wuppertal mit Beginn des dritten Jahrtausends vor allem in einem beeindruckenden bürgerschaftlichen Engagement. Nicht nur in längst tradierten Aktionen wie dem 14 Kilometer »Langem Tisch«, der seit 1989 alle fünf Jahre zum Geburtstag der Stadt Wuppertal stattfindet, bei dem Bürger und Unternehmen von Vohwinkel bis Oberbarmen eine lange Tafel mit ihren Tischen bauen. Neben kulinarischen Genüssen wird ein Bühnen- und Straßenkünstler-Programm geboten, sodass das Fest Hunderttausende Gäste anzieht.

Das Engagement zeigt sich außerdem in zahlreichen Bürgerinitiativen, die sich für Erhalt und Aufwertung ihrer Quartiere und der Umgebung einsetzen. Beispielhaft sei der »Aufbruch am Arrenberg« genannt. In dem zu 55 Prozent von Migranten bewohnten Viertel setzt man sich seit Jahren zusammen, um gemeinsame Projekte wie Foodsharing zu besprechen, zum Chorsingen oder einfach Geselligkeit zu leben. Mittlerweile finden diese Treffen im Anfang 2018 bezogenen Stadtteilzentrum an der Ecke Simonsstraße/Fröbelstraße statt. 100 Meter weiter befindet sich das Café Simonz in der alten Hauptschule, das auf dem ehemaligen Schulhof unter schattigen Linden in einem der schönsten Biergärten der Stadt Jazzkonzerte für bis zu 400 Zuhörer veranstaltet. Der »Kosmos aus Urbanität und Kiez-Mentalität«, wie Oberbürgermeister Andreas Mucke das Wuppertaler Lebensgefühl 2017 treffend beschrieb, macht die Stadt wieder attraktiv – für Studenten, Investoren, Neubürger.

Das eindrucksvollste und umfänglichste Beispiel dieses Engagements von überregionaler Strahlkraft und längst eine touristische Attraktion ist die 22 Kilometer lange Nordbahntrasse, die sich durch die ganze Stadt zieht – vielmehr oberhalb von ihr auf ehemaligen Eisenbahnstrecken verläuft. Die Initialzündung für diesen Fuß- und Radweg ging von der Bürgerinitiative Wuppertalbewegung aus, die nach der Stilllegung der 23 Kilometer langen Nordtrasse von 1991 (Personenverkehr) beziehungsweise 1999 (Güterverkehr) zwischen Hattingen und Wuppertal-Vohwinkel in Eigenarbeit 2006 den ersten Streckenabschnitt rund um den ehemaligen Haltepunkt Ottersbaum von einer Schienenstrecke umzugestalten begann. Schotter, Schwellen, Gleise wurden entfernt, eine Trageschicht und abschließende Asphaltdecke sowie Zuwege gebaut. Der Verein konzentrierte sich zunächst auf den Wuppertaler Abschnitt zwischen Vohwinkel und Wichlinghausen. 2014 war die komplette Strecke zwischen den ehemaligen Bahnhöfen Dornap/Hahnenfurth, Lüntenbeck, Varresbeck, Dorp, Ottenbruch, Mirke, Ostersbaum, Loh und Rott schließlich durchgängig befahrbar. Das Objekt der Anstrengungen ist aber auch jede Mühe wert: Vier mächtige denkmalgeschützte Viadukte (unter anderem am Steinweg) ermöglichen atemberaubend schöne Nordhöhen-Einblicke ins Tal, sechs Tunnel vermitteln Gänsehautfeeling. Viele Sehenswürdigkeiten und Superlative können über die Trasse erreicht werden: die Schlucht Bramdelle, die ehemalige Coop-Zentrale/Konsumgenossenschaft Vorwärts – die später als SA-Kaserne und nach dem Krieg als Flüchtlingsheim genutzt wurde, der Belvedere, Teil des Hackenbergschen Gartens in Wichlinghausen, die durch den Künstler Martin Heuwold gestaltete Lego-Brücke, die Graffiti Hall of Fame, die Utopiastadt im Bahnhof Mirke mit ihrer Urban Gardening-Bewegung, mit Werkstätten für die Hilfsorganisation »Ingenieure ohne Grenzen«, Geburtsstätte des »Vollplaybacktheaters«, Ort von vielfältigen Kunst-Aktionen, an die Utopiastadt schließt sich die »Supagolf«-Anlage rund um die Hebebühne an, das Café

Hutmacher, die Skatehalle Wicked Woods mit der größten überdachten Bowl Deutschlands, die größte Parkour-Anlage Deutschlands, der Malakowturm der ehemaligen Seifenfabrik Luhns, das Dolinengelände Im Hölken mit Geopfad (seit 1938 Naturschutzgebiet), der größte Kugelgasbehälter Deutschlands, das Industriedenkmal Kalktrichterofen von 1850, die Zwirnerei Hebebrand von 1888 mit ihren farbigen Klinkern und Terrakottaarbeiten, die ehemaligen Gold-Zack-Werke von 1910 mit eindrucksvollen Fenstern, der prächtige Backsteinbau der Bandfabrik Abraham Frowein von 1899 – eine kleine Aufzählung neu entstandener oder zugänglich gemachter Sehenswürdigkeiten an dieser Strecke.

Der besondere Reiz der Stadt wurde auch in vielen Filmen eingefangen, nicht nur in denen der in Wuppertal geborenen Regisseure Wim Wenders und Tom Tykwer. Eine Auswahl: »Alice in den Städten« (1974) von Wim Wenders, »Manta, Manta« produziert von Bernd Eichinger (1991) und »Knockin' on Heaven's Door« (1997) – beide mit Til Schweiger, »Der Krieger und die Kaiserin« von Tom Tykwer (2000) und »Das Experiment« (2001) mit Moritz Bleibtreu.

Ein Wuppertaler Sohn und Filmstar muss abschließend Erwähnung finden: Horst Tappert (1923–2008), der in 281 Folgen den »Derrick« prägte.

33 Martinimarkt

Der kleine familienfreundliche Bensberger Martinimarkt bietet seinen Besuchern Kunsthandwerk, kulinarische Köstlichkeiten, Kinderkarussell und Streichelzoo. Er findet seit 2016 am ersten Novemberwochenende statt, gleichzeitig mit dem bereits seit 2000 erfolgreichen Mittelaltermarkt zu

Martini in Bergisch Gladbach **35**, und soll hier nur als terminlich erstes Beispiel vorweihnachtlicher Märkte erwähnt werden. Schon lange zieht es viele Menschen gerade in der Adventszeit ins Bergische Land, dessen Märkte einen ausgezeichneten Ruf genießen. Allein in Bergisch Gladbach werden neben den beiden Martinimärkten in der Bensberger Innenstadt der urige »Bensberger Hüttenzauber« sowie das »Refrather Winterdorf« um die große Krippenfiguren-Pyramide geboten – und noch viele mehr. Das Finale bildet sozusagen der »Unikat«-Weihnachtsmarkt vor prächtiger Kulisse auf Schloss Bensberg **79** am dritten Advent, bei dem liebevoll dekorierte Fachwerkhäuschen und schneeweiße Pagoden für Atmosphäre sorgen.

Weitere Beispiele für beliebte Weihnachtsmärkte und -bräuche im Bergischen sind:

- Barmer Weihnachtsmarkt **44**
- Nikolausmarkt in Bergneustadt **68**
- Bielsteiner Adventsmarkt **117**
- Elberfelder Lichtermarkt **45**
- Christkindmarkt Engelskirchen **73**
- Leichlinger Bratapfelfest **105**
- Nordischer Weihnachtsmarkt in Leverkusen **42**
- Bergischer Weihnachtsmarkt Lindlar **72**
- Marialinder Weihnachtsmarkt **65**
- Adventsmarkt am Odenthaler Dom **10**
- Weihnachtsmarkt Schloss Eulenbroich in Rösrath **123**
- Weihnachtsmarkt Schloss Lüntenbeck in Vohwinkel **24**
- Wermelskirchener Adventsmarkt **5**

Briefe und Karten aus aller Welt erreichen jedes Jahr vor Weihnachten das Postamt in Engelskirchen am Engels-

Platz, wo – großartige Marketingidee – das Christkind wohnt oder vielmehr arbeitet. Rund 140.000 Zusendungen wollen jährlich beantwortet werden. 1985 leitete die Deutsche Post in NRW zum ersten Mal Briefe, die nur mit »An das Christkind« adressiert waren, an das Postamt in Engelskirchen weiter. Ein ganzes Team an Mitarbeitern beantwortet mittlerweile die Schreiben der Kinder. Als Beigabe wird meistens noch eine Kleinigkeit, die die eigene Kreativität fördern soll, eingepackt, etwa eine Back- oder Bastelanleitung. Im Park hinter dem Rathaus können die Kinder immer am dritten Adventswochenende ihre Briefe auch persönlich übergeben, dann empfängt das Christkind Kinder und Eltern in seinem Postamt am Alten Baumwolllager für einen Blick hinter die Kulissen. Wer auf besondere Weise anreisen wollte, konnte im Jahr 2010 zum ersten – und vorläufig letzten – Mal mit dem »Christkind-Post-Express«, gezogen von einer historischen Dampflok, vom Kölner Hauptbahnhof nach Engelskirchen fahren.

In Wermelskirchen gibt es an Heiligabend eine spezielle Tradition: das Turmblasen. Zwischen der ersten und zweiten Messe ertönen von hoch oben Weihnachtslieder per Posaune, Tenorhorn, Trompete und Waldhorn. Mit Unterbrechung gibt es das Turmblasen seit über 70, den Posaunenchor sogar schon seit weit über 100 Jahren.

34 Kinderdorf Bethanien

Auf einen Untergrund von hoher Sprengkraft ist das Kinderdorf der Ordensgemeinschaft der Dominikanerinnen gebaut worden. Zunächst zur Sache: Die Kinderdörfer Bethanien sind meist stationäre Einrichtungen der Kinder- und Jugendhilfe, eine Initiative aus der Nachkriegszeit, mit der man – ähnlich wie in den SOS-Kinderdörfern – Kriegswaisen ein neues Zuhause bieten wollte. Die deutschen Kriegswaisen sind längst Geschichte. Kinder unterschiedlicher Herkunft, die aus diversen Gründen ein Zuhause benötigen, leider nicht.

Daher gibt es nach wie vor dieses Ersatzfamilienmodell: Im Optimum bildet ein Paar beiderlei Geschlechts mit einer altersgemischten Gruppe von bis zu acht Kindern und Jugendlichen eine möglichst stabile Wohn- und Lebensgemeinschaft, in der der Haushalt selbst organisiert wird. Geschwister werden in der Regel zusammen aufgenommen, der Kontakt mit leiblichen Eltern wird gepflegt, sofern möglich und sinnvoll.

Die Mitte der 60er-Jahre fertiggestellte Bergisch Gladbacher 35 Einrichtung, die Platz für knapp über 100 Kinder bietet, wurde von dem 1920 geborenen Architekten Gottfried Böhm in der Form eines Angerdorfs entworfen und realisiert: Die 15 einzelnen, durch eine Mauer miteinander verbundenen und nach außen geschützten zweigeschossigen Sichtbeton-Häuser – jedes mit einem eigenen Hof zum Spielen versehen –, scharen sich um einen gemeinsamen Platz, auf dem das Kloster und die Kapelle der Dominikanerinnen stehen. Das Dorf wurde in die Liste der städtischen Baudenkmäler aufgenommen und 2009 zum Denkmal des Monats Oktober gekürt.

Explosiv ist dabei jedoch (hoffentlich) nicht die Zusammensetzung der Familien, sondern die Geschichte des Geländes, auf dem die Häuser errichtet wurden: Dort stand bis 1925 eine Dynamitfabrik, nachdem der vorherige Betrieb, eine ehemalige Blei- und Zinkerzgrube von 1850, im Jahr 1878 geschlossen worden war.

35 Bergisch Gladbach

Neben dem Kinderdorf Bethanien hat der international renommierte Architekt Gottfried Böhm in Bergisch Gladbach gleich drei weitere Bauten gestaltet: Mitte der 1960er-Jahre das Bensberger Rathaus – im Volksmund zunächst »Affenfelsen« genannt, das in die alte Burganlage von 1103 integriert und mit dem renommierten Pritzker-Preis ausgezeichnet wurde; die Herz-Jesu-Kirche von 1960 in Schildgen, aufgrund ihrer markanten spitzen Türme »Kreml« genannt, und das 1980 eröffnete Bürgerhaus Bergischer Löwe in Bergisch Gladbach, das ebenfalls eine Kombination aus Alt – dem Gebäude von 1903 – und Neu – einem multifunktionalen Anbau für Veranstaltungen – darstellt. Wessen Herz eher an klassischer Bauweise hängt: Im alten Rathaus von Bergisch Gladbach, einem Baudenkmal im deutschen Renaissancestil von 1905, kann man nach wie vor heiraten.

Der Verdacht mag sich aufdrängen, dass die Bürger von Bergisch Gladbach ein Herz für Schönes haben, das vielleicht von ihrer Geschichte herrühren mag. 1572 entwickelte sich die Stadt zum Zentrum der Papierherstellung. Drittgrößtes Unternehmen in Rhein-Berg war 2016 noch die Papierfabrik Zanders in Gladbach, 1829 gegründet. Die Traditionsfirma prägt die Stadt wirtschaftlich wie kulturell. Ihr ist insbesondere das 1974 eröffnete Kunstmuseum Villa Zanders zu verdanken. Der 1874 errichtete Renaissancebau war Zanders-Familienbesitz, bis die Nachfahren es dem Rheinisch-Bergischen Kreis veräußerten. Maria Zanders, Witwe des Fabrikanten Carl Richard Zanders (1826–1870), hatte dort lange einen Salon unterhalten, in dem Künstler, Musiker und andere illustre Zeitgenossen verkehrten. Heute gehört das Kunstmuseum der Stadt Bergisch Gladbach, die es ganz im Zanders-Sinne zeitgenössischer Kunst und Wechselausstellungen sowie dem Thema Papier gewidmet hat. Die Zanders AG kündigte im Sommer 2018 Insolvenz an, weil sie sich nicht mehr imstande sah, die Betriebsrenten von über 2.000 Ex-Zanderianern zu erwirtschaften, für die keine Rücklagen gebildet worden waren. Ende 2018 wurde sie von einem norwegischen Zellstoffunternehmer übernommen und wird nun mit 300 Mitarbeitern unter dem Namen Zanders Paper GmbH weitergeführt.

Das nach den Zahlen von 2016 viertgrößte Unternehmen des Rheinisch-Bergischen Kreises befindet sich ebenfalls in Bergisch Gladbach: Das 1896 errichtete, inzwischen in einem Neubau beheimatete Marienkrankenhaus der katholischen Kirchengemeinde St. Laurentius beschäftigt 700 Angestellte. Siebtgrößtes ist die Bergisch Gladbacher Firma Krüger, die seit 1971 Instantprodukte wie Tee oder Kaffeekapseln herstellt.

Eine Blick auf vergangenes Wirtschaften kann man im Freilichtmuseum Bergisches Museum Bensberg, Burggraben 9–21, werfen. Bergbau, Handwerk – Gerber, Sattler, Schuhmacher, Kettenschmiede, Stellmacher und Bäcker – und Gewerbe aus den Anfängen der Industrialisierung im Bergischen gibt es dort zu bewundern. Arbeits- wie Wohnbedingungen werden ebenfalls anschaulich gemacht.

Das Papiermuseum Alte Dombach zeigt, wie Papier früher hergestellt wurde. Besucher können sich selbst als Papiermacher versuchen.

Das kreisangehörige Mittelzentrum des Rheinisch-Bergischen Kreises wurde 1975 aus den beiden ehemaligen Städten Bergisch Gladbach und Bensberg sowie der Ortschaft Schildgen unter dem Namen der größten dieser Gemeinden zu einer kleinen Großstadt zusammengefügt. 1271 wurde »Gladebag« erstmals urkundlich erwähnt. Der Namenszusatz »Bergisch« wurde 1863 ergänzt, um sich von »München-Gladbach«, später »Mönchengladbach«, zu unterscheiden.

1703 ließ Kurfürst Johann Wilhelm in Bensberg ein Jagdschloss nach dem Vorbild des französischen Schlosses Versaille und dem des englischen Windsor Castle bauen, was 1774 Goethes Bewunderung fand, der neben der »herrlichsten Aussicht« die Innengestaltung lobte: »Was mich daselbst über alle Maßen entzückte, waren die Wandverzierungen durch Weenix.« Der niederländische Maler Jan Weenix (1642–1719) hatte einen Zyklus von zwölf großformatigen Gemälden beigetragen, die heute in der Alten Pinakothek in München zu bewundern sind. Nach langer, vorwiegend militärischer Nutzung wurde das Bensberger Schloss 1997 in ein Fünf-Sterne-Grandhotel umgewandelt, seit 2000 führt der Sternekoch Joachim Wissler dort das Restaurant Vendôme und verhalf ihm zur höchsten Auszeichnung von drei Michelin-Sternen.

Neben dem Vendôme ist das 1898 ebenfalls für die Familie Zanders erbaute Haus »Schloss Lerbach« zu nennen, wo die Küchenchefs Dieter Müller und Nils Henkel in den Jahren 2008 bis 2011 dafür sorgten, dass Bergisch Gladbach neben Baiersbronn der einzige Ort in Deutschland mit zwei Dreisternerestaurants war. Ende 2014 wurde der Betrieb eingestellt, seitdem wird das Haus von der Eigentümerfamilie von Siemens renoviert.

Moderne Ikone der Stadt ist heute Heidi Klum – 1973 in Bergisch Gladbach geboren, seit Langem in Los Angeles wohnhaft –, die 1992 in Gottschalks Late Night Show einen Modelwettbewerb gewann, Initialzündung zu einer weltweit einzigartigen Karriere, die sie dem deutschen Fernsehzuschauer seit 2006 mit einer jährlichen ProSieben-

Castingshow dankt, in der junge Mädchen sich vor einem Millionenpublikum Selektionsmechanismen der Modeindustrie stellen. Dass das wiederum mit Schönheit zu tun haben soll, wagte zumindest der Publizist Roger Willemsen (1955–2016) 2009 zu bezweifeln.

36 Klingenmuseum

Auch wer mit Messern und Klingen normalerweise nichts am Hut hat: Diese einzigartige Sammlung, die 1904 in der Fachschule für Metallgestaltung begonnen wurde und mittlerweile eine umfangreiche Zusammenstellung an Exponaten umfasst, sollte man sich nicht entgehen lassen: von Waffen, Bestecken, Messern und Schneidgeräten, dem Nachlass der renommierten Besteckmanufaktur Pott, die den Bauhausstil in die Küche brachte, bis hin zum Werkstattinventar der Zinngießerei Arrenberg, die unter anderem die klassische bergische »Dröppelminna« 75 produzierte, wird alles geboten. Zumal in so fantastischer Umgebung: In der historischen Gräfrather Altstadt, der guten Stube der Stadt Solingen 28, liegt das im Neubergischen und Jugendstil erbaute ehemalige Rathaus der einst selbstständigen Stadt Gräfrath, in der das Klingenmuseum zwischen 1954 und 1990 beheimatet war. Heute ist dort das Kunstmuseum Solingen untergebracht. Das Klingenmuseum bezog mit mittlerweile fast 10.000 Bestecken und mehr als 2.000 Waffen seinen neuen Standort im keinen Kilometer entfernt liegenden Kloster Gräfrath, Klosterhof 4. Am 6. Juli 1991 fand die feierliche Einweihung statt, an der auch der damalige NRW-Ministerpräsident Johannes Rau teilnahm. Das Kloster Gräfrath war 1187 als Frauenkloster der Benediktiner gegründet, später als Sitz des Stifts der Augustiner-Chorfrauen genutzt worden.

1309 soll ein Kreuzritter von Hückeswagen seiner Schwester Katharina, die hier Stiftsdame war, ein Souvenir vom Sinai mitgebracht haben, und zwar einen Knochensplitter der heiligen Katharina. Dieser blieb allerdings zunächst auf der Strecke, da er bei einem Sturm über Bord ging. Ein Engel soll ihn geborgen und der Stiftsdame übergeben haben, wo bis zu ihrem Tode aus dem Knochenteil Öl, Milch, Honig, Wasser und Blut geflossen seien, was viele Pilger nach Gräfrath zog. Hinzu kam, dass Margarete von Hochstaden und Gräfin von Hückeswagen dem Kloster 1312 ein Glasgefäß mit Öl von der Gebeinen der heiligen Katharina schenkte. Der Katharinen-Wahn brach aus. Nicht zuletzt sicherlich, weil die Heilige für vieles gut ist, insbesondere auch die Gewerke, deren Produkte in dem heutigen Museum ausgestellt werden: Sie schützt Mädchen, Jung- und Ehefrauen, Philosophen, Theologen, Gelehrte, Lehrer, Studenten, Anwälte und Notare sowie die Handwerksberufe Wagner, Müller, Töpfer, Gerber, Spinner, Tuchhändler, Seiler, Schiffer, Buchdrucker, Schuhmacher, Frisöre und Näher, außerdem Kirchengebäude, Universitäten und Hochschulen, Bibliotheken und Krankenhäuser. Sie kümmert sich um Feldfrüchte, hilft bei Migräne, Krankheiten der Zunge und bei der Auffindung Ertrunkener. 1346 bildete sich eine Katharinen-Bruderschaft. 1354 wurde ein Katharinen-Altar dokumentiert, im gleichen Jahrhundert entstand eine Katharinen-Kapelle, beide wurden bei einem Brand vernichtet. Das Kloster markierte seine Grenzsteine mit dem Rad der heiligen Katharina, ihr Insigne neben dem Schwert. Es ist das Rad, auf das sie geflochten werden sollte – daher ist sie auch Schutzpatronin für die Wagenmacher.

Der 1817 gegründete Katharinenchor der katholischen Pfarrgemeinde ist der älteste Chor Solingens. 1727 wurde das Kloster nach dem Brand wiederaufgebaut. Mit den Franzosen kam 1803 die Säkularisation. Mit den Preußen wurde das Kloster zur Kaserne umfunktioniert, 1896 zu einer königlich-preußischen Erziehungsanstalt für katholische Mädchen, die 1927 geschlossen wurde. Ein Herz-Jesu-Kloster entstand am südlichen Hang, das als Lazarett, später Altenheim diente. Das alte Klostergebäude nahm 1941 zunächst das Solinger Stadtarchiv auf, 1948–76 wurde es als Altersheim genutzt, bis es schließlich umgebaut wurde und seither das Klingenmuseum beherbergt.

Ein in der Story – der Diebstahl ist natürlich fiktiv – erwähntes Ausstellungsstück, das »Müngsten Damast«-Messer wurde dem Museum im Dezember 2013 von einem Vorstandsmitglied der Zwilling J.A. Henckels übergeben. Die Firma, die in dem Jahr ihr 285. Jubiläum feierte – Gründungsjahr 1731 –, produzierte ein ganz besonderes Unikat in einer limitierten Auflage von 285 Stück zum Preis von 1731 Euro, das aus 107 Lagen Stahl, unter anderem dem der mehr als 100 Jahre alten und 107 Meter hohen Müngstener Brücke, gefertigt wurde. Dies war der Tatsache zu verdanken, dass das Bauwerk saniert werden musste und daher Originalmaterial, das ausgetauscht wurde, zu bekommen war. Unter absoluter Geheimhaltung wurde es geliefert und das Messer entwickelt. Mehr als 200 Gramm des Brückenstahls konnten pro Messer nicht verarbeitet werden, deshalb wurde er um zwei härtbare Edelstahle ergänzt. Der alte Stahlanteil ist durch den Ätzprozess als heller Streifen im Linienspiel der verschiedenen Lagen deutlich erkennbar. Nicht nur derartige Details legen nahe, dass Messer herzustellen eine Kunst sein und mit Herzblut betrieben werden kann.

Auch das in der Geschichte erwähnte Bildnis der Katharina von Alexandria existiert tatsächlich in der Sammlung.

Es stammt aus Spanien, aus dem Umkreis des Francisco de Zurbarán, wurde um 1630/40 mit Öl auf Kupfer gemalt und zeigt eine sehr hellhäutige Katharina mit zum Himmel gewandtem Blick in wallender, äußerst prächtiger Kleidung, in der Rechten, die sie hochhält, als ihr Insigne ein langes Schwert, dessen Spitze auf den Kopf des Kaisers Maxentius zu ihren Füßen gerichtet ist – als Zeichen ihres Triumphs über das heidnische Kaisertum.

37 Hexenbrunnen

Ein Zeugnis historischen Hexenwahns findet sich auf dem Odenthaler Hans-Klein-Platz, nur ein paar Meter von der romanischen Kirche St. Pankratius entfernt. Dort gemahnt ein bronzener Hexenkessel-Brunnen die Jakobswegpilger an die Hexenverbrennungen bis ins 17. Jahrhundert. Auf den Randreliefs finden sich Darstellungen zu Denunziation, Folter und Tod. Die letzte Frau, die in der Region wegen Hexerei hingerichtet wurde, war Katharina Güschen (auch Scheuer Tring, Scheuer Treine genannt). Die Tagelöhnerin aus Nittum starb 1613 in Lustheide, nachdem sie in der verschärften Folter gestanden hatte, mit dem Teufel im Bunde zu sein. Sie hatte in dritter Ehe einen Mann geheiratet, der auf ihr bescheidenes Witwenerbe aus war, weshalb sie ihn 1611 anzeigte. Ähnlich wie Katharina Henot in Köln, die als Patrizierin vor Gericht zog, um das Erbe ihres Vaters zu erstreiten und am Ende als Hexe den Feuertod fand, weckte eine derart selbstbewusst auftretende Frau schlafende Hunde. Zumal bereits Katharina Güschens Großmutter und zwei Tanten als Hexen auf dem Scheiterhaufen gelandet waren. Sie wurde am 10. Januar 1613 »am Steinenbrückchen« unweit von Bensberg-Lustheide gnadenhalber vor der Verbrennung erdrosselt. Das Ausmaß des Hexenwahns in Odenthal zeigt sich in dem Ausdruck »Hexen-Ohnder« (ohnder = Odenthal) oder dem Spruch: »Sie breeten zu Ohnder Hexen wie Hohnder« (Hohnder = Hühner). Zum Gedenken an Katharina Güschen ist eine Straße in 51429 Bergisch Gladbach nach ihr benannt.

Wer dem Thema im wahrsten Sinne des Wortes ein wenig nachgehen möchte, kann dem etwa zwölf Kilometer langen Hexenwanderweg folgen, der in der Nähe des Doms beginnt und über den nördlichen Höhenrücken Odenthals an alten Hexen-Tanzplätzen und in den Märchenwald führt (vgl. 124).

38 Hermann-Löns-Kaserne

Die Hermann-Löns-Kaserne in Bergisch Gladbach ist Geschichte. Dort waren in der Nachkriegszeit Soldaten des Wachbataillons und der Wachausbildungskompanie untergebracht, die beim protokollarischen Ehrendienst für die Bundesregierung insbesondere bei Staatsempfängen eingesetzt wurden. Ursprünglich hatte der Bundesgrenzschutz diese Aufgabe übernommen, aber ab 1957 war sie den Wachbataillonen übertragen worden. Mit der Wende gab es dann immer mehr Einsätze in Berlin, weswegen die 2. Kompanie des Wachbataillons und die Wachausbildungskompanie 902 (bis 1982 Wachausbildungskompanie 708), die zuletzt die Grundausbildung der Heeres- und Marinesoldaten für das Wachbataillon durchgeführt hatte, am 1. April 1995 von Bergisch Gladbach in die Julius-Leber-Kaserne in Berlin verlegt wurde. Ein Teil der Soldaten kam in die Brückberg-Kaserne nach Siegburg.

Sieben Jahre später wurden die Kasernenbauten endgültig abgerissen. 17 weitere Jahre lang bemühte sich die Stadt gemäß einem ersten Bebauungsplan um die Verwirklichung eines kleinen Quartierszentrums mit Läden und Dienstleistern, bis man schließlich den Plan änderte und einen »Nahversorger, alternativ nicht-störendes Gewerbe, im zentralen Bereich überwiegend Wohnnutzung, im Norden ergänzt um ein Stadtteilhaus mit Kita als künftiges soziales Zentrum des Hermann-Löns-Viertels« vorsah. Teile des Geländes wurden mit Wohnhäusern bebaut. Viele junge Familien zogen in das neue Viertel, das nach der Kaserne beziehungsweise der Straße, an der die Kaserne gestanden hatte, benannt wurde. Dabei war der Name seit Langem nicht unumstritten. Der Schriftsteller Hermann Löns (1866–1914) hatte sich aufgrund seiner Natur- und Landschaftsschilderungen als Heimatdichter großer Beliebtheit erfreut und war nach nur einem Monat Kriegsdienst gefallen, weswegen viele deutsche Städte Straßen nach ihm benannten und damit gleichzeitig eine ganze Generation von Künstlern ehrten, deren Schaffen 1914–1918 auf den Schlachtfeldern geopfert worden war. Unter den Nationalsozialisten hieß die Straße 1938/1940 nach Hermann Göring. Nach 1945 erfolgte die Rückbenennung in Hermann-Löns-Straße. Dass der Name zwischenzeitlich in Verruf geraten war, fand lange keine Berücksichtigung. Löns' Nähe zu völkisch-nationalem Gedankengut, die in seinen Werken erkennbare Sorge um das germanischen Bauerntum, das sich gegen fremde Einflüsse zur Wehr setzen müsse, hatte allzu gut in die rassistische Ideologie der Nazis gepasst, weswegen er von diesen sehr hoch geschätzt worden war. Dieser kritische Blick auf Löns findet sich zwar in der Erläuterung des Bergisch Gladbacher Stadtarchivs zur Namensgebung, der Rat der Stadt teilt die Bedenken aber offensichtlich nicht, wenn er ihn für das ganze Viertel übernimmt.

39 Röntgen-Gymnasium

Das Gebäude des Lenneper Röntgen-Gymnasiums befindet sich in der Röntgenstraße 12 am Rand der Innenstadt gegenüber einem Park und nahe dem Friedhof. Nebenan ist die Musikschule in einem denkmalgeschützten Gebäude des Bergischen Barock untergebracht. Das Gymnasium wurde 1916 fertiggestellt, über dem Türsturz wird die Bauphase kommentiert: »Erbaut in schwerer großer Zeit 1914–16«. Angesichts des Krieges ist es tatsächlich erstaunlich, mit wie viel Freude am Detail die Schule gestaltet und ausgestattet wurde.

Der erste Eindruck aber ist: imposant. Man geht auf das große neoklassizistische Gebäude zu, das dreistöckig ist, mit vielen hohen Fenstern. Die Wände bis zum zweiten Stock sind grün überwuchert, ganz oben auf dem Dach, mittig über dem Eingang, befindet sich ein kleiner Turmaufsatz mit einer Uhr, die dem Kommenden von fern schon anzeigt, ob er pünktlich ist. Über dem Portikus thront eine kleine Terrasse, hier könnte der Schulleiter stehen und drohend den Finger heben …

Rechts und links vom Eingang erinnern klassizistische Säulen an das humanistische Bildungsideal. Hinter der Eingangstür öffnet sich eine kleine, runde Vorraumhalle, ein Lichterkranz an der kupferfarbenen Decke erleuchtet sie nur unzureichend. Rechts an der Wand befindet sich ein Bild des Schul-Namensgebers. Man muss ein paar Stufen überwinden und geht dann durch eine zweiflügelige Tür einen hellen Flur entlang auf einen in eine gekachelte halbkreisförmige Wandnische eingelassenen Brunnen zu, in dem eine Knabenskulptur mit einem Drachen ringt. Über dem Brunnen sind im Halbkreis fünf runde Fenster aus bunt gemustertem Glas angebracht.

Geht man links den Flur entlang, entdeckt man, nach dem Treppenaufgang und hinter einer Durchgangstür, eine Vitrine mit einer Büste von Röntgen vor einem Fenster, das wiederum mit farbigen Mustern versehen ist – wie alle Fenster parterre, an denen man vorbeikommt. Weiter wird ein Passant, der einfach einmal einen Blick ins Gebäude werfen will, nicht kommen, da es sich eben um eine Schule handelt, nicht um ein Museum. Man wird ein wenig neidisch auf die jungen Menschen, die täglich durch diese schöne Eingangshalle gehen dürfen. Wer mehr kennenlernen will, kann eine Führung buchen. Es gibt eine sehr eindrucksvolle Aula zu bestaunen, eine alte Orgel, man kann etwas über geheime Bunker erfahren, die im Krieg natürlich als Erstes angelegt worden waren.

Das Schulprofil ist Röntgen verpflichtet, der Schwerpunkt naturwissenschaftlich. 2011 wurde ein eigenes Schülerforschungszentrum eingerichtet, das von der Bergischen Universität unterstützt wird. Seit 2012 ist die Schule Mitglied im Verein mathematisch-naturwissenschaftlicher Excellence-Center an Schulen. Daneben gibt es aber auch ein fremdsprachliches Schmankerl: Als Drittsprache nach Englisch und Französisch oder Latein kann man sich zwischen Spanisch und Chinesisch entscheiden. Im Rahmen von Austauschprogrammen nach Frankreich, Spanien oder China können die Sprachkenntnisse in die Praxis umgesetzt werden.

40 Schloss Burg

Ein Besuch der Schloss Burg ist ein Muss. Hier kulminieren bergische Geschichte und bergisches Lebensgefühl. Es wird vermutlich kaum ein Kind geben, das in seiner Grundschulzeit nicht die Trutzburg bei Solingen kennengelernt hat – und mit einer Brezel an einer Schnur um den Hals heimgekehrt ist. Das typische Mitbringsel, die über 200 Jahre alte Spezialität aus süßem Teig mit vielfach geschlungenem Brezelknoten, soll aus der napoleonischen Zeit stammen. Ein französischer Besatzungssoldat wurde 1795 von einer Burger Bäckerfamilie gesund gepflegt und bedankte sich mit der Teigware. Im 19. Jahrhundert beförderten sogenannte Kiepenkerle die Backware in ihren hölzernen oder weidenen Rückentragen, »Kiepen« genannt, zum Verkauf. Das Stadtmarketing hat das Gebäck zur Devotionalie stilisiert und 2003 einen Brezelwanderweg ausgezeichnet, auf dem man die ehemals selbstständige Gemeinde Burg umrunden kann.

Was die wenigsten Schulkinder kennengelernt haben dürften, auch wenn sie es vermutlich sehr begrüßt hätten: die Seilbahnfahrt von Ober- nach Unterburg oder umgekehrt, wobei die erste Variante eine große Herausforderung für nicht Schwindelfreie darstellt. In einem minimalistisch mit dünnen Metallbügeln gesicherten Sitz geht es steil bergab zum Fuß des Bergs, auf dem die Höhenburg steht – und über die Wupper zur Talstation.

Der Beginn des bergischen Machtzentrums wurde bereits erwähnt: Von Odenthal 10 zog es die Herren von Berg nach Burg, wo sie ihren neuen – zweiten – Stammsitz errichteten, 1160 als »novo monte« erstmalig genannt. Nachdem mehrere Grafen von Berg bei Kreuzzügen ihr Leben gelassen hatten, riss 1218 der Kölner Erzbischof Engelbert, einer der mächtigsten Männer im Reich, die Herrschaft an sich, obwohl er in der Erbfolge erst an zweiter Stelle stand. Er ließ die Burg bis 1225 erheblich erweitern und machte sie zur Hauptresidenz seiner Familie. Am 7. November 1225 wurde er im Auftrag seines Neffen Friedrich von Isenburg in einem Hohlweg überfallen und erschlagen – was der Neffe mit dem Leben bezahlte. Der zuvor übergangene Heinrich von Limburg holte sich das Erbe zurück, der Konflikt schwelte aber weiter. Sein Enkel Adolf V. focht den Kampf schließlich mit dem Kölner Erzbischof Siegfried von Westerburg unter Beteiligung vieler Adelshäuser, Bürger und Bauern bei der Schlacht von Worringen 1288 endgültig aus. Die Karten – nicht nur im Bergischen, sondern im gesamten Nordwesten Mitteleuropas – wurden neu verteilt, die Macht des Kölner Erzbischofs Siegfried von Westerburg war in der Folge erheblich eingeschränkt. Drei Jahre hielt man ihn als Gefangenen auf Schloss Burg fest, bis er durch die Unterzeichnung des Sühnevertrags am 19. Mai 1289 und gegen eine hohe Lösegeldzahlung freikam. Die klaren Profiteure einer der schlimmsten Schlachten des ausgehenden Mittelalters waren Adolf V. von Berg sowie Eberhard von der Mark – und die Bürger von Köln und Düsseldorf, die in der Folge den Status freier Reichsstädte erhielten. Auch das bergische und märkische Bauerntum ging gestärkt aus dem verheerenden Gefecht hervor. 1380 wurde die Grafschaft Berg zum Herzogtum erhoben, die Burg um 1500 zum Schloss ausgebaut.

Es handelt sich also, um die Begriffe noch einmal zu klären, um ein Schloss, das einmal eine Burg gewesen ist, das seinen Namen von der Ortschaft Burg hat, auf einem Berg liegt und den Herren von Berg als Residenz gedient hat, später als Jagdschloss, schlussendlich ab 1593 als Witwensitz. Die Besitzer wechselten noch mehrmals, im 30-jährigen Krieg wurde die Feste schwer beschädigt, zu Teilen geschleift, bis 1692 fast nichts mehr übrig war und die Anlage zur Ruine verkam. Lediglich der Palas, der Saalbau, wurde bis 1807 weiter genutzt. 1815 gelangte sie in preußischen Besitz, verfiel aber über einen längeren Zeitraum weiter, bis 1887 ein Verein den Wiederaufbau des heutigen Wahrzeichens des Bergischen Lands forcierte. Aktuell ist die Feste im Besitz der Städte Solingen **28**, Remscheid **30** und Wuppertal **32**, die sie in erster Linie als

Regionalmuseum betreiben, das eine Rüstkammer im Dachgeschoss beherbergt und über Themen wie höfische Jagd sowie bergische Wohnkultur und Berufe informiert. Der Batterieturm beheimatet die Gedenkstätte des Deutschen Ostens – ein Mahnmal zur Vertreibung, das unter anderem drei Bronzebüsten von bekannten ostpreußischen Persönlichkeiten zeigt: Immanuel Kant, Joseph von Eichendorff und Ernst Moritz Arndt.

Unterhalb des Batterieturms befindet sich die mit 22,22 Metern längste Holzbank Deutschlands, die um die 1.000 Kilogramm an Gewicht mitbringt und Wandersleute nach dem Aufstieg zur Burg dazu einlädt, die schweren Glieder auszuruhen.

Regelmäßig finden auf Schloss Burg Ritterspiele, Märkte, Theateraufführungen oder sonstige Veranstaltungen statt. Die Besucherzahlen steigen stetig und werden bereits mit einer Viertelmillion jährlich angegeben. Seit 2017 bis voraussichtlich 2025 wird das Schloss für 33 Millionen Euro umfassend saniert – bei laufendem Betrieb. Die Gebäude werden entkernt, der Rundgang modernisiert, sodass die Geschichte der Burg künftig zeitgemäß mit Filmen und Interaktionsangeboten vermittelt wird. Die »rheinische Wartburg« ist aber heute schon eine der populärsten und meistbesuchten Kulturstätten im Rheinland. Unter anderem werden dort etwa hundert Trauungen jährlich vollzogen.

Die Gastronomie rund um Schloss Burg besticht schon durch die Namen: Bergische Zwieback-Manufaktur, Hotel Laber, Waffelhaus, Torschänke, Weinbar, das Restaurant Zur schönen Aussicht, die Cafés Rittersturz und Voigt und das Restaurant Kartoffel-Kiste in Höhrath – Hungern muss in Burg niemand.

41 Müngstener Brücke

Die 1897 eröffnete Eisenbahnbrücke trug zunächst den Namen Kaiser-Wilhelm-Brücke, seit 1918 heißt sie Müngstener Brücke. Nahe der einstigen Siedlung Müngsten bei Solingen überspannt sie mit einer Länge von 465 Metern in 107 Metern Höhe das Tal der Wupper und verbindet so die Stadtgebiete von Solingen und Remscheid. Seit einigen Jahren ist sie UNESCO-Weltkulturerbe-Kandidat – zusammen mit vier anderen vergleichbaren technischen europäischen Bauten aus dem 19. Jahrhundert: den portugiesischen Brücken Ponte Dom Luis I und Ponte Maria Pia, der französischen Viaduc de Garabit und der norditalienischen Ponte San Michele.

Zum Vergleich: Der Pariser Eiffelturm wurde bereits sieben Jahre vor der Müngstener Brücke erbaut und hat eine Höhe von 324 Metern. 30 Jahre davor war die Dachkonstruktion des Kölner Doms fertiggestellt worden, als eines der größten und modernsten Eisenbauwerke Europas. Nachvollziehbar, dass die an Eisenbergwerken und -verarbeitendem Gewerbe reiche Solinger und Remscheider Region mithalten wollte. Die technische Meisterleistung beim Bau lag insbesondere darin, dass zum ersten Mal eine Brücke im freien Vorbau entstand. Man stellte die beiden Bogenhälften ohne Gerüste bis zum Bogenschluss fertig. Dabei übernahmen die vorkragenden Enden selbst die Funktion des Krans für die weiteren Montage. Über diese technische Herausforderung wurden damals schon »Fake News« verbreitet: Baumeister Anton von Rieppel wäre eine Fehlberechnung unterlaufen, weshalb eine Hälfte der Brücke hätte abgerissen werden müssen, weil die Teile in der Mitte nicht zusammengetroffen wären. Zudem wurde erzählt, dass der Baumeister sich aus Scham über seine Fehlberechnung von der Brücke gestürzt hätte. Beide Legenden entsprechen nicht den Tatsachen. Rieppel verstarb erst 30 Jahre später an einer Krankheit. Eine weitere überlieferte Geschichte, die bisher nicht widerlegt werden konnte, ist die vom »goldenen Niet«, der angeblich als letzter der über 900.000 für die Brücke verwendeten Nieten eingeschlagen wurde und aus reinem Gold bestehen soll. Bis heute wurde er nicht gefunden. Vielleicht gelingt das ja im Zuge der umfassenden Sanierung, der die Brücke seit 2011 mit Unterbrechungen unterzogen wird.

Im Brückenpark sollte man bei gutem Wetter die Schwebefähre über die Wupper ausprobieren: Wie eine Draisine läuft die Drahtkorb-Verbindung auf zwei Seilen über der Wasseroberfläche und wird von den Passagieren über die Distanz von 64 Metern angetrieben. Zu dem Park gehören auch gastronomische Angebote, ein kleiner Minigolfplatz, viele Rätselsteine, von hier aus führt ein vier Kilometer langer Wanderweg nach Schloss Burg **40** und zum Entspannen bieten sich Liegewiesen und Plattformen an der Wupper mit Ausblick auf Wasser und Brücke an.

An dem idyllischen Ort ereignete sich im Oktober 1992 ein scheußliches Verbrechen, an den der Kurzkrimi »Mails, Messer, Mord in Müngsten« erinnert. Ein Stück oberhalb der heutigen Gaststätte Haus Müngsten, die zu der Zeit noch eine Diskothek namens »Exit« war, wurde eine 33 Jahre alte Taxifahrerin auf brutale Weise getötet – zwei junge Männer hatten es auf ihre Tageseinnahmen abgesehen. Für eine Beute von 160 D-Mark schossen die Täter der Frau mit Gaspistolen ins Gesicht und stießen sie auf Höhe des Wupperwehrs ins Wasser. Als sie feststellten, dass sie noch lebte, holten sie sie wieder ans Ufer und schlugen so lange mit einer der Gaspistolen auf ihren Kopf und stachen auf sie ein, bis sie starb. Die Mörder wurden bald darauf gefasst.

An den Fall erinnert vor Ort ein kleines unauffälliges Mahnmal, das Verwandte oder Freunde des Opfers dort in den Boden gegossen haben müssen. In rohen Zement ritzten sie das Gedicht »Erinnern« von Erich Fried und ergänzten: »Für Dagmar, die hier zu Tode gequält wurde.«

4. ZUM WOHLE DER MENSCHHEIT

Menschen sind die einzigen Lebewesen, die aus niederen Motiven töten. Morden. Nicht nur einander, sondern auch Fauna und Flora, die doch ihr Überleben garantieren. Auf der anderen Seite agieren sie ähnlich vernunftfern, indem sie Alte und Kranke, Schoßtiere und Zierpflanzen päppeln, statt der Natur ihren Lauf zu lassen. Insofern es ihresgleichen betrifft, nennen sie das Humanismus. Für Tierliebe hat die Wissenschaft lediglich in pervertierten Formen Begriffe gefunden: Zoophilie bezeichnet das sexuelle Zugeneigtsein, Bestiality den Vollzug des Geschlechtsakts zwischen Mensch und Tier. Im populärwissenschaftlichen Sinne spricht man auch von Sodomie, wobei letztere ursprünglich jegliche Art abweichender Praktiken von der jeweils vorherrschenden Sexualmoral meinte, vor allem den Analverkehr. Zoosadismus wiederum steht für jede Art des Quälens von Tieren durch Menschen, mit oder ohne sexuelle Komponente. Theriophilie oder Animalitarianism hingegen bezeichnet die Idealisierung der Tierwelt, die als dem Menschen moralisch überlegen verstanden wird.

Augenhöhe zwischen Mensch und Tier oder mindestens friedliche Koexistenz scheint es demnach nicht zu geben. Die selbsternannte Krone der Schöpfung teilt alle anderen Lebensformen nach für ihre Zwecke nützlich oder schädlich ein und behandelt sie entsprechend: Züchtung, Anbau, zunehmend industriell, oder Ausrottung. Zu Anschauungszwecken gewährt man einem überschaubaren Bestand ein Überleben in vermeintlicher Freiheit in Reservaten und

Naturschutzgebieten. Da deren Besichtigung und Begehung beschwerlich und gefährlich ist, richtet man in Ballungsgebieten Gefangenenlager ein, in denen Tiere in einer vermeintlich natürlichen Umgebung hinter Gräben, Gittern oder Glas zur Schau gestellt werden. Für Pflanzen legt man Gärten an, in denen man sie beschneidet, züchtigt – nein, züchten heißt es, meint aber im Endeffekt dasselbe: Man zwingt die Natur, nimmt ihr die Autonomie – ohne jede Not!

Als ich damals hierherkam, hieß die Stadt bereits Wuppertal. Geboren und aufgewachsen bin ich in Leverkusen 42. Meine Familie war schon seit vielen Jahren für die Farbenfabriken vorm. Friedr. Bayer & Co. 43 tätig. Die ihren allerersten Ursprung in Barmen 44 hatte, bevor der Sitz nach Elberfeld 45 verlegt wurde, zwischen 1891 und 1912 dann an den Rhein. Mit dem Ausbruch des Ersten Weltkriegs kamen die Werks- und meine Familiengeschichte zusammen. Damit war mein Lebensweg vorgezeichnet. Man wird ja oft in Umstände geboren, die einem keine Wahl lassen. Damals war das jedenfalls so. Genau genommen geht es den meisten bis heute nicht anders. Dass ich mich irgendwann einmal freistrampeln würde, habe ich mir lange nicht vorstellen können. Man muss ja erst einmal ein Konzept von Freiheit entwickeln. Das eigene Leben – und das der anderen! – reflektieren, verstehen, sich klarmachen, dass es auch anders geht, und Visionen entwickeln. Das mit den Visionen fällt mir immer noch schwer. Weil ich zu viel Elend gesehen habe. Doch ich durfte Menschen kennenlernen, die welche hatten. Nur in der Umsetzung hapert es. Ich würde heute behaupten: Das Scheitern ist dem Aufbruch immanent. Sicherlich eine Sache der Perspektive. Wem es gelingt, die problematischen Seiten zu verdrängen, der wird Erfolge sehen. Es fragt sich nur, für wen.

In dem Örtchen, das damals noch Wiesdorf 46 hieß, war zu Beginn des 20. Jahrhunderts noch nicht viel los, aber der Krieg brachte gewissermaßen Leben in die Bude. Das Ziel war der Tod. Wie gesagt: eine Frage des Blickwinkels. Im Flittarder Werk wurde Sprengstoff hergestellt, im Hauptwerk produzierte man Chlorgas, Phosgen, Chlorpikrin und den Bestseller Senfgas. Die Forschung fand nach wie vor in Elberfeld statt. Wir hatten hüben wie drüben rein gar nichts zu sagen. Gibt es im Krieg nicht ohnehin nur Verlierer? Bis auf wenige Profiteure, die in ihrem Löwenhunger nicht beachten, dass, wenn sie endlich selbst im Netz zappeln, die Maus keinen Faden abbeißt. Die Soldaten wurden für die größten Feldexperimente genutzt, die die chemische Industrie sich je gönnen konnte. Am 22. April 1915 ging es im belgischen Ypres mit dem Chlorgas los. Engländer, Franzosen, Italiener, Österreicher, Ungarn und vor allem Russen, aber natürlich auch Deutsche, bissen zu Zigtausenden ins Gras. Kampfstoffe wurden entwickelt, die kombiniert verabreicht wurden: »Blaukreuz«-Granaten sorgten für Brechreiz, woraufhin die Infanteristen sich die Schutzmasken abrissen, unweigerlich das gleichzeitig abgeschossene Senfgas einatmeten und qualvoll verendeten. Wir hatten die Vorarbeit geleistet. Mitleid? Jeder sah zu, wie er – nein, ob er durchkam.

Das meiste erfuhr ich ohnehin nur durch Hörensagen. Die Direktion hatte die Verlagerung aus den beengten Verhältnissen an der Wupper auf den Weg gebracht, war nach dem Motto »Hahnemann, geh' du voran, du hast die größten Stiebeln an« an den Rhein gezogen, wohin die meisten dorthin abgeordneten Werksangehörigen nur widerwillig folgten. Onkel Willi wurde damals die zweifelhafte Ehre zuteil, mit dem späteren Vorstandsvorsitzenden zusammenzuarbeiten, was in die Annalen unserer Familie einging. Ich muss gestehen, ich habe mich lange nicht für Geschichte und Politik begeistern können. Noch nicht einmal für Chemie beziehungsweise Medizin, unser täglich Brot. Das ist ja häufig so. Je kleiner das Rädchen im Getriebe, desto weniger hat es das große Ganze im Auge und umso weniger macht es sich Gedanken, wohin das Schiff steuert, geschweige denn, dass es die Sinnhaftigkeit des eigenen Tuns hinterfragt. Erst in der zweiten Lebenshälfte wurde ich nachdenklich. Genau genommen trug Lisaweta zu meiner inneren Wandlung bei. Ich war bis dahin nie ein Kostverächter gewesen, was Frauen betraf, nahm sie gewissermaßen, wie sie kamen und gingen. Lisaweta haute mich um. Ihre Augen! So groß und dunkel und ihr Blick so sanft, dass ich ihn, so albern es klingt, am ehesten als »samten« beschreiben würde. Dabei ließ sie mich länger zappeln, als ich mir das zuvor je hatte bieten lassen. Um mir am Ende zu offenbaren, dass sie sterilisiert sei.

Zu dem Zeitpunkt war mir bereits alles egal. Ich war ihr mit Haut und Haaren verfallen. Unseren Sex beeinträchtigte ihre Unfruchtbarkeit ohnehin nicht. Im Gegenteil! Ich bin sicher, dass Weiber sich umso hemmungsloser dem Liebesspiel hingeben, je weniger sie Konsequenzen fürchten müssen. Tage- und nächtelang redeten wir, führten so viele intensive Gespräche! Lange, bevor überhaupt etwas lief zwischen uns, hatte sie mir bereits anvertraut, dass ihre Familie zunächst von Velbert [47] zur Zwangsarbeit nach Elberfeld verschleppt worden war, wo sie an der Erfindung des Heroins wie des Aspirins beteiligt war. Die Firma Bayer setzte zunächst auf das falsche Pferd, als sie 1898 ein Patent auf ein neues, aus Morphin synthetisiertes Hustenmittel anmeldete, zu dessen Entwicklung der Chemiker Felix Hoffmann 48 maßgeblich beigetragen hatte. Das Wundermittel sollte außerdem bei Herz- und Lungenerkrankungen, Bluthochdruck sowie Geburts- und Narkoseeinleitung angewendet werden. Bis 1926 stieg die Jahresproduktion reinen Heroins in Deutschland und der Schweiz auf fast sechs Tonnen. An Nebenwirkungen waren zunächst nur Verstopfung und leichte sexuelle Lustlosigkeit festgestellt worden. Als man neben der euphorisierenden Wirkung das Suchtpotenzial erkannte, dauerte es Jahre, bis die Droge vom Markt genommen wurde. Die Gewinne waren zu verlockend. Wie maßgeblich Felix Hoffmann zur Entwicklung des kurz vor Heroin angemeldeten Aspirins, nämlich 1897, beigetragen habe, sei umstritten, behauptete Lisaweta. Der Schmerzstiller, Entzündungshemmer, Fiebersenker, der auch Thrombose entgegenwirkt, erwies sich im Gegensatz zu Heroin als unverzichtbares Arzneimittel und Segen für die Menschheit. Dem Fußvolk, das die Drecksarbeit bei der Forschung hatte leisten müssen, ihrer Familie, klagte meine Liebste, werde aber genauso die Anerkennung verwehrt wie dem Chemiker Ernst Arthur Eichengrün, der Aspirin eigentlich doch synthetisiert hätte. Als Jude gehörte er zu Lebewesen zweiter Klasse, wurde nach Theresienstadt deportiert, überlebte den Krieg zwar knapp, doch als er 1949 starb, war eine Rehabilitation fern.

Das konnte ich persönlich noch verfolgen. In den Konzentrationslagern des Dritten Reichs wurde in unzähligen Einzelexperimenten weit umfänglicher und gezielter als im Rahmen der Feldforschung des Ersten Weltkriegs experimentiert. Wer in die Natur eingreift, um einzelne Lebewesen zu priorisieren, muss andere deprivieren. Das gelingt mit Gewalt, Lug und Betrug, Bestechung oder Verdummung. Seit der Steinzeit experimentieren Menschen herum, um die Lebenschancen Einzelner zu erhöhen. Ein 3.000 Jahre alter Kuhschädel aus einem jungsteinzeitlichen Siedlungsfund in Frankreich belegt, dass immer schon Tiere herhalten mussten, um entsprechende Techniken zu üben – hier die Trepanation zwecks Druckentlastung im Fall von Hirnblutungen. Funde von Neandertalern, denen der Schädel geöffnet wurde, bestätigen die menschliche Experimentierfreude. Am lebenden Menschen wurde dies in der Regel nur vorgenommen, wenn die Alternative der sichere Tod war oder sie als weniger wertig galten. Dazu gehören bis heute materiell Minderbemittelte, die für Kost und Logis oder Honorar Leib und Lebenschancen für den Vorteil anderer zur Verfügung stellen. Was nur wieder die Widernatürlichkeit des sogenannten Humanismus offenbart. Ergebnis abnormer Hirnwucherung, die Macht und Willkür Tür und Tor öffnet.

Mir hat Lisaweta damals die Augen geöffnet. Ihr Dahinscheiden gab den Ausschlag, dass ich meine Versetzung nach Elberfeld als einmalige Chance verstand, meinen Horizont zu erweitern und im Zentrum der Forschung vielleicht sogar ein wenig Einfluss nehmen zu können. Sie hat zum Glück nicht lange leiden müssen. Ein paar Tage nach der Krebsdiagnose war sie, als ich mich nach dem Aufwachen zu ihr umwandte, bereits friedlich entschlafen. Mausetot.

Ich kam zu Professor Domagk [49]. Unmittelbar nach dem Abschied von meiner Frau kreuzten sich meine Wege erneut mit einer Persönlichkeit, die mein Leben von Grund auf veränderte. Ich bin mir heute sicher, dass er mich genau beobachtet und sorgfältig ausgewählt hatte, ehe er mich mitnahm. Ich ahnte, dass er Großes vorhatte, begriff, dass es etwas war, was er fern der Firma – und der herrschenden politischen Eliten – zu erforschen gedachte. Sein Kampf gegen bakterielle Infektionen war 1935 von durchschlagendem Erfolg gekrönt gewesen: Bayer konnte dank seiner Arbeit das erste Antibiotikum auf den Markt bringen. Prontosil war gegen Streptokokken-Infektionen, Hirnhautentzündung, Kindbettfieber und Lungenentzündung gut. Domagk testete es erfolgreich an seiner eigenen Tochter, die an einer Infektion litt. Das schwedische Komitee erkannte ihm vier Jahre später den Nobelpreis zu. Kein Wunder, dass die Nazis ihn nicht nach Schweden reisen lassen wollten. Er war viel zu wertvoll für Deutschland. Schon die Tatsache, dass er sich für die Auszeichnung bedankte, trug ihm eine Haftstrafe ein. Da er das ausgelobte Geld nicht persönlich im gleichen Jahr abholen konnte, verfiel sein Anspruch darauf. Den Preis konnte er dennoch nach dem Krieg in Empfang nehmen. Da es nicht in Hitlers Sinn sein konnte, dass Domagk seine Forschungen einstellte, arbeitete man aber auch mit Zuckerbrot und gestand ihm gewisse Narrenfreiheiten zu. So durfte er sich zu Hause ein eigenes Labor einrichten, in dem er experimentierte, ohne dass ihm jemand über die Schulter guckte.

Dafür brauchte er mich. Eine Herausforderung, die mich begeisterte, als ich verstand, worum es ging. Domagk wollte an einem lebenden Probanden ein Mittel testen, das die seneszenten Zellen – solche, die nicht mehr zur Teilung fähig sind – eliminiert und die Stammzellen damit zu neuer Produktivität anregt. Viel, viel später erst hat die Molekularbiologie bestätigt, *wie* genial der Mann war und dass er sich auf dem richtigen Pfad befand: Man kann durch sogenannte epigenetische Merkmale, die also nicht in der DNA gespeichert werden, das Erbgut verändern. Winzige Schalter, die bestimmte Befehle durch aufgepfropfte Modifikationen abstellen oder beeinflussen. Der »Dornröschenschlaf« von Zellen – eine typische Alterserscheinung, die dazu führt, dass immer mehr Zellen sich nicht mehr regenerieren, aber auch nicht absterben, der ganz normale Alterungsprozess also – kann so gestoppt werden. Mehr noch: Diese durch Umwelteinflüsse, hier Domagks Injektion, erworbene Fähigkeit wird durch epigenetische Vererbung weitergegeben.

Domagk wohnte damals im Elberfelder Villenviertel in der Villa Schmidt 50, wo er nach dem Ruf zu Bayer eingezogen war. Das Geschrei von vier Kindern füllte mittlerweile die heiligen Hallen. Von Kindern, die – ganz der Papa – mit einem ausgeprägten Forschergeist ausgestattet und findig waren. Keine Türen, die sich nicht früher oder später für sie öffneten, keine Behältnisse, in die sie nicht hineinsahen. So passieren gelegentlich Pannen.

Keine Sorge, ich bin verschwiegen. Domagks Rezeptur ist bei mir genauso sicher aufgehoben wie der Türöffner-Trick seiner Nachfahren. Erstere habe ich im wahrsten Sinne des Wortes gefressen. An Details erinnere ich mich nicht. Nur so viel: Ich verließ die Villa ebenso heimlich, wie ich eingeschleust worden war, und fand im nicht weit entfernt gelegenen Wuppertaler Zoo 51 Unterschlupf. Dort herrschten im Krieg schreckliche Zustände. Viele Tote waren zu beklagen. Weniger aufgrund von Bombenschäden als durch Schlachtungen. Andere Bewohner wurden evakuiert. Niemand wusste, wann und ob es ihn treffen würde. Der Leerstand nahm von Tag zu Tag zu. So grausig es klingt: Für jemanden, der sich verstecken musste, eine ideale Situation. Ich konnte nicht nur untertauchen, sondern war hervorragend vernetzt. Wir schufen damals einen Kommunikationskanal, den wir »Twitter« nannten, weil die wichtigsten Informationen per Luftpost gewonnen und am schnellsten und weitreichendsten verbreitet wurden. Natürlich gab es mindestens ebenso viele unterirdische Kanäle, die in sämtliche Häuser führten und alles Wissenswerte zwar langsamer, aber umso gründlicher in Umlauf brachten. Wir lernten und lernen täglich dazu.

Das Wichtigste: Reflexion geht vor Reaktion. Wertschöpfung ist das Gegenteil von Ausbeutung. Werte setzen sich nicht durch, indem man sie aufgibt. Kollateralschäden lassen sich dennoch nicht immer vermeiden. So wurde ich, der ich mich doch als engagierten Pazifisten verstanden hatte, zum Mörder wider Willen. Der Besucher zum Boten des Todes! Ich kann mich schlecht von Schuld reinwaschen. Domagk war medizinisch hinreichend bewandert. Die Symptome der Herzinsuffizienz konnten ihm nicht verborgen geblieben sein. Als ich ihn am 24. April 1964 in Burgberg-Königsfeld im Schwarzwald besuchte – per Güterzug –, hatte er gerade ein reichliches Mittagsmahl genossen und döste in einem Ohrenbackensessel vor sich hin. Ich erklomm sein rechtes Hosenbein und hockte mich auf das Knie. Weiß auf Schwarz. Deutlich erkennbar. Ebenso deutlich erkennbar: Die Markierung auf meinem Köpfchen, die er mir in Elberfeld verpasst hatte: das kupierte rechte Ohr. Und: der amputierte Schwanz. Er musste wissen, wen er vor sich hatte, als er die Augen aufschlug. War es die spontane Freude über sein gelungenes, damals aufgrund der Umstände allzu schnell aufgegebenes und nie wieder aufgenommenes Experiment? Die wieder aufflammende Begeisterung für eine visionäre Utopie, lange verdrängt durch täglich neue Herausforderungen, Repressionen, Nöte? Flankiert von der schockartigen Erkenntnis, dass er damit nie mehr zum Segen der Menschheit würde beitragen können? Wir wissen es nicht. Was wir wissen: Sein Herz gab den Dienst auf.

Das Ende?

Was meint ihr, liebe Menschen, womit ich mir in dem letzten dreiviertel Jahrhundert die Zeit vertrieben habe? Natürlich gab es ein Leben nach Lisaweta! Warum ihr euch eines Bildes aus der Ornithologie bedient, um diesen Vorgang zu umschreiben, hat sich mir noch nie erschlossen. »Mausen« steht dafür, dass man anderen etwas wegnimmt. Typisch menschliche Eigenschaft. Wir *bereichern* die Welt. Quantitativ und qualitativ. »Mausern« hingegen steht dafür, dass jemand sich entwickelt. Ja, ich habe mich mächtig gemausert. Wie es aussieht, habe ich eine äußerst nachhaltige Veränderung erfahren. Und nicht nur ich. Ich begegne immer häufiger meinen eigenen Nachfahren. Ihr Hirn ist diskret vergrößert. Um genau das bisschen, das zu einer friedlichen Koexistenz aller Lebewesen erforderlich ist. Auf den ganzen Unsinn, den euer überbordendes Wachstum grauer Zellen mit sich gebracht hat, kann die Welt getrost verzichten. Wir sind die bessere Alternative. Und werden irgendwann aus den Löchern kommen. Spätestens wenn ihr euch zugrunde gerichtet habt. Eines Tages wird es unweigerlich heißen: aus die Maus. Für die Menschheit.

Auf die Mausheitsdämmerung dürfen wir gespannt sein.

FREIZEITTIPPS:

42 Leverkusen

In Leverkusen und Monheim 120 »küsst« das Bergische Land zwischen den Stadtgebieten Köln und Düsseldorf den Rhein, was den dortigen ehemals vergleichsweise günstigen Wohnraum in den letzten Jahren immer begehrter und teurer werden ließ. Der Lage am Fluss verdankt die Stadt ihre Existenz. Es gäbe sie nicht ohne die heutige Bayer AG, die aus den Farbenfabriken vorm. Friedr. Bayer & Co. 43 entstanden ist. Die wiederum hatten sich vor allem wegen des Rheins hier angesiedelt und dazu Teile eines ehemaligen Chemieunternehmens genutzt, dessen Gründer später zum Namensgeber der neu entstehenden Stadt werden sollte. Die Familie des Apothekers Carl Leverkus (1804–1889) stammte von der Hofschaft Leverkusen auf dem jetzigen Stadtgebiet Remscheid-Lennep 30. 1834 gründete er in Wermelskirchen eine Fabrik zur Herstellung von künstlichem Ultramarinblau, die er später nach Wiesdorf an den Rhein verlagerte, wo er eine Siedlung für seine Arbeiterschaft bauen ließ, die er nach dem Familiensitz Leverkusen nannte. Nach seinem Tod verkauften seine Söhne einen Teil des Fabrikgrundstücks an das Elberfelder Chemieunternehmen, dessen Gründer Friedrich Bayer neun Jahre zuvor verstorben war. Beide Männer erlebten also nicht mehr dieses entscheidende Zusammentreffen, das gewissermaßen den Grundstein für die Stadt legte.

Geografisch-verwaltungstechnisch grenzt Leverkusen im Osten an den Rheinisch-Bergischen Kreis und im Norden an den Kreis Mettmann.

1930 gegründet, erfuhr die Kommune 1975 durch die Gebietsreform noch einmal eine bedeutende Erweiterung und besteht seither aus drei Bezirken und 13 Stadtteilen, die sich um die drei ehemals selbstständigen Städte Wiesdorf 46, Schlebusch und Opladen 98 scharen, in denen sich nach wie vor drei Zentren mit Fußgängerzonen finden.

Archäologische Funde von Steinzeit-Beilen und Römergräbern belegen, dass das heutige Stadtgebiet Leverkusens schon früh besiedelt war. Erste urkundliche Erwähnungen von Gutshöfen datieren auf das 11. und 12. Jahrhundert. Als Durchzugsgebiet für kämpfende Truppen, die den Rhein entlangzogen, war es im Kölnischen (1583–1588) wie im 30-jährigen Krieg (1618-1648) immer wieder von Plünderungen und Verwüstungen betroffen und in der Folgezeit nur relativ dünn besiedelt. Lange durch Wald- und Forstwirtschaft geprägt, nahm Mitte des 19. Jahrhunderts die Industrialisierung Fahrt auf, die sich hier jenseits der großen Ballungszentren ausbreiten konnte und ihrerseits die Zuwanderung vorantrieb. Aus einer ursprünglichen Werkssiedlung entstand 1930 die Industriestadt Leverkusen, zusammengefügt aus verschiedenen Gemeinden, deren Unterschiedlichkeit bis heute das Bild der »Stadt ohne Vergangenheit« prägt. Durchschnitten von Verkehrswegen, mehreren Autobahnen und wichtigen Eisenbahnstrecken, hat sie sich vor allem durch den Sport einen Namen gemacht, in der – lange gefördert durch den Bayer-Konzern –, Sportler und Sportlerinnen aus den Disziplinen Leichtathletik, Fechten, Fuß-, Hand- und Basketball zur deutschen Spitze zähl(t)en. Die Bayarena und die Mehrzweckhalle Ostermann-Arena sind Publikumsmagnete. Daneben kann die Stadt – nicht nur bedingt durch industrielle Förderung, auch durch die Nähe zur Medienstadt Köln – mit einem vielfältigen Kulturleben punkten, das sich gleich in zwei großen Veranstaltungsstätten niederschlägt – dem Bayer-Erholungshaus in der Nobelstraße 37 und dem städtischen Forum, Am Büchelter Hof 9. Außerdem bietet sie mehrere kleine Bühnen wie das Matchboxtheater an der Hitdorfer Straße 169, die Theaterschule Junges Theater Leverkusen in der Karlstraße 9, das Kulturausbesserungswerk in der Kolberger Straße 95A, die Volksbühne Bergisch Neukirchen am Opladener Platz oder den Scala Club in der Uhlandstraße 9. Musikalischen Ruhm über die Stadtgrenzen hinaus genießen neben den Bayer-Symphonikern die Leverkusener Jazztage, deren Keimzelle in der legendären Musikkneipe Topos in der Hauptstraße 134 liegt.

Aber Leverkusen hat auch – was vielen spontan nicht bei dem Namen einfällt – viel Natur zu bieten. Der Japanische Garten auf dem Gelände des Chemparks der Bayer AG, am Stadtrand von Leverkusen in Köln-Flittard gelegen, ist seit 1912 eine exotische Sensation. Seit 1950 ist er öffentlich zugänglich. Der Neuland-Park, über der ehemaligen Deponie Dhünnaue erbaut und anlässlich der Landesgartenschau 2006 eröffnet, bietet auf 22 Hektar Naherholung mit vielen Themengärten und Open-Air-Veranstaltungen. Natur pur erlebt der Besucher entlang Rhein, Wupper, Dhünn und zahlreichen kleineren Zuläufen, insbesondere in großen Waldgebieten wie dem 320 Hektar großen Bürgerbusch zwischen Schlebusch und angrenzenden Stadtteilen und dem Reuschenberger Busch, westlich von Opladen, mit seinem Wildpark. Darüber hinaus bietet das NaturGut Ophoven rund um eines der ältesten Gebäude der Stadt nicht nur großartiges Naturerleben und Ausstellungen, sondern ist als Schulbiologiezentrum vielfach ausgezeichnet und weltweit anerkannt.

Zu den wichtigsten Sehenswürdigkeiten gehört das 1773 im Rokokostil erbaute Schloss Morsbroich in Alkenrath, das mittlerweile ein Museum für zeitgenössische Kunst beherbergt und verschiedenen Veranstaltungen Raum bietet; der die Stadtsilhouette prägende Bürriger Wasserturm; die Doktorsburg an der Rathenaustraße 63, eine aus dem 12. Jahrhundert stammende Wasserburg, heute als Senioren-Begegnungsstätte mitten im Grünen genutzt; die beiden ehemaligen Industriellen-Wohnsitze Villa Wuppermann an der Mülheimer Straße 14 – Mitte des 19. Jahrhunderts im Schweizer Landhausstil erbaut und von einem englischen Landschaftsgarten umgeben – und die prächtige Villa Römer an der Haus-Vorster-Straße 6, 1905 errichtet, Sitz von drei Geschichtsvereinen.

43 **Farbenfabriken vorm. Friedr. Bayer & Co.**
In der Durchfahrt des Hauses Heckinghauser Straße 1963 in Wuppertal **32** hängt eine Gedenktafel, die an das ehemalige Wohnhaus Friedrich Bayers (1825–1880), Sohn eines Seidenwirkers, erinnert. Hier muss Bayer gemeinsam mit dem Färber Friedrich Weskott erste Experimente mit Anilinfarben gemacht haben, bevor er mit ihm 1863 die Firma Friedrich Bayer et Comp. gründete, die in Barmen **44** Anilin und in Elberfeld **45** Fuchsin herstellte. Die Stadtrandlage war durch die Umweltbelastung begründet: Als Abfallprodukt entstand Arsen. 1886 wurde die Produktion komplett nach Elberfeld verlagert. Nach Bayers Tod übernahm sein Sohn Friedrich Bayer (1851–1920) das Unternehmen und wandelte es in die Farbenfabriken vorm. Fried. Bayer & Co. um. Der 1883 eingestellte Chemiker Carl Duisberg (1861–1935), späterer Prokurist und schließlich Vorstandsvorsitzender, war maßgeblich verantwortlich für die sukzessive

Umsiedlung an den Rhein, die in Hinsicht auf Transportwege, für das zur Produktion benötigte Brauchwasser sowie die Abwassereinleitung bedeutende Vorteile versprach – abgesehen von der Möglichkeit zu expandieren, die im engen Tal der Wupper begrenzt war.

Nicht alle Mitarbeiter begeisterte der Wechsel in die »Walachei«, wie ein »Klagelied« verdeutlichte: »Kann er (Duisberg) einen nicht verknusen, schickt er ihn nach Leverkusen. Dort an diesem End der Welt ist man ewig kaltgestellt.« Duisberg unternahm entsprechend einiges, um das »End der Welt« attraktiv zu gestalten. Er errichtete Bayer-Kolonien, ein Bayer-Kaufhaus (1897–2007) und das Bayer-Erholungshaus (1908), ehe der Hauptsitz 1912 nach Wiesdorf **46** verlagert wurde. Da war das Unternehmen längst in die medizinische Forschung und Produktion eingestiegen, hatte die Medikamente Heroin, das nach der Entdeckung des hohen Suchtfaktors vom Markt genommen wurde, Aspirin (unter Mitwirkung von Felix Hoffmann **48** und Arthur Eichengrün) und Prontosil (aufgrund der Forschungen von Friedrich Domagk **49**) auf den Markt gebracht.

1904 war das Bayer-Kreuz als Logo beim Patentamt eingetragen worden und zierte seit 1910 nicht nur die Verpackungen, sondern wurde 1933 mit 70 Metern Durchmesser als größte Lichtreklamen-Anlage der Welt zwischen zwei Bayer-Kraftwerk-Schornsteinen angebracht. Bis heute ist es das weithin sichtbare Wahrzeichen von Leverkusen, wenngleich es in Kriegszeiten abgeschaltet, später demontiert und mit 51 Metern Durchmesser in einer etwas kleineren Ausführung nicht weit vom ursprünglichen Standort entfernt neu errichtet wurde.

Im Ersten Weltkrieg war die mittlerweile international tätige Firma Bayer führend in der Entwicklung von chemischen Kampfstoffen wie Chlorgas und Phosgen, von Carl Duisberg als »gemeinstes Zeug«, das er kenne, bezeichnet. Daher begrüßte er ausdrücklich die einmalige Chance des Einsatzes an der Front, die man »nicht vorübergehen lassen« dürfe. Zur Verstärkung der durch Kriegseinsatz dezimierten Belegschaft forderte er erfolgreich belgische Zwangsarbeiter für das Werk an.

Nach dem Krieg waren die Auslandsproduktionsstätten verloren, nicht nur die der Firma Bayer. Alle deutschen Chemieunternehmen, BASF, Hoechst, AGFA und andere waren geschwächt. Die auf Duisbergs Betreiben zwischenzeitlich gegründete Interessengemeinschaft Farben fusionierte sie nun zur I.G. Farben AG, in der die Firma Bayer aufging, bis das Unternehmen 1950 wieder entflochten wurde und sich unter der Regie von Dr. Ulrich Haberland (1900–1961) als eigenständige Firma Bayer AG mit Werken in Dormagen, Elberfeld, Leverkusen und Krefeld-Uerdingen neu konstituierte.

Auch im Zweiten Weltkrieg hatte die Firma sich nicht mit Ruhm bekleckert. Sie gehörte als Teil der I.G. Farben AG zu den kriegswichtigen Betrieben, die nicht nur Öl- und Schmierstoffe, Kautschuk und verschiedene Gase produzierte, sondern an der Produktion des Zyklon B beteiligt waren, mit dem in den Gaskammern der Konzentrationslager Millionen von Menschen ermordet wurden. Außerdem arbeiteten Tausende von Zwangsarbeitern und KZ-Häftlingen in den Werken der I.G. Farben.

In Wirtschaftswunderzeiten expandierte das Unternehmen erneut, stieg in die Produktion von Kunststoffen und Pflanzenschutzmitteln ein, bis es schließlich mit Anfang des dritten Jahrtausends einzelne Sparten als eigene Teilkonzerne auslagerte. So entstanden die Firma Currenta GmbH

& Co. OHG als Betreiber des heutigen Chemparks (also des ursprünglichen Bayer-Geländes), die Firma Lanxess AG als Spezialchemie-Konzern, die Covestro AG, die Polymer-Werkstoffe fertigt, und weitere.

2018 übernahm die Bayer AG schließlich den US-Agrarchemie-Konzern Monsanto, der unter anderem den umstrittenen Unkrautvernichter Glyphosat produziert, und wurde mit diesem bislang größten Aufkauf durch einen deutschen Konzern im Ausland zur globalen Nummer eins im Agrarchemie-Geschäft. Kurz darauf wurde Monsanto zu hohen Schadensersatzzahlungen an Krebsopfer verurteilt, was den Bayer-Aktien-Kurs deutlich abfallen ließ. Der Konzern kündigte im Frühjahr 2019 an, 7.000 Arbeitsplätze, davon allein 4.500 in Deutschland, abzubauen. Die Leverkusener Zentrale ist am härtesten betroffen, aber auch in Wuppertal sollen 750 von 3.500 Stellen gestrichen werden.

44 Barmen

1070 wurde der Name »Barmon« zum ersten Mal urkundlich erwähnt. In einem Vertrag von 1244 ist von »bona de barme« die Rede, »Gütern in Barmen«. Der Name bezog sich offensichtlich auf einen lockeren Verbund von Gütern. Durch das Gebiet verlief im Spätmittelalter eine Landwehr, die jetzt noch die Grenze zwischen Ober- und Unterbarmen markiert, wovon wohl auch der Name herrührt, da »brama« mittelhochdeutsch »Dornstrauch« bedeutet. Im Niederdeutschen heißt »barm« »Erhebung« oder »Anhäufung«. Der Name findet sich zwischen 1290 und 1348 mal als »Berne«, »Barem«, »Barme«, »Barem« oder »Barum«. Es lag an der Grenze zwischen märkischem und bergischem Territorium, spätestens ab 1420 war es Bergisch. Die Grafen von Berg müssen im heutigen Stadtteil Beyenburg, der zu Barmen gehörte, lange vorher schon eine Burg errichtet haben, die als Beyenburg 1336 erstmals urkundlich erwähnt wurde. Sie lag in der Wupperschleife an einer wichtigen, mindestens aus dem Frühmittelalter herrührenden Handelsstraße zwischen Köln und Norddeutschland sowie an der Grenze zum Markgrafentum, sodass sie strategisch von hoher Bedeutung gewesen sein muss. Sie wurde im 30-jährigen Krieg zerstört und existiert nur noch als Bodendenkmal.

1519 wurde Barmen lutherisch und erhielt 1714 eine eigene Kirche. Damals lebten etwa 2.000 Menschen dort. Schon in der frühindustriellen Zeit war das Garnweber-Gewerbe in der Gegend weit verbreitet. 1808 erhielt Barmen die Stadtrechte, bis Ende des 19. Jahrhunderts vervierfachte sich die Bevölkerung. Die Mechanisierung entwickelte sich rasant, Heimgewerbe wurde durch Fabrikfertigung ersetzt. 1821 gab es bereits hundert Fabriken, die Tuche, Garne und sogenannte »Barmer Artikel« herstellten – textile Kurzwaren wie Bänder, Litzen, Kordeln und Flechtartikel. Mitte des 19. Jahrhunderts gehörte Barmen neben Elberfeld 45 zu den höchstindustrialisierten Städten Deutschlands und war auf 50.000 Einwohner angewachsen, deren Lebensbedingungen hart waren. Bis zur Gründung Wuppertals im Jahr 1930 sollte ihre Zahl auf 180.000 hochschnellen.

Zwischen 1894 und 1959 fuhr in Barmen die erste elektrische Zahnradbahn der Welt, die die Bewohner des Tals auf die Südhöhen brachte, zu dem 26,25 Meter hohen, 1888 fertiggestellten Aussichtsturm Toelleturm. Er war eine Spende der Kinder des Textilfabrikanten Ludwig-Ernst Toelle (1823–1886) und wurde zum markanten Wahrzeichen der Stadt beziehungsweise des heutigen Stadtbezirks Barmen.

Das 1921 eingeweihte klassizistische Rathaus Barmens am heutigen Johannes-Rau-Platz war bei der Fusion mit Elberfeld größer als der dortige Bau und wurde daher zum Rathaus der neuen Stadt Wuppertal.

Bekannte Unternehmen aus Barmen, die den Ort im Namen führen, sind die Krankenkasse Barmer Ersatzkasse und die Barmenia Versicherungen.

45 Elberfeld

Der Sage nach ist Elberfeld auf einen Elben zurückzuführen, de facto stammt der Name wohl von dem altsächsisch-niederdeutschen Wort »Elve« für »Fluss«. Gegen Ende des 19. Jahrhunderts muss es dort schon eine »Fliehburg« gegeben haben, die Durchreisenden Schutz bot. 931 wurde eine erste Kirche errichtet, 1611 ein Schulte von einem Tafelhof »Elverfeld« erwähnt, aus der das Lehen »Burg und Herrschaft Elverfeld« hervorgegangen sein muss. Dieses veräußerte Johann von Elverfelde laut einer Verkaufsurkunde dem Ritter Engelbrecht Sobbe im Jahr 1366. 1425 ging die Burg in den Besitz Herzog Adolfs VII. von Jülich-Berg über. 1536 fiel sie einem Brand zum Opfer, 1603 wurde ihr Gelände eingeebnet.

1444 war Elberfeld bereits als »Freiheit« bezeichnet worden, was bedeutet, dass es ein selbstständiger Ort mit gewissen Rechten wie dem Marktrecht war, aber noch keine Stadt. 1527 erhielt es mit Barmen das Privileg, exklusiv Garne zu bleichen und zu zwirnen. Erst 1610 wurde Elberfeld das Stadtrecht zuerkannt, immer noch 200 Jahre vor Barmen. Die Entwicklung beider Städte im Zuge der Industrialisierung verlief jedoch ähnlich. In Elberfeld wollte man den dadurch entstehenden sozialen Spannungen durch das Elberfelder Modell für Armenpflege und Sozialvorsorge im Jahr 1853 vorbeugen. Mittelschichtangehörige, darunter viele Frauen, waren ehrenamtlich dezentral engagiert und leisteten Hilfe zur Selbsthilfe.

Vom Reichtum der Gewinner der Industrialisierung zeugt heute noch das Briller Viertel, eines der größten Villenviertel Deutschlands. Auch in den Seitenstraßen des Wuppertaler Zoos kann man eindrucksvolle Bürgervillen bestaunen.

Ein wahrhafter Prachtbau ist das Elberfelder Rathaus am Neumarkt, am Ende der Fußgängerzone. 1895 im Stil der Neugotik beziehungsweise des Eklektizismus errichtet, imponiert es mit einem 79 Meter hohen markanten Turm. Inzwischen wird es nur noch als Verwaltungsbau genutzt. Auf dem Vorplatz steht der 1901 vollendete Jubiläumsbrunnen – elf Meter hoch, acht Meter im Durchmesser –, eine Nachbildung des Neptunbrunnens im italienischen Trient. Wesentlich unauffälliger ist die auf der anderen Seite des Rathauses an der Friedrichstraße stehende Installation des britischen Bildhauers Tony Cragg. »Lebensader Wupper« heißt die filigrane Edelstahlskulptur, die den Weg der Wupper und ihrer Nebenflüsse darstellt.

46 Wiesdorf

1190 erstmalig urkundlich als »Wistubbe« erwähnt, wurde der Ort in unmittelbarer Rheinlage mehrfach durch Hochwasser zerstört. Mit der Errichtung des großen Fabrikgeländes von Bayer war der Rheinzugang für Nicht-Mitarbeiter über eine große Strecke praktisch versperrt. Der heutige Chempark beherbergt 200 Unternehmen mit über 30.000 Mitarbeitern und umfasst ein Gelände von 4,8 Quadratkilometern. Der Leverkusener Stadtteil Wiesdorf erstreckt sich über insgesamt 9,68 Quadratkilometer, von denen kaum die Hälfte für Wohnen und Freizeit, der Rest industriell genutzt wird. Quer durch Wiesdorf zieht sich die Eisenbahnlinie Köln–Düsseldorf und die B8. Nach Westen und Norden wird der Ort von der A3 und der A1 begrenzt. Im Norden befinden sich die Mülldeponie Dhünnaue, das Klärwerk und die Müllverbrennungsanlage, wodurch der nördlich von Wiesdorf gelegene Stadtteil Bürrig überhaupt keinen Rheinzugang besitzt, erst die weiter in Richtung Monheim liegenden ehemaligen Fischerdörfer Rheindorf und Hitdorf erlauben freien Blick auf den großen Fluss. Für Wiesdorf besserte sich die Situation ein wenig mit der Einrichtung des Neulandparks. Dessen Name sollte nicht verhehlen, dass hier nicht etwa neues Land geschaffen worden war, sondern die Mülldeponie direkt am Gewässer, in der über hundert Jahre neben dem Hausmüll der Gemeinde Chemieabfälle des Unternehmens nach heutigen Maßstäben wild abgekippt wurden, nach oben hin abgedichtet und mit Erde aufgefüllt worden war. Als sich herausstellte, dass die marode Autobahnbrücke der A1 erneuert werden musste, bohrte man die für alle Ewigkeit gedachte Abdichtung nach knapp über zehn Jahren kurzerhand wieder auf.

Neben diesen Einschränkungen hat Wiesdorf allerdings erstaunlich viel Grünfläche und viele Kultureinrichtungen – Forum, Bayer-Erholungshaus, Topos wurden bereits genannt – zu bieten. Im Süden grenzt der Carl-Duisberg-Park samt dem Japanischen Garten an, nach Südwesten das Gelände des Flugplatzes Kurtekotten, weiter im Norden auf dem Stadtgelände liegen der Hindenburgpark und hinter dem Forum der Stadtpark mit der ebenfalls bereits erwähnten Doktorsburg. Der Grünstreifen, der sich an der Dhünn erstreckt, trifft im Norden schließlich auf den Neulandpark.

Der Name »Bahnhof Mitte« macht deutlich, dass Wiesdorf neben Schlebusch und Opladen 98 – zumal aufgrund seiner Mittelposition – eine zentrale Rolle zukommt. Gleich neben dem Bahnhof ist das Leverkusener Rathaus beheimatet, in dem »Ufo«, einem Rotundenbau, der auf das Einkaufzentrum Rathaus-Galerie »aufgesetzt« wurde, das wiederum nach dem Abriss des ehrwürdigen Bayer-Kaufhauses mit 111 Einzelhandels- und 16 gastronomischen eine beeindruckende Fülle an Angeboten bereithält. Daran schließen sich die Fußgängerzone und ein weiteres Einkaufszentrum, die Luminaden, an.

Links von der Fußgängerzone in unmittelbarer Bahnhofsnähe steht die beeindruckende Christuskirche von 1906, ein Backsteinbau über dessen Eingangsportal in goldenen Lettern steht: »Ein feste Burg ist unser Gott«. An eine Burg gemahnt das neugotische Gebäude tatsächlich, dem der südöstliche hohe Glockenturm mit spitzer Haube etwas ausgesprochen Imposantes verleiht.

47 Velbert

Die Stadt Velbert liegt im nördlichsten Zipfel des Kreises Mettmann, oberhalb von Wülfrath 61 sowie nordöstlich von Heiligenhaus 15 und gliedert sich in die Bezirke Velbert-Mitte, Neviges und Langenberg. Hinsichtlich der Bedeutung des Namens gibt die erste urkundliche Erwähnung Aufschluss: »Feldbrahti« deutet auf ein brachliegendes oder gerodetes Feld hin. Erste Bauten wurden ab 1000, die Ortschaften Neviges und Langenberg ab 1220 erwähnt. Seit 1354 gehörte Velbert zum Herrschaftsbereich der Grafen von Berg. Ab da muss es auch schon Bergbau gegeben haben. 1540 hielt die Reformation Einzug.

Wirtschaftlich dominiert seit dem 18. Jahrhundert die Schloss- und Beschlägeindustrie, unter anderem werden die Mercedes-Sterne hier produziert. Werkstücke aus fünf Jahrtausenden stellt das Deutsche Schloss- und Beschlägemuseum im Veranstaltungszentrum Forum Niederberg, Oststraße 20, aus.

Außen wie innen unbedingt sehenswert ist die 1910 im Jugendstil erbaute Christuskirche in der Grünstraße 27. Neben vielen Wohnhäusern aus der Zeit fällt der nicht weit entfernt liegende imposante Bau des Nikolaus-Ehlen-Gymnasiums in der Friedrich-Ebertstraße 81 auf, der auch in der Innengestaltung ein stimmiges architektonisches Zeugnis des frühen 20. Jahrhunderts ist. 1903 wurde das Gebäude als Realgymnasium mit Realschule fertiggestellt. 1940–45 trug das Gymnasium den Namen des im Nationalsozialismus hoch geschätzten Ulrich von Hutten, bis es 1982 nach dem ehemaligen Lehrer Nikolaus Ehlen benannt wurde – einem Ehrenbürger Velberts und Pionier des Selbsthilfe-Siedlungsbaus.

In Richtung Neviges stößt man auf das barocke Schloss Hardenberg, ein ehemaliges Wasserschloss, das Ende des 15. Jahrhunderts erbaut wurde. Es ersetzte eine Burg, die in unmittelbarer Nähe stand, von der nur noch Überreste vorhanden sind.

Typisch niederbergisch sind die eindrucksvollen historischen Stadtkerne von Langenberg und Neviges, die man unbedingt durchbummeln sollte. Der Name »Neviges« leitet sich von dem Hardenberger Bach ab, »nava« wie »gisa« bedeutet so viel wie Bach oder Fluss. In Neviges sollte man darüber hinaus auf keinen Fall den Wallfahrtsdom auslassen, der 1968 von Gottfried Böhm fertiggestellt wurde. Böhms Liebe zu Sichtbeton muss nicht geteilt werden, aber was er durch Lichteinlässe und farbig gestaltete Fenster an Atmosphäre in den Innenräumen geschaffen hat, ist atemberaubend. Das Hardenberger Gnadenbild im Mariendom wird jährlich von bis zu 300.000 Pilgern besucht.

Menschen mit Interesse an historischen Kriminalfällen mögen bei einem kurzen Abstecher durch die Heeger Straße in Langenberg einen Blick auf die mit dreifachen Leitplanken versehene Stelle am Berg werfen. Dahinter liegt der versiegelte Luftschutzstollen, in dem der Kirmesmörder Jürgen Bartsch zwischen 1962 und 1966 vier Jungen missbrauchte und zu Tode quälte – er selbst war beim ersten Mord 15, als er gefasst wurde 19 Jahre alt.

Das von Fachwerkbauten aus dem 16. bis 18. Jahrhundert geprägte Zentrum der »Bücherstadt«, wie Velbert-Langenberg sich nennt, wird einen wieder auf andere Gedanken bringen. Neben Antiquariaten, der Buchhandlung Kape, Galerien, einer Buchbinderei und einem Kunsthaus lassen sich weitere Buchbezüge finden, etwa durch das Zimmermuseum »Goethe & Gingko« mit einer skurrilen Sammlung zum Dichterfürsten und dessen Lieblingsbaum.

Außer der Alten Kirche von 1726 im Stil des bergischen Barock mit Zwiebelhaube, in der jeden Samstag zur Marktzeit ein Orgelkonzert stattfindet, gibt es die 1899 als roter Backsteinbau errichtete neugotische katholische Kirche Sankt Michael und die denkmalgeschützte neoromanische Neue Kirche von 1877, die als Eventkirche genutzt wird. Sehr beeindruckend ist auch das Bürgerhaus von 1917, das auf eine Spende der Besitzer einer Seidenfabrik zurückgeht. Heute ist das monumentale schlossartige Gebäude mitten in der Altstadt Zentrum für Kunst und Kultur, Konzerte und Theateraufführungen.

Wer den Ausblick über die Stadt genießen möchte, sollte einen Ausflug zu dem 1906 fertiggestellten Bismarckturm auf dem Hordtberg unternehmen. Dort gibt es neben tollen Aussichten einen Kinderspiel- und Minigolfplatz sowie eine Gaststätte mit Biergarten.

Für diejenigen, die mehr Bewegung brauchen: Im Waldkletterpark an der Hordtstraße 18 werden mehr als 60 Klettermöglichkeiten und Seilrutschen geboten. Das Bistro »Baumhaus« sorgt dafür, dass man nicht entkräftet vom Ast fällt.

48 Felix Hoffmann

1897 synthetisierte der Chemiker und Pharmakologe Felix Hoffmann (1868–1946) erstmals den Wirkstoff Acetylsalicylsäure, Grundstoff des ersten Fertigarzneimittels, des Aspirin. Es bescherte den Elberfelder Farbenfabriken vorm. Friedr. Bayer & Co. 43 Welterfolg, nachdem die Firma es patentieren ließ und ab 1899 vom Band fertigte.

Nach anderen Quellen soll die Entdeckung allerdings Ernst Arthur Eichengrün (1867–1949) zuzuschreiben sein, der zur gleichen Zeit wie Hoffmann im Pharmakologischen Laboratorium forschte. Der Jude Eichengrün verließ Bayer 1908 und machte sich später selbstständig. 1838 wurde sein Unternehmen »arisiert«. Er selbst schließlich verhaftet und 1944 ins KZ Theresienstadt deportiert, von wo aus er in einem Brief die Entwicklung des Aspirin für sich reklamierte, was die Firma Bayer bestritt. Zu einer endgültigen Klärung kam es nicht mehr, weil Eichengrün zwar das KZ überlebte, aber vier Jahre darauf starb.

Eine weitere Erfindung, die Hoffmann sich auf die Fahnen schreiben konnte, war die Gewinnung des Wirkstoffs Diacetylmorphin, für das die Firma Bayer 1986 den Markennamen Heroin schützen ließ. Es wurde als oral einzunehmendes Schmerz- und Hustenmittel vermarktet – sowie als Arzneimittel gegen 40 weitere Leiden. Das Wundermittel sollte angeblich außer Verstopfung und leichter sexueller Lustlosigkeit keine Nebenwirkungen haben. Tatsächlich verhinderte die orale Aufnahme und die geringe Dosierung starke Rauschzustände. Spätestens 1910 wurde in den USA die gefährlich Wirkung des Heroins erkannt und angeprangert. Erst auf massiven politischen Druck hin nahm Bayer das Mittel 1931 vom Markt. In der Bundesrepublik wurde das Rauschmittel bis 1958 legal verkauft, erst dann wurde es im Betäubungsmittelgesetz verboten.

In Elberfeld **45** ist heute eine Straße nach Felix Hoffmann benannt.

An dieser Stelle soll ein weiterer Name eines Wissenschaftlers, der in die Medizingeschichte einging, genannt werden: Der Barmer **44** Arzt Ferdinand Sauerbruch (1875–1951) gilt als einer der bedeutendsten und einflussreichsten Chirurgen des 20. Jahrhunderts. Seine Rolle im Dritten Reich ist umstritten. 1942 wurde er zum Generalarzt des Heeres ernannt und bewilligte im selben Jahr Mittel für Senfgasversuche an Häftlingen im KZ Natzweiler. Andererseits kritisierte er Hitler – auch in der Öffentlichkeit. In der Nachkriegszeit operierte er weiter an der Berliner Charité. Zwischen 1912 und 1951 wurde er etwa 60-mal für den Nobelpreis vorgeschlagen, ohne ihn je zu erhalten. Der Asteroid (13086) Sauerbruch wurde nach ihm benannt, ebenso wie ein Gymnasium in Sachsen.

49 Professor Gerhard Johannes Paul Domagk

Der Bayer-Chemiker Gerhard Domagk (1895–1964) hatte zum Thema »Vernichtung von Infektionserregern« habilitiert. 1927 kam er zu den Farbenfabriken vorm. Friedr. Bayer & Co. 43 nach Elberfeld 45, wo er bald die Leitung des neu eingerichteten Instituts für experimentelle Pathologie und Bakteriologie übernahm. Die größte Herausforderung war zu der Zeit noch die Tuberkulose. Eines der ersten Produkte, das Domagk entwickelte, war Zephiro, das zur äußerlichen Desinfektion verwendet wurde. Weihnachten 1932 stellte er im Labor fest, dass Mäuse, die er mit einem sulfonamidhaltigen roten Farbstoff behandelte, eine Streptokokken-Infektion überlebten, während nicht behandelte Versuchstiere starben. 1935 brachte Bayer das Mittel mit der antibakteriellen Wirkung unter dem Namen »Prontosil« auf den Markt. Im selben Jahr heilte Domagk damit seine Tochter Hilla von einer Infektion, verursacht durch eine Stricknadel, als die Ärzte dicht davor waren, ihr den Arm zu amputieren. Domagks Berichte über die Wirkung des Prontosil gaben dem Kampf gegen Infektionskrankheiten enormen Vorschub und ermutigten unter anderem den schottischen Mediziner und Bakteriologen Alexander Fleming, seine Forschung am Penicillin wiederaufzunehmen, wofür er 1945 den Nobelpreis erhielt.

Gerhard Domagk war bereits 1939 für seine Entdeckung der Nobelpreis zugesprochen worden – den die Nationalsozialisten ihn nicht entgegennehmen ließen. Drei Jahre zuvor, infolge einer Kampagne des SPD-Politikers Willy Brandt in schwedischem Exil, hatte das Friedensnobelpreiskomitee den Journalisten und Pazifisten Carl von Ossietzky rückwirkend für das Jahr 1935 ausgezeichnet. Von Ossietzky war gerade todkrank aus dem KZ entlassen worden, wo man ihm nach Aussage eines Mithäftlings den Tuberkulose-Bazillus injiziert hatte. Die Nazis verweigerten ihm die Reise nach Oslo und Hitler verfügte, kein Deutscher dürfe mehr den Nobelpreis annehmen. Als nun Domagk ausgezeichnet wurde – von Ossietzky war im Jahr zuvor verstorben –, traf das Verbot auch ihn. Dass er dem Komitee einen Dankesbrief schrieb, brachte ihm eine Woche Gefängnisstrafe ein. Anschließend musste er eine vorgefertigte Verzichtserklärung unterzeichnen. Erst 1947 konnte er die Auszeichnung in Stockholm entgegennehmen, überreicht durch den schwedischen König. Das Preisgeld war zu dem Zeitpunkt bereits verfallen. Nach dem Zweiten Weltkrieg wechselte Domagk ins Werk Leverkusen **42**. 1951 wurde er Ehrenbürger der Stadt Wuppertal. Bei allen Verdiensten: Die in der Kurzgeschichte erwähnten Versuche, seneszente Zellen zu eliminieren und damit das Leben zu verlängern, sind frei erfunden.

Domagk starb am 24. April 1964 an den Folgen einer Herzinsuffizienz. Nach ihm wurde eine Elberfelder Straße benannt, 1989 auch eine in Wiesdorf **46**.

Anlässlich ihrer eigenen 150-Jahr-Feier übergab die Bayer AG am 1. August 2013 dem Kunst- und Museumsverein der Stadt Wuppertal eine 2,50 Meter hohe Skulptur des Bildhauers Tony Cragg, mit der das Wirken Domagks in Wuppertal gewürdigt werden sollte. Die Skulptur steht heute vor dem Haupteingang des Wuppertaler Zoos.

Am Zaun der Villa Schmidt in der Walkürenallee 11, die direkt auf den Zoo zuführt, erinnert ein Schild an den einstigen Bewohner Domagk, der dort mit seiner Familie lebte.

50 Villa Schmidt

Im Villenviertel am Zoo, Walkürenallee 11, hatte sich 1905 der Chemiker und Direktor der Elberfelder Farbenfabriken vorm. Friedr. Bayer & Co **43**, Robert Emanuel Schmidt (1864–1938), eine standesgemäße Residenz bauen lassen. Westlich der nahe gelegenen Bayer-Werke lebte er hier aufgrund der vorherrschenden Westwinde einigermaßen geschützt vor den industriellen Abgasen. Sein Vorgänger Henry Theodore Böttinger (1848–1920) hatte in dieser Gegend ebenfalls eine Villa bauen lassen.

1887 war Schmidt in die Firma eingetreten, um über Alizarinfarben zu forschen, was damals eine Domäne der Firma BASF in Ludwigsburg war. Das sogenannte Türkischrot war seit Jahrhunderten aus der Wurzel des Färberkrapps gewonnen worden und wurde 1869 zum ersten Mal synthetisch hergestellt.

1889 verschaffte Schmidt Bayer das erste Patent für einen Alizarinfarbstoff. Ein Wettbewerb zwischen ihm und dem Chemiker René Bohn brach aus, dem Entdecker des Indanthren, eines wasch-, licht- und wetterechten blauen Farbstoffs. Bohn wurde 1906 BASF-Direktor und stellvertretendes Vorstandsmitglied.

Schmidt wurde seinerseits ebenfalls 1906 stellvertretender Direktor bei Bayer und 1912 Vorstandsmitglied, aber 1920 kehrte er auf eigenen Wunsch ins Labor zurück. 1926 wurde er für seine dortige Arbeit mit der Liebig-Gedenkmünze des Vereins Deutscher Chemiker ausgezeichnet.

Nach Schmidts Tod zog Gerhard Domagk in die Villa Schmidt ein, wo seine vier Kinder zur Welt kamen.

Heute ist in der Villa Schmidt eine Naturheilpraxis untergebracht. Nur zwei Schilder am Zaun erinnern noch an die ehemaligen Besitzer und Bayer-Angehörigen.

51 Wuppertaler Zoo

Im Dezember 1879 gründete sich die Aktiengesellschaft Zoologischer Garten in Wuppertal 32. Schon drei Jahre darauf konnte der Zoo mit 34 Tieren, darunter zwei Wölfe und ein Bär, eröffnet werden – als einer der ersten Zoologischen Gärten Deutschlands. Eine Gaststätte und weitere Vergnügungsangebote durften natürlich nicht fehlen, so konnten die Zoofreunde auf dem See, der heute zur Gibbonanlage gehört, beispielsweise Kanu fahren. Die Hanglage in einem Waldgebiet im Wuppertaler Süden kurz vor Vohwinkel **24** macht den Besuch des 24 Hektar großen Parks ohnehin zu einer kleinen sportlichen Herausforderung.

Aktuell leben dort rund 4.500 Tiere von rund 450 Arten.

1899 kam der Löwe Pascha im Zoo zur Welt. 1912 wurden der Löwenfelsen und das »Nordlandpanorama« eingerichtet: Eisbären, Seelöwen und Bergziegen folgten. Im Mai 1927 konnten im fertiggestellten Elefantenhaus ein Asiatisches Elefantenpaar und zwei Flusspferde bestaunt werden.

1937 übernahm die Stadt Wuppertal den Zoo und die Aktiengesellschaft löste sich auf. Im Zweiten Weltkrieg mussten Tiere zum Teil aus Luftschutzgründen erschossen werden, zum Teil konnte man sie in andere Zoos bringen, manche fielen Plünderungen zum Opfer. Kurz nach dem Krieg wurde der Zoo, der vergleichsweise wenige Schäden davongetragen hatte, wiedereröffnet.

In den 50er-Jahren hielten erneut Flusspferde und Elefanten Einzug, 1963 kam eine neue Braunbärenanlage dazu. Zum 100-jährigen Jubiläum wurden 1981 die Gibbonanlage erweitert, ein Hirschhaus und eine Greifvogelanlage eingerichtet.

Der Grüne Zoo, wie er sich nennt, ist ganzjährig von 8:30 Uhr bis 18 Uhr, im Winter bis 17 Uhr geöffnet (bis auf Heiligabend, den ersten Weihnachtsfeiertag und Silvester). Es gibt Schaufütterungen, ein Zoopädagogisches Zentrum für Schulklassen, ein Seniorenprogramm und die Möglichkeit, Tierpatenschaften zu übernehmen. In der »Zoo-Truhe« im Eingangsbereich kann man Mitbringsel erwerben. Das Konzept des Zoos hat sich seit seiner Gründung immer mehr zugunsten der artgemäßen Unterbringung sowie des Erhalts bedrohter Arten verändert.

5. MINA KHALIFALI

»Mina Khalifali«, wiederholte sie. »Ich bin jetzt verheiratet.«

»Wie schreibt man das?«

Leck mich! Sie fummelte den Ausweis aus der Tasche. Hielt ihn ihm hin.

»Ka-Ha-A-eL-I-eF-A-eL-I«, las der Jobcenter-Mann, sah sie fragend an. »Richtig?«

Kannst du nicht lesen, du Spast? Sie nickte.

»Okay.« Er schrieb etwas auf ein Formular, schob es ihr zu. »Füllen Sie das aus.«

Fick dich! Sie rührte sich nicht.

Er hielt ihr den Stift hin.

Sie winkte ab. »Geht grad nicht.«

Stirnrunzeln. Seufzen. Er zog ein anderes Formular aus einem der Fächer, hielt es ihr unter die Nase. »Alphabetisierungskurs. Soll *ich's* ausfüllen?«

Nix da! »Ja, danke«, sagte sie.

Davut würde wieder ausrasten. Was sonst hatte er ihr voraus außer Lesen und Schreiben? Der Nachweis einfacher Deutschkenntnisse war ermogelt. Natürlich würde sie schwänzen! Lebensmüde, oder was? Sie setzte ihren Krakel unter das Formular. Später unter den Vertrag, den man ihr in der Tapetenfabrik [52] in Langerfeld-Beyerburg unter die Nase hielt. Mit dem Bus brauchte sie von der Wohnanlage Schmitteborn [53] im Wuppertaler Osten doppelt so lang wie zu dem anderen Job. Halbe Stunde. Ging. Nicht viel schlechtere Arbeit. Nicht viel schlechter bezahlt. Konnte ihr eh egal sein. Von dem Geld sah sie nix. Wenn es nach ihm ging, sollte sie froh sein, dass sie eine anständige Arbeit gefunden hatte. *Ihm* dankbar sein. Weil er dafür gesorgt hatte, dass sie keine Tampons **54** mehr fertigen musste. Schweinkram! Schlimm genug, dass es Frauen gab, die sich damit Ersatzbefriedigung verschafften! Aber wenn Verheiratete so den Zugang versperrten, das ging ja wohl gar nicht!

So vieles, was nicht mehr ging, seit Davut eingezogen war! Ja, doch, sie fand ihn immer noch geil. Meistens. Dass er wusste, wo es langging. Obwohl er sich doch eigentlich gar nicht auskannte. Noch nicht einmal die Sprache sprach. Okay, er besuchte den Kurs. Nur zu Hause rumzuhängen, war mit Sicherheit auch für ihn ätzend. Trotz dem großen Bildschirm. Und den vielen DVDs mit dem Porno-Gedöns. Dass er mittlerweile in der Sadomaso-Ecke angekommen war, nervte allerdings. Nicht wegen der kurzärmeligen T-Shirts, die durfte sie eh nicht mehr tragen, also fielen die Flecken und Schrammen nicht so auf. Aber es tat einfach scheißweh! In Antalya war er richtig zärtlich gewesen. Händchenhalten und so. Heute musste sie drei Schritte hinter ihm gehen. Und dann die Kopftücher! Als sie gestern nach Hause gekommen war, lag auf dem Bett ein schwarzes Ganzkörperkondom. Ihr Türkisch war nicht so dolle. Dass sie ihm einen Vogel zeigte, machte es nicht besser. Wenigstens war es zum Einkaufen dann doch ganz praktisch, weil er diesmal auch vor ihrem Gesicht nicht haltgemacht hatte.

Morgens kam er nicht aus dem Bett und sie nutzte die Gelegenheit, den Überzieher in eine Tüte zu packen, statt ihn anzuziehen. Sagte bei der Arbeit, sie wäre gestolpert und die Treppe runtergefallen. Auf dem Heimweg streifte sie ihn über, nachdem sie aus dem Bus ausgestiegen war. Irgendwo, wo sie sich unbeobachtet fühlte. Die Kolleginnen hätten sich totgelacht, wenn sie so da aufgelaufen wäre. Ein paar kannte sie noch von der Hauptschule. Weiter hatten die es auch nicht gebracht. Nicht einmal einen Kerl abgekriegt. Zumindest keinen zum Heiraten. Was Kleines hatten sich trotzdem alle außer ihr eingefangen. Hielten sich aber für was Besseres. Sie mussten gar nichts sagen: Die blöden Fressen, die sie zogen, als Mina erklärte, warum sie nicht mehr Mucke hieß, genügten! Hinter dem Rücken wurde gelästert. Hundertpro. Davut hätte das nur gemacht, um eine Aufenthaltserlaubnis zu kriegen. Vielleicht war es so. Aber er kümmerte sich. Ging zum Jobcenter und zum Integrationskurs. Es war ihm nicht egal, was sie machte. Im Gegensatz zu Vater. Mutter. Den Geschwistern. Die von nix was wissen wollten. Alle zwölf ausgezogen, so schnell es ging. Oder Scheiß gemacht. Marko und Mirko saßen Am Schmalenhof ein, Frank im Simonshöfchen. Alle Drecksarbeit war an Mina hängengeblieben. Davut konnte richtig brutal sein. Aber auch lieb. Er hasste Alkohol. Papa hatte immer nur geprügelt. Und gesoffen. Meistens beides. Mutter Mucke muckte nicht auf. Never ever. Weshalb Mina sich nicht mehr bei ihr meldete. Selbst schuld, dass sie jetzt alles allein abkriegte.

Mina öffnete den Reißverschluss des Overalls, fächelte sich Luft zu. Wischte sich Schweiß von der Stirn. Unerträglich heiß in der Halle!
    Heute Morgen war Davut auf einmal im Flur aufgetaucht. In Unterhose. Sie hatte gerade gehen wollen.
    »Zieh die Burka an!«
    »Es ist Hochsommer.«
    »Dein T-Shirt ist kurzärmlig!«
    »Es ist Hochsommer.«

»Und du *lässt* sie an!«

»Es ist Hochsommer.«

Sie hätte genauso gut wiederholen können: »Schlag mich!« Das hieß es schließlich. Sie war selbst schuld. Immerhin verpasste sie dadurch den Bus, sodass die anderen nicht sahen, wie sie die Burka auszog, in den Spind stopfte und Werksklamotten über die frischen Striemen zog.

Wenn es etwas gab, worauf sie stolz war, dann, dass sie stolz war. Sie hatte keine Chance – trotzdem wollte sie sich nicht gefallen lassen, was ihr nicht gefiel. Schläge taten weh, aber setzten den, der schlug, ins Unrecht. Nur: Was nützte es, wenn der andere fand, dass er trotzdem recht hatte? Wenn es schon keine Gerechtigkeit gab: Wie konnte sie ihm wenigstens *einmal* den Stinkefinger zeigen, ohne dass es gleich doppelt und dreifach zurückkam? Was gab es, womit sie Davut kleinkriegen konnte?

Sie starrte auf die Maschine, die eine in Klarsichtfolie gewickelte Tapetenrolle ausspuckte. Zwei Metallbacken fuhren von rechts und links aus, pressten die Folienenden an, schweißten sie zusammen und gaben die Rolle wieder frei. Eine blitzschnelle Bewegung. Zack-zack. Wie wenn jemand von rechts und links gleichzeitig was auf die Ohren kriegte.

Zwei Hände umfassten ihre Schultern. Sie zuckte zusammen, fuhr herum. Das Surren der Maschinen musste die Schritte übertönt haben. Davuts Gesicht lächelte. Sein Griff schmerzte. Sie zog den Reißverschluss hoch.

»Alles in Ordnung?« Ihr Chef war hinter ihrem Mann aufgetaucht. Die Kolleginnen unterbrachen die Arbeit, glotzten.

Sie müsse dringend nach Hause, übersetzte sie Davuts Botschaft.

»Ein Unglücksfall in der Familie«, log sie.

Der Blick des Chefs sprach Bände. *Scheißenfreundlich! Du weißt, was hier abgeht, machst aber nichts. Du hattest mir eine Chance gegeben. Mir die Sicherheitsbelehrung dreimal vorgelesen, bis ich alle Fragen richtig beantworten konnte. Warum haust du Davut nicht eins aufs Maul?*
»Sie melden sich, Frau Khalifali!?«
»Ja. Danke!« *Vergiss es! Nicht nach dem Auftritt!*
Auf dem Heimweg ging sie hinter ihm. Brütete unter dem Überzieher. Er im Tanktop. Sie stellte sich vor, wie sie die Rückenfront vor sich spicken würde. Nur: Wie sollte sie ihm erklären, dass sie Haushaltsgeld für 20 oder mehr Küchenmesser brauchte?
Dann sah sie es. Sein Ausweichen. Das ängstliche Umgucken. Er ging schneller. Es gab etwas, womit man ihn verunsichern konnte! Ihr fiel ein, dass er zu Hause auch mal so panisch reagiert hatte.

Wie viele Läden hatte sie schon abgeklappert in der Hitze? Was für eine wohltuende Kühle, als sie den Kurzwarenladen 55 in der Schuchardstraße betrat! Nach dem grellen Sonnenlicht mussten ihre Augen sich erst an den dämmrigen Innenraum gewöhnen.
»Wie darf ich Ihnen behilflich sein?«, fragte eine weibliche Stimme. Eine ältere Dame, die grauen Haare zu einem Knoten gebunden.
»Ich suche einen Job.«
»Oha.« Der Blick glitt über den Brillenrand an ihr runter und wieder rauf. »Aber nicht im Verkauf!«
»Ich kann putzen oder so.«
»Mit Umhang?«
Wenn's nach Davut geht! »Natürlich nicht.«
Erneut wurde sie gemustert. »Warum die Verkleidung?«

»Es ist vorgeschrieben.«

»Wer sagt das?«

Was geht dich das an? »Steht im Koran.«

»Na, das sehen die Allermeisten aber anders.« Prüfender Blick durch das Gesichtsgitter. »Sie sprechen gut Deutsch. Sind Sie von hier?«

»Ja.«

»Ziehen Sie das Ding bitte aus. Zeigen Sie mir, dass da kein Sprengstoffgürtel drunter ist.«

Mina streifte sich die Burka über den Kopf.

Das Stirnrunzeln vertiefte sich. »Oh, là là! Das nenne ich mal blaue Augen!«, sagte die Frau. Nach genauerer Musterung: »Du kommst von hier!« Und: »Du bist ja noch ganz jung!«

Jung! Neben dir! ... Mich zu duzen!

»Dann komm mal mit.« In Richtung des Tresens: »Ich bin im Büro!«

Eine Männerstimme brummte: »Alles klar.«

Mina folgte der Frau in den hinteren Teil des Ladens zu einer Tür. Dahinter Regale bis zur Decke, Kisten, Kartons, Verpackungsmaterial. Rechts weitere Türen. Toiletten, das Büro. Die Frau bot ihr einen Stuhl an, nahm hinter dem Schreibtisch Platz. »Wollen wir uns duzen? Andrea.«

Hä? Was gibt das? Sie nickte. »Mina.«

»Du suchst eine Putzstelle?«

»Irgendwas. Einen Job. Bin arbeitslos.«

»Was hast du gelernt?«

Die Scheiße wieder! »Nix.«

»Ich kann jemand zum Putzen gebrauchen. Bei mir zu Hause – und meiner Mutter. Also stundenweise.«

»Cool. Was zahlen Sie?«

Die Frau beugte sich vor. »Du.«

Für Geld mach ich alles! »Andrea. Du. Sorry.«
»Zehn Euro die Stunde. Zur Probe. Auf die Hand.«
»Schwarz?« *Nicht mit Karte für'n paar Stunden!*
»Auf die Hand. Du kannst entscheiden, wie du es mit der Steuerkarte halten willst. Aber ich vermute, wer dir blaue Augen verpasst, hat auch Zugriff auf dein Konto. Vielleicht besser, wenn du es selbst in die Hand nimmst?«
Huh. »Oh, das ist nett. Wegen der Termine: Ich muss mich nur von Zeit zu Zeit bei der Agentur für Arbeit melden.«
»Wir schauen mal, wie schnell du etwas Festes findest. Mit dem Ding da wird es sicher nicht leicht. Wenn es gut klappt, kriegst du 15 Euro. Zehn auf die Hand. Fünf Euro stecke ich dir in eine Spardose bei mir zu Hause. Da kannst du drüber verfügen.«

Die Wohnung war in der Wittensteinstraße in der Nähe vom Lidl. Beim ersten Mal war sie hinter dem Engelsgarten 56 ausgestiegen, weil sie nicht wusste, in welcher Höhe das Haus sich befand.

Die Mutter sah aus wie die Tochter. Nur weiße statt graue Haare. Und jede Menge Falten. Sie bot auch kein Du an, sondern hieß Frau Steffes. Maria. Sie zeigte Mina, wo Staubsauger, Eimer, Lappen, Putzmittel standen und ging anschließend mit dem Finger über die Oberflächen.

»In Ordnung«, sagte sie. »Wie sieht es mit Bügeln aus?«

Zwei Wochen später waren dazugekommen: Einkaufen, Kochen und Frau Steffes bei Spaziergängen begleiten. Sie war nicht mehr gut zu Fuß, brauchte für längere Wege einen Rollator und Hilfe beim Treppen-, Ein- und Aussteigen. Es gab Tage, wo sie sehr schlecht zurecht war. Dann schob Mina sie im Rollstuhl durch die Gegend.

Sie erhielt einen eigenen Wohnungsschlüssel, den sie mit nach Hause nehmen konnte. Dann musste sie nicht mehr klingeln. Falls Frau Steffes schlief, selbstständig einen kleinen Einkauf erledigte oder ein bisschen an der frischen Luft war.

Davut hatte, als es hieß, Mina sollte alle Wochentage in die Wittensteinstraße kommen, überraschend auf der Matte gestanden und die Wohnung gründlich inspiziert. Nichts zu meckern gefunden. Frau Steffes lud ihn zum Kaffee ein. Mina übersetzte. Sie bestehe darauf, dass seine Frau nicht nur bei der Arbeit in ihrem Hause, sondern auch wenn sie mit ihr durch die Stadt gehe, keine Burka trage. Davut widersprach nicht.

Die Alternative wäre, dass du endlich mal arbeiten gehst!

Was Mina ihm nicht erzählte: Frau Steffes ließ sie die Einkaufszettel schreiben. Buchstabe für Buchstabe. Im Supermarkt musste sie die Schilder lesen. Buchstabe für Buchstabe. Die Plakate an der Straße. Schließlich die Zeitung.

Zum ersten Mal konnte Mina die Schrift auf Davuts T-Shirt entziffern, als sie sich nun über ihn beugte, um ihm Kaffee einzugießen: »ÜBER DIE WUPPER«, stand auf seinem Rücken in Großbuchstaben quer über einer blauen geschlängelten Linie, die vom Hals bis zum Hintern verlief. Er war stolz auf die neue Heimat. *So schlecht, wie dein Deutsch ist, verstehst du den Sinn des Spruchs gar nicht!* Warum sollte sie ihn ihm erklären?

Durch das offen stehende Fenster fand eine Wespe den Weg zum Kaffeetisch und ließ sich auf einer Obsttorte nieder, die Mina auf die Schnelle belegt hatte. Davuts Blick klebte an dem zuckenden Hinterteil des Tierchens. Mina stand auf, holte ein leeres Marmeladenglas, stülpte es darüber, ohne die Torte zu berühren. Als die Wespe aufflog, zog sie das Glas weg, schraubte es zu und stellte es auf der Fensterbank ab. Wenn sie es geöffnet hätte, wäre das Biest gleich wiedergekommen. Auch eine zweite und dritte Wespe fing sie auf diese Weise. Davuts Blick fixierte die krabbelnden und leise sirrenden Insekten hinter Glas. Schließlich stand er auf und verabschiedete sich, bevor die Teller geleert waren.

Als Mina die Wespen in die Freiheit entließ, empfand sie ein leises Bedauern. Sie gewöhnte sich an, die Wespen, die sich an den heißen Tagen in die Wohnung in der Wittensteinstraße verirrten, im Glas festzuhalten und erst freizulassen, wenn sie nach Hause ging. Weil es sie stärkte für den Heimweg. Für den sie in das stickige Stoffgefängnis schlüpfte, das ihren Blick auf die Welt vergitterte. Vorgeschmack auf die Wohnung, in der die Fenster immer fest verschlossen wurden. Um keine Insekten rein- und keine Schreie rauszulassen. Eine Wohnung voller Frust, Wut und Schmerz. Wo waren Zärtlichkeit, Liebe und Lachen geblieben?

Davut fand keine Arbeit. Suchte er überhaupt? Deutsch konnte er immer noch nicht. Zu Hause sprach er nur Türkisch. Mina hatte mit Andrea eine 450-Euro-Job-Lösung gefunden, was ihr zumindest das Gefühl gab, dass sie nicht nur von Arbeitslosengeld und Hartz IV lebte, auch wenn es natürlich Beschiss war. Was sie mehr arbeitete, kam in die Spardose und gehörte ihr. Davut rechnete ihr immer wieder vor, dass sie anderswo mehr kriegen könnte. Zweimal hatte er schon dafür gesorgt, dass Mina eine Stelle verloren hatte. Diese würde sie nicht mehr hergeben!

Sie lernte nicht nur Lesen und Schreiben. Auf den Spaziergängen rechts an der Wupper entlang erfuhr sie etwas über Karl Marx, über Industrialisierung und Arbeitskampf.

Links rum und steil den Berg rauf lernte sie den Skulpturenpark Waldfrieden 57 kennen. Abstrakte Kunst – riesige Gebilde ohne Nutzen, Sinn und Verstand –, die Frau Steffes liebte und mit der Mina rein gar nix anfangen konnte. Aber sie mochte das Gelände, die Einsamkeit und die Natur quasi mitten in der Stadt.

Zum Einkaufen ging es gelegentlich nach Elberfeld. Einmal blieben sie an einer Bronzestatue stehen, die Mina schon häufig gesehen hatte, ohne sich je für sie interessiert zu haben.

»Lies mal!«, sagte Frau Steffes.

»Mina Knallenfalls 58«, las Mina. Es war das erste Mal, dass sie auf eine Person stieß, die ihren Namen trug!

»Da hat dir jemand ein Denkmal gesetzt!« Frau Steffes lachte.

Sie gingen ein Stückchen bergauf am Von-der-Heydt-Museum 59 vorbei. In einem Café in der Luisenstraße 60 legten sie eine Kaffeepause ein und Frau Steffes erzählte Mina die Geschichte der anderen Mina. Von der mit dem komischen Namen, der doch so ähnlich wie der ihre klang. Die nie etwas Anständiges hatte lernen können. Deren Vater soff und prügelte. Die genau wie sie zwölf Geschwister hatte und immer nur schuften musste und schließlich einen Mann heiratete, der keinen Deut besser war als ihr Vater. Der ihr Kinder machte, soff und sie verprügelte. Eine 200 Jahre alte Geschichte.

»Gut, dass es heute die Pille gibt«, entfuhr es Mina.

Frau Steffes hob die Tasse zum Mund, pustete, blickte sie über den Brillenrand an – *wie Andrea damals im Laden* – und zog eine Augenbraue hoch. »Darfst du die nehmen?«

»Nee«, sagte Mina. »Aber ich bin ja nicht bescheuert.«

»Stimmt.« Frau Steffes schlürfte ihren Kaffee.

Es war schon später Nachmittag, als der Fahrstuhl sie vor der Wohnungstür ausspuckte. Mina zückte eben den Schlüssel, als sie glaubte, drinnen ein Geräusch zu hören. Sie presste ihr Ohr ans Holz. »Was ist das?«

Frau Steffes, die den Rollator in der Treppenhausecke neben den Klapprollstuhl parkte, sah auf die Armbanduhr. »Andrea ist im Laden.« Sie fixierte den Spion, als wollte sie da durchgucken. Mina schob den Schlüssel langsam ins Schloss, drehte ihn nahezu geräuschlos um, öffnete die Tür erst einen Spalt, linste und schob sie dann langsam auf. »Jemand ist im Schlafzimmer«, wisperte sie.

»Lass uns reingehen«, kam es leise zurück.

Als Mina in den Flur schlich, an der Tür zur Küche vorbei, die offen stand, sah sie sich kurz um, suchte irgendetwas, was sie in die Hand nehmen konnte. Nur so zur Sicherheit. Auf der Anrichte gleich rechts stand ein leeres Marmeladenglas. Als sie danach griff, spürte sie ein leichtes Vibrieren.

»Siehst du was?«, flüsterte Frau Steffes hinter ihr.

Mina schob sich bis an den Türrahmen vor, spähte vorsichtig ins Zimmer – und stellte sich breitbeinig in den Durchgang. »Was machst du mit dem Schmuck?«, schrie sie.

Davut fuhr herum, eine Perlenkette baumelte in seiner Hand. »Fotze!«, sagte er.

Das Marmeladenglas hatte sich in Bewegung gesetzt, bevor Mina sich darüber freuen konnte, dass Davuts Deutsch Fortschritte machte. Es zerschellte an der Wand hinter seinem Kopf. Glassplitter spritzten. Davut entglitt die Kette, er fuchtelte mit den Händen durch die Luft, schrie: »Scheiße!«, wieder und wieder, schließlich ließ er sich auf das Bett fallen und schlug die Hände vors Gesicht.

»Was machen Sie da?«, fragte Frau Steffes scharf.

Er sah flüchtig auf, stöhnte, wirkte bleich. Schweißtropfen standen auf seiner Stirn.

Frau Steffes nahm Mina an der Hand. »Ein Kaffee täte vermutlich erst einmal gut.« In Davuts Richtung: »Tee?«

Als eine Antwort ausblieb, schob sie Mina in die Küche, wo sie sich auf einen Stuhl plumpsen ließ. »Sei so lieb und setz einen Kaffee auf«, bat sie. »Ich muss erst mal mit Andrea reden.«

Was für ein Idiot! Was für ein Idiot! Was für ein Idiot!

»Und dann?« Mina stand stocksteif in der Tür. »Wollen Sie die Polizei …?«

»Nur mit der Ruhe.« Frau Steffes' Stimme klang ein wenig zittrig, sodass Mina sich am Riemen riss.

Sie ließ Wasser in die Kanne laufen, goss es in die Kaffeemaschine, füllte den Filter mit Pulver aus der Dose im Küchenschrank, stellte das Gerät an, sagte: »Ich guck nach ihm.«

»Lass ihn«, entgegnete Frau Steffes. »Gib ihm Zeit. Er ist doch selbst völlig durch den Wind. Und du auch, Liebes. Lass uns alle zur Ruhe kommen, bevor wir irgendwas machen. Ich rufe Andrea gleich an.« Korrigierte mit Blick auf die Wanduhr: »Sie wird bald da sein.«

»Er muss den Schlüssel kopiert haben.« Mina schwankte zwischen Wut und Scham. »Wie sonst ist er reingekommen?«

Ein Stöhnen aus dem Schlafzimmer. »Hörst du?«, sagte Frau Steffes. »Er schämt sich. Vielleicht hat er sich Sorgen gemacht, weil es schon so spät war, und wollte nur nach dir gucken …«

»Dafür lässt man nicht heimlich einen Schlüssel nachmachen!« Die Wut überwog. *Scheiße, wie kannst du so naiv sein!*

Es kam Mina wie eine Ewigkeit vor, ehe sie den Schlüssel im Schloss hörten.

Frau Steffes hatte eine Tasse Kaffee geschlürft, Davut sich nicht blicken lassen. Die lauten Atemgeräusche aus dem Schlafzimmer waren verstummt. Was Mina erst recht verunsicherte. Was war der Plan, wenn er sich erst mal beruhigt hatte?

»Hallo, Mutter«, rief Andrea im Flur. »Nickerst du?«

»Wie denn, wenn du so schreist?«, gab Frau Steffes scharf zurück.

Mina hatte ihre Chefin selten schlecht gelaunt erlebt. Es ließ nichts Gutes ahnen.

Andrea tauchte in der Tür auf. »Mina! Du bist ja noch da!«

»Setz dich«, sagte ihre Mutter. »Mina, gieß noch mal Kaffee nach. Einen für Andrea, bitte.«

Wie viel Zeit vergangen war, konnte keine mehr exakt sagen, als sie schließlich im Schlafzimmer nach Davut guckten, der ausgestreckt auf dem Bett lag und keinen Mucks von sich gab.

»Herr Khalifali!« Andrea rüttelte an seiner Schulter. Dann beugte sie sich vor, horchte an seinem Mund, fühlte seinen Puls, zog die unteren Augenlider mit dem Finger nach unten, eins nach dem anderen. »Jemine!«, sagte sie.

Bitte nicht! Mina trat ans Bett, packte und schüttelte ihren Mann heftig. Brach in Tränen aus. Schrie: »Du Arsch!«

Frau Steffes brummelte: »Na, na.«

Eine Weile standen alle drei um Davut herum, der regungslos zur Decke stierte.

»Herzstillstand!«, sagte Andrea schließlich. »Du hast das Wespenglas nach ihm geschmissen, Mina? Eine muss ihn erwischt haben. Wahrscheinlich eine allergische Reaktion.«

»Tot ist tot«, sagte Frau Steffes. Ihre Stimme zitterte kein bisschen mehr. »Wen interessiert, warum er gestorben ist? Das soll er mal schön mit dem lieben Gott ausmachen! Wir haben damit nichts zu tun. Und ich will auch nichts damit zu tun haben!«

Andrea zog Mina aus dem Schlafzimmer. »Komm! Wir müssen überlegen, was wir mit ihm machen. Schließlich wird es bald Abend. Hierbleiben kann er nicht.«

Es dunkelte bereits, als Andreas Audi mit vier Personen an Bord in Richtung Bendahler Straße rollte. Wenig später bewegten sie sich die Hirschstraße vom Parkplatz in Richtung Skulpturenpark hoch. Drei Frauen mit Kopftuch, eine mit Rollator, eine Burkaträgerin saß im Rollstuhl.

Anderntags klingelte es. Mina guckte durch den Spion, riss die Tür auf, rief: »Lieber Himmel! Mein Mann! Was ist mit meinem Mann? Er ist die ganze Nacht nicht nach Hause gekommen! Das hat er noch nie gemacht!« Sie schluchzte.

Der Polizeibeamte knetete die Mütze in den Händen. »Ich muss Ihnen leider eine traurige Nachricht überbringen. Darf ich reinkommen?«

Es dauerte, ehe er Mina verständlich machen konnte, was ein anaphylaktischer Schock war. Als er ihr die Todesursache schließlich auf einen Zettel schrieb, stellte sich heraus, dass sie kaum des Lesens mächtig war. Was ihr Mann an diesem lauen Sommerabend veranlasst haben mochte, sich in einem Kunstobjekt zu verkriechen, einer metallenen, von beiden Seiten offenen Röhre? Vielleicht hatte er Kühlung gesucht? Sich einfach zurückziehen oder das Kunstwerk eingehender untersuchen wollen? Was verstand so ein einfacher Mann aus Anatolien schon von abstrakter Kunst? Ob er um seine Allergie gewusst hatte? Mina konnte es nicht sagen. Ja, er habe auf Wespen oft ängstlich reagiert. Das Biest musste ihn in der Röhre erwischt haben. Gleich neben der Einstichstelle an der Schulter lag die Täterin, erschlagen von dem Opfer, mit diesem friedlich vereint im Tod.

Dass einer ungebildeten Frau wie der Knallenfalls eine Bronzestatue gewidmet worden war, hatte Mina gut gefallen. Diese bekloppte Plastik, die in Wirklichkeit aus schwarzem Metall bestand, gefiel ihr als Denkmal für Davut gleich deutlich besser. Sie wäre von einem Herrn Cragg gemacht worden und hätte keinen Namen, hatte Frau Steffes ihr erklärt. Es klang und sah auch so aus, als wäre der Künstler auf Drogen gewesen. Ganz in der Nähe gab es eine andere Figur, eine sitzende dicke Frau aus Metall, die sich abstützte, als wäre sie im Begriff, von ihrem Sockel zu rutschen. Auf dem Schild an dem Podest stand »Moore«. Frau Steffes hatte gesagt, die Wuppertaler würden sie »Moore-Leiche« nennen. Warum, hatte Mina nicht kapiert. Für Davuts Röhre, dachte sie, passte der Name doch viel besser!

FREIZEITTIPPS:

52 Tapetenfabrik

Das Bedecken von Wänden mit Textilien, Leder oder später Pergament ist eine Sitte, die ursprünglich aus dem Orient stammt und lange nur in wohlhabenden Häusern praktiziert wurde. Monarchen schmückten ihre Wände mit Wandteppichen, die sie »türkische Tapeten« nannten. Lederne und mit Gold geprägte Wandverkleidungen wurden im 11. Jahrhundert von den Mauren in Spanien eingeführt. Im Kloster Melk in Niederösterreich gab es um 1425 bereits farbige Pergamenttapeten. Mit dem 14. Jahrhundert kamen in Italien Stofftapeten auf. Nachdem im 16. Jahrhundert aus China papierne Tapeten in Europa eingeführt worden waren, stiegen Engländer und Franzosen in die Papiertapetenherstellung ein. Ein elsässischer Fabrikant experimentierte als Erster mit Papierbahnen, die er mit Kupferwalzen, später Holzmodeln bedruckte. 1799 ließ sich ein Franzose ein Papierrollendruckverfahren patentieren, was die Tapete zum unverzichtbaren Accessoire in bürgerlichen Biedermeierhaushalten avancieren ließ. Mitte des 19. Jahrhunderts entstand die industrielle Massenfertigung. In Deutschland blieb das Wandpapier dennoch bis nach dem Zweiten Weltkrieg ein Luxusprodukt. Erst mit dem Wirtschaftswunder brach eine im wahrsten Sinne des Wortes flächendeckende Tapezierwut aus. Die heute am weitesten verbreitete Tapete kommt aus dem Bergischen Land und ist eine Erfindung des Wuppertaler Fabrikanten Hugo Erfurt (1834–1922), ein gelernter Apotheker. Er hatte von seinem Großvater Friedrich dessen 1827 gegründete Papiermühlenfabrik übernommen und entwickelte 1864 eine überstreichbare Holzfasertapete, die in der Bauhauszeit der 20er-Jahre einen ersten Boom erlebte, heute ausschließlich aus recycelten Naturmaterialien hergestellt wird und unter dem Markennamen Erfurt-Rauhfaser in 40 Ländern vertrieben wird. Die Erfurt & Sohn KG liegt an der Hugo-Erfurt-Straße 1 in der Wupperschleife in Wuppertal-Beyenburg.

53 Schmitteborn

Der Name Schmitteborn steht für eins von mehreren Wuppertaler 32 Problemvierteln, die es natürlich auch in bergischen Großstädten gibt. Oft handelt es sich um eine Ansammlung großer Siedlungshäuser, die im Rahmen öffentlich geförderten sozialen Wohnungsbaus entstanden und in den Besitz von Investoren außerhalb der Stadt übergegangen waren, die die Gebäude verkommen ließen.

Der Wohnkomplex Schmitteborn in Beyenburg stammt aus dem Jahr 1974 und umfasst 200 Wohnungen, Läden und Geschäftsräume, die sich auf drei Hochhäuser und neun Einfamilienreihenhäuser verteilen, außerdem 144 Tiefgaragen- und 58 oberirdische Stellplätze. Als der Bergische Mieterverein Wuppertal die Anlage 2008 besuchte, die zuletzt von einer Düsseldorfer Immobilienfirma verwaltet worden war, bezeichnete er die Lage als »ziemlich hoffnungslos«. Gebäude und Umgebung waren völlig verwahrlost, 70 Prozent der Wohneinheiten aufgegeben, in die leeren Wohnungen wurde eingebrochen, Vandalismus griff um sich. Die Kosten eines Abrisses wurden nichtsdestoweniger als immens hoch eingeschätzt.

Jahrelanger Verfall zeigte sich auch an der Engelshöhe in Vohwinkel 24, wo 244 Wohnungen zuletzt von einer Mannheimer Firma betreut wurden. Im Rehsiepen in Ronsdorf 114 waren Mitte der 70er-Jahre viele Mehrfamilienhäuser von einer Wohnungsbaugesellschaft errichtet und zunächst verwaltet worden, bis sie den Besitzer wechselten.

Dass solche Entwicklungen reversibel sein mögen, dafür könnte Schmitteborn als Beispiel herhalten: 2016 wurde die Anlage von einem privaten Investor übernommen, der sie sanieren und beleben will, indem neben bezahlbarem Wohnraum günstige Flächen bereitgestellt werden sollen, wo sich soziale Angebote wie Kinderbetreuung, Sprachunterricht, Hausaufgabenbetreuung, aber auch Lebensmittelhändler und kleine Dienstleistungsunternehmen ansiedeln. Ein geschultes Hausmeister- und Übersetzerteam soll den neuen Mietern helfen, soziale Standards von der Mülltrennung über die Nutzung der Aufzüge einzuüben, gegebenenfalls wird für Behördengänge ein Rechtsbeistand angeboten.

In der Nähe des Malakowturms an der Straße Schwarzbach wurde Ende Juni 2017 ein Hochhaus in Oberbarmen an der Heinrich-Böll-Straße geräumt, um nach der Londoner Hochhausbrandkatastrophe entsprechende Schutzmaßnahmen an der Fassade vornehmen zu können. Es tut sich etwas.

54 Tampons: o.b. aus Wuppertal

Bereits bei den alten Ägyptern muss es Pfropfen aus weichen Papyrusblättern für die monatliche Regelblutung der Frauen gegeben haben. Der griechische Arzt Hippokrates erwähnte mit Stoff umwickelte Holzstückchen, die dem gleichen Zweck dienten.

1931 beantragte ein US-Arzt aus Denver, Colorado, Patentschutz für ein gepresstes Wattestäbchen mit Einführhilfe und Rückholfaden, das er »Tampax« nannte. Eine Ärztin kaufte es ihm ab und stieg in die Massenproduktion ein, hatte allerdings mit zähen Vorurteilen zu kämpfen: Die Sorge, man könnte mit dem Produkt das Jungfernhäutchen verletzen, ist bis heute verbreitet.

Der deutsche Automobilbauer und Unternehmer Carl Hahn (1894–1961), ursprünglich studierter Agrarwissenschaftler, stieß, nachdem er aus gesundheitlichen Gründen seine Firma aufgegeben hatte, in einer amerikanischen Illustrierten auf eine Anzeige, die ihn anregte, ein entsprechendes Produkt für den deutschen Markt zu entwickeln. Er presste hochelastische Watteröllchen mittels hohen Drucks, entsprechender Temperatur und eines speziellen Werkzeugs in die bekannte Tampon-Form und ließ sich das Verfahren patentieren. Das Produkt, das er 1950 in Oberbarmen-Heckinghausen produzieren ließ und auf den Markt brachte, nannte er o.b., ohne Binde.

1974 übernahm der amerikanische Konzern Johnson & Johnson die Firma an der Heckinghauser Straße 263 und führt seitdem die Produktion erfolgreich weiter.

55 Kurzwarenladen

Wuppertal ist die Geburtsstadt vieler Erfindungen und Entwicklungen. Unter anderem wurde der Reißverschluss, der in den USA bereits als ein Kügelchen-Klemmbacken-System erfunden wurde, hier zu dem heutigen klassischen Rippen-Rillen-Modell weiterentwickelt und von der Firma RiRi – »Rinne-Rippe« – produziert und vertrieben. Der derzeit größte Hersteller von Reißverschlüssen weltweit, die Firma YKK Stocko Fasteners GmbH, hat ihren Sitz ebenfalls in Wuppertal, die Produktion wurde jedoch ausgelagert. In der Wupperstadt werden heute nur noch andere Verschlusssysteme, Druckknöpfe et cetera hergestellt. Verkauft wird der Reißverschluss natürlich nach wie vor vor Ort.

In der Schuchardstraße 7 befindet sich das älteste und mittlerweile einzige Handarbeitsgeschäft, in dem Reißverschlüsse, Kurzwaren, Wolle und andere Handarbeitsartikel nicht nur erworben werden können, sondern der fachgerechte Umgang damit vermittelt wird. Einmal die Woche trifft man sich dort in geselliger Runde, strickt, häkelt, stickt, klönt und knabbert. Der Inhaber Siegbert Wernick ist selbst des Strickens nicht mächtig, aber fachkundig: Als gelernter Bandwebermeister nötigte ihn der Niedergang der Bandweberei zunächst zur Aufgabe des eigenen Unternehmens. Übergangsweise leitete er mehrere Jahre die Textilabteilung des ehemaligen Kaufhauses Bilka, bevor er sich 1977 mit einem eigenen Handarbeitsgeschäft zunächst in Heckinghausen selbstständig machte, 1993 entstand eine Filiale in der Straße Kleiner Werth und 1986 schließlich in der Schuchardstraße. Das heutige Ladengeschäft ist das einzige verbliebene, dessen Zukunft aber gesichert scheint: Wernicks Tochter ist seit zehn Jahren im Geschäft und wird es übernehmen.

56 Engelsgarten

Friedrich Engels (1820–1895) – deutscher Philosoph, Gesellschaftstheoretiker, Historiker, Journalist, kommunistischer Revolutionär und Textilunternehmer – entstammte seitens seines Vaters einer pietistischen Familie, die seit dem 16. Jahrhundert im Bergischen ansässig war. Der Pietismus ist eine Strömung innerhalb des Protestantismus, die sich auf die zentralen Anliegen der Reformation zurückbesinnt. Das fromme Subjekt rückt in den Vordergrund, die Institution Kirche wird eher kritisch betrachtet. Engels wuchs in Barmen 44 auf und besuchte dort die Grundschule. Später wechselte er nach Elberfeld 45 auf das Gymnasium, wo er sich für humanistische Ideen begeisterte, aber zunehmend mit dem Vater in Konflikt geriet, der ihn schließlich nötigte, die Schule ein Jahr vor dem Abitur zu verlassen, um Handlungsgehilfe in seinem Geschäft in Barmen zu werden. Ein Jahr später, 1838, setzte Engels die Ausbildung in Bremen fort, wo er in einem Pfarrerhaushalt lebte. In dieser Zeit beschäftigte er sich mit den Ideen des Jungen Deutschland, einer politisch-literarischen Bewegung, und begann, mit dem radikalen Pietismus seiner Heimatstadt abzurechnen. Im 1839 veröffentlichten Artikel »Briefe aus dem Wuppertal« stellte er ihn in einen Zusammenhang mit dem sozialen Elend der Fabrikarbeiter, Degenerationserscheinungen, Trunksucht und Kinderarbeit. Er wandte sich dem Materialismus zu und kritisierte den reaktionären preußischen Staat. 1842 lernte er in Köln Karl Marx (1818–1883) kennen, bevor er nach Manchester reiste, um in der Baumwollspinnerei Ermen & Engels, die sein Vater 1837 mit den Brüdern Ermen dort gegründet hatte, seine Ausbildung zu vollenden. Eine weitere Spinnerei hatte der Vater zur gleichen Zeit im späteren Engelskirchen [73] eröffnet, nicht zuletzt, weil die Bevölkerung vor Ort so arm und kinderreich war, dass er viele Kinder in seiner Fabrik einsetzen konnte. Er gründete aber auch eine Unterstützungskasse für die Arbeiter. Sein Sohn traf in England ähnliche soziale Verhältnisse wie im »deutschen Manchester« Wuppertal an. Er kam zum Schluss, dass eine Veränderung nur durch einen Aufstand der Arbeiter, des Proletariats, bewirkt werden könnte. Daher beteiligte er sich aktiv am Elberfelder Aufstand 1849, wodurch es zu einem offenen Konflikt mit seinem Vater kam, den er vorher schon einen »fanatischen und despotischen Alten« genannt hatte. König Friedrich Wilhelm IV. erkannte die Verfassung des deutschen Reichs vom 28.03.1849, die die Nationalversammlung in der Frankfurter Paulskirche 1848–

49 erarbeitet hatte, nicht an, woraufhin es in vielen Städten zu Unruhen kam, auch in Elberfeld. Es dauerte mehrere Tage, bis der Aufstand zusammenbrach. An ihn erinnern heute Pflastersteinstreifen und eine Namenstafel am Wall gegenüber dem Von-der-Heydt-Museum [59]. Engels flüchtete nach England, wo er bis 1869 in der Firma des Vaters, der 1860 starb, tätig war, viel publizierte und Schriften von Marx herausgab, bis er 1895 in London starb.

Im Engels-Haus in der Engelsstraße 10, direkt gegenüber der Schwebebahnhaltestelle Adlerbrücke, ist er aufgewachsen. Es ist Teil eines Gebäudeensembles, von dem eines, Engels' Geburtshaus, aufgrund des Eisenbahnbaus 1842 abgerissen wurde. Das dritte benachbarte Haus ist heute Museum für Frühindustrialisierung und anerkannter außerschulischer Lernort in der Region. Außerschulische Lernorte ergänzen das schulische Lernen, indem sie Schüler und Schülerinnen anschaulich und lebenspraktisch zur Auseinandersetzung mit dem jeweiligen Unterrichtsthema in der Umgebung einladen. Während das Engels-Wohnhaus seit 2016 umfassend renoviert wird und daher auf unabsehbare Zeit geschlossen wurde, ist das Museum als Teil des »Historischen Zentrums« gut besucht. Außerdem gehören dazu: die Kannegießer'sche Fabrik – eine Bandfabrik, die die mit der Familie Engels verschwägerte Familie Bredt in den 1860er-Jahren erbauen ließ –, das Haus Barthels – eine ehemalige Kaufmannsvilla im Empirestil an der Friedrich-Engels-Allee 384 –, das Unternehmerwohnhaus Röhrig – baugeschichtlich im Übergang von Barock zu Klassizismus angesiedelt –, die Reddehase'sche Remise – ein zeitgemäßer Zweckbau, vermeintlich aus Ziegeln und einem Sandsteinsockel, die eins der ersten Betongebäude kaschieren – sowie der neu und attraktiv gestaltete Engels-Garten, in dem der Namensgeber 2014 mit einer kolossalen Statue geehrt wurde, im Umfeld des Opernhauses.

57 Skulpturenpark Waldfrieden

Der Skulpturenpark Waldfrieden ist ein 15 Hektar großes Gelände in einem Hangwald zwischen Elberfeld und Barmen rund um die Villa Waldfrieden. Der Lackfabrikant Kurt Herberts (1901–1989) ließ sie anthroposophisch inspiriert in organischer Bauweise ganz ohne Rechtecke durch den Künstler-Architekten Franz Krause in den Jahren 1947–1950 bauen und bewohnte sie bis zu seinem Tod. Schon während des Dritten Reichs hatte Kurt Herberts namhaften Künstlern, die die Nationalsozialisten mit Berufsverbot belegt hatten, Aufträge verschafft, indem er sie Werbung für sein Unternehmen gestalten ließ. In Wuppertal war er in vielen Initiativen engagiert, unter anderem am Aufbau zweier Waldorfschulen maßgeblich beteiligt, und wurde vielfach ausgezeichnet, unter anderem mit einer Ehrenpromotion der RWTH Aachen, dem großen Verdienstkreuz der BRD und dem Ehrenring der Stadt Wuppertal.

2006 ging das Gelände in den Besitz des Briten und bildenden Künstlers Tony Cragg (*1949) über. Er war 1977 nach seinem Studium in London nach Wuppertal gezogen und hatte die Idee, das Parkareal zum »Ort der Begegnung« zu machen, in dem neben seinen eigenen Arbeiten auch Werke bedeutender Bildhauer der Moderne ausgestellt werden und mit der Natur in einen Dialog treten sollten. Zudem ließ er einen Glaspavillon für wechselnde Ausstellungen errichten. 2008 wurde der Park eröffnet, der seither Kunstliebhaber aus aller Welt dank rund 40 Skulpturen zeitgenössischer Künstler begeistert. Darüber hinaus ziehen die Stille der

Grünanlage und die grandiose Flora mit vielen exotischen Baumarten wie Gingko, Mammutbaum oder einem Lebkuchenbaum viele Besucher an. Craggs eigene Großplastiken aus Stahl, Holz, Beton oder Kunststoff sind amorph, abstrakt-organisch, erinnern oft an menschliche Figuren oder Köpfe, verändern sich aber je nach dem Blickwinkel des Betrachters, der sie umrundet. Daneben finden sich Werke von Henry Moore, Richard Deacon, Markus Lüpertz und anderen. Der Park wird heute von der Cragg Foundation betrieben. In den mittlerweile drei Ausstellungshallen beziehungsweise unter freiem Himmel wird neben bildender Kunst ein anspruchsvolles Konzertprogramm mit Jazz, Neuer Musik und Weltmusik geboten. Die große gläserne Ausstellungshalle diente im Übrigen schon als Kulisse für einen Film von Wim Wenders über Pina Bausch [125]. Im Café Podest in der Nähe des Ausgangs kann man unter anderem köstliche Tartes, Salate und Getränke genießen.

[58] Mina Knallenfalls

Der Schöpfer der Mina Knallenfalls, Otto Hausmann (1837–1916), stammte aus einer kleinbürgerlichen Familie, an der die industrielle Umbruchzeit anschaulich wird. Sein Urgroßvater betrieb eine Schreinerei, zwei von dessen Söhnen lernten ebenfalls Schreiner, einer Buchbinder und einer Hosenmacher. Die Tochter Mina, Otto Hausmanns Großmutter, heiratete einen Drucker und Färber, der sich nur unter großen Schwierigkeiten mit einem Färberbetrieb selbstständig machen konnte. Minas ältester Sohn, Otto Hausmanns Vater, übernahm den Betrieb, konnte ihn aber nicht halten. Er erkrankte an Tuberkulose. Zu diesem Zeitpunkt hatte er bereits zwei Frauen und den ältesten Sohn verloren. Sein drittgeborenes Kind und zweiter Sohn Otto musste die Schule noch vor der mittleren Reife abbrechen und Steindrucker lernen, konnte den Abschluss jedoch später nachholen. Er machte eine lithografische Werkstatt auf und schaffte es, sich einen bescheidenen Wohlstand zu sichern, der es ihm erlaubte, sich schriftstellerisch zu betätigen. Er schuf vor allem Heimatdichtung, sein größter Erfolg war die »Lewensgeschichte vam Mina Knallenfalls van äm selwer vertault« – »die Lebensgeschichte der Mina Knallenfalls, von ihr selbst erzählt« –, die um 1870 erschien. Die Handlung erzählt die angebliche Lebensgeschichte von Hausmanns Großmutter Mina. Er muss allerdings ein wenig dick aufgetragen haben dafür.

Die Romanfigur Mina war eins von 13 Kindern, der Vater arbeitslos und Trinker. Mina musste schon sehr früh mitarbeiten, um die Familie zu ernähren. Nach ihrer Heirat erlebte sie das Gleiche in Grün: Sie arbeitete als Weberin, bekam viele Kinder, ihr Mann war arbeitslos und dem Alkohol verfallen. Sie ließ sich dennoch nie unterkriegen. Das zumindest vermittelt die lebensgroße Statue der Mina Knallenfalls, die die Künstlerin Ulle Hees (1941–2012) schuf und die 1979 ihren Platz mitten in der Elberfelder **45** Innenstadt in der Poststraße fand, wo die Bronzemina – eine Hand in die Hüfte gestemmt, eine unter den Latz ihrer Schürze geschoben – breitbeinig mit ihren Holzschuhen steht und die Stupsnase in den Wind hält.

59 Von-der-Heydt-Museum

Das Kunstmuseum der Stadt Wuppertal geht auf einen 1866 in Barmen **44** gegründeten Verein zurück. Der Zusammenschluss kunstinteressierter Industrieller sammelte zunächst niederländische Gemälde und Werke der Düsseldorfer Malerschule, später auch moderne Kunst von Franz

Marc, Edvard Munch, Emil Nolde und den Expressionisten und stellte diese in der 1900 nach dem Vorbild des Berliner Reichstagsgebäudes fertiggestellten Kaiser-Wilhelm-Ruhmeshalle aus. 1943 wurde die Halle bei einem Bombenangriff fast vollständig zerstört – die Gemälde waren zum Glück ausgelagert worden – und erst zehn Jahre später als »Haus der Jugend« wiederaufgebaut.

1892 war in Elberfeld **45** zwischenzeitlich ein weiterer Kunstverein gegründet worden, der nach dem Zweiten Weltkrieg, 1947, mit dem Barmer zum »Kunst- und Museumsverein« fusionierte. Die Elberfelder, unter denen der Bankier August von der Heydt (1851–1929) sich besonders engagiert und spendabel zeigte, hatten erst hinter dem damaligen Rathaus eine Etage für Ausstellungen angemietet, doch als die Stadtverwaltung in ein größeres Gebäude umzog, konnte der Kunstverein das alte, klassizistische Rathaus von 1828 übernehmen und zum Museum umgestalten. Im Oktober 1902 wurde das Haus Im Turmhof 8 eröffnet.

Beide Vereine erwarben bis in die 30er-Jahre bedeutende Werke der Moderne, von denen viele später von den Nationalsozialisten als entartete Kunst beschlagnahmt und verkauft wurden, andere gingen durch Bombenangriffe verloren. 1961 wurde das Museum, das bis dahin »Städtisches Museum Wuppertal« hieß, nach seinem bedeutendsten Stifter in »Von-der-Heydt-Museum« umbenannt. Allein 300 Gemälde und viele Leihgaben gehen auf August von der Heydts Konto. Zwischen 1986 und 1990 wurde es grundlegend umgestaltet, wodurch sich die Ausstellungsfläche von 4.000 auf 7.000 Quadratmeter nahezu verdoppelte. Das Haus der Jugend ist nach wie vor Neben-Ausstellungsstätte. Die Exponate und Expositionen des Von-der-Heydt-Museums sind immer sehenswert, zumal in dem eindrucksvollen historischen Gebäude.

Anschließend empfiehlt sich ein Besuch im Museumsshop und im »Muluru«, dem Museums-Lunch-Room im Erdgeschoss. Dessen Name erinnert an von der Heydts Lieblingsspeisezimmer in seinem privaten Museum im holländischen Badeort Zandvoort, wo in den Goldenen 20ern das internationale Who is Who aus Politik und Finanzwelt gesellig zusammenkam.

60 Luisenstraße

Die nach der preußischen Königin Luise, Gattin Friedrich Wilhelms III., benannte Straße in unmittelbarer Nähe des Robert-Daum-Platzes wurde zwischen 1830 und 1850 erbaut. Sie gilt als Elberfelder Altstadt und ist Namensgeberin des Luisenviertels, dessen Charme neben den denkmalgeschützten klassizistischen Altbauten mit oft typisch bergisch verschindelten Fassaden die historischen Kopfsteinpflasterstraßen und das vielfältige (Außen-)Gastronomie-Angebot ausmacht. Als Beispiele genannt seien das »Katzengold« in der Untergrünewalder Straße 3 und das »Café du Congo« in der Luisenstraße 118. Viele Musikveranstaltungen und Kunsthandwerkerläden sowie der Wandelgarten an der Luisenstraße 110 stehen für eine lebendige Bürgerkultur. Im September 2011 entstand Letzterer in einer bis dahin kaum genutzten, gut 200 Quadratmeter großen Baulücke als erster Gemeinschaftsgarten des Vereins »Neue Arbeit Neue Kultur Bergische Region e.V.«. Der Garten lädt zum Mitmachen und Verweilen ein, außerdem finden dort Kulturveranstaltungen statt.

Am Laurentiusplatz steht die bedeutendste katholische Kirche Wuppertals: die zwischen 1828 und 1835 errichtete klassizistische Laurentiuskirche aus rosafarbenem Sandstein, der von weißen Gesimsbändern durchbrochen wird.

Der imposante Bau spricht für das Bemühen, die Kirchen der ehemals protestantischen Stadt zu übertrumpfen.

Die Luisenstraße markiert das nördliche Ende der Wuppertalsohle. Von hier führen viele Treppen steil zum ehemaligen Arbeiterviertel Ölberg hinauf, dessen Name auf die Öllampen in den ärmlichen Häusern zurückgeht. Erst 1910 wurde das Viertel an das Stromnetz angeschlossen. Heute lebt in den Altbauwohnungen zu günstigen Mieten eine multikulturelle Einwohnerschaft. Das alle zwei Jahre stattfindende mehrtägige Ölbergfest – eine Mischung aus Nachbarschaftsfeier und Riesenparty mit mehreren Bühnen – zieht bis zu 50.000 Besucher an, Wuppertaler Partybands wie »Pöms« und »Striekspöen« treten dort auf.

Die bekannteste Verbindung zwischen Luisenviertel und Arbeiterquartier ist die 103 Stufen zählende Tippen-Tappen-Tönchen-Treppe, die 16 Höhenmeter überwindet und deren Name das Klackern der Holzschuhe der Ölbergbergwohner nachempfindet, die die Treppe hinauf- und herunterliefen. Die Krimikomödie »King Ping – Tippen Tappen Tödchen«, die 2013 in die Kinos kam, erzählt in Edgar-Wallace-Manier von dem Ex-Polizisten King, der einen »Treppenmörder« jagt.

Auf dem Ölberg betrieb eine junge senegalesische Wirtschaftswissenschaftlerin, Selly Wane, einen deutschlandweiten Upcyclinghandel mit von afrikanischen Kunsthandwerkern aus Abfall hergestellten Möbeln und Wohnaccessoires. Mit solchen Nachhaltigkeitsprodukten richtete sie 2014 das Swane Design Café in der Luisenstraße 102a ein, das zu Kleinkunst und politischen Diskussionen einlädt. Für ihr integratives Engagement wurde sie im Wettbewerb »Women & work« in der Kategorie »Kreative Lösungen zur eigenen Existenzsicherung« ausgezeichnet, außerdem ist sie Gewinnerin des S.E.N.S.S. Awards für Streitkultur.

Zu den Musikern, die das Luisenviertel prägten, zählen die Jazzer Peter Brötzmann und Peter Kowald sowie die Bigband der Bergischen Musikschule, »Jazzpension«, und die Rockband »Wildfire«. Das Musikfestival Viertelklang, bei dem Künstler an vier verschiedenen Veranstaltungsorten auftreten, hat seinen Ursprung im Luisenviertel und zieht immer größere Kreise, mittlerweile sind auch Solingen und Remscheid mit im Boot.

6. COOL-MAN

Ich liebe Village People. Also Dorfbewohner. Genauer gesagt: Dorfbewohnerinnen. Ich bin der Cool-Man. Ziehe übers Land, gebe mein Bestes und verlange auch nicht weniger.

Als ich vor 20 Jahren meinen Bürojob bei einem Abbau-Unternehmen in Wülfrath [61] kündigte, weil ich mit Kalk [62], schon gar nicht dem verkalkenden Kaff noch etwas zu tun haben wollte, glaubte ich, jeder Job sei besser als der des Aktenschubsers. Heute weiß ich: Keiner ist so gut wie der des Kühlgutschubsers. Das heißeste Arbeitsklima, das ich je erleben durfte. Man muss nur aufpassen, dass man sich nicht die Finger verbrennt. Dann kann es ganz schön eisig werden.

Ich hatte mich damals abfinden lassen und war nach Gruiten [63] gezogen. Nicht von ungefähr. Der Sitz meines Franchise-Partners war in Mettmann [64]. Also suchte ich mir das schönste Dorf aus, das ich in der Umgebung fand. Ich habe eine Schwäche für Schönes. Im Grunde habe ich mittlerweile viele Wohnsitze. Oder sollte ich sie besser Liegenschaften nennen?

Die Erste, die ich flachlegte – oder sie mich? –, war Maria in Marialinden [65]. Der Plan war, das Feld großflächig von unten aufzurollen. Man hatte mir das Oberbergische zugewiesen. Gleich am ersten Tag landete ich den ersten Volltreffer. Ich wollte Prospekte verteilen, ahnte noch nichts von den Perspektiven, die sich boten. Der Ort gefiel mir. Ich folgte der Pilgerstraße, klapperte alle Seitenstraßen ab, bis ich ein Fachwerkhäuschen erreichte, das mich dermaßen entzückte, dass ich klingelte, um meine Botschaft persönlich zu überbringen. Angesichts der weißen Häkelgardinchen erwartete ich eine ältere Dame. Stattdessen empfing mich ein schwarzer Wuschelkopf mit blitzenden braunen Augen, darunter ein römisches Näschen und zwei volle rote Lippen, die sich zu einem breiten Lächeln öffneten. »Signore?«

»Äh, Sinjora«, stotterte ich. »Ju spiek dschermän?«

Sie lachte laut und herzlich. »Natürlich spreche ich Deutsch! Verzeihen Sie bitte die Begrüßung! Was kann ich für Sie tun?«

»Sie? Für mich? Äh, ich wollte eigentlich fragen, ob ich Ihnen …« Ich brach die Absonderung gequirlten Quarks ab.

Sie hatte zwischenzeitlich mein T-Shirt gemustert. »Sie sind der Cool-Man? Auf Sie habe ich seit 20 Jahren gewartet!«

»Äh, ja, der bin ich.«

»Großartig. Was also wollten Sie mir …?«

Ich riss mich zusammen. Zückte meinen Katalog. »Wenn Sie eine Minute Zeit haben, zeige ich Ihnen gerne mein Angebot.«

Ihr Lachen klang ein wenig nach einer gurrenden Taube. »Nichts lieber als das. Aber eins nach dem anderen. Cappuccino? Espresso?«

Ich blieb bis zum Nachmittag. Ging eine Stunde, bevor ihr Mann zurückkehrte. Bis dahin hatten wir reichlich Zeit, das Sortiment durchzusehen. Samt Kostproben und Giveaways. Wir schenkten uns dabei gegenseitig nichts. Sie gab einen temperamentvollen Gegenpart ab, das muss ich sagen. Ich war allerdings, das gebe ich ehrlich zu, nichts Gutes gewöhnt. Um nicht zu sagen: nichts gewöhnt. Ins Büro verirren sich selten so temperamentvolle Frauen. Und selbst wenn sie es je getan hätten – was hätte ich mit ihnen anstellen sollen? Ihnen meine Aktensammlung zeigen?

Ich verließ Marialinden mit einem langen Bestellzettel und dem Versprechen, baldmöglichst wiederzukommen.

Am nächsten Tag stieß ich tiefer vor. Bis nach Wiehl 66. Mutig geworden drückte ich nun öfter auf Klingelknöpfe, statt den Umweg über Briefkästen zu gehen. Traf zwar bis zum Abend nicht ins Schwarze, aber viele Menschen an, die sich interessiert zeigten. Ich sagte es bereits: Ich bin durchaus wählerisch. Ich hatte mir die Ortschaften ausgesucht – die Pforten, an denen ich anklopfte und Einlass begehrte, ebenfalls. Sie mussten mir schon zusagen. Optisch und von der Ausstrahlung her. Mein Gefühl bestätigte sich: In attraktiven Häusern leben attraktive Menschen. Nicht jedes Geschlecht, Alter oder wie diejenigen gekleidet waren, machte mich gleichermaßen an, aber das musste es ja auch gar nicht. Es ging schließlich um schnöden Mammon. Dafür war ich bereit, einiges zu tun. Mit vollem Körpereinsatz. Das darf man durchaus wörtlich nehmen. Ein Cool-Man muss schon eine gute Konstitution mitbringen. Man glaubt gar nicht, wie groß und wie leer manche der Truhen sind, die man zu befüllen die Ehre hat. Für mich wahre Schatztruhen. Im doppelten Sinne. Eine sprudelnde Einkommensquelle, aber oft auch im Besitz von wahren Schätzchen.

In Wiehl traf ich gegen Abend in einer Gründerzeitvilla Waltraud an. Eine zierliche Brünette, deren Parfüm mich betörte, ehe ich sie überhaupt zu Gesicht bekam. Sie hatte den Drücker betätigt und während ich das kühle Entree betrat, vernahm ich das Klackern ihrer Absätze auf der Treppe. Ein ausgesprochen wirkungsvoller Auftritt. Ich stand ihr gewissermaßen zu Füßen, roch sie näherkommen und konnte mich des Kribbelns kaum erwehren, das mich wie ein verheißungsvolles Vorspiel überlief. Das Nachspiel war nicht minder erregend. Über die Zwischenspiele schweige ich besser. Nur so viel: Es blieb nicht bei einem. Ihr Verlobter war geschäftlich im Nahen Osten unterwegs. Das Ausfüllen des Bestellbogens dauerte bis in die frühen Morgenstunden.

Vielleicht kam mir ja auch die Jahreszeit zugute. Es war ein hitziger Sommer damals, als ich flügge wurde. In Hinsicht auf das Business noch vollkommen jungfräulich. Alt genug, um dennoch nicht unerfahren zu wirken. Das Bergische Land brütete in sommerlicher Hitze, ein erlösender Regen ließ – untypisch für die Region – auf sich warten. Kühlware war einfach angesagt. Der Zeitpunkt goldrichtig. Geschäftlich gesehen erwischte ich gewissermaßen den G-Punkt. Meine Kundinnen lechzten mir entgegen.

Anderntags Vera in Waldbröl **67**. Ihr Grundstück – das reine Paradies! Vor der Haustür ein hammermäßiger Hibiskus, Rosen rankten sich an der Backsteinfassade hoch, Lilien, Gladiolen, Dahlien – was für eine Farbenpracht im Vorgarten! Vera selbst war der Knaller! Gewandet gewissermaßen in Sack, aber keinesfalls Asche. Bunt gefärbte weite Leinenstoffe – nicht etwa, weil sie etwas zu verbergen hatte, sondern weil es ihr eine Freiheit verschaffte, die ich durchaus zu würdigen wusste. Nichts, aber auch gar nichts an ihr war künstlich oder aufgesetzt. Die Art, wie sie sich kleidete, bewegte – ich habe selten so eine pragmatische und anpackende Frau von einer derart natürlichen Grazie erlebt. Kein Zieren, keine falsche Scheu! Ja, mit Vera hätte man Garnisonen zeugen können! Sie hätte sie mit sicherem Griff geformt, dass es eine Freude gewesen wäre. Ihr Bewegungsfluss strotzte vor rhythmischer Energie, genau richtig dosiert. Als ich vorfuhr, verabschiedete sie sich gerade von ihrer Freundin, einer schlanken Frau mit Hennaschopf. Die beiden umarmten einander und verschmolzen in einem innigen Kuss, bis die Rothaarige sich löste, die Tür eines an der Straße geparkten alten Volvo aufriss, in den Wagen hineinsprang, ihn startete, durch das halb geöffnete Fenster »Bis nachher!« rief und verschwand. Ich näherte mich Vera, die dem Auto hinterherwinkte. Ein wenig weich in den Knien. Die Leidenschaft, die zwischen den beiden Frauen loderte, hatte mich nicht kaltgelassen. Als ich kurz darauf in ihrer Küche stand und darum bat, mir die Hände waschen zu dürfen, entdeckte ich zu meiner nicht geringen Beruhigung eine an den Spiegel geheftete Postkarte mit der Frage: »Sind wir nicht alle ein bisschen bi?«

Bei meinen späteren Besuchen lernte ich auch Walburga näher kennen, die Vera an Temperament kaum nachstand. Ja, wir hatten zu zweit *und* zu dritt viel Spaß miteinander.

Berta in Bergneustadt **68** war da eine ganz andere Nummer. Ein bisschen älter bereits, aber eine Frau von ausgesprochener Haltung. Formvollendet. Wenn sie mich zum Tee einlud, tranken wir nicht einfach Tee, sondern zelebrierten ein Ritual. Ihr Mann war irgendein großes Tier im Maschinenbau und hatte auf einem Architektenhaus bestanden. Ich meine, alle Häuser sind natürlich durch Architekten gebaut und geplant. Theas Haus hatte jedoch einen Architekten mit einem Namen. Den keiner kannte – ich zumindest nicht –, aber es hörte sich nach etwas an. Und sah auch nach etwas aus. Irgendetwas sehr Eckigem. Schon besonders. Ein Haus, das auffiel. Doch nicht nur Mann und Haus, auch die Stadt war eine mit Hintergrund. Ich meine, jede Stadt hat ja Geschichte. Diese hatte eine mit jeder Menge landesherrlicher Privilegien – zumindest vor ein paar Jahrhunderten war das so gewesen. Wovon Berta allerdings immer noch zehrte. Beziehungsweise ihre Familie. Wer seine Tochter schon Berta nennt …

Das sollte jetzt nicht respektlos klingen. Ich habe Berta stets bewundert, mich klein und unbedeutend neben ihr gefühlt und mich gefragt, was sie überhaupt an mir fand. »Mon Cher«, nannte sie mich immer. Aber gut, besser eine Schnapspraline als eine Kartoffel. Im Grunde wurde ich das Gefühl nicht los, dass sie mich mochte, weil es sie auf den Boden zurückholte. Ein bisschen abgehoben war sie ja schon. An Berta habe ich mich wirklich reich gestoßen. Ein ausgesprochen exquisiter Geschmack. Geld spielte bei ihr nie eine Rolex, wie man so schön sagt.

Thea lebte in Thier 69, in einem winzigen Häuschen, auf dessen Fassade in allen Regenbogenfarben Muster gemalt waren, die entfernt an Schriftzeichen erinnerten. Sie hatte Dreadlocks von undefinierbarer Farbe und trug einen Overall. »Cool, man«, sagte sie und streckte mir eine Hand entgegen. »Thea.«

Ihr Händedruck war genau richtig. Eine Hand mit langen schmalen Fingern und langen Nägeln, gepflegt, nicht lackiert. Die Nägel der linken Hand waren ratzekurz.

»Spielst du Gitarre?«, fragte ich.

»Yeah, man«, entgegnete sie. »Komm rein. So was wie dich kann ich mir gerade eigentlich gar nicht leisten. Aber ich kann dir was vorspielen.«

Drinnen ließ sie mich an ihrem Joint ziehen und spielte im Schneidersitz vor dem Sofa traurige Balladen, für deren Text mein Englisch nicht ganz ausreichte.

»Musik muss man nicht verstehen. Die geht in den Bauch«, sagte Thea. »Nu sei mal ein bisschen relaxed.«

Das war ich. Ich ließ die Musik durch den Unterleib vibrieren und den Joint wirken. Thea rutschte neben mich, der Joint ging hin und her, alles andere muss hoch hergegangen sein, wir kuschelten, ich verlor jegliches Zeitgefühl, kann nicht mehr genau sagen, was weiter passierte.

Irgendwann fuhr ein Auto mit knatterndem Auspuff vor. Thea hob träge die Augenlider, brummte: »Mein Freund!«, senkte sie aber gleich wieder.

Ich schaffte es, an der Tür zu sein und sie zu öffnen, ehe der Mann, der mich verblüfft ansah, den gezückten Schlüssel ins Schloss stecken konnte.

»Cool, man«, sagte er, als er sich von dem ersten Schreck erholt und den Schriftzug auf meinem T-Shirt entziffert hatte.

»Tschö auch«, sagte ich. »Keine Sorge. Ich konnte deiner Freundin nichts verkaufen.«

Reichshof **70** – der Name schon! Verheißung pur für ein aufstrebendes Start-up-One-Man-Unternehmen wie mich. Ich startete früh über A3 und 4 und B256, stoppte an jedem Haus, steckte Prospekte in Briefkästen und durch Türschlitze, verteilte Flyer, putzte Klinken und die Platte. Klingelte, wo mir die Luft rein schien – immerhin handelte es sich um einen heilklimatischen Kurort. Im Hochsommer. Da sollte es neben dem Licht auch ein Bedürfnis nach Schatten und Kühlgut geben. Ich fuhr durch Straßen mit floralen Namen, irgendwo zwischen Wandergebieten und Wiehltalsperre **71**, und stieß schließlich auf eine weinberankte Villa, deren Inneres sich mir erst nach mehrmaligem Klingeln offenbarte.

»Was wollen Sie?«, schnarrte es schließlich durch die Sprechanlage.

»Ihnen eine kostenlose Kostprobe kredenzen«, gab ich zurück. Reichtum und Raffgier harmonierten in der Regel gut.

»Ich komme!«, kam es zurück.

Tatsächlich kam Rita mehrmals an jenem Tag. Man muss sich wirklich klarmachen, was es heißt, wenn man auf dem Land wohnt. Die Idylle ist ungeheuer reizvoll. Das tägliche Naturerleben eine sehr sinnliche Erfahrung, die durchaus stimuliert. Gleichzeitig mangelt es an Möglichkeiten, diese Reize auch umzusetzen. Unsere moderne Lebensweise hat nun mal eine Pendler-Generation generiert. Man nimmt immer längere Fahrwege auf sich, um immer kürzere Verweilzeiten in immer schönerer Umgebung immer teurer zu bezahlen. Für eine Partnerschaft durchaus eine Belastungsprobe. Zumal, wenn sich eine Unwucht in der häuslichen Präsenz ergibt. Die Wucht, mit der lange verwehrte Erfüllung schlussendlich zur Befriedigung drängt, sollte jedem empathisch denkenden Menschen nachvollziehbar sein. Auch, dass allzu lange angestaute Spannungen für Instabilität sorgen. Mein Bemühen um Ausgleich sollte daher durchaus als Beitrag zur Aufrechterhaltung von Beziehungen begriffen werden. Rita gehörte zu jenen Frauen, die sich, bedingt durch die Abwesenheit des Auserwählten, ein wenig – ich nenne es mal – »austerisiert« hatten. Zurückgezogen hinter eine fest verschlossene Schale, die aber, nachdem sie Kontakt zögerlich zugelassen hatte, eine umso prächtigere Perle präsentierte. Ich war mir sicher, dass ihr Partner von meiner Partizipation nur profitieren konnte.

In Lindlar 72 stieß ich auf Linda. Deren Libido-Konto wies auf der Habenseite einen ähnlichen Leerstand auf wie ihre Tiefkühltruhe. Ihr Lechzen nach Linderung ihres Verlangens sorgte zum wiederholten Male für eine inspirierende Begegnung im Spannungsfeld von Hot und Cool – die Melange aus Mangel, Mäßigung und Mimikry im Aufeinanderstoßen von Temperaturen und Temperamenten für eine Explosion der Empfindungen. Lindas Lust war in doppelter Hinsicht lukullisch. Manche der ausgelieferten Luxus-Lebensmittel durfte ich ihr im anschließenden Liebesspiel vom Leibe lecken. Ja, auch Lindlar enttäuschte meine Erwartungen nicht. Meine Auslieferungs- und Beutezüge durchs Bergische entwickelten sich prächtig und zur allseitigen Befriedigung.

Engelskirchen 73 hatte mich von Anfang an gereizt. Dass ich den Besuch dieses Örtchens mit dem bezeichnenden Namen so lange vor mir herschob, lag vor allem daran, dass ich die Vorfreude auskosten wollte. Ich zweifelte längst nicht mehr daran, hier einen Engel zu finden. Wohlgemerkt: einen. Ich kam von Gruiten, ging von morgens bis abends in Häusern ein und aus und verteilte mein Kühlgut. Fertigmahlzeiten und eine vielfältige Palette von Gefrorenem. Das Manna der Moderne. Botenstoff der Bequemen wie der Gestressten. Und der Einsamen. Das Einsamen war das Sahnehäubchen. Das ich nicht wahllos verteilte. Nie mehr als ein Haushalt pro Ortschaft. Alles andere würde nur Unfrieden stiften, sagte ich mir.

Bis ich unmittelbar nach Elke auf Eva stieß – beide Einwohnerinnen von Engelskirchen, beide entschieden zu ehrgeizig und energisch, als dass ich erwähnenswerten Einspruch erheben konnte, als sie mich unmittelbar nach der Einladung in ihr jeweiliges Eigenheim erst vereinnahmten, um mich unmittelbar darauf im entsprechenden Ehebett endgültig zu erobern und mich Exzesse zwischen höchster Ekstase und tiefster Erschöpfung erfahren zu lassen.

Das Dumme: Beide gehörten der gleichen Gemeinde an. Beide verband nicht nur die Liebe zu leidenschaftlicher Erotik, sondern eine ebenso ausgeprägte Eifersucht. Ich habe keine Ahnung, wie lange sie brauchten, um mir auf die Schliche zu kommen. Erst recht nicht, wie lange nach der vermutlich spontanen Verzwistung der Prozess der Verschwisterung währte. Und wie lange sie brauchten, um meinen Navi zu hacken, Routen und Ruhepausen zu analysieren und unter den jeweiligen Adressen Ansprechpartner aufzutun, die sie an ihrem perfiden Plan partizipieren ließen. Das alles spielte sich hinter meinem Rücken ab. Im Grunde reihten sie mich ja lediglich in die Gruppe der gehörnten Gatten ein. Mit Konsequenzen, die allerdings deutlich weitergingen. Es herbstelte bereits, als Eva mich eines Tages bat, unserem Liebesspiel einen besonderen Kick zu verschaffen, indem wir es auf eine Lichtung verlegten. Einen einsamen Ort im Wald. Mit schäumendem Champagner sollten wir mitten in der Natur unserer Natur nachgehen. Ich möge sie auf einer Decke decken. Sie, die Evastochter, werde meinen Adam schon zu kitzeln wissen.

Wie konnte ich widerstehen? Welcher Cool-Man ist nicht tief im Innersten entflammbar, weich wie Wachs in den Händen eines willigen Weibes?

Ich überließ mich ihrer Führung. Fuhr über Feld- und Forstwege, wir drangen tief in das größte zusammenhängende Waldgebiet Nordrhein-Westfalens, eingeschlossen vom Bergischen Panoramasteig 74, vor.

Als der Weg sich längst gefühlt ins Nirvana verflüchtigt hatte, gebot sie mir endlich anzuhalten. Wir stiegen aus, und während sie eine Decke als Liegestatt ausbreitete, bat sie mich, meine Jacke abzulegen und aus dem Kühlraum des Lieferwagens einen Schaumwein zu holen. »Vorsicht, Liebster!«, rief sie mir hinterher, als ich die Ladefläche erklomm. »Die Flasche steht sicherlich schon mächtig unter Druck!« Und kicherte.

»Oh, ja!«, echote eine tiefe Stimme. »Die Flasche steht gleich mächtig unter Druck!« Dröhnendes Gelächter aus mehreren Männerkehlen erscholl. Ich fuhr herum. Da kamen sie aus der Deckung. Mindestens acht. Moment! War das Walburgas Hennahaar? So viele Gesichter! Die meisten kamen mir bekannt vor. Gab es doch kaum ein Heim, das ich auf meinen Fahrten frequentierte, auf dem nicht an Wänden, auf Kaminsimsen oder Nachttischen Abbildungen der abwesenden Lebensgefährten hingen oder standen. Schlagartig wurde mir klar, was seit Wochen unter den Decken gegärt haben musste. Und dass mir die ganze Chose jetzt um die Ohren fliegen würde. Und dass ich keine Chance hatte. Eine Phalanx von Gehörnten bewegte sich langsam auf mich zu. Was hatten sie vor?

Was ich sah: eiskalte Entschlossenheit.

Dann Eva. Die den Schlüssel des Lieferwagens triumphierend über ihrem Kopf schwenkte. »Mach dir ein paar warme Gedanken!«, rief sie.

Die Männer hatten den Wagen erreicht. Die Türen krachten zu.

Dunkelheit.

Scharren am Schloss.

Das Summen der Kühlung setzte ein.

Verzweifelt suchte ich meine Taschen nach dem Smartphone ab. Keine Chance, es steckte in der Jackentasche. Ich konnte meine Henker noch nicht einmal per Audioaufnahme belasten. Inmitten von Tiefkühlkost würde der Cool-Man in wenigen Stunden zum Ice-Man.

Ich hatte exakt eine Frau zu viel geknallt.

Immerhin: Statt eines Schierlingsbechers konnte ich mich mit einer Champagnerflasche trösten. Es ein letztes Mal so richtig knallen lassen.

Prost.

FREIZEITTIPPS:

61 Wülfrath

Im Niederbergischen Land zwischen Rhein, Ruhr und Wupper, Wuppertal **32**, Velbert **47**, Heiligenhaus **15**, Mettmann **64** und Ratingen **92** liegt eine der ältesten Rodungssiedlungen des Frühmittelalters. Die erste schriftliche Erwähnung als »Wolverothe«, Rodung eines Ansiedlers namens Wolf, um 1100 herum zeugt namentlich vom Ursprung des Ortes. Einen Sakralbau könnte es aber schon im 8. Jahrhundert gegeben haben, der an der Stelle der aus dem 11. Jahrhundert stammenden und seit dem 15. Jahrhundert dem heiligen Cornelius geweihten Kirche stand. Ursprünglich war die Kirche romanisch, später wurde sie durch gotische Elemente erweitert. Sie liegt im heutigen Zentrum der Stadt, der idyllische Kirchplatz ist umgeben von altbergischen Fachwerkhäusern, von denen jedes einen eigenen Namen hat: »Auf'm Keller«, »Op der Ley«, »Großer Klaus« und ähnliche. Die katholische Kirche St. Maximin im Ortsteil Düssel stammt aus dem frühen 12. Jahrhundert und wurde 1256 erstmalig erwähnt. Zwei Brände – 1578 und 2001 – beschädigten die Stadt beziehungsweise Altstadt schwer. Der Bestand an malerischen denkmalgeschützten Häusern ist dennoch sehenswert. Dass Wülfrath als »alte Stadt« gilt, liegt allerdings am Altersschnitt der Einwohner: Den weitaus größten Anteil an der Bevölkerung nehmen die über 50-Jährigen ein. Jeder dritte Wülfrather Bürger zählt 50 Lenze oder mehr.

Der wichtigste Wirtschaftszweig ist seit dem Ende des 19. Jahrhunderts die Kalkgewinnung **62**.

Seit 1913 informiert das Niederbergische Museum an der Bergstraße 22 über das (Erwerbs-)Leben in der Region.

Das »Zeittunnel«-Museum am Hammerstein 5 zeigt Fossilien und Gestein aus dem Devon, 370 Millionen Jahre vor unserer Zeit, als die Region noch von Meer bedeckt war. In dem 160 Meter langen Abbautunnel des Bochumer Bruchs wird Erdgeschichte anschaulich. Gleich neben dem Zeittunnel befindet sich die Waldforscherstation, wo man Walderlebnistouren, unter anderem mit einem Uhu, buchen kann. Weitere bewegungsgeprägte heimatkundliche Lernorte sind der Steinbruch Schlupkothen mit Lehr- und Erlebnispfad und der Radwander- und Kunstweg.

Der Bochumer Bruch ist zudem bei Klettersportlern sehr beliebt.

62 Kalk

Das Bergische Land ist eine Region der Bodenschätze. Schon im 6./7. Jahrhundert v. Chr. muss es hier bergbauliche Tätigkeit gegeben haben. Überall findet man verschüttete Mundlöcher – Stolleneingänge –, offene oder zugemauerte Stollen, Pingen – Bodenvertiefungen durch Bergbau – und andere Überbleibsel. Viele dieser Zeugnisse sind inzwischen Bodendenkmäler, aber den wenigsten, die sie passieren, ist bewusst, was sich dort früher einmal befunden hat. Metalle wie Eisen, Blei und Silber wurden bereits mehrfach angesprochen, auch Braunkohle wurde natürlich gefördert. Außerdem Rohstoffe für den Bau: Sande und Steine. Der größte Bodenschatz war jedoch der Kalkstein. Kalk ist ein Überbleibsel des Ozeans, der vor 390 bis 330 Millionen Jahren das heutige Bergische Land bedeckte. Korallen und Muscheln waren die Basis für diesen Rohstoff, der zunächst aus dem Boden gesprengt werden muss, dann wird er gebrochen, gewaschen, klassiert und gebrannt. Der Branntkalk wird anschließend zu Kalksteinmehl, Hydratkalk oder Kalkmilch weiterverarbeitet und ist Zulieferstoff für die Metall-, Chemie- und Bauindustrie.

Europas größtes Kalkwerk befindet sich bei Wülfrath. Zweimal im Jahr startet vom Zeittunnel-Museum **61** eine Exkursion zum Kalkwerk Flandersbach, die immer sofort ausverkauft ist. Das Werk beschäftigt 440 Mitarbeiter und fördert bis in eine Tiefe von 140 Metern täglich rund 30.000 Tonnen Kalkstein, jährlich etwa 9,7 Millionen Tonnen. 2048, schätzt man, wird der Steinbruch Silberberg, den man 2007 erschlossen hat, ausgebeutet sein. Der Steinbruch Prangenhaus wurde 1994 bereits geschlossen.

Die Wülfrather Kalksteinwerke wurden 1903 von August Thyssen gegründet, um die Kalkvorkommen für die Stahlindustrie zu sichern. Im Dritten Reich entstanden gigantische Stollenanlagen, die die kriegsrelevante Produktion gewährleisten sollten. 10.000 Zwangsarbeiter, Kriegs- und Strafgefangene aus 20 umliegenden Lagern wurden unter brutalen Arbeitsbedingungen im Schichtbetrieb eingesetzt. Dieses unschöne Kapitel ist bis heute historisch nicht aufgearbeitet.

Wer sich für die ältere Geschichte der Kalkindustrie im Bergischen Land interessiert, kann in Bergisch Gladbach **35** eine Führung zu einem aus der römischen Kaiserzeit stammenden Brennofen buchen, die am Wanderparkplatz Schloss Lerbach beginnt und fünf Minuten Fußweg in den Wald erfordert. Aufgrund von Ziegelfunden vermuteten Archäologen dort zunächst eine Ziegelbrennerei, aber die Ausgrabung brachte eine Kalkbrennerei zutage, die vermutlich das antike Rom belieferte.

63 Gruiten

Gruiten ist einer der Orte, die im Namen den Doppelvokal ui tragen, der als Umlaut ü ausgesprochen wird. Der Kalkabbau war auch hier ein wichtiger wirtschaftlicher Motor, der sich heute noch im Ortswappen spiegelt: eine aufgerichtete Spitzhacke vor einer ansteigenden weißen Felswand. Der Name deutet auf die Bodenbeschaffenheit der Gegend hin, auf Geröll, Stein, Sand, Kies und Kalk. Der Ort soll um 1000 herum entstanden sein. Seit 1975 gehört das ehemalige Amt Gruiten zu Haan, das an Solingen 28, Hilden 118, Erkrath 119, Mettmann 64 und Wuppertal 32 grenzt und dessen Ursprünge auf das Jahr 2200 v. Chr. datiert sind. Der Name »Haan« kommt von »Hagen« beziehungsweise »Hain« und deutet auf eine Siedlung mit Wall, Palisadenzaun und Heckenstreifen hin, was die Lage des Ortes am Aufmarschweg der fränkischen Truppen in Richtung Osten sicherte. Der heutige Zusatz »Gartenstadt« betont die Nähe zur Natur und hat mit dem Samenhandel zu tun, der wirtschaftlich eine große Rolle in Gruiten spielt, und mit den ausgedehnten Gartenflächen und Grünanlagen im Stadtgebiet, die zusammen mit dem großen Fachwerkbaubestand den idyllischen Charakter des Ortes unterstreichen. Dafür steht insbesondere der Ortsteil Gruiten beziehungsweise Gruiten-Dorf, in dem sich die größte intakte historische Siedlung auf Haaner Stadtgebiet befindet. Außerdem ist dort der älteste steinerne Bau, der Turm der romanischen St.-Nikolaus-Kirche, der aus dem 12. Jahrhundert stammt und auf dem heutigen Friedhof steht. Das dazugehörige Schiff gibt es seit 1895 nicht mehr. Dafür die 1879 vollendete Kirche St. Nikolaus, die mitten im Ort erbaut wurde – im Gegensatz zu der alten, die außerhalb von auf der Alten Kölnischen Landstraße vorbeiziehenden Fernhandelskaufleuten erbaut worden war. Im 17. Jahrhundert wechselte Gruiten in die Hände der Reformierten, die katholische Gemeinde überlebte nur durch geschicktes Taktieren. Die evangelische Kirche entstand 1721 als zweiter Steinbau, nach der Bauernburg »Quall«, auf dem trockengelegten Sumpfgebiet der Düssel und ihres Zuflusses Kleine Düssel, dem heutigen Gruiten-Dorf. Es empfiehlt sich, den Ort über die Kopfsteinpflaster-Straßen zu begehen, um das Fachwerkensemble und die Gärten auf sich wirken zu lassen.

Im Ortsteil Gruiten an der Bahnstraße 28, nicht weit von dem ehemaligen Rathaus, erinnert eine Tafel daran, dass im Keller dieses Hauses im April 1945 die Entscheidung fiel, den Bataillonskommandeur und die Offiziere des vor Ort eingerichteten Gefechtsstands zu überzeugen, die Stadt den amerikanischen Truppen kampflos zu übergeben, wodurch sinnloses Blutvergießen und Zerstörung abgewendet werden konnten.

64 Mettmann

Die Stadt Mettmann hat im nach ihr benannten Kreis die Mittelposition, bildet gewissermaßen die Wespentaille zwischen Düsseldorf im Westen und Wuppertal 32 im Osten, im Süden grenzt sie an die kreisangehörigen Städte Erkrath 119 und Haan 63, im Norden an Ratingen 92 und Wülfrath 61. Der altdeutsche Namensursprung »Medamana« betont ebenfalls eine Mittellage, allerdings die »am mittelsten Bach«, womit nur die Düssel gemeint sein kann, die Mettmann von Nordosten kommend umkreist und dann südlich gen Westen weiterfließt. 904 wurde der Ort erstmals urkundlich im Zusammenhang mit einem Hof erwähnt, der 1248 in den Besitz Graf Adolfs II. von Berg überging. Im ausgehenden Mittelalter und der frühen Neuzeit kam Mettmann als Handelsstadt zu einigem Wohlstand. Davon zeugt heute noch der zentrale Marktplatz in der historischen Oberstadt der Altstadt, in der seit 1883 die katholische Kirche St. Lambertus auf den Resten eines romanischen Vorgängerbaus steht. Umgeben ist der Marktplatz von typischen verschieferten bergischen Häusern. Das Bergische Land als Teil des Rheinischen Schiefergebirges war aufgrund des lehmigen und steinigen Bodens und des feuchten Klimas bis zum 7. Jahrhundert wenig besiedelt. Erst die große Rodungszeit im 10. Jahrhundert sorgte für steigende Bevölkerungszahlen. Die typischen Baumaterialien der Region sind daher Holz, Grauwacke und Schiefer. Schiefer kennzeichnete gleichzeitig den Reichtum der Hausbesitzer: Je reicher, desto mehr Schiefer. Vermögende Hausbesitzer verschieferten alle Hausseiten, die ärmeren lediglich die Wetterseite.

Weitere Sehenswürdigkeiten kann man in einem Rundgang ausgehend vom Königshof-Platz erkunden: das wachsende Denkmal »Erinneringe«, das 2004 zur 1100-Jahr-Feier aufgestellt wurde und auf Bronzeringen Ereignisse der Stadtgeschichte festhält; die evangelische Kirche; das Denkmal für die Verfolgten des Nationalsozialismus an der Freiheitstraße; die bronzene Schäfergruppe; das von dem Bürgerverein »Aule (alte) Mettmanner« gestiftete Denkmal am Jubiläumsplatz, mit dem der Heimatdichter Fritz Geldmacher (1900–1989) und der Mundartsprecher Willi Schriever (1896–1981) gewürdigt werden; der Pferdebrunnen an der Mittelstraße und viele denkmalgeschützte Villen und Häuser.

Wirtschaftlich ist Mettmann seit dem 19. Jahrhundert von Besteckindustrie und Autoteilezulieferern geprägt, außerdem ist dort seit 1974 das Tiefkühlkost-Heimservice-Unternehmen Eismann angesiedelt, das mit einem Franchising-System arbeitete, bis der Bundesgerichtshof 1998 in einem Grundsatzurteil die Selbstständigkeit der Eismann-Auslieferer infrage stellte und sie eher in einem Angestelltenverhältnis sah, da sie keine eigene Gestaltungsmöglichkeit hätten und ihre Arbeitskraft vollständig in den Dienst des Unternehmens stellen müssten. Heute ist der Eismann-Verkaufsfahrer ein leistungsorientiert bezahlter Job mit festem Kundenstamm und selbst organisiertem Tagesablauf.

65 Marialinden

Der 2.400-Seelen-Ort Marialinden liegt an der Brüderstraße, einem aus der Frankenzeit stammenden Handelsweg, der das Bergische Land von Osten nach Westen durchläuft, und gehört zu Overath 79 im Rheinisch-Bergischen Kreis. 1515 wurde er zum ersten Mal im Rahmen seiner Umbenennung urkundlich erwähnt: »de genant zun Sevenlynden ind nu genant ist zu Marienlynden«. Der ursprüngliche Name beinhaltete sieben Linden, die es tatsächlich gab. In einer davon soll der Legende nach ein Marienbildnis gesteckt haben, das, obwohl es entfernt wurde, anderntags wieder in dem Baum aufgetaucht sei. Aus diesem Grund erbaute man dort ein Heiligenhäuschen und später eine Kapelle. Historisch überliefert ist, dass die Grafen von Bernsau hier eine Jagdkapelle an der Pilgerstraße errichteten, um die sich in der Folge eine Reihe von Gast- und Raststätten scharte. Seit Jahrhunderten sind die Kapelle und ihre Nachfolgebauten Ziel von Marienwallfahrten. Die heutige Kirche St. Mariä Heimsuchung mit ihrer markanten neugotischen Zweiturmfassade von 1898 steht als weithin sichtbares Wahrzeichen am höchsten Punkt des »Dorfs auf dem Berge« hoch über Overath. Im Innenraum gibt es zwei hölzerne Pietà-Skulpturen aus dem Mittelalter.

Direkt gegenüber dem Gotteshaus steht die Alte Vikarie von 1795, die auch als erstes Schulhaus des Ortes genutzt worden war. In unmittelbarer Nähe befindet sich das

1662/63 erbaute älteste Haus Marialindens, das Haus Burger an der Pilgerstraße 19/21, ehemaliges Jagdhaus des Rittersitzes Alt-Bernsau. 1856 erhielt es seinen jetzigen Namen nach dem damaligen Besitzer. Die Gaststätte Lindenhof liegt an der Pilgerstraße 37. Sie wurde bereits 1512 erwähnt und ist benannt nach dem Büchsenmacher Johann Linder. Ein weiteres denkmalgeschütztes Gebäude an der Pilgerstraße 40 war Anfang des 19. Jahrhunderts als Haus des »wohlachtbaren Johann Höller« erbaut worden, der es 1857 der Kirche als Pfarrhaus vermachte.

2017 gewann Marialinden den Kreiswettbewerb »Unser Dorf hat Zukunft«. In der Begründung für die Auszeichnung wurden neben den genannten Bauten die Feierkultur des Orts in Form des Weihnachts- und des Sommerfestes »Kutt nom Dom« – »Kommt zum Dom« – hervorgehoben, außerdem der Bouleplatz am Kirchplatz, das vielfältige Engagement der Bürger und Vereine und vieles mehr.

66 Wiehl

Nördlich von Nümbrecht 14, südlich von Engelskirchen 73 und Gummersbach 81 liegt Wiehl an der Wiehl, urkundlich 1131 erstmalig als »Wila«, 1250 als »Wyle« erwähnt. Die Wiehl ist das längste nur im Oberbergischen Kreis fließende Gewässer und der drittlängste Aggerzufluss. Nach ihr wurde außerdem die Wiehltalsperre 71 benannt. Ab 1528 sind eisenverarbeitende beziehungsweise Eisenbergbau-Tätigkeiten in der Gegend dokumentiert. Der Holzkohlebedarf für die Eisengewinnung sorgte bis Anfang des 18. Jahrhunderts für einen dramatischen Abbau der Wälder, der erst mit der wachsenden Bedeutung der Steinkohle nachließ. Heute ist die Region für ihren Waldreichtum bekannt und beliebt.

1560 hielt das Protestantentum Einzug – in Form von Pfarrer Mymar Fischer. Die Moral der Wiehler, den Gottesdienst zu besuchen, ließ allerdings zu wünschen übrig. 1595 klagte der Kirchenälteste Johann Schmidt auf Burg Homburg **14**, es »sey ein spielplatz daselbs, uf welchem etliche under der Predigt ball schlagen und sonst spielen«. Aus der Zeit des 30-jährigen Kriegs (1618–1648) stammen die »Bruchten zue Wiel«, dokumentierte Rechtsbrüche, die verschiedenste Vergehen – vom Warenverkauf während der Messe bis zu Ein- und Ehebrüchen – betrafen, wobei Letztere schon mal von Gerichten höherer Ordnung mit der Todesstrafe geahndet wurden. Auch unter französischer Besatzung Ende des 18. Jahrhunderts zeigten die Wiehler sich aufmüpfig. Aus gutem Grund: Napoleons Kontinentalsperre, die den Handel mit England zugunsten französischer Waren untersagte, förderte Arbeitslosigkeit, die neben Tagelöhnertum und Zwangsrekrutierungen für den verlustreichen Russlandfeldzug zu erheblichen Unruhen insbesondere unter jungen Männern führte. Diese gingen mit Knüppeln gegen Beamte vor, versteckten sich in den Wäldern, marodierten und wurden von der solidarischen Bevölkerung mit Speck und Bohnen durchgefüttert, was den Namen »Speckrussenaufstand« zur Folge hatte. Die meisten Widerständigen, 4.000 bis 5.000, kamen aus der Nachbargemeinde Gummersbach. Carl Schmidt, auch »Prinz Carl« genannt, einer der Anführer, stammte allerdings aus Wiehl, wo die Rebellion 1813 von den Franzosen niedergeworfen wurde.

Heute mutet der Ortskern Wiehls mit seinem Fachwerkhausensemble rund um die evangelische Kirche, samt 56 Meter hohem Turm im byzantinischen Stil von 1150, eher idyllisch an. Sehenswert sind außerdem der 1909 erbaute, knapp 17 Meter hohe Bismarck-Aussichtsturm samt Wiehlparkgelände, das landwirtschaftliche Museum »Achse, Rad und Wagen« in Wiehl-Ohlerhammer und die Tropfsteinhöhle im Stadtteil Pfaffenberg, in der seit 2008 auch Trauungen vorgenommen werden. Wandern ist ein großes Thema für den Ort, nicht nur wegen des von Marburg kommenden Pilgerwegs, der ganz in der Nähe verläuft, sondern es gibt außerdem einen speziellen »Bierweg«, der in Wiehl-Bielstein 117 seinen Ausgangspunkt nimmt.

67 Waldbröl

Im Ortsteil Neuenhähnen befindet sich ein Naturschutzgebiet und am Stadtrand der Naturpark Panarbora, was so viel heißt wie »Waldfreund«. In ihm kann man sogar übernachten, und zwar in der weit über das Bergische Land hinaus beliebten Jugendherberge mit fünf Baumhäusern. Außerdem bietet Panarbora einen 1.635 Meter langen Baumwipfelpfad, einen Heckenirrgarten, Spieltunnel und Sinnespfad-Waldweg. Die Naturnähe der Gemeinde Waldbröl steckt bereits in deren Namen: »Brogilus« ist ein latinisierter Begriff aus dem Keltischen und bedeutet so viel wie »Sumpf«. Der Name der 1131 erstmals als »Waltprugele« dokumentierten Ortschaft spricht also für eine sumpfig-waldige Gegend. Aus demselben Jahr stammt die bis heute erhaltene evangelische Kirche mit romanischem Kirchturm und einem Taufstein aus dem 12. Jahrhundert.

In Waldbröl steht außerdem die letzte Mühle im Oberbergischen, die heute noch mahlt, wenn auch elektrisch angetrieben: Die Bruchhäuser Mühle wurde 1571 zum ersten Mal urkundlich erwähnt. Ein weniger schönes Denkmal ist die »Hitlermauer«, der Rest eines der größenwahnsinnigen nationalsozialistischen Bau-Vorhaben, das heute mit dem Schriftzug »Nie wieder Krieg« versehen ist. Es bietet nicht nur Anlass zum Gedenken, sondern zudem einen Fernblick über den Ort und die umgebende Landschaft. Für dörfliche Idylle steht der Ortsteil Wilkenroth, der zwischen 1979 und 2009 allein 13-mal in den Kreis- und Landeswettbewerben »Unser Dorf soll schöner werden« ausgezeichnet wurde. Schon der Heimatdichter Ernst Zimmermann betonte die idyllische Seite Waldbröls:

»Ze Walpröl es et sönns chanz nett,
wannt't blo-eß nöt so vill Ossen hätt.
Et wöer un blihst so chanz für sech
un schlööft sech durch de Ziht so wech.«
(Zu Waldbröl ist es sonst ganz nett,
wenn es bloß nicht so viele Ochsen gäbe.
Es war und blieb so ganz für sich
und schläft sich durch die Zeit so weg.)

Wer mehr Trubel erleben will, sollte den Besuch des Orts mit einem Marktbummel verbinden: Der Waldbröler Vieh- und Krammarkt stammt aus der Zeit vor 1852. Er gehört mit bis zu 15.000 Besuchern zu den größten von Nordrhein-Westfalen.

68 Bergneustadt

»Nicstat« wurde 1301 zum ersten Mal urkundlich erwähnt und wohl auch in dem Jahr als märkischer Vorposten gegen den Kölner Erzbischof auf einem Bergsporn errichtet. Nicht weit entfernt befindet sich die Anfang des 20. Jahrhunderts gebaute Aggertalsperre, die vor allem der Stromerzeugung dient, zugleich jedoch ein Paradies für Wanderer und Wassersportler, insbesondere für Taucher ist. Die komplette Altstadt Bergneustadts steht unter Denkmalschutz. Das Ensemble von Fachwerkhäusern aus dem 18. und 19. Jahrhundert sollte unbedingt zu Fuß erkundet werden. In der Wallstraße befindet sich das Heimatmuseum von Bergneustadt mit einem Gewölbekeller aus der Mitte des 18. Jahrhunderts und einer Dauerausstellung zur Wohnkultur, Gerichtsbarkeit und den Arbeitsplätzen von Handwerkern des 19. und 20. Jahrhunderts. Daneben gibt es ein kleines Klassenzimmer und eine Lagerapotheke zu besichtigen – sowie eine Sammlung von Feuerwehrhelmen aus der ganzen Welt. Hintergrund: Die Stadt wurde im Lauf ihrer Geschichte zwischen 1548 und 1828 siebenmal teilweise oder ganz durch Feuersbrünste zerstört. Auch im 20. und 21. Jahrhundert brannten einzelne Häuser ab – eins der größten der Altstadt und ein Restaurant – beziehungsweise wurden schwer beschädigt. Weitere Sehenswürdigkeiten sind die Altstadtkirche, der Burgbrunnen – die Burg selbst existiert nicht mehr –, das Pastorat, das Krawinkelhaus, die historische Gaststätte Jägerhof, die ehemalige Bürgermeisterei Haus Clarenbach, vor der der »Losemundbrunnen« steht, der das Marktgetratsch versinnbildlicht, außerdem die alte Schmiede gleich neben dem Heimatmuseum und die klassizistische Krawinkel-Villa samt Park am früheren Eingangstor der Altstadt.

In Bergneustadt-Wiedenest liegt eine der fünf Bonten Kerken (Bunten Kirchen) des Bergischen.

69 Thier

1443 wurde der Ort »Tyre«, der heute zu Wipperfürth 3 gehört, erstmalig erwähnt. 1686 war von einem ersten »heyligen häußgen« die Rede, Vorgängerbau der katholischen Kirche St. Anna, deren spitzer Turm das Zentrum des idyllischen Örtchens mit 1.500 Einwohnern und regem Vereinsleben prägt. Thier konnte mit Eigeninitiative im Rahmen des Wettbewerbs »Unser Dorf hat Zukunft« des Bundesministeriums für Ernährung und Landwirtschaft wiederholt punkten und errang 2013 sogar den Titel »Golddorf«. Entscheidend war dabei neben der natürlichen und baulichen Gestaltung insbesondere die Bereitschaft, ein funktionierendes Dorfleben zum Wohle aller zu ermöglichen. Dazu gehörten in Thier unter anderem ein Bürgerladen mit einem Vollsortiment an Lebensmitteln des täglichen Bedarfs sowie Service- und soziale Dienstleistungen. Der Verein »Noh Bieneen e. V.« (»nah beieinander«) hat für junge Menschen mit Behinderungen ein Wohn- und Betreuungsangebot geschaffen und ist mittlerweile der größte Arbeitgeber vor Ort. Ambulant betreutes Wohnen sowie ein Familien unterstützender Dienst sorgen dafür, dass das Leben auf dem Land attraktiv bleibt.

70 Reichshof

Der Ursprung des Orts ist schlecht dokumentiert, es ist aber zu vermuten, dass er unter Karl dem Großen als Königshof gegründet wurde. Eine Schenkungsurkunde von 1167 überträgt den Reichshof Eckenhagen aus dem Besitz Friedrichs I., genannt Barbarossa, an den Kölner Erzbischof Rainald – samt Leuten, Hab und Gut, Silbergruben, Gerichtsbarkeit und allem Zubehör des Hofes. Erzbischof Konrad von Hochstaden (um 1205–1261) verkaufte ihn vermutlich an die Herren von Sayn. 1257 geriet er an Adolf von Berg. Bereits unter den Franzosen, später den Preußen, wurden die Bürgermeistereien Eckenhagen und Denklingen zu einem Verwaltungsbezirk zusammengefügt, im Zuge der Kommunalreform 1969 Teil der Gemeinde Reichshof. Denklingen muss ursprünglich ein alter saynischer Gerichtssitz gewesen sein, ging aber 1404 per Urkunde ebenfalls an die Grafen von Berg. Zwischen dem 16. und 18 Jahrhundert entstand eine Wasserburganlage, von der heute noch der Burghof, der »Klus«

genannte Mühlenteich, das Torhaus und die Antoniuskapelle erhalten sind. Letztere wurde 1693 errichtet und zwischen dem 17. und 19. Jahrhundert als Gottesdienststätte für römisch-katholische wie evangelisch-lutherische Christen im Raum Denklingen genutzt, später für die evangelische Gemeinde. Ab 1928 war das Heimatmuseum des Kreises Waldbröl hier untergebracht, seit 1946 ist die Antoniuskapelle wieder ein evangelisch-kirchliches Gebäude und wurde 1983 unter Denkmalschutz gestellt.

Die Wiehltalsperre **71** und das darum liegende Naturschutzgebiet gehören heute zu Reichshof. Unter vielen Wandermöglichkeiten ist der 6,5 Kilometer lange Prozessions-Rundwanderweg zu nennen, der am Denklinger Burghof startet, zu dem Terrakotta-Schutzengel der neugotischen katholischen Pfarrkirche St. Antonius führt und über die Alte Dorfstraße sowie an verschiedenen Altären, Wegkreuzen und Gotteshäuschen vorbei. Ein Teil der Strecke ist gleichzeitig ein Abschnitt des Jakobswegs.

Seit 1991 ist die Ortschaft Eckenhagen heilklimatischer Kurort. Touristisch bekannt und bei Alt und Jung beliebt ist der 1981 eröffnete Affen- und Vogelpark Eckenhagen mit seinem drei Kilometer langen Rundwanderweg, der 140 Tier- und 150 Vogelarten beherbergt und neben einem Streichelzoo und Spielgeräten mit einem Gartencafé zum Erkunden und Erholen einlädt.

71 Wiehltalsperre

1,3 Kilometer westlich der Ortschaft Reichshof-Dreschhausen liegt die größte der fünf Aggerverband-Talsperren, ein Trinkwasserreservoir, weshalb in und auf der Wiehltalsperre Wassersport strengstens verboten ist. Außerhalb der engeren Schutzzone ist aber Wandern, Fahrradfahren und Reiten auf sehr gut ausgebauten Wegen erlaubt, von denen aus man an vielen Stellen einen guten Ausblick auf den See hat. An dem 2005 fertiggestellten Aussichtspunkt »Auchel-Fjord« – an der Kreisstraße K 16 Brüchermühle-Sinspert gelegen, kurz vor der Abzweigung nach Schemmerhausen – wurde für Wanderer und andere Besucher des Rastplatzes eine Tafel installiert, die über den Stausee und die versunkenen Dörfer informiert, darunter die Ortschaft Auchel, nach der das Wasserwerk benannt wurde.

Den Aussichtspunkt »Krombacher Insel« erreicht man vom Wanderparkplatz in Nespen, von dem ein Rundweg in etwa 100 Meter Entfernung am Aussichtspunkt vorbeiführt, außerdem an der aus dem 18. Jahrhundert stammenden Mühle Nespen. Die Insel dürfte Fernsehzuschauern aus der Werbung bekannt sein, die das Siegerländer Brauereiunternehmen Krombach oft im Zusammenhang mit Fußballsendungen, Formel 1- und »Tatort«-Ausstrahlungen lanciert.

Mit fast tausend Hektar ist das Gebiet um die Talsperre die größte Naturschutzregion des Oberbergischen Kreises. Hier leben über 150 Vogelarten, von denen allein 40 auf der Roten Liste stehen, daneben zehn verschiedene Fledermausarten. Auch die Flora ist ausgesprochen vielfältig.

72 Lindlar

Lindlars Weltrekord ist, dass hier einst der älteste Wald der Welt stand, älter als Dinosaurier. In Verbindung mit Schlamm erstarrte er zu 350 Millionen Jahre altem Sedimentgestein und wurde so konserviert. Dieser Sandstein, die Grauwacke, wird bereits seit tausend Jahren abgebaut und brachte nach den großen Rodungen und der zunehmenden Landwirtschaft ab dem 17. Jahrhundert das Steinhauergewerbe neben der Eisenindustrie und dem Bergbau zur Blüte. Im Gegensatz zu der im Bergischen verbreiteten Fachwerkbauweise gab es hier schon früh Steinhäuser. Die Besiedelung der Region geht auf die Völkerwanderung im 5. oder 6. Jahrhundert zurück.

Urkundlich erwähnt wurde »Lindlo« erstmalig 1109. Ungefähr aus dieser Zeit stammt auch der spätromanische Taufstein der zentralen katholischen Pfarrkirche St. Severin. Rund um das Gotteshaus sind im sehr gepflegten Außenbereich Zeugnisse Lindlarer Steinmetzkunst sowie Infotafeln zur Geschichte des Berufsstands über die Jahrhunderte aufgestellt. Außerdem gemahnt eine Bronzetafel an Opfer des Nationalsozialismus, die in umliegenden Kriegsgefangenenlagern und Steinbrüchen zu Tode kamen. Kurz vor der Kapitulation wurden noch zehn sowjetische Bürger liquidiert – ein Racheakt für einen ermordeten NS-Mann.

Die Gemeinde ist bis heute vergleichsweise dünn besiedelt, aber seit der zweiten Hälfte des letzten Jahrhunderts in einem Aufwärtstrend begriffen. Wohnraum im Oberbergischen Kreis ist begehrt – nicht zuletzt aufgrund des überdurchschnittlichen Arbeitsplatzwachstums. Von den 13 Gemeinden des Kreises erzielte Lindlar 2017 mit 6,27 Euro die höchsten Quadratmeterpreise. Das war nicht immer so: Im Stadtkern stößt man auf das aus Holz gefertigte Bessemsbenger-Denkmal, das an Zeiten schwerer Not erinnert, als arme Leute aus lokalem Gehölz Besen banden, um ihre Familien über Wasser zu halten.

Wer sich über die Arbeit in den Steinbrüchen des Bergischen informieren möchte, dem sei der Steinhauerpfad empfohlen: ein gut sechs Kilometer langer Wanderlehrpfad. Heute sind nur noch wenige Steinbrüche im Oberbergischen in Betrieb. Ihre Produkte finden im Straßen- und Wegebau Verwendung – in Form von Schotter, Pflaster, Platten – und als Baustein, vor allem bei repräsentativen Bauten.

Wer sich mehr zutraut, kann vom Parkbad Lindlar aus einen mit neun beziehungsweise 15 Kilometern größeren Rundwanderweg des Bergischen Panoramasteig einschlagen: zum LVR-Freilichtmuseum, der alten Bahntrasse am Brücker Hof – das große Viadukt bei Linde bestaunen –, über den Höhenrücken ins Sülztal, wieder hinaus nach Kemmerich, auf den Gipfel des Hahnenzells, vorbei am Schellerhof ins Lennefetal mit der Mühle von Unterheiligenhofen. Hier zweigt die kleinere Runde nach links ab und führt an der Dreifaltigkeits- und Johanneskapelle vorbei, während die größere den Weg geradeaus durch den Wald verfolgt, das Segelfluggelände umrundet, um von dort aus in Richtung Panoramasteig an der Johanneskapelle vorbei zurückzuführen.

Das LVR-Freilichtmuseum Lindlar beherbergt unter anderem die »Bergische Gartenarche«, die traditionelle Bergische Gartenpflanzen erhalten will – durch Anbau und ein umfangreiches Samenarchiv. Auf dem Gelände wurden viele historische Gebäude zusammengetragen, unter anderem der »Hof zum Eigen« mit Backhaus, ein Hammerwerk aus Lindlar, eine Zehntscheune aus Reichshof (ein Lagerhaus zur Annahme und Aufbewahrung der Naturalsteuer), ein Wohnhaus aus Hilden, eine alte Schmiede, ein Bandweberhaus, ein Müllerhammer. Eine historische Feldbahnlokomotive, die früher dem Transport von Grauwacke diente, rattert über das noch recht frisch eröffnete Erweiterungsgelände mit Steinbruch im »Hausberg« Brungerst. Auf dem neuen Areal befinden sich außerdem das Forsthaus Broichen aus Bergisch Gladbach und ein Nachbau der Barbara-Kapelle aus Hellenthal. Im Lingener Hof, der aus Wuppertal-Ronsdorf stammt, gibt es einen Biergarten, ein Kuchenbuffet und traditionelle Hausmannskost. Wer mag, kann dort auch Mitgebrachtes picknicken oder an dem schiefergedeckten Kiosk, der einmal auf dem Wermelskirchener Marktplatz stand, Mäusespeck, Lakritz oder eine kleine Wundertüte erstehen. Im Gut Dahl, das im 12. Jahrhundert in Wülfrath entstand, kann man sogar auf dem Gelände übernachten.

Für Fahrradtouren bietet sich die ehemalige Bahntrasse Sülztalbahn an.

Weitere Sehenswürdigkeiten: Das Metabolon, eine frühere Mülldeponie, heute Informationszentrum rund um Energiegewinnung und Entsorgung, bietet einen wunderbaren Blick übers Bergische und die längste Doppelrutsche Deutschlands, außerdem die Möglichkeit zum Crossgolfen und Klettern.

Eine besondere Auszeichnung errang der Lindlarer Ommertalhof im Frühjahr 2018: Er zählt zu den sechs »Gärten des Jahres«, die durch eine Jury unter Federführung des Callwey-Verlags gewürdigt wurden. Nicole Frank und Frank Schröder, die den Hof seit 20 Jahren bewirtschaften, hätten auf 10.000 Quadratmetern ein gärtnerisches Kleinod für Menschen, Tiere und Pflanzen im deutschsprachigen Raum geschaffen, so die Begründung der Jury. Der Ommertalhof kann von April bis Oktober jeden Samstag nach Anmeldung besichtigt werden.

Eine eindrucksvolle Touristenattraktion, die mittlerweile jedes Mal rund 3.000 Besucher anlockt, ist das 1995 ins Leben gerufene Lichterfest, das alle zwei Jahre an einem Abend im Freizeitpark Lindlar stattfindet.

73 Engelskirchen

Lange war das heutige Ortsgebiet des 1353 erstmals erwähnten »Engellerskerken« dichter Wald. 1413 zählte es 28 Gehöfte. Auch hier dominierten Bergbau, Metallbearbeitung und entsprechende Holzkohlegewinnung. Die Industrialisierung setzte erst spät ein und kam 1837 in Schwung durch den Barmer **44** Textilfabrikanten Friedrich Engels (1796–1860) – Vater des weit berühmteren Friedrich Engels (1820–1895) **56**, der zusammen mit Karl Marx den Kommunismus begründete. Der Vater lagerte die Baumwollspinnerei Ermen & Engels in den beschaulichen Ort aus, weil dort Armut und Kinderreichtum billige Arbeitskräfte versprachen. Grundstück und Gebäude waren zudem günstig zu erwerben, und die Agger ließ sich aufgrund ihres Gefälles an der Stelle hervorragend zur Energiegewinnung nutzen. Der Betrieb des Unternehmens wurde erst 1979 eingestellt. Nach anfänglichem Abbau, teilweisem Abriss und Umwidmung wurde der industriegeschichtliche Wert des Fabrikensembles bald erkannt, sodass das damalige Rheinische Industriemuseum 1987 eine Dauerausstellung einrichtete. Nach umfänglichen Um- und Ausbauten gab es 1996 eine Neueröffnung mit einem Konzept, das neben den Arbeitsbedingungen in der Textilindustrie auch die Technologie in den Fokus nimmt. Hauptausstellungsgegenstand ist seitdem das Kraftwerk, das nicht nur den Fabrikbetrieb, sondern den ganzen Ort mit Energie versorgte. Die eindrucksvolle Anlage an der Agger samt der Fabrikantenvilla ist heute als LVR-Industriemuseum unbedingt einen Besuch wert.

Die Stadt nutzte den Namen ihres berühmten Industriellen als gewichtiges Argument zur Beibehaltung ihres eigenen bei der Zusammenlegung mit Ründeroth **80**. Außerdem legte der Name Engelskirchen den Grundstein für einen schönen Brauch, der 1985 seinen Ursprung nahm, als erste Briefe an das Christkind auf dem Postamt des Ortes eintrudelten. Von Eltern ursprünglich wohl eher als witzige Idee erdacht, erkannte man in Engelskirchen das Marketingpotenzial und sorgte dafür, dass die Briefe der Kinder von Postbediensteten ehrenamtlich beantwortet wurden. Unter der Adresse »An das Christkind, 51777 Engelskirchen« erreicht man heute eine Postfiliale, die jährlich etwa 135.000 Briefe aus mehr als 50 Ländern empfängt und Rückantworten im Namen des Christkinds verschickt. Wen wundert es, dass es in Engelskirchen auch ein Engelmuseum mit circa 15.000 Exponaten gibt?

Ab dem Bahnhof Engelskirchen kann man einen 20 Kilometer langen Abschnitt des Jakobswegs bewandern: entlang der Heidestraße zwischen Marienheide und Köln – einem jahrhundertealten Handelsweg, der nach Hohkeppel führt und an der Bushaltestelle Overath-Vilkenrath endet. Bei Klause stößt der Wanderer auf einen ausrangierten Doppelwagen der Wuppertaler Schwebebahn, der auf einem Firmengelände abgestellt wurde. Nicht weit davon findet sich links des Wegs eine etwa 50 Meter lange Doppelwallanlage, Rest einer ehemaligen Grenzbefestigung zwischen dem Herzogtum Berg und der Herrschaft Gimborn-Neustadt. Weiter geht es in Richtung Burg, die schon wegen der Marienkapelle einen Abstecher lohnt. Vorbei am Berg Brungerst und einem (Segel-)Flugplatz bietet sich kurz vor dem Welter Holz ein guter Ausblick auf den Wallfahrtsort Marialinden, auf einem Höhenzug jenseits des Aggertals gelegen. Ein Hohlweg führt schließlich zur Höhenstraße Richtung Hohkeppel, vorbei an der Antonius- und Rochuskapelle. Der Ort Hohkeppel bietet den mittelalterlichen Rittersitz Burghof, die Laurentiuskirche und eine historische Fuhrmannsherberge, die heute ein Gasthaus ist. Anschließend geht es auf dem Liederweg hinunter nach Vilkenrath, vorbei an einem Wassertretbecken zur Busstation für die Rückfahrt.

Auf dem Balsamhof in Engelskirchen-Hollenberg kann man zwei-, drei- oder vierstündige Lama- oder Alpaka-

Trekkingtouren mit oder ohne Lunchpakete oder Grillen am Lagerfeuer buchen. Dort gibt es auch Produkte aus Lamahaar zu kaufen: Strickwaren, Teppiche oder Seife.

74 Bergischer Panoramasteig

2013 wurde der Bergische Panoramasteig eröffnet, ein 244 Kilometer langer Rundwanderweg durch das Oberbergische und den Rheinisch-Bergischen Kreis, der vom Deutschen Wanderverband als Qualitätsweg zertifiziert wurde. Sein Emblem ist eine Kreiszeichnung, deren Enden nicht geschlossen sind, sondern in einem Parallelschwung enden. Der Name ist wie »Das Bergische Wanderland« sowie »Der Bergische Weg« eine eingetragene Marke des Tourismus-Portals »Das Bergische« beziehungsweise der »Naturarena Bergisches Land«, einer GmbH mit Sitz in Bergisch Gladbach.

Ziel ist, die vielfältige Mittelgebirgslandschaft des Naturparks Bergisches Land Familien, Gruppen, Sportlern und aktiven Genießern aus Nah und Fern nahezubringen und die Fülle an Wäldern, Wiesen, Höhenzügen, Tälern, Bächen, Seen und Talsperren zu erschließen und zu bewahren sowie mit gastronomischen und kulturellen Angeboten zu verknüpfen.

Der Panoramasteig ist in zwölf Etappen von fünf bis acht Stunden Gehzeit gegliedert. Jeder Abschnitt führt zu einem Ort, der entsprechende Unterkunftsmöglichkeiten bietet, sodass man in zwölf Tagen die komplette Tour bewältigen kann. Genauso gut kann man die Teilstrecken auch nach und nach, in anderer Reihenfolge oder nur einzelne Abschnitte davon erwandern. Die einzelnen Etappen sind: 16,1 Kilometer von Ründeroth **80** nach Lindlar **72**, 18,6 Kilometer von dort nach Biesfeld – einem Ortsteil von

Kürten **87**, 18,4 Kilometer weiter nach Wermelskirchen-Dhünn **5**, 22 Kilometer nach Radevormwald **4**, weiter geht es 22,8 Kilometer nach Wipperfürth **3**, 20,2 Kilometer von dort nach Marienheide **76**, dann 24,6 Kilometer nach Bergneustadt, 22,1 Kilometer nach Wildbergerhütte-Nespen – eine Ortschaft von Reichshof **70**, weiter geht es 16,9 Kilometer nach Morsbach **18**, von dort 19,1 Kilometer nach Waldbröl **67**, 23 Kilometer nach Nümbrecht **14** und schließlich 20,8 Kilometer zurück nach Ründeroth.

Der »Bergische Weg« führt über 262 Kilometer vom Essener Baldeneysee in 14 Etappen bis zum Drachenfels. Sein Emblem ist ein Wanderschuhpaar mit geöffneten Schnürsenkeln vor einem Bergpanorama, das seit 2016 zudem als Hinweisschild an der A4 auf die Wanderregion aufmerksam macht. Wie beim Panoramasteig sind alle Etappen und Streifzüge in einer kostenlosen Smartphone-App zu finden. Wanderkarten und -führer, Routenbeschreibungen, Bilder, Höhenprofile, Gasthäuser und Unterkünfte lassen sich – sofern man eine Mobilverbindung hat – von unterwegs aus abrufen, sodass man noch auf der Strecke Kapazitäten erkunden und Tische oder Betten reservieren kann.

Zum Auftakt der Wandersaison ruft »Das Bergische« seit 2013 zu einer Wanderwoche auf, die 2019 allerdings 17 Tage umfasste. Interessierte können aus um die hundert geführten Wanderungen mit verschiedenen Themen wie Gesundheit, Kräuter oder ähnlichem wählen oder Angebote wie Planwagenfahrten oder Esel-Trekking nutzen. Historische Wege können neu erkundet, Boden- und industriegeschichtliche Denkmäler erforscht werden.

Weitere Fernwanderwege in NRW, die das Bergische Land tangieren, sind der Rheinsteig, Natursteig Sieg und der Neanderlandsteig.

Für Radsportfreunde gibt es mittlerweile drei bergische Panorama-Radwege, die oft über stillgelegte Bahntrassen mit moderaten Steigungen führen und großartige Ausblicke ermöglichen. Gemäß dem Slogan »Einfach bergisch radeln« kann man so auf dem bergischen »Panorama-Radweg« über 113 Kilometer von Hattingen nach Olpe oder auf dem »Panorama-Radweg Niederbergbahn« über 44 Kilometer von Essen-Kettwig nach Haan oder 28 Kilometer von Opladen nach Remscheid-Lennep auf der »Panorama-Radweg Balkantrasse« gelangen. Letzterer entspricht der Strecke der ehemaligen Bahnlinie 411 und führt von Opladen 98 nahe dem NaturGut Ophoven über Bergisch Neukirchen 103, Pattscheid 102, Burscheid 96, Wermelskirchen bis hoch nach Lennep. Wer nach Wuppertal-Oberbarmen weiterradelt, kommt insgesamt auf 51 Kilometer. Für Radtransporte hin oder zurück kann man den Bergischen Fahrradbus nutzen.

7. HEIERMÄNNER

Gottes Wege sind unerforschlich. Heißt das nicht, dass sich Forschen verbietet? Das eigene Urteilsvermögen zum Maßstab zu erheben, ist Hybris. Nachdenken muss man. Ohne Unterlass. Das Ziel heißt: Verstehen. Welche Anmaßung aber, *alles* verstehen zu wollen, geschweige denn beurteilen zu können! Wenn es gelingt, einen Bruchteil dessen nachzuvollziehen, was die Schöpfung hervorgebracht hat, sollten wir uns in Demut üben. Und nie aufhören in unserem Bemühen. Natürlich heißt das, dass wir Fragen stellen. Uns. Anderen. Gott. Wer, wenn nicht er, kennt die Antworten? *Infrage* zu stellen, ist der falsche Weg. Nur weil die Anstrengung des Nachdenkens uns ermüdet, verwirrt, gelegentlich empört, ist dies doch kein Grund, das Ziel aus den Augen zu verlieren. Uns gar abzuwenden! Wir müssen einsehen, dass wir selbst fehlbar sind. Nicht Gott. Der Glaube hilft durchzuhalten. Zu vertrauen. Ohne das geht es nicht.

Der Mensch in seiner Vielfalt und Komplexität zeugt von der Größe Gottes. Wir Menschen sind seine Abbilder. Deswegen ist noch lange nicht alles, was wir denken und tun, göttlich. Es sind lediglich Facetten des großen Einen. Wer das begreift, wird den anderen nicht nur respektieren, sondern ihm sein Anderssein vergeben können. Ohne sagen zu müssen: Das, wie ich denke und handle, ist falsch. Nein, alles hat seine Berechtigung. Auch wenn wir es nicht begreifen. Was ich mir nun bald ein halbes Jahrhundert lang habe anhören müssen an Geständnissen, Ängsten, Wut, Reuebekundungen, Lügen. – Was ist Wahrheit? Wozu sollte es gut sein, jede vermeintliche Wahrheit ans Licht zu zerren? Damit wir Urteile fällen? Wir müssen uns schützen, ja. Uns und andere. Wenn aber das Kind erst in den Brunnen gefallen ist, wird es nicht wieder lebendig durch Nachbohren, wie es dazu kommen konnte. Was hilft: einen Zaun ziehen, dass so etwas nicht mehr geschieht. Zu richten ist allein Gottes Sache.

Als ich Amando in das Pfarrhaus aufnahm, sorgte das für einiges Aufsehen. Natürlich war ich mir des Risikos bewusst. Sein Äußeres war ungewöhnlich genug. Doch der Kölner Kardinal hatte ausdrücklich dazu aufgerufen, Schutzsuchenden eine neue Heimat zu geben. Eine Heimat ist nicht einfach eine Unterkunft. Sie ist ein Raum, in dem Menschen leben, die ihn gestaltet haben und der sie wiederum geprägt hat. Menschen, denen ihre Heimat ein Schutzraum ist und die genauso schutzbedürftig sind in dem Sinne, dass ihnen dieser Raum erhalten werden muss. Wo Heimat zerstört wird, kann sie niemandem gegeben werden.

Ich habe den Fall daher gründlich geprüft. Den Verdacht des Asyltourismus galt es unbedingt zu vermeiden. Es ging darum, dem Ruf meiner Kirche Folge zu leisten. Unter Berücksichtigung hiesiger Gegebenheiten. Im Bergischen lebt man im Gegensatz zum Rheinland, das immer schon Durchzugsgebiet für alle Völker Europas und darüber hinaus war, seit Jahrhunderten eher zurückgezogen. Das feuchte Klima, der karge Boden sorgten lange dafür, dass die Gegend Zufluchtsraum für Menschen war, die anderweitig nicht geduldet wurden oder zurechtkamen. Erst im Zuge der Industrialisierung erlebte die Region einen größeren Zustrom. Eine Veränderung, die in ihren Anfängen zur Verelendung beitrug, schließlich aber – aufs Ganze gesehen – für einen bescheidenen Wohlstand sorgte. Einen brüchigen. Globalisierung und Digitalisierung bedrohen heute wirtschaftliche Errungenschaften weltweit. Wenn dann die Ärmsten der Armen sich von anderen Kontinenten aus aufmachen, um an der Bergischen Tafel **75** Platz zu nehmen, müssen sie zunächst verstehen lernen, dass alles, was wir hier auftischen, nichts als kultiviertes Armeleuteessen ist.

Das habe ich Amando vom ersten Tag an versucht deutlich zu machen, als ich ihn Wörter wie »Bergische Brezel«, »Panhas« und »Dröppelminna« lehrte.

Nach »Dchööbelmiena« hörte es sich bei ihm an. Er dehnte die Vokale, selbst die Konsonanten, sodass sie ganz weich klangen. Indem ich es ihm mehrfach vorsprach, fiel mir auf, wie hart unsere Sprache ist. Ich meine, das sind natürlich keine Wörter für jemanden, der gerade erst Deutsch lernen soll. Die meiste Zeit radebrechten wir auf Englisch. Aber er war so voller Neugier, wollte alles kennenlernen, festhalten, verstehen!

Natürlich musste er sich vorkommen wie im Schlaraffenland! Natürlich hatte ich alles aufgetischt, was Küche und Schränke hergaben. Typisch bergisch halt. Man kompensiert Mangel durch Mächtigkeit. Die Grundzutaten Mehl und Wasser werden ein bisschen aufgepeppt mit Wurstbrei und Speck – zum »Pfannenhasen« Panhas. Die Brezel, süß und trocken – reines Sättigungsmittel, taugt nur frisch oder zum Dippen. Die »Dröppelminna« offenbart ihre Unzulänglichkeit schon im Namen. Wer sich kein Dienstmädchen, eine »Minna«, leisten kann, hat zumindest eine Kanne, in der der Kaffee mittels eines Stövchenunterbaus warm gehalten und per Hähnchen ausgeschenkt werden kann. Da es selten dicht ist, »dröppelt« – tröpfelt – es halt. Heutzutage natürlich vollkommen antiquiert. Jeder normale Haushalt verfügt über eine Kaffeemaschine und Thermoskannen. Aber in meinem Pfarrhaus leiste ich mir solche Anachronismen, bin gerne altmodisch. Ich liebe Dinge, die man unmittelbar be-greifen kann, alles Anschauliche, Haptische. Amando zu beobachten, wie er mit langen feingliedrigen Fingern das Hähnchen wieder und wieder auf- und zudrehte, mit geradezu kindlicher Begeisterung den Kaffeefluss steuerte, stoppte und erneut laufen ließ, bereitete mir ein ähnlich sinnliches Vergnügen, wie er es dem Augenschein nach beim Ausprobieren empfand.

Ich quartierte ihn im Gästezimmer gleich neben meinem Schlafzimmer ein. Wir sichteten sein spärliches Gepäck, dann stöberte ich in meinem Kleiderschrank und fand vieles, das an mir ohnehin nicht mehr gut saß oder mir für ihn ganz passend erschien. Seine muskulöse Figur – kein Gramm Fett – ließ ihn in jedem T-Shirt, Hemd, in jeder Jeans einfach unglaublich gut aussehen. Selbst die Querstreifen auf dem Rücken – »Andenken« an Auspeitschungen in einem libyschen Internierungslager nach seinem ersten Fluchtversuch – wirkten auf mich nicht abschreckend, sondern in ihrer Gleichmäßigkeit fast wie Ornamente, Ritualnarben. Er duldete es, dass ich darüber strich, und als ich fragte, ob er Medikamente brauche, wehrte er ab: »No, no!« – und korrigierte sich sofort: »Naiin, naiin!« Ich war mir nicht sicher, ob es sich auf die Berührung bezog oder meine Frage, holte aus dem Badezimmer eine Salbe, hielt sie ihm hin, er schnupperte daran, ließ sich etwas auf den Finger tupfen, ich deutete ihm an, dass er es auf den Wunden verreiben sollte. Er versuchte es, verrenkte sich und ließ schließlich zu, dass ich seinen Rücken damit behandelte. Ich ging behutsam vor und er zeigte sich hart im Nehmen, schien die Berührung nichtsdestotrotz zu genießen. Ich legte die

Tube auf den Nachttisch, half ihm, in sein T-Shirt zu schlüpfen, ohne dass die Salbe verschmierte, faltete und verstaute die Kleidung in den Schrank. »Dein Schrank!«, sagte ich und klopfte auf Holz.

»Daiin Schchannk!«, wiederholte er, und wir lachten gemeinsam, auch wenn er den Witz nicht verstand. Natürlich war alles meins, was ich ihm gab. Selbst wenn er zukünftig darüber verfügen sollte.

Die alteingesessenen Einwohner von Marienheide **76** – der männliche Teil zumindest – nennt sich »Heiermänner«. Der Begriff ist uralt, älter als die umgangssprachliche Bezeichnung »Heiermann« für das Fünfmarkstück, das selbst in Euro-Zeiten noch einen gewissen Bekanntheitsgrad genießt. Diese Bezeichnung geht auf das jüdische »He« zurück, den fünften Buchstaben des Alphabets. Da Christen das Geldgeschäft verboten war, oblag es den Juden – und damit auch die Namensgebung des »Fünfers«. Andere Quellen führen den »Heiermann« auf die »Heuer« für Seeleute zurück, zumal der Begriff aus dem Norddeutschen stammt und fünf Deutsche Mark nicht nur dem üblichen Handgeld für Matrosen entsprach, sondern außerdem dem Preis eines Bordellbesuchs auf der Reeperbahn.

Der Koseform »Heiermann« für »Marienheider« war hingegen schlicht das »d« verloren gegangen. Geld spielte bei der Namensgebung schon deswegen keine Rolle, weil es in der Region nicht viel gab. Dafür aber ein starkes, ja, fast zärtliches Gefühl von Verbundenheit. Der bergische Menschenschlag gilt im Allgemeinen als stur und dickköpfig. Und humorlos. Dabei ist man unter sich äußerst gesellig und lebt Humor – die Herkunft aus dem lateinischen Wort für »Feuchtigkeit« legt es nahe – gern in Verbindung mit feuchtfröhlichen Zusammenkünften. Es gibt hier neben Sport-

und karitativen Vereinen eine Schützenbrüderschaft und einen Fanfarenzug – man trifft sich zum Stammtisch und pflegt Traditionen. Als Pfarrer bin ich sozusagen geborenes Mitglied in allen Vereinen. Ich gehe gerne dorthin – unabhängig von meinem Interesse an Geschichte und Brauchtum. Es ist mir neben dem seelsorgerischen ein soziales Anliegen. Natürlich bemühe ich mich auch um die eher weiblich dominierten Aktivitäten in der Gemeinde. Aber unter Männern fühle ich mich einfach wohler.

Amando habe ich nicht gleich zum nächsten Stammtischtreffen mitgenommen. Ich hielt es für sinnvoll, erst einmal die Stimmung unter den Heiermännern zu sondieren, denn seine Einquartierung hatte längst die Runde gemacht.

»Dä Herr Pastur!«, röhrte es mir entgegen, als ich die Gaststube betrat. Wolfgang, Burkhardt und Uwe schienen bereits einiges gebechert zu haben, den geröteten Gesichtern nach zu urteilen. Eben schob sich Hermanns Bauch aus der Tür zu den Herrentoiletten, er fingerte am Gürtel. Ludwig und Manfred hatten sich letzte Woche entschuldigen lassen – der eine aus betrieblichen Gründen, der andere wegen seines Hochzeitstags.

Ich klopfte auf den Tisch, die Runde grüßend. Die Wirtin hatte bei meinem Eintritt ein Glas unter den Zapfhahn gestellt und setzte es vor mir ab. Ich ließ das köstliche Nass die Kehle hinunterrinnen.

»Wie lebt sich's mit so einem?«, wollte Burkhardt wissen. Aller Augen waren auf mich gerichtet.

»Ein angenehmer Zeitgenosse«, gab ich zurück. »Sehr freundlich, höflich und anstellig.«

»Soso.« Das war Wolfgang. »Und was will der hier?«

»Alimentieren wir den jetzt eigentlich mit unserer Kirchen- oder mit der Lohnsteuer?«, fiel Hermann ein.

»Beides!«, rief Wolfgang. »Ist doch klar!«

»Hey, Männer«, sagte ich und hob die Hände. »Alles gut, okay?«

»Man wird ja wohl noch fragen dürfen!« Burkhardt winkte der Kellnerin und spreizte fünf Finger. Die nickte und machte sich ans Zapfen, während er fortfuhr: »Ein Nafri, was? So groß, wie der ist, und ohne Plattnase.«

»Nafri?« Uwe runzelte die Stirn.

»Nordafrikaner!«, klärte Burkhardt ihn auf. »Die schlimmste Sorte. Muslime, Intensivtäter, die kommen nur hierher, um zu klauen und Frauen zu vergewaltigen.«

»Und um uns zu islamisieren«, rief Hermann.

»Meine Runde! Zum Wohle!« Burkhardt hob das Glas an, das eben vor ihm abgestellt worden war. Alle folgten seinem Beispiel. »Prost!« Tranken, wischten sich den Schaum ab. Ich auch.

»Amando ist Christ«, sagte ich. Zögerte kurz. Ergänzte: »Um eure Frauen braucht ihr euch keine Sorgen zu machen. Er musste fliehen, weil er homosexuell ist!«

Für einen Augenblick herrschte Stille. Dann Johlen.

»Müssen wir uns jetzt Sorgen um die Jungfräulichkeit unseres Pastors machen?«, fragte Uwe, der sich bisher zurückgehalten hatte. Sein Gesicht war gerötet.

»Zu dessen Jungfräulichkeit können wir nichts sagen, oder?« Wolfgang zwinkerte.

»Rettet das Zölibat!«, rief Hermann.

»Es wäre gut, wenn wir Amando einfach helfen, sich zu integrieren«, sagte ich, als das Grölen abgeebbt war. »Er kommt nun mal aus einer ganz anderen Welt. Zeigt ihm, was *unsere* Kultur ausmacht.«

»Täterä!« Burkhardt ahmte eine Fanfare nach. »Blasen kann er ja anscheinend. Wir nehmen ihn in den Fanfarenzug auf!«

»Oder machen eine Schützenkönigin aus ihm!« Wolfgang sprach in näselnd-affektiertem Tonfall. »Oder exportieren ihn nach Refrath 77 als Jungfrau ins Dreigestirn!«

»Die Schwuchtel hat doch Eier!«, rief Herrmann. »Den schicken wir Ostern auf die Homert 78 zum Eierrollen!«

»Hä?« Uwes Gesichtsausdruck sprach Bände.

»Eierwettrollen den Berg runter. Wer am weitesten kommt. Nie davon gehört? Was haben sie dir denn als Kind beigebracht?«

»Ich kenn' nur Eiertitschen«, verteidigte sich Uwe. »Spitze auf Spitze. Wessen Schale nicht bricht, der kommt weiter.« Er deutete mit den Händen an, wie er zwei hartgekochte Eier gegeneinanderprallen ließ.

»Pf!«, rief Burkhardt. »Wir schicken ihn zum Eiersingen! Die haben doch so geile Stimmen, die Jungs. Singen Schwule nicht sogar Sopran?«

Ich rang um Fassung. Wie konnte man vollkommen harmlose Heischebräuche für derart hässliche Witze missbrauchen! Eiersingen! Zu Pfingsten ziehen die »Peisjungen«, die Pfingstjungen, in Overath 79 und anderen bergischen Ortschaften traditionell mit Bollerwagen singend und um Eier bettelnd von Haus zu Haus.

Ich hätte mich selbst ohrfeigen können. Was für eine unbedachte Bitte, Amando in die hiesige Kultur einzuführen! Noch mehr, ihn als schwul geoutet zu haben! Statt Ängste abzubauen, hatte ich dafür gesorgt, dass er jetzt hemmungslos gemobbt werden würde!

»Nix Eiern! Beiern! Da kann er in Ründeroth 80 oder in Gummersbach 81 in der evangelischen Kirche die Glocken schlagen!« Hermann wieder!

»Was 'n das?«

»Uwe!«, schrie Hermann. »Du kennst Beiern nicht?

Jetzt schlägt's aber 13! Bei den Franzosen hieß ›baier‹ früher ›schlagen‹. Hier werden bei den Evangelen die Glocken zu kirchlichen Festtagen mit der Hand geschlagen!«

»Die Glocken!« Uwe prustete los.

»Und wenn er nicht singen kann, schicken wir ihn zum Hähnenkrähwettbewerb [82]!«, krähte Burkhardt.

Ich stand auf. »Das wird mir zu blöd hier.«

»Hee!« Hermann packte mir an die Schulter, drückte mich auf den Stuhl zurück und machte beschwichtigende Handbewegungen. Die Männer fingen sich.

»Tut mir leid«, brummte Burkhardt. »Man wird ja wohl noch Witze machen dürfen.«

Die anderen nickten beifällig.

»Witzig ist anders«, sagte ich. »Wir haben so viele schöne Traditionen. Kirchenfeste, Prozessionen, Kirmessen, Karneval, Osterbräuche, Maibaumsetzen, Erntedank, Märkte – es ist doch ein Miteinander! Auch mit Menschen, die neu dazukommen. Wie fremd sie uns auch erscheinen mögen. Wir heißen sie willkommen, indem wir sie einladen, an unseren Bräuchen teilzuhaben. Wir haben doch selbst von Zugewanderten immer wieder Bräuche übernommen.«

Schweigen. Es schien, als hätte ich sie nachdenklich gestimmt.

»Das Kronenfest!«, fiel Wolfgang ein. »Das haben die Siebenbürger Sachsen nach Drabenderhöhe [83] gebracht.«

»Sind Sachsen keine Deutschen?«, fragte Hermann.

»Manche Traditionen mussten ja abgeschafft werden«, fuhr ich fort, die Frage geflissentlich ignorierend. »Wie die Wupperfloßfahrt – aus Naturschutzgründen. Stattdessen haben wir heute überall auf Stauseen und Talsperren Drachenbootrennen. Die kommen ursprünglich aus China! Man kann sich doch mal was abgucken!«

»Und statt Mätessingen ist jetzt das Halloweengeschrei von den Amis angesagt!« Burkhardt schien nicht wirklich überzeugt.

»Es heißt sowieso nicht mehr Mätessingen, sondern Laternenfest!«, grollte Hermann. »Nur wegen der Zuwanderer! Und unser Pfarrer findet das auch noch gut?«

»Ein Heimatkomitee muss her!«, grölte Burkhardt. Mit Seitenblick auf mich: »Wenn man anderen seine Kultur zeigen will, muss man ja erst mal klären, was überhaupt dazugehört.«

»Und wer?«, fragte ich mit hochgezogener Augenbraue.

»Na, jeder halt, der sich integrieren will!« Nach einer kurzen Pause: »Er könnte sich ja mal vorstellen kommen, hier am Stammtisch.«

Ich atmete tief durch und überbrachte Amando die Einladung. Er schlug das Wort »Stamm« nach. »Tisch« kannte er schon.

»It's something like a political-cultural ethnic meeting of tribes?«, fragte er.

»No, no, much more harmless, just a meeting of people who live in this community«, versuchte ich ihn zu beruhigen.

Dass er es für eine politische oder kulturelle Zusammenkunft von hiesigen Stammesangehörigen hielt, amüsierte und beunruhigte mich zugleich. Seine gerunzelte Stirn machte deutlich, dass er meine Versicherung, es sei eine vollkommen harmlose Begegnung von Ortsansässigen, nicht glaubte. Da, wo er herkam, gab es vermutlich traditionelle Aufnahmerituale, denen man sich unterziehen musste, ehe der Stamm einen akzeptierte oder zumindest duldete.

Das »Heimatkomitee« überraschte mich. Amando wurde mit großem Hallo und Schulterklopfen begrüßt. Uwe hatte extra einen Platz neben sich freigehalten, strahlte meinen Schützling an und ließ ihm ein frisch Gezapftes bringen. Stieß mit ihm an. »Bergisches Landbier [84]«, sagte er stolz. Die anderen schmissen eine Runde nach der anderen und quetschten ihn – soweit das sprachlich möglich war – aus. Wo er aufgewachsen sei und wie er rübergemacht hatte? Amando tat sich schwer mit der Geschichte seiner Flucht, aber der Alkohol lockerte seine Zunge, und so erzählte er von dem zweimaligen Versuch, mit einem Schlauchboot von Zuwara nach Lampedusa überzusetzen. Von seiner Todesangst, weil er nicht schwimmen konnte.

»Not swim?«, echote Hermann ungläubig.

Amando deutete an, dass sie Rettungswesten gehabt hätten.

»Aber man muss doch schwimmen können!«, konstatierte Hermann. Hier im Bergischen unbedingt. Wir sind die seenreichste Region Europas. You must can swim! So much seas hier!«

»Lakes«, verbesserte ich.

Die Männer verkündeten, dass man sich an der Brucher Talsperre [85] treffen und meine Anregung vom letzten Mal aufgreifen wolle. Sie planten, Uwes altes Gigruderboot, einen Sechser, aufzumotzen und sich zum Drachenrennen auf dem Beyenburger Stausee [86] anzumelden, das in diesem Jahr später als sonst stattfinde. Sie hätten also noch Zeit zum Trainieren. Sie wollten Amando mit ins Boot holen. Er sei leicht und könnte den Steuermann geben, sodass man auf eine Fußsteuerung verzichten könne. Ich möge ihm das übersetzen. Uwe zeichnete Amando ein Bild von dem Kahn auf einen Bierdeckel.

Der wirkte reserviert, aber nicht ablehnend. Wies auf die Zeichnung, anschließend auf Uwe. »Dain Boat?«

»Genau! Und du kannst unser Steuermann sein.« Uwe machte Ruderbewegungen, zeigte auf die anderen und deutete wieder pantomimisch Rudern an. Danach tippte er auf Amandos Brust, beschattete die Augen, als spähe er die Umgebung aus, zog an imaginären Schnüren und deutete mit schlängelnden Gesten den Kurs des Bootes an.

»Du könntest die Trommel bedienen!«, rief Burkhardt. »Um die Schlagzahl vorzugeben! Das sollte dir doch im Blut liegen!« Er schlug mit flachen Händen auf einem unsichtbaren Klangkörper vor seinem Bauch herum, rief: »Tadamm! Tadamm! Tadamm!«, gab vor, schneller zu rudern.

Amando sah skeptisch drein.

Wieder tippte Uwe auf seine, dann auf die eigene Brust und ahmte Brustschwimmen nach. »Ich bringe dir Schwimmen bei.«

Das Eis war gebrochen. Amando strahlte.

Warum schmiss Uwe sich so an ihn ran? Zuletzt hatten sie noch heftigst über ihn gelästert. Und jetzt? Zumal Uwe! Der Eigenbrödler unter den Stammtischbrüdern. Als Einziger ohne Familie, ohne Frau oder Freundin. Wirkte oft ein bisschen – »verpeilt« trifft es wohl, ohne ihm zu nahe zu treten.

Auf dem Heimweg hatte Amando Mühe, geradeaus zu gehen. Ich legte den Arm um ihn und er lehnte vertrauensvoll den Kopf an meine Schulter. Zu Hause angekommen, musste er als Erstes auf die Toilette. Ich horchte, besorgt, er müsse sich vielleicht übergeben. Die Klospülung. Schließlich das Surren der elektrischen Zahnbürste, Gurgeln, Wasserrauschen. Er kam aus dem Bad, stützte sich an der Wand ab, öffnete seine Zimmertür.

»Guude Nachtt, Vahder.« Lächelte mich an.

»Schlaf gut, Amando«, sagte ich. »Süße Träume«, fügte ich hinzu. Er verstand es nicht. Ich wartete ab, bis ich hinter der geschlossenen Tür die Sprungfedern hörte. Endlich begab auch ich mich in mein Zimmer. Schlief unruhig, immer wieder aus wirren Träumen hochschreckend.

Ich war zum Jakobusoktav nach Kürten [87] eingeladen und konnte deshalb nicht mit zum Beyenburger See. Außerdem ging es ja darum, dass Amando lernte, sich auch außerhalb meiner Fittiche zu bewegen. Er war längst volljährig. Dennoch versetzte es mir jedes Mal einen Stich, wenn Uwe ihn in der nächsten Zeit hin und wieder abholte. Entweder weil alle sich zum Rudern trafen oder weil es um Schwimmlektionen ging. Dann übten nur die beiden. Zum ersten Treffen war ich noch mitgekommen. Uwe machte seinen Job ganz ordentlich, fand ich. Er ließ Amando im seichten Wasser zunächst Atemübungen machen, sich auf die Wasseroberfläche legen, den Körperauftrieb erfahren, berührte ihn nur flüchtig, gab ruhig Anweisungen, wirkte ausgesprochen einfühlsam. Eine Seite, die ich an ihm bisher nicht kennengelernt hatte. Paradoxerweise stimmte es mich nicht ruhiger. Amando war mit Feuereifer dabei. Er bewegte sich allem Anschein nach gern im Wasser, hier, wo er Grund unter den Füßen hatte. Wirkte geschmeidig, die dunkle nasse Haut glänzte, auf seinen krausen Haaren lagen Tropfen wie ein Schleier aus Perlen, die im Sonnenlicht schillerten.

Ich ging. Voll unguter Ahnungen.

Sie hatten Amando eine Tabla geschenkt, auf der er nun oft spielte. Gelegentlich sang er dazu. Ungewohnte, fast disharmonische Töne zu wilden Rhythmen erfüllten das Pfarrheim, wenn ich nach Hause kam.

Am Abend vor dem Rennen wollten die Jungs ein letztes Mal trainieren, dann gemeinsam das Boot auf den Hänger laden, um am nächsten Morgen früh zu starten.

Was an jenem Abend passierte, darüber gibt es viele Versionen. Die erste bekam ich spätabends serviert. Von Wolfgang, den sie vorgeschickt hatten. In den Nachrichten kam eine kurze Meldung. Die Blättchen waren anderntags voll davon. Später kamen sie zum Beichten. Einer nach dem anderen. Sechs verschiedene Versionen. Sechs Wahrheiten. Ein kompliziertes Geflecht aus Beobachtungen, Reaktionen, Gedanken und Gefühlen.

Fakt ist: Das Boot war gekentert. Der Wind war aufgefrischt und starker Wellengang entstanden, weshalb die Männer die Tour beenden wollten und »Back! Back!« riefen, woraufhin Amando ein scharfes Wendemanöver einleitete.

Fakt ist auch, dass Amando keine Weste trug. Leichtsinn? Trügerisches Sicherheitsgefühl nach mehreren Wochen auf dem Wasser und den Übungen mit Uwe?

Fakt ist auch – das bestätigten alle –, dass die Männer, während sie sich an den Auslegern festhielten, zunächst bemüht waren, die Riemen zu sichern, die teilweise aus den Dollen gerutscht waren. Der Bootsrumpf versperrte zudem die Sicht der im Wasser Schwimmenden oder Treibenden, sodass es wenig verlässliche Angaben, eher Vermutungen zu Amandos Verhalten unmittelbar nach dem Umkippen gab. Möglicherweise hatte er versucht, die Tabla zu sichern, die ihm nichtsdestotrotz entglitten sein musste, als er anfing, Schwimmbewegungen zu machen. Das Boot war da schon nicht mehr in seiner Greifweite gewesen.

Von allen bezeugt ist: Uwe war als Erster bei ihm, und Amando umklammerte panisch seinen Hals. Sein Retter schlug wild mit Armen und Beinen, um nicht unterzugehen, beide schrien und gurgelten, je nachdem, ob sie gerade den Kopf über oder unter Wasser hatten. Die anderen kamen zu Hilfe. Es muss ein wildes Durcheinander gewesen sein, sodass keiner mehr klar sagen konnte, wem es letzten Endes gelungen war, den Klammergriff um Uwes Hals zu lösen, um ihn vor dem Absaufen zu bewahren. Amando konnte sie ja nicht verstehen, als sie ihm zuriefen, er möge locker lassen. Alle Beteiligten müssen gleichzeitig durch Tritte und Stöße versucht haben, sich seinem verzweifelten Zugriff zu entziehen, ihn fernzuhalten, um das eigene Leben nicht zu gefährden.

Irgendwann war Amando weg.

Rettungstaucher bargen den Körper am späten Abend.

Gottes Wege sind unerforschlich. Vielleicht wollte er uns vor einem anderen Irrweg abhalten. Barmherzigkeit ist das eine. Aber die Versuchung lauert überall. Vielleicht war es nur folgerichtig, dass Uwe, der sich so um ihn bemüht hatte, von ihm ablassen musste. Ja. Auch ich quäle mich seitdem mit der Frage, ob der Herr mir damit nicht den Weg ebnen wollte. Weil er wissen musste, wie schwer es mir fiel, mich selbst zu beherrschen. Wir müssen versuchen zu verstehen. Zu vertrauen, dass alles so seine Richtigkeit hatte.

FREIZEITTIPPS:

75 Bergische Tafel

Die Bergische Tafel oder auch Kaffeetafel ist das, was die Menschen im Bergischen – die ja nicht gerade zu denen gehörten, die es »dicke« hatten – traditionell auf den Tisch brachten, wenn es darum ging, genau das zu kaschieren. Gästen wurde aufgetischt, was Schränke und Keller hergaben. Rund um das Markenzeichen bescheidensten Wohlstands: die zinnene »Dröppelminna«, die auf einem Stövchen thronte und aus der man mittels eines Hähnchens Kaffee abzapfen konnte. Der Hahn war selten dicht, weshalb die »Minna« – benannt mit einem klassischen Namen eines Dienstmädchens – »dröppelte«, also tröpfelte. Da Zinn geschmacksneutral und ein schlechter Wärmeleiter ist, war die »Dröppelminna« nicht nur entnahmefreundlich, sondern eine Art bergische Thermoskanne des 19. Jahrhunderts. Neben dem Kaffee waren und sind der wichtigste Bestandteil der Bergischen Tafel Waffeln. Dazu natürlich Sahne, heiße Kirschen, Milchreis, Quark, Zimt und Zucker, Kuchen, Käse, in Fett ausgebackene Ballebäuschen, süßer Platz, Marmeladen, Rübenkraut. Daneben durchaus Herzhaftes: Mühlenbrot, (Burger) Brezeln, Knochenschinken, Blut- und Leberwurst) oder Kottenbutter. Letzteres ist gebuttertes Schwarz- oder Graubrot mit geräucherter Mettwurst – die auch Pferdefleisch enthalten kann –, Senf und Zwiebeln, dazu wird gern ein Kornbrand getrunken. Der ultimative Sättiger schließlich ist das Krüstchen: ein mit einem Spiegelei überbackenes Schnitzel auf einer Scheibe Roggenbrot oder Toastbrot, meist zusammen mit Kartoffelsalat, Pommes frites oder Bratkartoffeln serviert. Als Beilage ist außerdem der »Pillekoken« (»Pillekuchen«) beliebt, der ähnlich wie der »Riefkoken« (»Reibekuchen«) aus gestiftelten, nicht geriebenen Kartoffeln besteht, in der Pfanne gebraten und mit Rübenkraut sowie Schwarzbrot angeboten wird.

76 Marienheide

»Mergenheyde« oder »Mergenheyd«, wie der Ort 1417 beziehungsweise 1601 in Urkunden erstmalig genannt wurde, scheint das Kind einer großartigen Marketingstrategie zu sein. Einem Einsiedler namens Heinrich sei ein Marienbildnis erschienen, soll eine verschollene Chronik berichtet haben. Dieses Muttergottes-Konterfei habe ihn aufgefordert, nach Köln zu gehen und dort ein entsprechendes Bildnis für 30 Silberlinge zu erstehen. Damit wurde der Grundstein des Wallfahrtsorts Marienheide gelegt – großzügig unterstützt von dem damaligen Grafen Gerhard von der Mark, was sowohl Papst Martin V. wie den Dominikanerorden auf den Plan rief. Die heutige dreischiffige, spätgotische Wallfahrtskirche St. Mariä Heimsuchung – 1470 erstvollendet, mehrfach aus- und umgebaut – steht an der Stelle, wo sich bis 1504 noch ein Kloster befand, ehe die Pest sämtliche Bewohner dahinraffte und das Gebäude kurz darauf in Flammen aufging. 2017 wurde mit einer umfänglichen Restaurierung der Marienkirche begonnen, die zu dem Zweck vollständig staubdicht eingehaust wurde. Das Muttergottesbildnis fand derweil in der benachbarten Montfortkirche Obdach, wo es in einem baulich modernen, eindrucksvollen Sakralraum von Pilgern weiterhin besucht werden kann. Dass es diese bis heute in Scharen anzieht, zeugt von der nachhaltigen Wirkung der Legende. Wer sie für aus der Luft gegriffen hält, wird den Besuch des ehemaligen Luftkurorts, der diese Bezeichnung dem Schwerpunkt Gewerbe und Industrie opferte, dennoch genießen, zumal diese der zweite historische Hauptpfeiler des Ortes waren. Marienheide liegt nämlich nicht nur als bedeutender Wallfahrtsort am Jakobsweg, sondern zudem am Anfang des Wupperwegs, der den Verlauf des »Arbeiters unter den Flüssen« 21 von seinem Ursprung bei Marienheide-Börlinghausen verfolgt, und außerdem an der »Straße der Arbeit«, einer 280 Kilometer langen Museumsroute mit dem Schwerpunkt regionale Industriegeschichte, die von Wuppertal durch das Oberbergische führt. Außerdem ist der Ort eine Station auf dem 1.000 Jahre alten Handelsweg Heidenstraße, der von Leipzig bis Köln verlief, sowie der Bergischen Eisenstraße, die für den eisenverarbeitenden Schwerpunkt des Bergischen von großer Bedeutung war. Roheisen aus dem Siegerland wurde mit Fuhrwerken über Marienheide nach Remscheid 30 und Solingen 28 gebracht. Am Busbahnhof Marienheide startet der Fuhrmannsweg, ein Rundweg von 13 Kilometern. Er führt zur Wallfahrtskirche St. Mariä Heimsuchung, zur Brucher Talsperre 80 und der Bonten Kerke (Bunten Kirche). Tafeln informieren dabei über die Arbeitsbedingungen der Fuhrleute, die Grauwacke, Stoffe und Schwarzpulver durch das Bergische in Richtung Rheintal beförderten.

Die Fülle an Wanderwegen legt durchaus nahe, dass Marienheide nach wie vor viel Raum für das Bewegen an der frischen Luft und in der Natur zu bieten hat. Dafür bieten sich beispielsweise neben Brucher- und Lingesetalsperre das Naturschutzgebiet Rengsetal mit der Rengser Mühle an sowie die Anbindung an die Balkantrasse 74 und die Aggertalhöhle 80. Hier befinden sich mehrere Erdeinbrüche, heute Naturdenkmale, entstanden durch Auswaschungen im kalkhaltigen Gestein – unter anderem das »Hülloch«, eine kleine Höhle, die den Einwohnern der umliegenden Gemeinden im 30-jährigen Krieg als Zufluchtsstätte vor umherziehenden Banden diente. Schloss Gimborn in der kleinen Ortschaft Gimborn im Südwesten von Marienheide gilt als eines der schönsten erhaltenen Schlösser des Oberbergischen Kreises. Die Bonte Kerke in Marienheide-Müllenbach ist – wie die Kirchen in Bergneustadt **68**, Nümbrecht **14**, Ründeroth **80** und Wiehl **66** – aufgrund ihrer beeindruckenden bunten Deckenmalerei aus dem 11. und 13. Jahrhundert sehenswert.

77 Refrath

Bei der Zusammenlegung der Kommunen Bensberg und Bergisch Gladbach **35** im Jahr 1975 wurde Refrath, das schon im Jahr 1947 in Bensberg eingegliedert worden war, zu einem der bevölkerungsreichsten und gleichzeitig dem ältesten Stadtteil Bergisch Gladbachs. Bereits im Jahr 855 sollen im heutigen Ortsteil Kippekausen Rodungen für einen Saalhof und eine Kirche vorgenommen worden sein. Die zweite Silbe des Ortsnamens, »rath«, ist auf den Begriff »Rodung« zurückzuführen, die erste bedeutet so viel wie »Ufer«. Beurkundet ist die Gemeinde erst im 12. Jahrhundert. Sie liegt an dem zehn Kilometer langen Frankenforstbach. Im Zentrum Refraths steht die 1864 entstandene dreischiffige katholische Hallenkirche St. Johann Baptist. Aus dem Jahr 1712 stammt das Haus Steinbreche, Dolmanstraße 17b, das auf eine Grundstücksschenkung des Kurfürsten Johann Wilhelm, genannt Jan Wellem, an den wallonischen Steinmetzmeister Leonhard Goudhaire zurückzuführen ist. Dieser hatte die Fassaden des Bensberger Schlosses aus Refrather Kalkstein zu des Fürsten vollster Zufriedenheit gestaltet. Ab 1902 war das Haus ein beliebtes Ausflugslokal mit großem Saal, Weinstube, Terrasse und Fischweiher. Zur Unterhaltung der Gäste wurden außerdem eine Kegelbahn und ein Irrgarten angelegt, der heute noch vorhandene Kahnweiher, eine Eselreitbahn, ein Spielplatz, ein Schießstand und Ställe für 60 Pferde. Von den Goudhaire-Kindern blieben drei unverheiratete Töchter in dem stattlichen Gebäude, die geschäftstüchtig und fromm waren und jeden Sonntag zu dritt unter einem großen Schirm zur Kirche spazierten, was der Bürger- und Heimatverein Refrath 1993 zum Anlass nahm, sie mit der Bronzeplastik »Die drei Juffern« (»Die drei Jungfern«) zu ehren. Die Stadt Bergisch Gladbach hatte das Haus bereits zu Beginn der 80er-Jahre erworben und den Saal in ein Bürgerzentrum für Kulturveranstaltungen und Feiern umgewandelt. In der Gaststätte befindet sich heute ein China-Restaurant. Das alte Herrenhaus wird bewohnt.

Refrath grenzt an das Naturschutzgebiet Gierather Wald, an dessen anderem Ende der Bensberger See und die Saaler Mühle liegen. Letztere war ursprünglich eine mittelalterliche Getreidemühle, seit 1920 ein beliebtes Ausflugslokal. Nachdem das alte Gebäude abgerissen worden war, entstand auf dem Gelände ein Hallen- und Wellenbad und in den 1990er-Jahren das Sauna- und Wellnesszentrum Mediterana.

78 Homert
Im Nordosten den Naturparks Bergisches Land befindet sich 519 Meter über Normalhöhe, umgeben von zahlreichen Wäldern, die höchste Erhebung des Bergischen Landes, die Homert. Ihr entspringt die Renge, aus der der Ostarm der Aggertalsperre gestaut wird. Teile des Landschaftsschutzgebiets Marienheide-Lieberhausen 76 liegen auf der Homert.

Für alle, die immer noch glauben, der Name Bergisches Land habe neben den Grafen von Berg etwas mit Bergeshöhen zu tun, dem seien an der Stelle einige Zahlen genannt: Der höchste Berg Deutschlands ist mit 2.962 Metern die Zugspitze in Bayern. Mit deutlichem Abstand folgen als Spitzenreiter der Länder mit 1.493 Metern der Feldberg in Baden-Württemberg, mit 1.215 Metern der Fichtelberg in Sachsen, mit 1.141 Metern der Brocken in Sachsen-Anhalt, mit 983 Metern der Große Beerberg in Thüringen und so weiter. Selbst in Nordrhein-Westfalen befindet sich im Rothaargebirge eine deutlich höhere Erhebung als die Homert, der Langenberg mit 843 Metern. Von dem benachbarten und im Vergleich zur Homert nur 13 Meter niedrigeren Unnenberg, der auf dem Gebiet von Marienheide liegt und an Gummersbach **81** und die Aggertalsperre grenzt, kann man übrigens in 30 Metern Höhe von dem insgesamt 45 Meter hohen Aussichtsturm Unnenbergturm aus einen großartigen Blick auf die Homert genießen.

79 Overath

Der ursprüngliche, 1065 überlieferte Name des Ortes stammte von dem Flüsschen Agger, an dem er liegt: »Achera«. Nach entsprechenden Rodungen kam die Endung »rath« dazu, wodurch der Name sich um 1280 »Ouerode«, 1304 dann »Ovverode« und 1582 »Overadt« schrieb. Ab 1311 gehörte der Ort zum Besitz der Grafen von Berg.

Im Zentrum von Overath steht die katholische Pfarrkirche Walburga, die um 1255–75 als Pfeilerbasilika errichtet wurde und einen Vorgängerbau ersetzte. 1953–55 erhielt sie ein neues nördliches Seitenschiff. Der lichtdurchflutete rechteckige Saalanbau beweist eindrücklich, dass Alt und Neu auch asymmetrisch wunderbar harmonieren können.

Gleich neben beziehungsweise gegenüber der Kirche befindet sich die Straße Kemenat und das Hotel-Restaurant Steinhof von 1662, in dem man die Küche des Balkans sowie gutbürgerliche und internationale Gerichte genießen kann. Der 1884 errichtete Overather Bahnhof steht unter Denkmalschutz und ist als Kulturbahnhof Veranstaltungsort mit Ausstellungs- und Tagungsmöglichkeiten und Gastronomie.

Als weitere Profanbauten seien hier das vermutlich im Jahr 1832 von einem Kölner Kaufmann errichtete Gut Eichthal erwähnt, das heute eine Außenstelle des Rheinischen Amts für Bodendenkmalpflege beherbergt, sowie die Ruine der aus dem 14. Jahrhundert stammenden Burg Großbernsau. Letztere ist eine ehemalige Wasserburg an der Agger, die seit dem 18. Jahrhundert nicht mehr bewohnt war und allmählich verfiel, bis nun noch eine vier Meter hohe Außenmauer stehen blieb. 2009 fiel die Ruine an die Stadt, die den Heimat- und Bürgerverein Overath damit betraute, sie zugänglich zu machen.

Ein weiterer Sakralbau ist die 1965 errichtete evangelische Friedenskirche im Ortsteil Neichen. Ein separat stehender offener, dreisäuliger Glockenturm befindet sich neben einem Kirchengebäude, dessen markantes Glasdach für einen entsprechend lichtdurchfluteten Innenraum sorgt. 2016 wurde der Bau von der evangelischen Kirche, deren Mitglieder schwanden, an die Freikirche verkauft. Overath liegt am Pilgerweg zwischen Marburg und Köln beziehungsweise Aachen, der in der umgekehrten Richtung als Elisabethpfad ausgeschildert wird, weil sich in Marburg das Grab der heiligen Elisabeth befindet.

80 Ründeroth

»Ruinede Rodhe« wurde 1174 erstmalig im Zusammenhang mit einer Abgabe an Engelbert von Berg erwähnt. Auf dem Ortswappen verweist eine Schmiedegreifzange in den Klauen eines Greifen auf die eisenverarbeitende Tradition von Ründeroth. Durch die Zusammenlegung mit Engelskirchen **73** im Jahr 1975 wurde die ehemals selbstständige Gemeinde zum Ortsteil, dessen historischer Kern in Fachwerk und Schiefer gut erhalten ist. In der evangelischen Kirche im Zentrum wird der Brauch des Beierns (von französisch »baier« – »anschlagen«) ausgeübt. Dabei werden die Kirchenglocken vor beziehungsweise am Ende des Gottesdienstes an hohen Feiertagen nicht geläutet, sondern der Klöppel wird mit der Hand geführt. Der Brauch stammt aus dem Spätmittelalter und ist heute, nachdem er im letzten Jahrhundert eingeschlafen war, in einigen Kirchen im Bergischen, etwa auch in Nümbrecht **14**, wieder modern. Dazu werden gern traditionelle (Spott-)Verse aufgesagt wie: »Bim bam beier, de Köster mach kenn Eier. Wat mach he dann? Speck en de Pann. O du leeve Köstermann.« (»Bim bam beier, der Küster legt keine Eier. Was macht er denn? Speck in die Pfanne. Oh, du lieber Küstermann.«). Das Kirchengebäude stammt aus dem 12. Jahrhundert und war bis zur Mitte des 16. Jahrhunderts, als der gesamte Ort protestantisch wurde, als Station des Jakobswegs nach dem Patron der Pilger benannt. Kaum hundert Meter weiter, ebenfalls an der Ründerother Hauptstraße, liegt die heutige, Mitte des 19. Jahrhunderts neu erbaute katholische Kirche St. Jakobus. Immerhin den Taufstein konnte die wiedererstandene Gemeinde aus dem ursprünglichen Gotteshaus übernehmen.

Zum Spazierengehen in und um Ründeroth laden ein: der Kurpark – ehemaliger Privatgarten der Fabrikantenfamilie Dörrenberg (Edelstahl) –, das Naturschutzgebiet Weinberg mit seinen markanten Felshängen sowie dem 1903 zu Ehren des gleichnamigen Landrates (1885–1899) erbaute Haldy-

Turm und der 1867 eingeweihte Aussichtsturm Hohe Warte, der nach dem 356 Meter hohen Hügel heißt, auf dem er steht.

Unbedingt sehenswert ist außerdem die 1.071 Meter lange Aggertalhöhle im Walbachtal im Naturschutzgebiet Altenberg mit einem maximalen Höhenunterschied von 31 Metern. Da sie unter Tonschiefer liegt, sucht man hier vergeblich Tropfsteine, stattdessen findet man aber Versteinerungen aus dem Devon. Bei der Führung wird der Besucher unter anderem den Pastorengang kennenlernen, dessen Name auf einen Geistlichen zurückzuführen ist, der die Höhle kurz nach ihrer Entdeckung im Jahr 1890 aufsuchte und stecken blieb. Man musste ihn mit vereinten Kräften befreien. Gelegentlich werden in der Aggertalhöhle Konzerte veranstaltet, unter anderem kann man dort in das Didgeridoo-Spiel eingeführt werden. Im Juni 2019 wurde die Gemeinde Ründeroth um eine mehrere Millionen Jahre alte Sensation reicher: Nicht weit von der Aggertalhöhle machten Forscher hinter einem Windloch ein riesiges weiteres Höhlenlabyrinth mit »unglaublich bizarren Formen« zugänglich, von dem bereits zwei Kilometer vermessen wurden. Die »Jahrhundertentdeckung« mit Gängen von bis zu 40 Metern Länge, drei Metern Breite und zehn Metern Höhe wird auf drei oder mehr Gesamtkilometer geschätzt. Damit ist das »Windloch im Mühlenberg« jetzt schon die größte Höhle des Bergischen und des Rheinlands.

81 Gummersbach

Laut dem Heimatdichter Ernst Zimmermann überschätzt der Gummersbacher die Bedeutsamkeit seines Städtchens:

» Dää Chummerschbächer meent sech wat,
hää jlööft, sing Dorp dat wöör en Stadt.
Ower hää söhlt et selwer baal,

et liht ze wit vam Acherdaal.«
(»Der Gummersbacher bildet sich etwas ein,
er glaubt, sein Dorf sei eine Stadt.
Aber er muss doch einsehen,
es liegt zu weit weg vom Aggertal.«
Letzteres versteht Zimmermann offensichtlich als Zentrum der Welt.)

Tatsächlich hat der 1109 erstmalig als »Gumeresbracht« erwähnte Ort den umliegenden Kommunen aber einiges voraus: Er ist die Kreisstadt des Oberbergischen. »Klein-Paris« oder »Lindenstadt« wurde Gummersbach bis zum Ersten Weltkrieg genannt, weil die von Linden gesäumte Hauptstraße wie eine großstädtische Allee daherkam. Bekanntheit erlangte der Ort insbesondere durch den VfL Gummersbach, dessen Handballmannschaften seit Mitte der 60er-Jahre in der Bundesliga und in Europapokalfinalen vertreten waren und Spieler zu den Weltmeisterschaften entsandten. Seit der Jahrtausendwende litt der Verein immer wieder unter finanziellen Problemen und musste auch sportlich zurückstecken, bis er zum 150-jährigen Jubiläum 2011 schließlich dreimal in Folge den Europapokal gewann. 2015 erhielt er eine Multifunktionshalle, finanziert durch die Stadt Gummersbach, das Land NRW und den Fahrradreifenhersteller Schwalbe, Sponsor und Namensgeber der Halle, die Schwalbe-Arena. Sie bietet 4.132 Zuschauern Platz, verfügt über VIP-Logen und einen angeschlossenen Businessbereich.

Historisch-bauliche sakrale Sehenswürdigkeiten von Gummersbach sind der Oberbergische Dom, ein im 11. Jahrhundert als romanische Hallenkirche erbautes evangelisches Gotteshaus, in dem am Reformationstag im Übrigen ebenfalls »gebeiert« **80** wird. Von der neugotischen katholischen Kirche St. Franziskus am Lindenplatz ist nur der Turm erhalten geblieben. Das Schiff stammt aus den 70er-Jahren des 20. Jahrhunderts. Im Zentrum Gummersbachs steht das steinerne Wohnhaus des Amtsvogts Pollmann aus dem Jahr 1700, genannt »Die Burg«. Nicht weit davon entfernt befindet sich der Freizeitpark Hexenbusch mit Skulpturen, Schaukeln, Springbrunnen und einer Seilbahn. 1960 schenkte der Industrielle Dr. Lebrecht Steinmüller der Stadt zur Einweihung der neuen Sporthalle in der Reininghauser Straße die anlässlich der Berliner Olympiade 1936 von Ernst Seger geschaffene bronzene Statue »Sportkameraden«. 1880 wurde auf dem Gummersbacher Kerberg ein großer Turm als Kriegerdenkmal für die Gefallenen der Kriege 1866 und 1870/71 errichtet. Nach dem Ersten und Zweiten Weltkrieg wurde die Anlage erweitert, Ende der 1950er saniert, in den 70er-Jahren wurde der baufällige Turm schließlich abgerissen.

»Grüne« Ausflugsziele in der Umgebung sind die Trinkwassersperre Genkel, die zum Wandern einlädt, und die Aggertalsperre 115, die ideal für Wassersport ist.

82 Hahnenkrähwettbewerb

Zu Christi Himmelfahrt wurden Hahnenkrähwettbewerbe in den frühen Morgenstunden auf Schloss Burg ausgetragen, später an wechselnden Orten im Bergischen. Wen das penetrante Kikeriki auf dem Lande schon einmal aus dem Bett geworfen hat, der weiß, dass die Gockel zu jener Zeit sehr aktiv sind. Die bergischen mehr als alle anderen. Kräht der deutsche Durchschnittshahn etwa drei Sekunden, bringt es sein bergischer Kollege auf 10 Sekunden bis zum schlussendlichen »Schnork«, mit dem die Luft wieder in die vollständig geleerten Lungen eingesaugt wird. In Hinsicht auf das Ziel, Konkurrenten auf Abstand von den eigenen Hennen zu halten, scheint das Geschrei sehr wirksam zu sein: Die Bergischen Kräher, Bergischen Schlotterkämme und Krüper sterben aus. Sie gehören zu den ältesten und gleichzeitig bedrohtesten deutschen Rassen. Ihr Bestand ist auf 200 Exemplare geschrumpft. Ihre Vorfahren müssen in der Zeit der Kreuzzüge als Raubbeute der Grafen von Berg vom Balkan, aus Bosnien und dem Kosovo mitgebracht worden sein.

Möglicherweise hat auch das im Bergischen sehr beliebte »Hahneköppen« der Population zugesetzt. Dabei muss ein kopfüber von der Decke herabbaumelnder Hahn von Wettbewerbern mit Säbel und verbundenen Augen geköpft werden. Die Tiere werden inzwischen vorher getötet beziehungsweise durch Gummiattrappen ersetzt. Früher typischer Bestandteil von Hoffesten, werden solche Wettkämpfe heute von Karnevals-, Junggesellen oder sonstigen Brauchtumspflegevereinen aufrechterhalten.

83 Drabenderhöhe

Als »Dravender Hoy« wurde der Ort auf der Höhe 1353 bezeichnet. Hier kreuzten sich zwei wichtige Handelswege: die Brüder- und die Zeithstraße. Die erste führte von Köln nach Siegen, die zweite von Bonn nach Dortmund. 1464 schrieb der Ortsname sich »Traffende Hue«, 1575 »Drauende hoighe«, 1604 dann »Trabender Höhe«. Der Wortursprung ist das Partizip-Adjektiv »triefend«. Auf und von der Höhe trieft es tatsächlich in großen Mengen. 1.200 Millimeter Niederschlag im Jahr werden über sechs Bäche ins Tal abgeführt. Der Ort an der Grenze zwischen den Herrschaftsbereichen Berg und Homburg wurde 1605 lutherisch und 30 Jahre später während des 30-jährigen Kriegs durch die Pest fast ausgerottet. Nur zwei Bewohner überlebten, da sie sich auf einem Hof beziehungsweise in einem Erdloch verkrochen hatten. 1696 fielen große Teile von Drabenderhöhe einer Feuersbrunst zum Opfer. Im Zweiten Weltkrieg sorgte die exponierte Höhenlage für vernichtende Tieffliegerattacken mit Brandbomben. Der Ort wäre fast vollständig zerstört worden, wenn der letzte Angriff 1945 nicht abgebrochen worden wäre. Ab 1964 sorgte insbesondere der Zuzug von heimatvertriebenen Siebenbürger Sachsen für neuen Aufschwung, die für ein Brauchtum sorgten: das Kronenfest, bei dem die konfirmierten Jugendlichen der Gemeinde sowie die Mittsommerzeit gefeiert werden. Eine mit Eichenlaub und Blumen geschmückte Krone wird an einem hohen Baumstamm aufgehängt, den ein ausgewählter »Jungaltknecht« besteigt, um von der Spitze des Kronenbaums eine Rede zu halten, die der Pfarrer beantwortet. Mit Blasmusik, Tänzen, Bonbonregen und Siebenbürger Spezialitäten wie dem gebackenen Baumstriezel – einem aus Hefeteig über offener Feuerstelle gebackenen Kuchen – wird das anschließende Fest seit 2008 wieder begangen, nachdem es eine Weile in Vergessenheit geraten war. 1991 gewann Drabenderhöhe die Goldplakette für die »Vorbildliche Integration von Ausländern« im Bundeswettbewerb. Zwei Jahre zuvor war die »Heimatstube Drabenderhöhe-Siebenbürgen« ins Kulturhaus des Wiehler Ortsteils eingezogen. Sie ist das bedeutendste Museum der über 800 Jahre alten siebenbürgischen Kultur außerhalb Rumäniens.

Über vier Rundwanderwege kann die Gegend rund um Drabenderhöhe erkundet werden.

84 Bergisches Landbier

Einer der größten Produktionszweige der Wuppertaler 32 Region ist bisher nicht erwähnt worden, obwohl er zeitweise ein Zehntel des deutschen Ausstoßes ausmachte:

die Bierbrauereien. Namen wie Phönix, Adler, Wicküler-Küpper, Bremme, Gesenberg, Tienes, Wald- und Feldschlösschen, die Brauereien Johann Abraham Wülfing und J.A. Schmerenbeck sind zum Teil immer noch bekannt. Seit 1780 entstanden über 170 Brauereien und Brauhäuser allein im heutigen Wuppertal – und wurden letztendlich von großen Konzernen geschluckt. Im April 2016 formierte sich aus einer Bürgerbewegung der Verein Interessengemeinschaft Bergisches Bier e.V. Als »Gründungströpfchen« gab es ein nach alter Brauart hergestelltes dunkles obergäriges Bier mit langer Maischezeit, feinporigem Schaum und einem Alkoholgehalt von 6,75 Prozent. Vom Verein initiierte Brauereiführungen informieren über die Geschichte des Bergischen Biers.

2010 waren in Wiehl-Bielstein 117 mit dem »Bergischen Bier« bereits Fakten geschaffen worden: Zunächst nur als Fassware für die Bergische Gastronomie abgefüllt, ist es seit 2013 auch als Flaschenbier in Gebinden von 0,33 beziehungsweise 0,5 Litern oder als »Pittermännchen«, einem 10-Liter-Fässchen, für die Party zu Hause erhältlich. Das neue Obergärige – süffig, vollmundig, mit malzigem, nicht allzu herbem Abgang – kommt nicht nur bei der weiblichen Kundschaft gut an, viele Bierkenner begrüßen die Alternative in der heutigen »pilsverseuchten Zeit«. Untergärige Bier wie das Pils dominieren aufgrund ihrer besseren Lagereigenschaften den Markt. Mit Erfolg konnten sich dagegen lediglich das Kölsch und das Düsseldorfer Alt behaupten. Das Bergische Bier ähnelt dem würzigeren Alt; dunkles Malz ist die entscheidende Komponente, die Gerste wird lange getrocknet und geröstet. Der Alkoholgehalt liegt bei 11,8 Prozent. Das Flaschenetikett zeigt eine Dame und zwei Herren im Gespräch, der Kleidung nach aus dem Anfang des letzten Jahrhunderts, was die Traditionalität unterstreicht. Die Erzquell-Brauerei hat zwischenzeitlich zwei weitere Varianten entwickelt: das »Bergische Radler«, das mit Zitronenlimonade versetzt ist, und den kalorienarmen isotonischen »Bergischen Sportsfreund« mit 0,7 Prozent Alkoholgehalt.

85 Brucher Talsperre

Die zur Gemeinde Marienheide 76 gehörende Brucher Talsperre wird vom Wupperverband betrieben. Sie speist sich aus dem Bach Brucher sowie einem Wipper-Kanal und fasst 3,38 Millionen Kubikmeter Wasser, die eine Fläche von 47 Hektar bedecken. Das abfließende Wasser läuft in die Wipper. Für den Bau der Talsperrenmauer in den Jahren 1912–13 war extra eine elektrische Schmalspurbahn eingerichtet worden, die den erforderlichen Naturstein aus einem Steinbruch bei Marienheide-Müllenbach herbeischaffte. Die Pläne für die 21 Meter hohe Mauer mit einer 200 Meter langen und 4,5 Meter breiten Krone stammten von Professor Otto Intze. Da Talsperren im Zweiten Weltkrieg durch Fliegerangriffe der Alliierten besonders gefährdet waren, baute man am südlichen Ende einen Bunker, auf dem ein Flakgeschütz stationiert war. Die Trümmer des Bunkers lagen anschließend noch Jahrzehnte herum, bis die Mauer zwischen 1990 und 1993 komplett saniert wurde. Heute befindet sich an derselben Stelle eine DLRG-Station, die das südliche Badeufer überwacht. Campingplätze liegen unterhalb von Müllenbach und Stülinghausen. 2008 richtete man einen Generator ein, der seitdem die ursprünglich zur Hochwasserregulierung und Niedrigwasseraufhöhung gebaute Sperre auch zu Energiegewinnungszwecken für 40 Haushalte nutzt.

Ende der 90er-Jahre entstand ein drei Kilometer langer Rundwanderweg über die Mauer und um die Talsperre, der

Spaziergängern, Joggern und Radfahrern offensteht. Darüber hinaus kann das Gewässer zum Schwimmen, Rudern, Segeln oder Tretbootfahren genutzt werden. Streng verboten sind hingegen Surfen, Tauchen und Motorbootfahren.

Östlich des Stausees ist ein Laich- und Brutgebiet, für das gilt: Betreten verboten, Gucken erlaubt. Beobachtet werden können Wasservögel wie verschiedene Entenarten, Gänse, Wasserhühner, Haubentaucher, Kormorane und sogar Eisvögel.

86 Beyenburger Stausee

Der Beyenburger Stausee wird gern zu Wuppertals 32 grünen Anlagen gezählt. Der ursprüngliche Ausgleichsweiher Beyenburg zum Schutz bei Hochwasser wurde 1950–53 zum Stausee ausgebaut, der auch ein Wasserkraftwerk ermöglichte. Mit der Fertigstellung der Wupper-Talsperre im Jahr 1987 trat die Funktion des Hochwasserschutzes zugunsten der Naherholung zurück. Aufgrund der Sedimente, die die Wupper mitführt, muss der See in regelmäßigen Abständen freigebaggert werden. Bei der Sanierung der Sperre in den Jahren 2009–2011 wurde unter anderem eine Fischtreppe angelegt. Neben der Stadt Wuppertal liegen Ennepetal und Radevormwald 4 an dem in Form eines auf dem Kopf gespiegelten »Ls« angelegten Sees, der gut 1.100 Meter lang und bis zu 270 Meter breit ist – eine ideale Regattastrecke. Beliebt ist er besonders bei Spaziergängern, Segway-Fahrern und Anglern. Baden ist nicht erlaubt, nicht zuletzt aufgrund von gefährlichen Strömungen in der Tiefe.

Ein Paddler- und zwei Kanuvereine, die zahlreiche WM- und Olympiateilnehmer – unter anderem den späteren Olympiasieger Ulrich Eicke – hervorbrachten, sind hier ansässig, außerdem ein Ennepetaler Ruderverein. Bis in die 90er-Jahre wurde die Internationale Wuppertaler Stadtregatta auf dem See ausgetragen, 1971 sogar die Deutsche Meisterschaft im Kanupolo. Heute ist der Beyenburger Stausee die Hochburg der Drachenbootrennen. Die unter dem Namen »Drag Attack« antretende Mannschaft des Vereins für Kanusport Wuppertal gewann mittlerweile drei Weltmeistertitel und zahlreiche deutsche Meisterschaften. Drachenbootrennen sind eine im Bergischen sehr beliebte, von Südchina importierte Sportart. Im Spitzensport sitzen 20 Paddler beider Geschlechter paarweise nebeneinander in 12,5 Meter langen Kanus und treten auf einer Strecke von 250 oder 500 Metern gegeneinander an. Als Breitensportart ist es ein »Jedermann-Rennen«, an dem gerne von Karnevalsvereinen in abenteuerlichen Verkleidungen teilgenommen wird. Auch ihre höchst unterschiedlichen Boote gestalten sie in der Regel fantasievoll und farbenfroh, um ein Maximum an Spaß zu garantieren.

Das bekannteste Bauwerk am Ufer des Beyenburger Stausees in exponierter Höhenlage an der Wupperschleife ist die 1497 entstandene spätgotische Klosterkirche St. Maria Magdalena, seit 1804 katholische Pfarrkirche in Alt-Beyenburg. Unbedingt von innen ansehen: Die großflächigen Südfenster setzen das eindrucksvolle barocke Innere der Kirche ins richtige Licht, wie den monumentalen hölzernen Hochaltar von 1698, den prächtigen Zelebrantenstuhl, das kunstvoll gearbeitete Chorgestühl, die Kanzel, den Orgelprospekt und viele weitere Details von herausragender Bedeutung. In der Kirche befinden sich die Reliquien der heiligen Odilia zu Köln, der Schutzpatronin des Kreuzherrenordens.

Das historische »Beyenborch«, 1303 erstmals erwähnt, lag an der Hanse- und Heerstraße zwischen Köln und Dortmund. Der Ortskern weist viele schöne alte Gebäude auf, die unter Denkmalschutz stehen.

87 Kürten

Kürten liegt im Rheinisch-Bergischen Kreis und grenzt im Südwesten an Bergisch Gladbach 35, westlich an Odenthal 10 und im Norden an Wermelskirchen 5. Es trägt den Namenszusatz »Stockhausen-Gemeinde«, weil Karlheinz Stockhausen (1928–2007), einer der bedeutendsten Komponisten moderner Musik, hier seit 1965 bis zu seinem Tod lebte. Mit seinem Wirken hat er den Ort nachhaltig geprägt. 1994 entstand die *»Stockhausen-Stiftung für Musik«* als gemeinnützige Stiftung zur Förderung der Musikwissenschaft und des Musiklebens insbesondere auf der Grundlage des künstlerischen Werkes von Stockhausen. Seit 1997 veranstaltete die Stiftung zunächst jährlich, heute alle zwei Jahre im Sommer die international besetzten »Stockhausen-Kurse und -Konzerte«.

Um 1308 wurde »Curtine« erstmalig schriftlich erwähnt. Sockelreste unter dem Kirchturm des Orts von St. Johann Baptist stammen jedoch schon aus dem frühen Mittelalter, vermutlich dem 9. Jahrhundert. Die Bedeutung des Namens ist umstritten. Er mag auf »Op de Corte« (»am kurzen«) zurückzuführen sein – was sich möglicherweise auf einen Wasserlauf bezieht, da Kürten an einem Zufluss zur Sülz liegt. Hinter dem Namen könnte auch »curtis« (»Frohnhof«) stecken, andere vermuten »curtine«, was so viel wie »Wall« bedeutet. Diese Namensherkunft würde zu den Resten eines nahegelegenen ehemaligen Burg- beziehungsweise Ringwalls aus dem 10./11. Jahrhundert passen, der nordöstlich an das Naturschutzgebiet Sürthtal grenzt. Von der »abgegangenen« Ringwallanlage ist noch nicht einmal eine

Ruine erhalten, lediglich Bodenformationen deuten darauf hin, dass hier einst eine befestigte Anlage gestanden haben muss.

Die jahrhundertelange Zugehörigkeit der heutigen Flächengemeinde zum Erzbistum Köln hat sich in einer Reihe von katholischen Kirchen niedergeschlagen: St. Antonius in Bechen, Mater Dolorosa in Biesfeld, St. Nikolaus in Dürscheid, St. Johann Baptist in Kürten, St. Peter und Paul in Offermannsheide, St. Margareta in Olpe sowie der Kapelle St. Anna in Weiden. Außerdem findet sich hier eine große Zahl an Wegkreuzen, die auf der Kürtener Denkmalliste stehen. Im Ortsteil Delling steht schließlich auch eine 1834 eingeweihte evangelische Kirche.

Die katholische Kapelle in Kürten-Spitze stammt aus dem 17. Jahrhundert. An ihr findet um den Feiertag des heiligen Jakob, den 25. Juli, die achttägige Jakobsoktav mit einer Sakramentsprozession statt, an deren Ende die Spitzer Kirmes eröffnet wird.

8. MORD AM HILINCIWEG

Als Historikerin hat mich der Hellweg immer fasziniert. Schon wegen der widersprüchlichen Deutungen zum Ursprung des Namens. Einig ist man sich darin, dass eine öffentliche Straße gemeint ist. Im Mittelalter bedeutete dies, dass sie auf die Breite einer Lanzenlänge – etwa drei Meter – von Bewuchs freigehalten werden musste. Gerade in Waldgebieten war sie also ein »heller Weg«. Der Wortbedeutung nach stand »hell« allerdings für »hellen Klang«, nicht für »hell« im Sinne von »Licht«. Weil die Hufe der Pferde auf befestigten Wegen heller klangen als auf Wald- und Wiesenwegen?

Ich lebe in dem beschaulichen Dörfchen Eggerscheidt am sogenannten Kleinen Hellweg 88. Der sich, was die Länge angeht, hinter dem Westfälischen Hellweg samt dessen nördlicher Fortsetzung nicht verstecken muss. Zumal Letzterer auf die Römer zurückgeht, während der Kleine Hellweg bereits in der Steinzeit genutzt wurde.

Der bekanntere Hellweg war und ist aber der, der durch Westfalen führt, genauer der Abschnitt zwischen dem heutigen Duisburg und Corvey bei Höxter. Er durchquert die Ruhrgebietsstädte Mülheim, Wattenscheid, Essen, Bochum, Dortmund und Unna und den heutigen Regierungsbezirk Arnsberg mit Werl, Soest, Erwitte und Geseke sowie den Kreis Paderborn mit Salzkotten und Paderborn und endet an der Benediktinerabtei Corvey. In der Saline Salzkotten wurde Salz gewonnen – wie in anderen Ortschaften entlang des westfälischen Hellwegs. Eins der kostbarsten Güter, die auf den alten Handelswegen transportiert wurden. Weniger wegen des Geschmacks als vielmehr weil es als Konservierungsstoff Vorratshaltung ermöglichte und damit ein Überleben sicherte. Die Silbe »Hall« steckt in vielen Ortsnamen, in denen Salz gefördert wurde. Ist der Hellweg also ein »Weg des Salzes«?

Manche Kollegen schreiben den Namen der germanischen Totengöttin Hel zu. Damit wäre er der »Weg des Todes«. Natürlich waren befestigte Straßen mindestens seit der Römerzeit Heerstraßen, ermöglichten Krieg, Eroberung und Tod. Aber auch als Handelsstraßen beförderten sie niedrige Instinkte wie Gier und Neid, was Raubüberfälle und Totschlag nach sich ziehen konnte.

War diese letzte Auslegung des Namens der Auslöser für den Erfolg des »Mord am Hellweg«? Europas größtes internationales Krimifestival ist – das muss ich neidvoll anerkennen – ein fantastischer Schachzug der Kulturbüros und -betriebe entlang der Strecke, der Kulturregion Hellweg, mittels dessen man die Bedeutung eines ehemals wichtigen Verbindungswegs hochhielt, dessen Strahlkraft sich in den Bezeichnungen B1 beziehungsweise A40 oder A44 nicht näherungsweise spiegelt. Wer kann hinter Straßennummern schon die kulturelle Bedeutsamkeit völkerverbindenden Austauschs erahnen? Das ist bitte schön kein Historiker-Spleen: Sie sind ebenso nichtssagend wie – da wird mir jeder Stadionbesucher recht geben – die je nach Sponsoren austauschbaren Namen von Sportstätten. Es fehlt das identitätsstiftende Moment. Mammon statt Verbundenheit. Der Mensch braucht Ideale, Ideen, die ihn antreiben und das Miteinander befördern. Mit Geld gelingt das nur kurzfristig und ohne innere Überzeugung. Das Ruhrgebiet ist auf einem guten Weg. Das Bergische umwabert nach wie vor der Mief der 50er-Jahre. Der Kreis Mettmann hat immerhin den Neandertaler, der ihn als Wiege der Menschheit ausweist. Doch der starb vor 30.000 Jahren aus, und das Bergische Land tut so, als hätte es danach nichts mehr zu bieten gehabt. Ein bisschen Industrie und Naherholung. Aber wer, der das Stichwort »Industrie« hört, assoziiert damit »Bergisches Land«? Die allermeisten denken doch an den Ruhrpott. Und »Naherholung«? Die kleine Schwester von »Urlaub«. Wer es sich leisten kann, fliegt nach Mallorca oder in die Karibik.

Der »Mord am Hellweg« hat es geschafft, den Geruch von Kohle und Stahl zu überdecken, an Altes anzuknüpfen und daraus eine neue Vision zu entwickeln.

Ich gehöre zu den Abgehängten, bin ein Kind des Bergischen. In einem Fachwerkhaus direkt am Hölenderweg aufgewachsen. Später in der Welt herumgekommen. Habe in Museen gearbeitet, an Grabungsstätten, habe Historiker- und Archäologen-Persönlichkeiten kennengelernt, von denen ich viel mitnehmen konnte. Im wahrsten Sinne des Wortes. Um am Ende wieder ins Bergische zurückzukehren. To the Roots. Vom Museum Auf der Hardt , meiner letzten Wirkungsstätte, habe ich schließlich eine so gute Abfindung erhalten, dass ich uns eine angenehme zweite Lebenshälfte ermöglichen kann. Schließlich will ich die Hundertergrenze auf jeden Fall knacken. Im Haus meiner Eltern, in das ich sieben Jahre nach dem Tod meiner Mutter, 17 Jahre nach dem meines Vaters zurückgekehrt bin. Wir fühlen uns wohl an geschichtsträchtigem Ort in malerischer Natur. Wenn ich von »wir« spreche, dann muss ich dazu sagen, dass ich in einem Singlehaushalt lebe. Mit einem Wonk. Dieser chinesischen Hunderasse, die die meisten hier unter dem verhohnepiepelten Namen »Chow-Chow« kennen. Ein Hund ist der beste Partner. Wenn wir einen Menschen »Hund« nennen, ist das doppelt paradox. Ein Kompliment, das als sein Gegenteil gemeint ist.

Ludger war in diesem Sinne ein Hund. Gullifaxi der bessere Mensch. Er liebt wie ich ausgedehnte Spaziergänge, das Erforschen seiner Umgebung und mich. Ludger liebte sein Arbeitszimmer, die Arbeit im Archiv und sich. Ich hatte es wohl einfach noch einmal wissen wollen und hätte doch wissen müssen, dass ein Vorgesetzter eine schlechte Option ist. Abgesehen davon, dass dieser spezielle Fall auch als Mensch und Liebhaber eine Niete war.

Mit Gullifaxi habe ich viel Gelegenheit, spazieren zu gehen und über alles nachzudenken. Die Runde an den Pferdekoppeln entlang zur Burg Gräfgenstein 90 ist unser täglicher Auftakt. Nur um zu sehen, ob noch alles in Ordnung ist. Dabei ist eigentlich klar: Hier bewegt sich nichts. Angerland ist abgebrannt. Immerhin hat die Gebietskörperschaft sich 20 Jahre nach dem Krieg gegen einen weiteren Ausbau des Düsseldorfer Flughafens zur Wehr setzen können. Die Burg, früher wichtiger Außenposten an der Nordflanke des Bergischen Territoriums zu dem des Kurkölners, ist heute ein Bauernhof. Drei der vier Geschosse des prächtigen Gebäudes verfallen ungenutzt. Der kleine Hügel auf der Westseite ist archäologisch bisher nicht untersucht worden. So gehen kommunale Behörden und die auf Landesebene mit unseren Bodenschätzen um!

Nachdem Gullifaxi überall ausgiebig herumgeschnüffelt hat, machen wir uns auf den Weg durch das Angerbachtal an der Auermühle 91 vorbei gen Ratingen 92, dem unser Dorf seit 1975 angehört. In der Zeit wurden das hinter dem Blauen See 93 liegende Haus Cromford 94 – älteste Fabrik des Kontinents, heute Industriemuseum des Landschaftsverbands Rheinland – sowie der Rittersitz des Grafen von Spee, das Wasserschlösschen Haus zum Haus 95, in private Hände übergeben, aufwendig restauriert und für die Öffentlichkeit zugänglich gemacht, die dort flanieren, Konzerte, ein Restaurant oder Kurse besuchen kann.

Wie will man die Bedeutung des bergischen Abschnitts des Hilinciwegs ins Bewusstsein rufen, wenn die Anstrengungen Gebäuden im Stadtgebiet gelten? Da gibt es eh schon viele prächtige Bauwerke. Die historische strategische Tragweite ist in urbaner Umgebung nicht ersichtlich. Wir müssen das Augenmerk auf die Sehenswürdigkeiten auf dem Land richten, Geschichte lebendig machen! An die 20 Wassermühlen, Schleif- und Schmiedekotten, befestigte Höfe und Adelssitze entlang der Anger stehen nicht nur für den Reichtum entlang dieses bedeutendsten – und heute verkanntesten – Handelswegs. Schließlich wurden Güter quer durch Europa transportiert, Getreide und andere Früchte angeliefert, gemahlen, als Handelsgut weiterbefördert, Waffen und Gebrauchsgüter geschmiedet, bearbeitet und verkauft – und natürlich erhob man Zölle.

Vielen ist das Bergische Land allenfalls als Pilger-Durchzugsgebiet in Richtung Santiago de Compostela bekannt. Am Hilinciweg wurde nicht gebetet, da bekam man etwas geboten! Gleichzeitig im Grenzgebiet verlaufend, musste der Verkehr gesichert werden. Als Verteidigungslinie steht die Straße für den Stolz der bergischen Bewohner. Seine Befestigungen sind gewissermaßen Stinkefinger in Richtung Köln. Vielmehr in Richtung des Kölner Erzbischofs Siegfried von Westerburg, dem nach dem Friedensschluss von Worringen ausdrücklich untersagt wurde, den Anlagen deren von Berg eigene entgegenzustellen. Zum Sieg hatten Adolf von Berg nicht nur etwa 500 wütende bergische

Bauern maßgeblich verholfen, sondern 1.500 Bewohner der Stadt Köln, aufständische Untertanen seines Widersachers, die sich ihr Stadtrecht als freie Reichsbürger erkämpften. Viel später erst sollten die Kölner Bürger eine weitere Maßnahme des Grafen von Berg zur Sicherung seiner Herrschaft am Rhein bitter bereuen: Düsseldorf wurden nach der Schlacht ebenfalls Stadtrechte verliehen – und ist heute Landeshauptstadt NRW.

Eigentlich ging der Erbfolgestreit zwischen den Herren von Berg, Brabant, Jülich, Loon, Tecklenburg, Waldeck, Ziegenhain und Vlanden auf der einen Seite und denen von Geldern, Luxemburg, Ligny, Nassau, Plettenberg, Valkenburg, Kleve, Bergheim, Moers und Altena-Isenberg die Kölner gar nichts an. Aber sie witterten die Gelegenheit, ihre Ansprüche auf Selbstbestimmtheit gegen den Klerus zu verteidigen. Zum ersten Mal verbündeten sich Underdogs – Bauern und Bürger – miteinander, mischten sich in den Konflikt ihrer Herren ein und entschieden als einfaches Fußvolk den Kampf. Indem sie hemmungslos drauflosklopten im Bestreben, die erzbischöfliche Burg Worringen zu erobern und zu schleifen. Wehe, wenn sie losgelassen! Ein riesiges Heer an Verteidigern und Angreifern stieß aufeinander. Die Aufzählung der involvierten Adligen legt nahe, dass kaum jemand die unzähligen Wappen und Standarten auseinanderhalten konnte. Zumindest nicht der Mob. So wütete er gegen Freund und Feind gleichermaßen. Während die Ritter bis dahin am liebsten inter pares – also quasi Gleiche gegen ihresgleichen – angetreten waren und sobald einer schwächelte und sich ergab, Gefangene gemacht und den Krieg mit hohen Lösegeldzahlungen zu lukrativen Geschäften genutzt hatten, nahmen die Fußtruppen das Kämpfen ernst – eine vollkommen neue Art unritterlicher Kriegsführung. Ihr

Antrieb war dabei nicht nur Autonomiestreben und Wut, sondern blanke Notwehr: weil sie naturgemäß die meisten Opfer zu beklagen hatten. Die berittenen Herren galoppierten über sie hinweg, mit Streitäxten nach allen Seiten austeilend. Die Schicht an Toten, die das Feld vor Worringen bedeckte, wuchs, die Schlacht tobte auf Leichenbergen weiter, bis am Ende niemand mehr zu identifizieren war. Bauern und Bürger verschonten keinen Ritter, den sie vom hohen Ross holen konnten. Ein weiteres Motiv war Gier: Nur einen toten Gegner konnte man berauben. Bloß keinen Adligen laufen lassen! Der Überlieferung – oder Legende? – nach soll ein Mönch namens Walter Dodde die bergischen Bauern mit dem Schlachtruf »Hya, Berge romerijke« – »ruhmreiches Berg!« – angefeuert haben. Über 1.000 Panzerreiter des Erzbischofs wurden so niedergemetzelt und mit Knüppeln, Dreschflegeln, Sensen, Hämmern und Äxten erschlagen. Eine ganze Generation des Hauses Luxemburg wurde an jenem 12. Juni 1288 vom Pöbel ausgelöscht.

Alles andere als eine schöne Erinnerung. Aber für das Bergische Land doppelt bedeutsam: Graf Adolf von Berg trug den Sieg davon und konnte seine Machtstellung ausbauen. Und: Trotz zahlenmäßiger Unterlegenheit zu Beginn der Schlacht, trotz der Tatsache, dass auf der Berg-Seite 2.000 schlecht bewaffnete und ebenso gerüstete, dazu vollkommen ungeübte »Laien« in den Kampf zogen, führte gerade deren Entschlossenheit zum Sieg. Das Standesbewusstsein, der Stolz der kleinen Leute war gestärkt.

Ein geschichtliches Ereignis von vielen, die Ludger vollkommen anders bewertete als ich. Als Pazifist, sagte er mir, könne er meinem Gefasel von Heimatstolz nichts abgewinnen. Vielleicht weil er Düsseldorfer war. Zumindest war er da geboren und aufgewachsen. Gestorben ist er im

Bergischen. Genau genommen in meinem Haus. An original bergischer Grauwacke. Die ihm unversehens auf den Hinterkopf donnerte, als ich ihn dabei erwischte, wie er in meinem Keller herumschnüffelte.

Irgendwie muss ihm die Sache keine Ruhe gelassen haben. Er hatte mir nichts nachweisen können, als er meine Abfindung durchboxte. Aber wollte mich los sein. Dabei war er doch selbst schuld! Wer sein Depot nicht anständig inventarisiert, muss sich nicht wundern, wenn er nicht merkt, dass etwas weg ist. Diffuses Misstrauen ist nicht justiziabel.

Drei Jahre nach unserer Trennung war er mich besuchen gekommen. Auf einen Kaffee. Ganz spontan. Weil er gerade in der Nähe gewandert wäre, da hätte er gedacht …

Ich bin doch nicht blöd. Hab ihm einen Tee aufgegossen und gesagt, ich wolle schnell mit dem Hund zur Tanke, etwas zum Knabbern besorgen. Weil ich mich doch so freue. Gleich um die Ecke geparkt, Gullifaxi beruhigt, ich käme bald wieder, zurückgelaufen, leise die Haustür aufgesperrt. Die Kellertür stand offen, er schlich gerade die Treppe runter. Vor der Haustür habe ich einige schöne Exemplare Grauwacke liegen. Eins davon habe ich mir geschnappt und bin ihm leise gefolgt. Der Schlag saß. Er sackte zusammen, kullerte die Treppe runter und schlug unten direkt noch mal mit dem Hinterkopf auf den Zementboden. Welcher von den beiden Schlägen der tödliche war, kann ich natürlich nicht sagen, aber die Grauwacke war auf jeden Fall maßgeblich beteiligt. Ich hab den Wagen geholt, Ludger durch die Küche in die Garage und ins Auto geschleift und mitsamt bergischem Gestein weit entfernt am Wanderweg an einer Stelle den Berg runtergerollt, wobei er sich mehrfach überschlug und unterwegs reichlich Felsen touchierte. Ich war so schnell, dass der Körper noch nicht ganz kalt gewesen war, als ich ihn aus dem Auto gehoben hatte. Als hätte ich diesen Plan seit Jahren vorbereitet. Was natürlich Quatsch ist. Aber mein Gehirn ist noch gut in Schuss, wie es scheint.

Er wurde erst Tage später gefunden. Da hatten Temperatur und Maden schon ganze Arbeit geleistet. Offensichtlich ein tragischer Unfall. Der Leiter des Völkerkundlichen Museums der Vereinten Evangelischen Mission – Museum auf der Hardt – hatte auf einer einsamen Wanderung an der Anger das Zeitliche gesegnet. Schade, dass die Schlagzeile keinen »Mord am Hilinciweg« hergab. Aber wer will schon dem Ruhrgebiet Konkurrenz machen?

Ich habe eine viel bessere Leiche in petto. Eine echte Moorleiche aus den Beständen eines völkerkundlichen Museums, das ich aus nachvollziehbaren Gründen nicht namentlich nennen will. Obwohl mein Gehirn noch gut in Schuss ist, vergesse ich doch hin und wieder etwas. Ich wäre schön blöd, wenn ich ein Inventar anlegen würde. Wie auch? Es handelt sich samt und sonders um Stücke, die nicht dokumentiert sind. Es gibt sie also quasi gar nicht. Kein Mensch kann sie vermissen. Man glaubt gar nicht, wie viel Zeug in Museumsdepots und Sammlungen lagert, von dem niemand etwas ahnt! Vor allem: unsachgemäß lagert! Wie viele Exponate ich vor Schimmelbefall, Austrocknung oder Verfärbung habe retten müssen! Ich muss allerdings sagen, dass meine Sammlung durchaus themenbezogen ist. Man kann sich nicht für alles verantwortlich fühlen. Das Bergische ist eindeutig mein Schwerpunkt. Mindestens ein klarer Bezug dazu. Den ich natürlich – dazu bin ich mit den Finessen der Radiokohlenstoffdatierung nicht gut genug vertraut – nicht ganz exakt bestimmen kann. Aber die Moorleiche hatte immerhin einen Zettel an der Zehe – den ich selbstverständlich entfernt habe. Darauf stand: »Ende 13. Jh.« und »Worringer Bruch«. Eine von vier Leichen, die das Museum im Keller gelagert hatte und von denen niemand etwas ahnte. Ein bekanntes Haus, so viel möchte ich doch hinzufügen. Namen schaffen Vertrauen. Private Sammlungen, Vermächtnisse, Bestände kleinerer Museen, die irgendwann geschlossen werden, wandern in solche Deponien. Deren Leitungen in der Regel nicht über die Mittel verfügen, die nötig wären, um sachgemäß damit umzugehen. Keine Einzelfälle. Es steckt System dahinter. Uns fehlt die Wertschätzung dessen, was in der Vergangenheit passiert ist und uns ausmacht. Solange das so ist, werden wir Fehler immer wiederholen.

Wer weiß, wie viele Menschen auf der Flucht vom Schlachtfeld im Worringer Moor gelandet waren? Die Leiche war nackt und wies Verletzungen auf. Es passte halt. Wie der Tote in den moorigen Boden zu Füßen der Burg Gräfgenstein gelangen konnte, darüber sollten die Finder sich Gedanken machen. Vielleicht hatte jemand die gefledderte nackte Leiche vom Schlachtfeld geborgen und mitgenommen, um sie hier zu bestatten? Vielleicht hatte der Schwerverletzte auf der Flucht-Strecke noch gelebt, war erst hier verstorben und nach seinem letzten Atemzug entkleidet und an der Anger dem Moor übergeben worden? Warum überhaupt eine Flucht in Richtung Norden statt nach Südwesten? Ich habe die Leiche – um dem Kollegen eine Freude zu machen, der sie untersuchen würde – mit Insigne und Tuch des Luxemburger Hauses versehen. Einige meiner kostbarsten Sammlungsstücke. Vielleicht bin ich damit einen Tick zu weit gegangen? Nur: Man wird die Wahrheit sowieso nie herauskriegen. Aber viele Menschen werden sich den Kopf zerbrechen. Es wird einen großen Presserummel geben. DNA-Analysen. Der Hilinciweg wird in aller Munde sein. Man wird auf Worringen kommen. Nicht nur wegen der Beigaben. Man kann feststellen, aus welchem Moor der Körper stammt. Aber bis dahin wird er auch schon vollkommen von hiesigem Brackwasser durchtränkt sein. Sofern die Feuchtigkeit die lederne Haut noch durchdringen kann. Wie viele Jahre mag die Leiche im Trockenen verbracht haben? Fragen über Fragen. Ich bin gespannt, was man überhaupt herausfinden kann und welche Erklärungen zu den Befunden angeboten werden.

So gespannt, dass ich allmählich nicht mehr warten mag. Ich könnte Gullifaxi jederzeit auf unseren Spaziergängen ein wenig buddeln lassen und seine Entdeckung melden. Bis jetzt verbiete ich es ihm. Dabei weiß er genau Bescheid. Er war ja dabei, als ich die Worringer Moorleiche dem Angermoor übergab. Von selbst wird vermutlich niemand so bald auf die Idee kommen, Grund und Boden rund um die Burg Gräfgenstein archäologisch zu untersuchen.

Aber will ich wirklich riskieren, dass man am Ende einem Zusammenhang zwischen Fund und Finderin nachgeht?

FREIZEITTIPPS:

88 Kleiner Hellweg

Den uralten Handelswegen, die das Bergische in alle Richtungen durchziehen, muss endlich auch eine Anmerkung gewidmet sein. Hier beispielhaft dem Kleinen Hellweg oder Hilinciweg, dessen »großer Bruder«, der Westfälische Hellweg, durch das Krimifestival heute weit berühmter ist, zumal in dem Ruhrgebietsabschnitt, den er auf dem Weg von Duisburg nach Paderborn durchläuft. Weitere bekannte Hellwege sind: der Hellweg vor dem Santforde, der von den Niederlanden nach Bremen führt, der Sythener Hellweg zwischen Dülmen und Haltern am See, der Senne Hellweg von Paderborn über Augustdorf bis nach Iburg sowie der Hellweg unter dem Berg von Minden zur Ems und nach Holland. Namensdeutungen der Hellwege wurden in der Geschichte bereits eruiert.

Das Alter des Hilinciwegs geht vermutlich in die Jungsteinzeit zurück. Er führte von der Kölner Bucht über das Bergische Land, durch das Balkhauser Tal bei Hattingen, in der »Kölner Furt« über die Ruhr und von da nach Münster und Osnabrück. Bei Ratingen 92 war er aller Wahrscheinlichkeit nach identisch mit dem heutigen Hölenderweg, der Eggerscheidt durchquert. Ein Straßendorf, das sich nahe der Burg Gräfgenstein entlang der bereits vor der Besiedlung bestehenden Wegverbindung von Ratingen nach Heiligenhaus 15 entwickelte. 1361 wurden die Adligen von Eggerscheidt erstmalig urkundlich erwähnt, der Ort selbst erst 1539. Die Besiedlung begann aber mit Sicherheit schon hundert Jahre früher. War die Landwirtschaft ursprünglich die Haupterwerbsquelle, kamen im 18. und 19. Jahrhundert

Arbeiten in den nahe gelegenen Steinbrüchen dazu. Mit zunehmender Industrialisierung fanden die Dorfbewohner Lohn und Brot in den Ratinger Fabriken. Der ursprüngliche Charakter des Hölenderwegs blieb erhalten: Die ältesten Häuser, denkmalgeschütztes Fachwerk, reihen sich wie Perlen einer Schnur aneinander. In dem historischen Landgasthaus »Kessel am Pött« am Hölenderweg 43 weist ein Schild an der Fassade auf die Geschichte des Hauses hin. Das ursprünglich zweigeschossige Fachwerkgebäude sei im 18. Jahrhundert mit einer Bruchsteinfassade versehen und im 19. Jahrhundert durch einen Backsteinanbau erweitert worden. 1987–88 seien die verputzte Außenfassade und der Fachwerkgiebel freigelegt worden. Tatsächlich, so der Wirt, solle das Gebäude früher ein Bauernhof gewesen sein, in dem schon Kaiser Barbarossa (1122–1190) abgestiegen sei, um seine Pferde zu tränken.

Erst nach dem Zweiten Weltkrieg sei es als Gasthaus genutzt worden. Davor Polizeistation, und in der Scheune habe man Kaffee gebrannt. Das aktuelle Inhaberpaar heißt Pilger mit dem Bild einer Jakobsmuschel willkommen. Ja, der Hilinciweg ist hier auch Pilgerweg. Alternativ können durstige Wandersleute im Landgasthaus Eggerscheidt einkehren und sich bei gutem Wetter im Biergarten stärken. Sehenswert ist zudem der »Hof zum Hof«, ein zweigeschossiges Bruchsteingebäude aus der ersten Hälfte des 18. Jahrhunderts. Das Gut selbst wurde bereits 1634 als »Freier Hof« im Rentbuch des Amtes Angermund aufgeführt.

Rundherum viel Natur, Wanderwege und einige Reiterhöfe. Und das Angertal, dessen Bachbett parallel zum Hilinciweg verläuft. Entlang der Anger muss es im Mittelalter viele befestigte Höfe oder Adelssitze gegeben haben, die vermutlich den Warenverkehr des Handelswegs sichern sollten. Ab Ende des 12. Jahrhunderts müssen sie nach und nach in den Besitz der Grafen von Berg gelangt sein.

89 Museum Auf der Hardt

Auf der Hardt, in einem der schönsten Stadtparks Wuppertals 32, hatte bis 1807 der Kahlschlag regiert. Die einst bewaldete Anhöhe war weitgehend abgeholzt worden, ehe der Elberfelder 45 Arzt und Schriftsteller Johann Stephan Anton Diemel (1763–1821) sich für eine Wiederaufforstung und Umgestaltung des Geländes zu einem Landschaftsparkgarten einsetzte. Der Elberfelder Verschönerungsverein führte das Vorhaben fort. Gegen Ende des 19. Jahrhunderts entstand ein Botanischer Garten. Neben dem 1838 zunächst als Sternwarte errichteten, ab 1850 als Aussichtsturm öffentlich zugänglichen Elisenturm wurde 1907 der Bismarckturm auf der Hardt erbaut. Kaum 800 Meter entfernt liegt ein Völkerkundemuseum. Es befindet sich im Gebäude der Tagungsstätte Ökumenische Werkstatt der Vereinten Evangelischen Mission. Vorgängerorganisationen waren die Rheinische Mission (ab 1828) und die Zaire-Mission (ab 1965). In der Vereinten Evangelischen Mission haben sich fast 40 verschiedene protestantische Kirchen aus Asien, Afrika und Deutschland zusammengeschlossen. Seit 1998 hat sie als Teil der Museumsstiftung Wuppertal die Aufgabe übernommen, die Sammlung und das Archiv der Vereinten Evangelischen Mission zu erfassen, pflegen und Wissenschaft, Forschung und Lehre zugänglich zu machen. Der Bestand des Museums umfasst Kult- und Gebrauchsgegenstände aus Afrika und Asien wie Masken, Schmuck, Waffen oder Statuen, die die Missionare in der Anfangszeit als Erinnerungsstücke und Anschauungsmaterial von ihren Einsätzen mitgebracht hatten. Zu keiner Zeit gab es Moor- oder andere Leichen im Bestand des Museums, der sorgfältig inventarisiert wurde. Auch wurde kein Leiter des Museum je ermordet, geschweige denn eine Mörderin hier beschäftigt.

90 Burg Gräfgenstein

1254 wurde die Burg hoch über dem Angertal urkundlich erstmalig erwähnt, 1361 den Adligen von Eggerscheidt zugeordnet. Sie diente vermutlich als Ministerialensitz und militärischer Stützpunkt der Grafen von Berg. Um 1457 findet sich der Name »Grevensteyne«, eine andere aus dem 15. Jahrhundert überlieferte Schreibweise ist »Griffgenstein«. 1598 heißt die Burg wieder »Gräfgenstein«. Die exponierte Lage an einem natürlichen Bach-Grenzverlauf – der das Herrschaftsgebiet derer von Berg von dem der Kölner Erzbischöfe trennte – und dicht an dem wichtigen Handelsweg sicherte den Wohlstand der Besitzer, die nicht nur von Zolleinnahmen profitierten, sondern denen man auch Raubrittertum nachsagte. Die zur Burg gehörigen Ländereien und Waldgebiete sorgten für den Lebensunterhalt. Heute ist die Burg in Privatbesitz und wird als landwirtschaftlicher Betrieb genutzt, ist daher nicht für Besucher zugänglich. Man kann sie jedoch auf einem Höhenweg am Angertal umrunden, dabei einen Blick in den Innenhof werfen und den viergeschossigen Turm mit einer Traufhöhe von 13,30 Meter bewundern, der inzwischen nur noch im Erdgeschoss bewohnt wird. Im zweiten Obergeschoss befinden sich Reste einer wohl mittelalterlichen Kaminanlage. Die Bruchsteinmauer im Nordwesten des Baudenkmals stammt möglicherweise ebenfalls aus dem Mittelalter, wurde aber bislang nicht untersucht.

Wer mehr unternehmen will als den Spaziergang von Eggerscheidt zur Burg und zurück an Pferdekoppeln und Feldern vorbei, dem sei eine Wanderung zur Auermühle im idyllischen Angertal in Richtung Ratingen 92 empfohlen.

91 Auermühle

»Liebevoll!« nennt sich der Gastronomiebetrieb in der Auermühle. »Imposant« wäre der Größenordnung entsprechend durchaus auch zutreffend, aber Einrichtung, Außenbereich und Verköstigung sind tatsächlich mit viel Liebe gestaltet. Im 16. oder 17. Jahrhundert muss es bereits einen Vorgängerbau der Mühle gegeben haben. Ab 1895 diente das Gebäude allerdings nur noch als Kornbrennerei. Nachdem diese 1900 abbrannte, wurde 1905 das heutige Backsteingebäude errichtet, das seither gastronomisch genutzt wird. Nach mehrfachem Besitzerwechsel wurde es 1977 vom Zweckverband »Erholungsgebiet Angerland« denkmalgerecht restauriert und 1995 in private Hände gegeben, 2001 erneut kernsaniert und das Restaurant »Liebevoll!« eröffnet. In der Folgezeit erhielt es einen Veranstaltungssaal, ein Gästehaus, im Außenbereich eine Grillstation, einen Kinderspielplatz und ein Beachvolleyballfeld, der Teich auf dem Grundstück wurde renaturiert und das Anwesen mit vielen weiteren baulichen Maßnahmen für Einzelbesucher, Gruppen und Veranstaltungen attraktiv gestaltet. Ein besonderer Fokus liegt auf regionalen, saisonalen frischen und selbst gemachten Speisen. So gibt es eine eigene Kaffeerösterei, verschiedene Eissorten, Kuchen, Nudeln werden selbst hergestellt und ein Bienenvolk sorgt für eigenen Honig.

Rund um die Auermühle findet sich ein ganzes Netz von gut ausgeschilderten Wanderwegen in der Auenlandschaft der Anger, dem »Landschaftsschutzgebiet Anger Wald«. Weitere erhaltene Mühlen an der in Wülfrath **61** entspringenden Anger sind die Angermühle in Ratingen **15** und die Hofermühle in Heiligenhaus **15**.

Übrigens: Nach dem Zweiten Weltkrieg war die idyllische Gegend ein beliebtes Ausflugsziel und impressionistisches Studienobjekt der Düsseldorfer Malerschule.

92 Ratingen

In unserer Zeit wird die niederbergische Region nur noch bedingt als dem Bergischen Land zugehörig verstanden, oft eher dem Rheinland oder dem Ruhrgebiet zugeschlagen, obwohl sie als Verwaltungseinheit nach wie vor zum Bergischen gehört. Die Bedeutung der Befestigungen entlang der Angerlinie in Hinsicht auf die Konkurrenz zwischen dem Haus Berg und den Kölner Erzbischöfen, die in der Schlacht bei Worringen (1288) ihren blutigen Höhepunkt fand und die Macht der Bergischen zementierte, ist vielen kaum noch bewusst und sollte deshalb mit dem »Mord am Hilinciweg« gewürdigt werden.

Die ersten Zeugnisse von Menschen auf heutigem Ratinger Gebiet, der größten Stadt des Kreises Mettmann, stammen von vor der letzten Eiszeit. Ob die Region damals schon besiedelt war, kann man daraus nicht schließen. 2.500 Jahre alte Gräber im Ratinger Zentrum lassen vermuten, dass die Gegend um die Schnittstelle des Hilinci-Handelswegs, des Handelswegs Mauspfad zwischen Köln und dem Niederrhein sowie des Heiligenwegs zwischen Rhein und Bergischem Land bewohnt war. Eine Schlacht zwischen Franken und Sachsen in jener Zeit ist überliefert. Urkundliche Erwähnung fand »Hratuga«, das vom Wortursprung auf eine »Rodung«, aber genauso gut auf die »Siedlung des Hratan« zurückzuführen sein könnte, erstmalig 849. Seit dem Mittelalter im Besitz des Hauses Berg, verlieh Graf Adolf V. der Siedlung unmittelbar vor der Worringer Schlacht im Jahr 1276 die Stadtrechte, woraufhin rundum mächtige Mauern mit 15 großen Verteidigungstürmen – von denen heute noch drei erhalten sind – und breiten Wassergräben errichtet wurden. Die Wasserburg-Wehranlage Haus zum Haus 95, die als Keimzelle von Ratingen gilt, stammt aus demselben Jahr.

Der Beiname »Dumeklemmerstadt« (»Daumenklemmerstadt«) erinnert an eine Vorliebe zu martialischen Justizmaßnahmen: an die Daumenschrauben im Mittelalter, um Geständnisse zu erzwingen. Als Sitz der Gerichtsbarkeit lag der Brauch gewissermaßen auf der Hand – dem Sitz des Daumens. Vor der im 13. Jahrhundert errichteten romanischen Kirche St. Peter und Paul, die im 19. Jahrhundert ein neogotisches Querhaus erhielt, steht heute der »Dumeklemmerbrunnen«, der drei Kinder mit platten Daumen zeigt. Auch die Ratinger Spezialität »Dumeklemmer«, daumengroße pikante Mettwürstchen, erinnert daran. Das jährliche »Dumeklemmerspektakel«, das im Rahmen eines mittelalterlichen Markts aufgeführt wird, greift hingegen auf eine Legende zurück: Dem Heiligen Suitbertus soll das Ratinger Stadttor vor der Nase zugeschlagen worden sein, als er die heidnischen Einwohner missionieren wollte, wobei er sich den Daumen einklemmte und die Bewohner verfluchte. Da Suitbertus ein halbes Jahrtausend vor der Befestigung der Stadt lebte, ist der Wahrheitsgehalt der Geschichte allerdings mehr als strittig.

Im Dritten Reich wird Ratingen gleich zweifach mit Gestapo-Endphaseverbrechen in Verbindung gebracht: Im Kalkumer Wald wurden elf Zwangsarbeiter hingerichtet und verscharrt, bevor die Stadt sich am 17. April 1945 kampflos den US-Truppen ergab – nach dem Suizid des Ruhrkessel-Kommandeurs Walter Model in einem Wald bei Ratingen-Lintorf. Nur vier Tage zuvor, am 13.04., hatte er noch die Liquidierung von 71 Lüttringhauser **30** Häftlingen in der Wenzelnbergschlucht bei Langenfeld **108** angeordnet.

Wirtschaftlich dominierte während des Mittelalters in dem 1511 zur Residenzstadt erklärten Ratingen die Schmiede- und Schleifindustrie. Auch nach der fast vollständigen Vernichtung der Stadt durch den 30-jährigen Krieg und die Pest war es die Eisenindustrie, die im 19. Jahrhundert zu neuer wirtschaftlicher Blüte führte. Zuvor hatte ein Elberfelder **45** Unternehmer 1783 mit dem Haus Cromford **94** bereits Textilhistorie geschrieben.

93 Blauer See

Für Familien mit Kindern ist das Gebiet rund um den »Blauen See« seit Beginn der 50er-Jahre ein beliebtes Ratinger Freizeitziel. Wer gut zu Fuß ist: Von hier aus ist das Haus Cromford **94** nur 600 Meter entfernt, zum Haus zum Haus **95** sind es 1,3 Kilometer, zur Auermühle **91** 2,2 Kilometer, zur Burg Gräfgenstein **90** 3,8 Kilometer, und wer den Kleinen Hellweg **88** nach Heiligenhaus kennenlernen will, muss knapp 10 Kilometer bewältigen.

Der »Blaue See« ist ein ehemaliger Kalksteinbruch, der 1932 aufgegeben wurde, woraufhin er sich mit Grundwasser füllte. Im Eingangsbereich zu dem Areal sind Reste von drei Trichteröfen zu bestaunen, in denen Kalk gebrannt wurde. Die ehemaligen Steinbrüche sind heute ein geologisches Naturdenkmal. Auf dem höher gelegenen »Grauen Loch« werden seit 1949 auf einer überdachten Freilichtbühne vor bis zu 1.200 Zuschauern sowohl Shakespeare- wie Kinder- und Märchentheaterstücke aufgeführt. Daneben gibt es Konzerte, Volkstanztreffen und mittelalterliche Ritterspiele, die bis zu 10.000 Besucher auf das Gelände locken.

Ebenfalls in den Sommermonaten können Ruder-, Tret- und elektrisch angetriebene Boote ausgeliehen werden, um den See zu befahren. Angeln und Tauchen ist nur nach Voranmeldung erlaubt. Bei guten Sichtverhältnissen soll unter der zwei Hektar großen Wasseroberfläche sogar noch eine Lore am Boden des Sees zu entdecken sein.

Der Märchenzoo mit Ziegen, Eseln und Schweinen samt angrenzendem Wildgehege wurde bereits in den 50ern angelegt, in den 60ern kamen ein Minieisenbahngelände und die »Erlebniswelt« dazu, in der von Bobbycars bis zu kleinen Elektroautos alle möglichen Gefährte ausgeliehen und auf einer Scooterbahn ausprobiert werden können. Daneben gibt es einen großen Spielplatz, eine Seillandschaft und die Möglichkeit zum Ponyreiten. Und natürlich ein gastronomisches Angebot vom einfachen Imbiss bis zum Essen à la carte im Waldcafé mit Seeterrasse.

94 Haus Cromford

Die erste vollmechanische Baumwollspinnerei auf dem europäischen Kontinent entstand 1783/84 nach englischem Vorbild durch den Wuppertaler 32 Kaufmann und Unternehmer Johann Gottfried Brügelmann (1750–1802) in Ratingen 92. Er kopierte den von dem Engländer Richard Arkwright (1732–1792) 1771 in Cromford bei Derby errichteten technologisch revolutionären mit Wasserkraft betriebenen Spinnrahmen, der erstmalig die Massenfabrikation von Garnen ermöglichte. Ursprünglich lag das Antriebsrad, das von dem Wasser der Anger gespeist wurde, im Inneren des Fabrikgebäudes und hielt über Transmissionsriemen die Spinnmaschinen in der ersten und zweiten Etage des fünfstöckigen Gebäudes am Laufen.

1790 wurde das spätbarocke Herrenhaus samt Park fertiggestellt, in dem Brügelmann mit seiner Familie residierte. Sein unternehmerisches Wirken war für die damalige Zeit richtungsweisend. Nicht nur was die überregionale Orientierung anging, sondern auch die Arbeitsbedingungen. Durch den Bau von Betriebswohnhäusern erreichte er eine hohe Bindung an die Fabrik. Unter mehreren hundert Beschäftigten schufteten im Jahr 1824 150 Kinder im Alter von sechs bis 16 Jahren zwölf Stunden an den Maschinen. Nach der Einführung der allgemeinen Schulpflicht 1835 richtete sein Enkel, Moritz Gottfried Brügelmann (1849–1920), eine Fabriklehranstalt ein: 100 Schüler und Schülerinnen kamen auf einen Pädagogen. Die Kinder mussten für die Teilnahme am Unterricht an vier Abenden die Woche eine halbe Stunde länger arbeiten und drei bis vier Silbergroschen von ihrem Lohn abgeben. 1890 geriet das Unternehmen in wirtschaftliche Schwierigkeiten, wurde verkauft und in den 1920er-Jahren in eine Genossenschaft umgewandelt. Die von Johann Gottfried Brügelmann angelegte barocke Grünanlage hatte der Kommerzienrat Carl Poensgen bereits zuvor, im Jahr 1906, von seinem Schwiegersohn Moritz Brügelmann erworben. Er baute ihn zu einem englischen Landschaftspark um und erweiterte ihn. Der Cromford- oder Poensgenpark ist seit 1977 öffentlich zugänglich. Er wurde 2005 als exzellenter Park in die Straße der Gartenkunst zwischen Rhein und Maas aufgenommen.

Als der Betrieb 1977 stillgelegt wurde, war die Anlage mit der fünfstöckigen »Hohen Fabrik«, den Arbeiterwohnungen, dem Kontor und dem Radhaus für das Wasserrad im Kern noch fast vollständig erhalten. Nach und nach wurden jedoch die moderneren Fabrikbauten abgerissen und durch ein Villenviertel überbaut. 1983 beschloss der Landschaftsverband Rheinland, in den ursprünglichen Kerngebäuden ein Industriemuseum – die Textilfabrik Cromford – einzurichten, das 13 Jahre später eröffnet wurde. Heute wird in dem Herrenhaus unter anderem die Möglichkeit geboten, standesamtlich zu heiraten.

Auf dem Museumsweg, der direkt hinter dem Fabrikgebäude beginnt, informieren Metalltafeln über die Garnbleiche auf den Angerwiesen, über das Landschaftsschutzgebiet Angertal und die ehemalige Bahntrasse zum Transport von Kohle und Rohbaumwolle, die heute als Wanderweg zum »Blauen See« 93 genutzt wird.

95 Haus zum Haus

Nicht nur Romantiker wird die Ratinger 92 Wasserburg Haus zum Haus verzaubern. Mitten in einer grünen Parkanlage führt eine steinerne Brücke über einen Burggraben. Durch ein imposantes Portal gelangt man auf das hervorragend restaurierte Burggelände, von dem aus man wiederum über eine ehemalige Zugbrücke die Hauptburg mit ihrer Torburg und drei Rundtürmen betreten kann. Im Innenhof laufen Pfauen frei herum. Hier sind ein Sportstudio und ein Restaurant untergebracht, außerdem Wohnungen. Auf dem Gelände der Vorburg stößt man zwischen bunten Blumenrabatten und blühenden Büschen auf Skulpturen moderner Künstler. Die ehemaligen Stallungen wurden zu einem Kulturzentrum umgebaut, in dem Konzerte und andere Veranstaltungen stattfinden. Ein Nebenausgang führt in den Poensgenpark, der an das Haus Cromford 94 grenzt.

Weiter oben wurde bereits angemerkt, dass die Burg mit der Geschichte der Stadt eng verknüpft ist. Schon im 9. Jahrhundert muss an ihrer Stelle eine Turmhügelburg in Holzbauweise, eine sogenannte Motte, gestanden haben. Mit der Gründung der Stadt im Jahr 1276 errichtete das Geschlecht zum Haus sich hier eine standesgemäße Burg aus Stein mit markanten Türmen. 1474 erweiterte Johann zum Haus, Marschall des Herzogs von Berg, die Anlage zum ersten Mal. Im 16. Jahrhundert wurde die Vorburg dann um ein Rentmeisterhaus, Ställe und Wirtschaftsgebäude im Stil der Gotik und Renaissance ergänzt.

Nach wechselvoller Geschichte und mehrfachem Eigentümerwechsel war die Burganlage 1972 so heruntergekommen, dass der damalige Besitzer Graf von Spee sie der Stadt Ratingen schenkte, die sie einem Architekten in Erbpacht überantwortete. Zehn Jahre lang restaurierte und baute dieser sie aus und legte die Freianlagen an. Seine denkmalpflegerische Leistung wurde zu Recht mehrfach ausgezeichnet.

9. BLÜTEN-BLUES

Er hatte sie neulich schon einmal gesehen. Genau! Auf dem Konzert in Burscheid 96 im Alten Badehaus 97 . Das Bild des Mädchens, das, an eine der Säulen gelehnt, ihn den ganzen Abend beobachtet hatte, tauchte vor seinem inneren Auge auf, legte sich über die Gestalt, die vor ihm die Straße überquerte. Die Haarfarbe. Der Aufdruck auf dem T-Shirt. Als Schlagzeuger wurde er selten beachtet. Saß halt in der zweiten Reihe. Schwarz gekleidet vor schwarzem Bühnenhintergrund. Für den Grundrhythmus zuständig, der die anderen trug. Unsichtbar. Robbie, Gesang, Gitarre und Harp, und Mikael am Kontrabass wurden immer angeschmachtet. Auch Felines regenbogenfarbene Dreadlocks am E-Piano zogen Blicke auf sich. Er selbst nur, wenn Robbie beiseitetrat und ihm die Möglichkeit für ein Solo gab.

Bei dem Mädchen war es anders gewesen. Was hatte sie an ihm gefunden? Sie wirkte sehr jung und zerbrechlich. Hautenge Jeans, schwarzes T-Shirt mit Lafawndah-Schriftzug, rote Haare – mit Sicherheit Natur, denn die elfenbeinfarbene Haut mit den unzähligen Sommersprossen passte dazu –, große Augen, lange schmale Finger, mit denen sie gelegentlich Strähnen zurückstrich, die ihr über die Augen rutschten. Er hatte überlegt, ob sie selbst Drummerin war. Hätte sie gerne gefragt. Aber als der Applaus geendet hatte, war sie weg gewesen. Er war sich im Nachhinein sicher, dass die Frau, die die meiste Zeit in ihrer Nähe gestanden hatte, ihre Mutter sein musste. Sie hatte das Mädchen an der Hand gefasst und zum Ausgang gezogen. Ganz ähnlicher Typ, nur etwas kräftiger gebaut, mit Batik-Walle-Walle-Kleid. Typisches Badehaus-Publikum: öko, alternativ, mittleres Alter.

Jetzt saß sie ihm gegenüber in der Bahn. Eigentlich war er auf dem Weg nach Opladen 98 gewesen, wo die Band im frisch renovierten Haus der Jugend 99 in der Neuen Bahnstadt 100 einen möglichen Proberaum begutachten wollte. Hatte den 239er an den Goetzewerken 101 genommen. In Höhe von Pattscheid 102 klingelte ihn Feline an. Der Termin wäre abgesagt. Er ärgerte sich, verließ den Bus trotzdem nicht in Bergisch Neukirchen 103 , fuhr stattdessen weiter, überlegte, wozu er den verpatzten Nachmittag in Opladen nutzen konnte. Am Bahnhof fiel ihm ein, er hätte an der Talstraße aussteigen können, am KAW 104 vorbeigucken, einen Konzerttermin ansprechen. Aber gut, die Strecke konnte er auch zurücklaufen. Da hatte er sie vor sich auf dem Zebrastreifen in Richtung Bahnhof gesehen und war ihr gefolgt, ohne nachzudenken, was er damit bezweckte. War hinter ihr in die RB 48 eingestiegen, hatte auf dem Sitz ihr gegenüber Platz genommen, suchte ihren Blick, fand ihn, sagte: »Wir kennen uns, nicht wahr?«

Sie wurde fast so rot wie ihre Haare. »Du bist der Schlagzeuger von dieser Bluesband.«

Er wies mit dem Kinn auf den Lafawndah-Aufdruck. »Du stehst eigentlich auf andere Musik.«

Das Rot vertiefte sich. »Ihr macht geilen Scheiß.« Nach einer Pause: »Du hast es echt drauf.«

Sie sprachen über Musik, bis sie in Leichlingen 105 ankamen, bis zur Oskar-Erbslöh-Straße 106 , wo sie beide ausstiegen. Sie hatte tatsächlich Schlagzeugunterricht gehabt, es aber vor über einem Jahr abgebrochen. Auf die Frage, warum, zuckte sie die Schultern.

»Wo musst du hin?«, fragte er.

»Pack mich nicht an!«, sagte sie.

»Wieso sollte ich?«, gab er zurück, erschrocken über die Heftigkeit, mit der es aus ihr herausgebrochen war. Es klang nach einem Hilfeschrei.

Sie schlug den Blick nieder. »Zur Wietsche« 107, sagte sie. Die Stimme wirkte belegt.

»Ist es okay, wenn ich dich begleite?«

Sie ließ ihn neben sich gehen, achtete darauf, dass er Abstand hielt.

Was sie mache, wollte er wissen. Schule? Ausbildung?

Sie sei noch krankgeschrieben, sagte sie. Helfe der Mutter aus. Die habe einen Demeter-Bauernhof. Biologisch-dynamische Landwirtschaft. Irgendein anthroposophischer Quatsch, verstand er. Dass sie sehr an ihrer Mutter zu hängen schien.

An der Zufahrt zu einem Grundstück voll blühender Apfelbäume blieb sie stehen.

»Na denn«, sagte sie.

Er sah sie nicht an. »Verrätst du mir deine Nummer?«

»Was für eine Nummer?«, gab sie zurück.

»Na, deine. Deine Telefonnummer.«

»Vielleicht sagst du mir erst mal, wie du heißt.«

»Sorry. Arfeus.«

»*Was?*«

»Arfeus.«

Sie lachte. »Deine Eltern haben wohl zu viel World of Warcraft gespielt.«

Er zuckte die Schultern. »Sie behaupten, sie wären vorher drauf gekommen. Für den Standesbeamten hab ich dann noch einen zweiten Namen gekriegt. Milan.«

»Na, so viel häufiger ist der auch nicht.«

»Wie heißt du denn?«

»Peridike.«
»Was?«
»Mir haben sie als Zweitnamen Flora verpasst.«
»Auch ein bisschen schräg.«
»Du und ich, wir sind halt 'ne besondere Nummer.« Sie zückte ihr Smartphone, hielt es ihm hin und sagte: »Tipp deine ein.«

Er tat's. Sie klingelte ihn an, winkte und lief zu dem Haus hinter den blühenden Apfelbäumen.

Er fuhr aus der Blütenstadt Leichlingen zurück in die Musikstadt Burscheid und fühlte sich glücklich wie nie im Leben zuvor.

Ein Glück, das auf einem Fundament von Traurigkeit fußte, wie er im Zuge der vorsichtigen Annäherung nach und nach verstand. Sie hatte einen Entzug hinter sich. War von zu Hause abgehauen, monatelang untergetaucht.

»Und wovon hast du gelebt?«
»Wovon wohl!«

Sie saßen im Garten. Erschöpft von der Arbeit in den Gemüserabatten. Natürlich war er als Musiker auf Nebenjobs angewiesen. Peridikes Mutter wiederum war auf Hilfe angewiesen. Es passte einfach. Offensichtlich war einiges aufzuholen.

»Alles meinetwegen.« Peridike hatte Tränen in den Augen, als sie Arfeus erzählte, ihre Mutter habe den Hof monatelang vollkommen vernachlässigt wegen der Suche nach ihr. »Ohne sie wäre ich aus dieser Scheiße nie rausgekommen.«

Als er sie zum ersten Mal in den Arm nehmen durfte, konnte sie nicht aufhören zu zittern. Mehr als das passierte gar nicht an dem Tag, als dass er sie in den Arm nahm, ihr Zittern spürte und sie sanft auf den Scheitel küsste. Ihren

Geruch in sich aufnahm, intensiver denn je. Erdig-herb mit einer unglaublich süßen Note. Apfelblüte? Es spielte keine Rolle. Es war ihr Geruch und er wusste, er wollte ihn nie mehr missen.

Als er sie schließlich die ganze Nacht im Arm halten durfte, war er es, der zitterte. Mehr als das passierte gar nicht in der Nacht, als dass sie sich im Arm hielten, zitterten, sich küssten und den Geruch des anderen genossen.

Er hatte längst verstanden, dass sie sich prostituiert hatte. Auch, wie es dazu gekommen war. Eine Loverboy-Story. Hadrian hieß er. Der sie angefixt, gefügig gemacht, mit Drogen versorgt und einem Bordell zugeführt hatte. Der »Casa Stiletto« in Langenfeld [108].

Es spielte keine Rolle. Sie waren glücklich. Einen ganzen Sommer lang.

Bis Arfeus eines Tages eine Nachricht entdeckte, die nicht an ihn gerichtet war. Peridike war frühmorgens aus dem Bett und ins Badezimmer geschlüpft, als ihr Telefon auf dem Nachttisch vibrierte. Arfeus langte im Halbschlaf danach. »Hadrian« stand da. Er drückte es weg, pfefferte das Handy in die Ecke. Sprach nicht mit ihr darüber. Aber das Gift des Misstrauens tröpfelte in ihr Miteinander. Breitete sich aus. Die Ernte war eingefahren, die Tage wurden kürzer, es fröstelte. Auch zwischen ihnen.

Als er eines Tages aus dem Probenraum trat und sein Smartphone einschaltete, war da keine Nachricht von ihr. War irgendwas mit der Verbindung? Er schüttelte es. Als könnte er sie so wiederherstellen. Nichts. Auch zu Hause über WLAN: Nichts. Er rief sie an. Teilnehmer leider nicht erreichbar. Er rief die Mutter an. Die weinte. Sie hätte gedacht, Peridike sei mit ihm unterwegs. Polizei? Sie war volljährig. Die würden erst reagieren, wenn ein paar Tage verstrichen wären. Er fuhr in die Wietsche. Sie durchsuchten ihr Zimmer. Papiere, einige Klamotten waren weg. Er lief zu der Haltestelle des 257 am Alten Rathaus [109], der zur Erlöserkirche [110] fuhr. Hinter dem Further Moor [111] stieg er aus. Wild entschlossen, sich in den Sumpf zu wagen. Die Unterwelt. Die Leuchtreklame wies ihm den Weg. Rot wie Peridikes Haar, dachte er. Was sollte er sagen? Wenn er sich nach ihr erkundigte, würden sie ihm mit Sicherheit keine Auskunft geben. Vermutlich arbeitete sie unter einem Künstlernamen. *Künstlernamen!* Es schüttelte ihn. Aber brachte ihn auf eine Idee. Er ging rein, fragte nach dem Eventmanager. Bot einen Auftritt an. Der Mann schien angetan. »Blues klingt nicht schlecht«, sagte er. »Schmusemusik.« Das Honorar klang auch nicht schlecht.

Natürlich erzählte er der Band nichts von Peridikes Vergangenheit, schon gar nichts von ihrem Verschwinden. Es hätte alles nur verkompliziert.

»Hast du einen Knall?«, fragte Feline. »Ich will ja nicht mit der Moralkeule kommen. Aber …«

»Zu einer besseren Welt gehört, dass Bordelle toleriert werden«, unterbrach Robbie sie. »Erst wenn man die Existenz solcher Etablissements enttabuisiert, kriegt man die Beschäftigungsverhältnisse aus der Illegalität raus.«

»Warum nicht mal so was ausprobieren?«, meinte Mikael. »Auf jeden Fall eine ungewöhnliche Aktion. Was haltet ihr davon, wenn wir die Gage spenden? An Sisters e.V., die unterstützen Frauen beim Ausstieg aus der Prostitution.«

»Krass.« Feline schwankte noch. »Das sagen wir denen aber besser nicht.«

»Klar sagen wir das an. Das sorgt für Presse. Was meinst du, wie das zieht!« Robbie grinste.

Die Bude war brechend voll. Der Gastgeber dankte feixend für die kritische Presseberichterstattung im Vorfeld, die offenbar viel Publikum angelockt habe. Sehr gemischtes Volk. Ein paar Fans, überwiegend junge Leute, klar. Viele mittelalte Männer, die mit Sicherheit nicht zum ersten Mal die heiligen Hallen betreten hatten. Aber auch Frauen. Die meisten im gleichen Alter wie die Männer, gut angezogen, sahen sich neugierig um. Auf den Barhockern und im Hintergrund spärlich bekleidete Frauen oder Mädchen aller Altersklassen, die kamen und gingen. Offensichtlich waren sie nicht freigestellt worden für den Anlass, sondern guckten nur zwischen den Einsätzen von Zeit zu Zeit rein. Peridikes Mutter war die einzige Eingeweihte. Sie hatte darauf gesetzt, dass sie Frauen wiedersehen würde, die sie von der letzten Suche nach Peridike kannte. Die Fluktuation sei groß, sagte sie. Nicht nur, weil einige nur nebenberuflich anschafften. Viele der Professionellen rotierten zwischen verschiedenen Dependancen oder würden an andere Betreiber verkauft. Nein, nicht verkauft, sie nannten es »vermittelt«. Natürlich floss dabei Geld. So was wie eine Ablösesumme. Daher könnte man nicht unbedingt davon ausgehen, dass Peridike überhaupt hier sei. Als sie das erste Mal abgehauen war, hatte man sie dauernd rumgereicht. Die Kunden wollten halt Frischfleisch. Man müsse extrem vorsichtig sein, was man sagte, es gebe sofort Gerede.

Er sah sie im Gespräch mit einer der Frauen. Kurz darauf zeigte sie ihm einen hochgereckten Daumen und wies auf den Bühnenaufgang, hinter dem der Backstagebereich lag. Arfeus verstand es so, dass sie ihn da nachher sprechen wollte. Umso verblüffter war er, als dort – *Peridike* saß! Und erschrocken. Sie war vorher schon zerbrechlich gewesen. Jetzt schien sie aus Haut und Knochen zu bestehen.

Feline steckte hinter ihm den Kopf in die Garderobe. »Drüben steht ein Buffet für uns!«, stutzte, sagte: »Hallo, Peridike, ich hatte dich noch gar nicht gesehen!«

»Hei.« Peridike lächelte.

Arfeus rief: »Wir kommen gleich!« Feline war schon weg.

Peridikes Lächeln gefror. »Ich kann nicht«, sagte sie. Entblößte ihren Arm. »Sie haben mich wieder an der Nadel. Es ist sinnlos.«

»Scheißegal«, sagte Arfeus. »Du kommst mit. Wir sorgen für dich.«

»Für'n Arsch«, sagte sie wütend. »Ich werde euer Vertrauen missbrauchen. Euch beklauen. Abhauen. Immer wieder. Seht lieber zu, wie ihr euch vor mir schützen könnt.« Sie weinte lautlos.

»Pass auf«, sagte er und wies mit dem Daumen hinter sich. »Wir gehen jetzt sofort durch diese Tür und zum Ausgang. Kein Mensch kann uns aufhalten. Deine Mutter ist mit dem Auto hier. Wir fahren dich nach Hause. Zu ihr, zu mir, ans Ende der Welt – wohin du willst.«

Er sah ihre geweiteten Augen, spürte einen Luftzug hinter sich, hörte die Geräuschkulisse im Saal aufbranden. Noch bevor er dem Impuls, sich umzudrehen, nachgeben konnte, sah er Peridike auf sich zuhechten. Mit ausgestrecktem Arm. Ein Messer! Er ließ sich fallen, kippte zur Seite, knallte mit dem Kopf gegen etwas Hartes, hörte ihren Schrei: »Hadrian!«, sah Sterne, eine Stimme brüllte, ein schwerer Körper plumpste auf ihn, ein kurzes, hartes Ploppen, ein stechender Schmerz im Brustbereich. »Ein Schuss«, dachte er. »Ich wurde erschossen.«

Alles wurde schwarz.

Sirenen weckten ihn. Polizei? Feuerwehr? Jemand rüttelte an seinen Schultern, eine Frau schluchzte und schrie:

»Arfeus! Peridike!« Und immer wieder: »Arfeus! Peridike!« Sie ließ ihn los, kroch zu einer Bahre, die neben ihm abgestellt worden war. Herabhängende rote Haare. Zwei Menschen mit Warnwesten, die sich darüber beugten. Weitere Warnwestenmenschen bemühten sich um eine muskulöse Gestalt rechts von ihm am Boden. Er konnte nur eine Schulter und einen Teil des Rumpfs erkennen. Und sehr viel Blut.

»Peridike!«, wollte er rufen, hörte jemanden lallen. War er das?

Die Mutter, die neben der Bahre kniete, wandte sich um und schüttelte den Kopf.

Arfeus ließ sich zurücksinken. Versuchte seine Gedanken zu ordnen. »Sie ist tot«, dachte er. »Wir sind in der Unterwelt. Griechisches Wort mit sieben Buchstaben. Tartalus. Oder Tantalus? Was ist schlimmer? Nicht mehr zurück zu können? Zurück zu müssen?«

Sein Blick fiel auf die Pistole neben sich auf dem Boden.

FREIZEITTIPPS:

96 Burscheid

Burscheid liegt zwischen Odenthal 10, Leverkusen 42, Leichlingen 105 und Wermelskirchen 5 und wurde als »Bursceit« 1175 erstmalig erwähnt. Überreste einer Ringwallanlage im Eifgenbachtal 113 auf dem jetzigen Stadtgebiet Burscheids wurden auf das 10. Jahrhundert datiert, Teile der evangelischen Kirche auf das elfte. Die Ortschaft Hilgen wurde 1510 erstmalig erwähnt.

Lange lebte die Region von der Landwirtschaft, bis heute gehört Burscheid zur Bergischen Obstkammer. Ab dem 16. Jahrhundert entstanden als Basis der industriellen Entwicklung immer mehr Mühlen, von denen einige noch erhalten und zu besichtigen sind: etwa die Lambertsmühle, Thielenmühle, Irlermühle, Dürscheider Mühle, Grünscheider Mühle und Gerstenmühle.

Auf das Jahr 1812 geht Burscheids Beiname »Musikstadt« zurück. In diesem Jahr gründete Jakob Salentin von Zuccalmaglio die Musicalische Academie zu Burscheid, das älteste Laienorchester Deutschlands. Die 1972 eingerichtete Musikschule hat heute um die 800 Schülerinnen und Schüler. 2010 entstand darüber hinaus eine Orchesterschule. Eine große Zahl an Chören steht außerdem für die musikalische Tradition Burscheids. Lesungen veranstaltet die Buchhandlung Ute Hentschel in der Hauptstraße 26.

Von wirtschaftlicher Bedeutung war die Erfindung des Lokomotivführers Friedrich Goetze, der 1887 die Goetzewerke 101 gründete.

Unter Burscheids Sehenswürdigkeiten ist neben der 1767 erbauten evangelischen bergischen Barockkirche am

Markt die Lambertsmühle im Wiehbachtal zu nennen, die ihren Namen einem um 1570 geborenen Lambert zu verdanken haben soll. Bis 1751 gehörte sie als Bannmühle zum Adelsbesitz der Herren von Landscheid, was so viel heißt, wie dass nur die Gutsherren das Recht hatten, Mühlen zu bauen und zu betreiben. 1766 brannte die Lambertsmühle bis auf die Grundfesten nieder, wurde wiederaufgebaut und war bis September 1956 in Betrieb. Dann jedoch löste sich das Wasserrad aus seiner Verankerung und eine Reparatur lohnte sich nicht mehr. 1983 wurde sie samt Nebengebäuden und dem Bauerngarten unter Denkmalschutz gestellt. Seit 1999 kann man in der Mühle heiraten, und seit 2002 wird sie zu Schauzwecken betrieben. Mitglieder eines Fördervereins machen dabei den Weg vom Korn zum Brot anschaulich.

Das Gut Landscheid wurde zwischen 1718 und 1725 als wasserumwehrter Rittersitz von Ernst Bertram von Hall und seiner Frau Maria Anna von Hochstetten erbaut. Seit 2010 beherbergt es ein Hotel und Restaurant. 2017 wurde für die Gäste eine eigene anderthalbstündige Wanderroute mit dem Wappen des Guts als »Landscheider Weg« ausgeschildert, die an zwei weiteren historischen Sehenswürdigkeiten vorbeiführt: an der Lambertsmühle sowie dem Haus Straßerhof 4, ehemalige Poststation und Wirtshaus. In Letzterem kehrten schon Goethe, Mendelssohn, Freiherr vom Stein, König Friedrich Wilhelm IV. und Prinzessin Augusta, spätere Ehefrau Kaiser Wilhelms I., auf dem Weg zum Altenberger Dom ein.

In den Burscheider Ortschaften und um sie herum bieten sich für Rad- und Wanderfreunde viele Möglichkeiten der Betätigung, angefangen mit der Balkantrasse, die von Leverkusen bergauf und von Burscheid weiter bis nach Remscheid-Lennep beziehungsweise Wuppertal führt.

2011 wurden in Burscheid zweistündige Stadtspaziergänge unter dem Motto »Burscheid gehen und sehen 2.0« durch die Zukunftsinitiative, in der Stadt, Bürger und Vereine kooperieren, eingeführt und 2017 wiederbelebt, um auf Bedürfnisse und Erfahrungen der Menschen in den jeweiligen Wohnquartieren aufmerksam zu machen.

Im Ortsteil Hilgen ist der stillgelegte und 2017 zum Quartierstreff umgestaltete Bahnhof einen Besuch wert. Der Stadtteil Dierath erhielt 1993 bei dem Wettbewerb »Unser Dorf soll schöner werden« auf Bundesebene die Silbermedaille. Wer etwas über die Vergangenheit des Ortes erfahren will, sollte eine Planwagenfahrt mit Infos zu dessen Geschichte buchen.

Abschließend ein aktuelles Projekt der Musikstadt: Der Kulturverein Burscheid, die Klosterkirche Lennep, das Westdeutsche Tourneetheater (WTT) Remscheid, die Bergischen Symphoniker, die Kattwinkelsche Fabrik Wermelskirchen, das Kultur-Haus-Zach in Hückeswagen, die Alte Drahtzieherei Wipperfürth und der Kulturkreis Radevormwald haben Anfang 2018 eine Kooperation vereinbart, die Kulturinteressenten zwei Veranstaltungsreihen mit Konzerten, Theateraufführungen und Kleinkunstabenden bietet, die die kulturelle Vielfalt der bergischen Region über die Stadtgrenzen hinaus abbilden.

97 Altes Badehaus

Im Jahr 2000 wurde der Burscheider Kulturverein e.V. gegründet, der ein vielfältiges Kulturleben in der Stadt fördern möchte. Das erste Großprojekt, das der Verein anging, war die Umgestaltung des denkmalgeschützten neoklassizistischen Alten Badehauses von 1914, in der Bürgermeister-Schmidt-Straße 7c gelegen, zu einer Veranstaltungsstätte.

Das Gebäude gilt als ein schönes Beispiel für die Badehausarchitektur des frühen 20. Jahrhunderts. Zumal es üppig ausgestattet war. Damals wurden in vielen Kommunen, getragen von fürsorglichen Unternehmern und reichen Bürgern, Badehäuser eingerichtet, die für Volkshygiene sorgen sollten. Bei zunehmend beengten Wohnverhältnissen ohne fließendes Wasser und Waschmöglichkeiten breiteten sich Krankheiten aus. Die Volksbäder waren also in erster Linie zum Baden und Duschen gedacht, weniger zur körperlichen Ertüchtigung durch Schwimmen. Die Option bot das Burscheider Bad allerdings gleich doppelt: Zwei Freiluftbecken standen dem Bürger hier zur Verfügung. Bis 1985. Viele Einwohner erinnern sich heute noch daran, dass man dort für 50 Pfennig 30 Minuten lang warm duschen konnte.

Nach der Aufgabe wurde das Bad zeitweise als Möbellager genutzt, dann als Übergangsheim für Asylbewerber, ehe der Kulturverein sich seiner annahm. Nach mehrjährigen Umbaumaßnahmen ist ein Kleinod für Begegnungen, Veranstaltungen, Ausstellungen und Workshops entstanden, das überregional angenommen wird und viele bekannte (Klein-)Künstler anzieht. Das umfangreiche Programm bietet neben vielen Gastauftritten wiederkehrende Events wie Jazzkonzerte, KulTouren – gemeint sind Kulturveranstaltungen, die zur Interaktion einladen –, insbesondere Diskussionsabende, Kinder- und Jugendveranstaltungen, Lesungen, Tanzabende und mehr.

98 Opladen

Erstmalig wurde der Name »Upladhin« auf einer Urkunde genannt, die auf die Zeit zwischen 1168 bis 1174 datiert wird. Funde belegen allerdings, dass in dieser Gegend schon in der mittleren Steinzeit Menschen unterwegs gewesen sein müssen. »Upladhin« setzt sich aus dem westfälisch-bergischen »up« (»oben«, »hoch«) und »slade« (»Abhang«, »Tal«, »Bergschlucht«) zusammen. Geografisch gilt der heutige Stadtteil von Leverkusen 42 als »Tor zum Bergischen«. Opladen entwickelte sich nicht aus einem Kirchspiel, sondern es handelte sich ursprünglich um eine Reihe von Einzelhöfen, die zu einer Einheit zusammengefasst wurden. Das NaturGut Ophoven in der Talstraße 4 ist das älteste erhaltene bauliche Zeugnis aus den Anfängen der späteren Stadt. Es weist Reste einer Wasserburganlage aus dem 13. Jahrhundert auf. Inzwischen befindet sich hier ein europaweit renommiertes und vielfach ausgezeichnetes Umweltbildungszentrum für Kinder und Erwachsene. Einer der Gebäudeflügel stammt aus dem Jahr 1452, er wird nach vierjähriger aufwendiger Restaurierung durch die Stadt Leverkusen seit 2004 für Veranstaltungen genutzt. In mehreren weiteren Gebäuden befinden sich interaktive Ausstellungen zum Thema Klimaschutz und regenerative Energien. Auf dem großen umliegenden Gelände kann außerdem Natur und nachhaltiger Umgang mit ihr eindrücklich durch verschiedene Installationen, Wahrnehmungs- und Aktionsangebote erfahren werden. Der Besuch ist sowohl für Gruppen-Fortbildungen wie für unangemeldete Spaziergänger unbedingt empfehlenswert.

Ein weiteres bauliches Zeugnis aus den Ursprüngen Opladens ist der Friedenberger Hof Am Kreispark 22, der bereits im 14. Jahrhundert urkundlich erwähnt wurde. Das Backsteingebäude stammt aus dem 16., zum Teil aus dem 18. Jahrhundert. Es handelt sich um einen ursprünglichen Rittersitz hoch über der Wupper. Das weiß getünchte imposante Herrenhaus mit Rundturm und grünen Fensterläden, beziehungsweise roten im geschieferten Dach, diente vermutlich nie als Wehranlage, sondern für landwirtschaftliche Zwecke und als Wohnraum. Der Name »Friedenberger Hof« wurde wahrscheinlich von dem eines einstigen Besitzers abgeleitet: Dierig Vrede. Dieser lebte 1459 dort. An anderer Stelle ist von der Adelsfamilie »Wreden« die Rede. Heute unterhält der Bund der Historischen Deutschen Schützenbruderschaften seine Geschäftsstelle in dem alten Hauptgebäude, weshalb eine Begehung des Gebäudes nicht möglich ist. Doch auch von außen ist es ausgesprochen sehenswert. Zumal ein Besuch sich mit anderen nicht weit entfernten Baudenkmälern verbinden lässt, wie der 1905 entstandenen Gründerzeit-Fabrikantenvilla Römer an der Haus-Vorster-Straße 6. Gemäß einer alten Haus- und Flurbezeichnung wurde sie »Haus Frankenberg« genannt, heute wird sie als »Haus der Stadtgeschichte« für Ausstellungen, Vorträge und Veranstaltungen genutzt. Sehenswert ist auch das der Villa Römer nahezu gegenüber liegende ehemalige Landratsamt am Landrat-Trimborn-Platz 1 aus dem Jahr 1914, das heute das Stadtarchiv beherbergt. Von hier zum Wupperufer, das zu Spaziergängen einlädt und wo regelmäßig Veranstaltungen stattfinden, ist es nicht weit. Die alljährliche Bierbörse lockt etwa 20.000 Gäste an.

Wer »über die Wupper geht«, erreicht über die Düsseldorfer Straße die Innenstadt mit Fußgängerzone, das Kneipenviertel, den Künstlerbunker und das Junge Theater Leverkusen – die beiden Letzteren in ehemaligen Bunkern in der Karlstraße. Auch wenn die einstige Kreisstadt Opladen im Jahr 1975 in Leverkusen eingemeindet wurde, womit sie sich noch immer schwertut, hat sie sich ihren eigenen Charakter als lebens- und liebenswürdiger historisch gewachsener Ort bewahrt. Als kleine Wiedergutmachung können Opladen-Fans seit 2015 wie früher das Autokennzeichen OP führen.

Für Naturbegeisterte: Der 24 Kilometer lange Landrat-Lucas-Wanderweg durchkreuzt einen Teil des Gebiets, in dem die Geschichte spielt: Vom Opladener Bahnhof führt er über die Wietsche **107**, an Leichlingen **105** vorbei, die Wupper entlang und endet an Schloss Burg **40**. Benannt wurde er nach einem früheren Landrat des Kreises Solingen, der 1914 dafür Sorge trug, dass der Kreissitz nach Opladen verlegt wurde. Der Wanderweg entspricht einem Teil des Wupperwegs, der von der Wupperquelle bis zur Wuppermündung verläuft.

99 Haus der Jugend

An der Werkstättenstraße 39 auf dem Gelände der Neuen Bahnstadt **100**, zeitweise direkt um die Ecke an der Kolberger Straße 95 untergebracht, befindet sich bereits seit 1972 ein städtischer Treffpunkt für Kinder und Jugendliche aus Opladen und Quettingen – einer von vielen auf Leverkusener Stadtgebiet. Nach einer grundlegenden Sanierung des ehemaligen Bahngebäudes konnte es 2018 nach zwei Jahren wieder neu bezogen werden. Ein Bunkerfund hatte die Baumaßnahme verzögert, weil er eine Umplanung erforderte. Drinnen wie draußen gibt es verschiedene sportliche oder spielpädagogische Freizeitmöglichkeiten wie Fußball oder Billard, aber auch Medien- und Kulturangebote, Workshops – hier sind die Graffiti-Kurse hervorzuheben – und regelmäßige Veranstaltungen wie Diskoabende.

Ein entsprechendes Angebot, das sich nur an Mädchen in Opladen und Quettingen richtet, ist der Treff MaBuKa. Das Kürzel leitet sich aus dessen zeitweiligem Domizil – Mädchentreff Bunker Karlstraße – ab, der zuletzt übergangsweise in Containern untergebracht war und sich nun in einem neuen Gebäude in der Kolberger Straße 20 befindet. Hier wird neben Freizeitangeboten wie Musik hören, Tanzen, Malen, Kochen, Billard, Selbstverteidigung und Styling auch Hausaufgabenhilfe und Betreuung in vielen Sprachen angeboten. Ziel ist – wie beim Haus der Jugend –, junge Menschen in ihrer Persönlichkeitsentwicklung zu stärken und spezielle Interessen und Kompetenzen zu fördern, unter anderem in Kooperation mit Schulen und anderen Einrichtungen der Jugendberatung und -hilfe.

100 Neue Bahnstadt

Das über 70 Hektar große ehemalige Gelände des Bahnausbesserungswerks Opladen – 100 Jahre lang größter Arbeitgeber vor Ort, der diesem den Beinamen »Bahnstadt« verschaffte – wurde 2013 mit der Aufgabe des Standorts durch die Deutsche Bahn frei. Vorher waren hier Loks und Waggons aus ganz Deutschland repariert worden, was im Zweiten Weltkrieg – insbesondere 1944 und 1945 – zu massiven Bombardierungen führte. Hunderte von Menschen kamen ums Leben, fast die Hälfte von ihnen Zwangsarbeiter, die den Betrieb aufrechterhalten mussten, für die aber kein Platz in Schutzbunkern vorgesehen war. In der Folge der Wiederaufbaujahre wurden die Aufträge für das Ausbesserungswerk ab den 60er-Jahren weniger – bis zur vollständigen Schließung des Unternehmens und den darauffolgenden Anstrengungen durch die neue bahnstadt opladen GmbH, das Areal zu bebauen und zu gestalten. Nach dem Abriss von Gebäuden und Hallen und einer Sanierung des Geländes – unter anderem des Aushubs kontaminierter Böden und dem Demontage beziehungsweise Verlegen von Gleisen – galt es, eine optimale Mischung aus Wohn-

und Gewerbemöglichkeiten zu schaffen, daneben Infrastruktur, Natur und Freizeitmöglichkeiten, und für all das geeignete Investoren zu finden. Eine besondere Aufgabe dabei war, eine Reihe von (Industrie-)Denkmälern zu erhalten: das Magazin von 1903, den Wasserturm und das Kesselhaus, einen Einmannbunker, die alte Feuerwache, die Eisenbahnerwohnhäuser und das Ledigenheim, unter den Anwohnern »Bullenkloster« genannt. Hier waren Schlafmöglichkeiten für unverheiratete junge Männer geschaffen worden, die nicht in Versuchung geraten sollten, in einem Untermietverhältnis mit ledigen Töchtern oder verwitweten Frauen der Unzucht anheimzufallen.

Zwei Brücken wurden gebaut, um das neue Wohngebiet über die Gleise hinweg an die Opladener Innenstadt anzubinden: die Bahnhofs- und die Campusbrücke. Der Name der Letzteren verrät, dass es den Planern gelungen ist, eine Hochschul-Dependance nach Opladen zu bringen: die elfte Fakultät der Technischen Universität Köln.

2014 wurde das Mammutprojekt Neue Bahnstadt mit dem ersten Preis in der Kategorie »Entwicklung von Brachen« ausgezeichnet.

101 Goetzewerke

Dass im wasserreichen Bergischen Mühlen zum Motor für die industrielle Entwicklung wurden, ist anhand vieler Beispiele belegt. Dass der Mühlen-Hintergrund, die Kombination aus Mechanik und Energiegewinnung, zu Innovationen inspirieren kann, legt die Lebensgeschichte von Friedrich Goetze (1856–1924) nahe: Als Sohn eines sächsischen Müllerknappen geboren, interessierte er sich früh für Technik und wurde – Traum sehr vieler Jungen – Lokomotivführer, Maschinist und Maschinenmeister. Er kam nach Burscheid 96, wo er mit seiner Frau in eine Mühle, die im Tipp 96 bereits erwähnte Thielenmühle, zog. Hier entwickelte er in seiner Freizeit Metall-Asbest-Dichtungen für Stopfbüchsen und Kolbenringe von Dampflokomotiven, machte sich 1887 mit seiner Erfindung selbstständig und schrieb in Hinsicht auf Innovationen im Maschinen- und Motorenbau Erfolgsgeschichte. 1895 errichtete Goetze eine eigene Gießerei, 1912 beschäftigte die Firma bereits 200 Mitarbeiter. Nach dem Tod des Gründers übernahm die Unternehmensleitung 1940 eine Fabrikanlage zur Herstellung von Dichtungsringen aus Elastomeren – einem Kunststoff – und fusionierte 1964 mit der Firma Marquardt. Die international bekannte und renommierte Goetze AG war entstanden. 1998 erwarb der amerikanische Automobilzulieferer Federal-Mogul das Unternehmen, das bereits drei Generationen »Goetzerianer« unter den Bürgern der Stadt vorweisen konnte. Zur Goetze-Gruppe gehörten mittlerweile neben dem Werk in Burscheid weitere in Friedberg, Dresden und Herdorf. Nach mehreren Übernahmen und Bieterkämpfen um Unternehmen musste Federal-Mogul 2001 in den USA Insolvenz anmelden und wurde 2018 vollständig von dem amerikanischen Automobilzulieferer Tenneco geschluckt. Dessen Strategen sahen den Markt für die nächste Dekade recht optimistisch: Auch Hybrid-Autos, deren Anteil zuungunsten reiner Verbrennungsmotoren deutlich steigen werde, benötigen Kolbenringe. Das Goetze-Erbe wird Burscheid wohl noch eine Weile erhalten bleiben.

102 Pattscheid

Das zwischen Leichlingen 105 und Burscheid 96 gelegene, Bergisch Neukirchen 102 angehörige »Patzscheidt«, wie es 1550 in einer Urkunde hieß, hat vom Namensursprung mit einem »Pfad« zu tun. Neben einigen Fachwerkhäusern aus dem 18. Jahrhundert und der katholischen Kirche St. Engelbert, die 1928 erbaut und 1993 unter Denkmalschutz gestellt wurde, ist insbesondere der ehemalige Bahnhof Pattscheid sehenswert. Er wurde 1909 erbaut – das Hauptgebäude in Fachwerkbauweise, komplett mit Schmuckschiefer verkleidet –, ist samt Stellwerksanbau und Güterschuppen seit 1986 denkmalgeschützt und wurde 1998 umfassend renoviert. Seit der Stilllegung der »Balkanexpress«-Bahnstrecke zwischen Opladen 98 und Remscheid 30, die im Volksmund so genannt wurde, weil sie kurvenreich war und durch bergiges, nur dünn besiedeltes Gebiet führte, war er »außer Dienst«. Heute ist die Trasse Teil eines der drei Panorama-Radwege.

Bekannt ist der Ort nicht nur durch sein alljährliches Dorffest, das 2018 bereits zum 66. Mal stattfand und mit Konzertveranstaltungen, einem mittelalterlichen Straßenumzug, mit Tanz, Frühschoppen, Trödel, Kinderbelustigungen und einem abschließenden Krönungsball im Festzelt gefeiert wird.

Vor allem die Diepentalsperre, die aus dem Murbach gestaut wird, und das Naherholungsgebiet Diepental werden mit Pattscheid in Verbindung gebracht. 1897 hatte die Familie Halbach das Rittergut Diepental übernommen – eine Wasserburg aus dem 13. Jahrhundert, von der allerdings nur noch wenige Mauerreste vorhanden waren. Nachfahren der Ritter von Diepental, das Geschlecht derer von Kattersbach, waren im 19. Jahrhundert durch eine Novelle von Levin Schücking mit dem Titel »Das Stiftsfräulein« zu literarischen Ehren gekommen. Annette von Droste-Hülshoff soll ihn dazu inspiriert, wenn nicht gar den Roman mitverfasst haben.

Die Ruine der Diepentaler Burg wurde 1908 von dem Stausee überflutet, den August Halbach fertigstellte. Die Sperre diente vor allem der Stromerzeugung. 1921 wurde ein Ausflugslokal eingerichtet und im Laufe der Jahrzehnte kamen viele Freizeitmöglichkeiten dazu: Schwimmen, Wandern, Angeln, Rudern, Minigolf, Zelten und Ferienwohnungen. Vor- und Hauptsperre, durch einen Straßendamm voneinander getrennt, waren bis vor Kurzem im Besitz zweier Familien, die sich Anfang des 21. Jahrhunderts mit dem Wupperverband und den Städten Leverkusen **42** und Leichlingen über die Kosten einer notwendigen Sanierung der Anlage nicht einigen konnten. Der untere Angel-See samt Staudamm und Wasserkraftwerk gehört bis heute der Familie Weiglhofer-Halbach. Der obere See mit Restaurant, Bootsverleih, Campingplatz und Minigolf wurde 2019 von der Familie Halbach verkauft. Der See verlandet seit Jahren, der Bootsverleih wurde eingestellt, der Strom der Ausflügler lässt nach. 2016 hatte der Wupperverband bekanntgegeben, dass ein Rückbau und eine Renaturierung der Talsperre – mit EU-Mitteln – geplant sei.

Bekannteste Einwohnerin von Pattscheid ist Heide Ecker-Rosendahl, ehemalige Weltrekordhalterin in Weitsprung und Fünfkampf sowie zweifache olympische Goldmedaillen-Gewinnerin im Weitsprung und der 4-mal-100-Meter-Staffel von 1972. Bekanntester Einwohner: Oskar Erbslöh **106**.

103 Bergisch Neukirchen

Die Grundlegung des Leverkusener **42** Stadtteils Bergisch Neukirchen soll bereits im 9. oder 10. Jahrhundert stattgefunden haben. 1150 entstand ein erster Kirchenbau, der dem heiligen Georg geweiht war. 1223 wurde Neukirchen urkundlich erwähnt. Erst mit der Wende zum 20. Jahrhundert gab es sich den Zusatz »Bergisch«, um Verwechslungen mit anderen Gemeinden zu vermeiden. Der Ort wurde 1555 Gerichtsstadt, wechselte 1582 zum Protestantismus, brannte 1630 im 30-jährigen Krieg nieder und machte seinem Namen alle Ehre, indem 1704 eine neue Kirche erbaut wurde, deren Schiff 1781 erneut abgerissen und wieder neu errichtet wurde – im Bergischen Barockstil. Zu ihrer jetzigen Form fand die Kirche 1911, als der Turm aufgestockt und ihm eine verschieferte Haube aufgesetzt wurde. Die reiche Ausstattung sollte dem Vorbeigehenden ein Blick ins Innere wert sein. Im selben Jahr wurde das Kriegerdenkmal für die Gefallenen der Einigungskriege 1866 und 1870/71 an prominenter Stelle vor der Kirche eingeweiht, wo das grünbronzene Figurenpaar heute jedem Vorbeifahrenden auf der Burscheider Straße ins Auge fällt. Ein Soldat mit Pickelhaube und Fahne schaut auf einen Kameraden zu seinen Füßen herab, dessen Blick nach oben gerichtet ist, als wollte er Abschied nehmen. 1960 wurde die vorläufig letzte neue Kirche errichtet: die katholische Kirche »Heilige Drei Könige zu Bergisch Neukirchen«. 1975 wurde Bergisch Neukirchen zusammen mit Opladen 98 in die Stadt Leverkusen eingegliedert. Einen Superlativ konnte es mit in die Ehe bringen: Auf seinem Grund steht das älteste Fachwerkhaus Leverkusens, das aus dem Jahr 1561 stammt.

104 KAW

Das selbstverwaltete soziokulturelle Zentrum für Kultur und Politik an der Kolberger Straße 95a, das sich Kulturausbesserungswerk, kurz KAW, nennt, hat in seinem Namen bei dem Bahnausbesserungswerk 100 Anleihe genommen, auf dessen Gelände es sich einnistete und – wie eine städtische Machbarkeitsstudie von 2003 festlegte – kostenneutral integrieren durfte. Tatsächlich schafft es der gemeinnützige Trägerverein, der seit 1986 anerkannter Träger der freien Jugendhilfe ist, das KAW ohne staatliche Förderung zu betreiben. Lediglich für einen Umbau der Halle für bis zu 300 Besucher gab es zwischen 2008 und 2010 Projektmittel – wie gelegentlich für andere größere Veranstaltungsprojekte und neuartige Konzepte. Ansonsten wird alles ehrenamtlich organisiert. Das Konzept ist: Jeder kann mitmachen und sich einbringen. Es richtet sich an alle, von musikbegeisterten Jugendlichen bis hin zu kulturinteressierten älteren Menschen, gleich welcher Nation, Religion, sexuellen Ausrichtung oder welchem Geschlecht. Geboten beziehungsweise ermöglicht werden unkommerzielle Events wie Theater- oder Kleinkunstvorstellungen, Konzerte, Musicals, Kabarett, Filmvorführungen, Tanzabende bis hin zu Lesungen, Workshops und Sprachkursen und natürlich politischen Veranstaltungen. Was nicht heißt, dass nicht auch »bekannte Größen« hier auftreten. Leverkusener Namen, die man mit dem KAW verbindet, sind die Kabarettisten Wilfried Schmickler, Michael Meierjohann und Wolfgang Müller-Schlesinger sowie die Regisseurinnen Petra Clemens und Claudia Sowa, die das Junge Theater in der Karlstraße leiten. Die Musikkabarettgruppe Ars Vitalis gehört nach dem Tod eines ihrer Mitglieder zur KAW-Geschichte. Regelmäßig finden Formate wie »Kunst gegen Bares« statt, wo Kleinkünstler gegeneinander wetteifern, der »Beschwerdechor« ist eine Mitsingveranstaltung, und zur Fünften Jahreszeit findet die Kleinste Sitzung Leverkusens samt Aftershow-Tanzparty statt.

Eine Kneipe, die von den Nutzern mit betrieben werden kann, sorgt dafür, dass keine Kehle trocken bleibt. Bei entsprechenden Feiern besteht die Möglichkeit, ein Buffet aufzubauen oder vegan zu brunchen. Und natürlich darf man das KAW für private Feiern anmieten. Der Besucher erkennt die Veranstaltungsstätte schon von Weitem an den rostigen Eisenskulpturen vor dem Haus sowie der ausrangierten Telefonzelle, die als Bücherschrank dient, unkonventionellen Sitzgelegenheiten und ebensolchen Behältnissen für Zigarettenkippen.

105 Leichlingen

973 wurde »Leigelingon« erstmalig erwähnt, 1019 als Gemarkung »Leichlingin«, im 12. Jahrhundert war die Ansiedlung bereits Kirchort – sowohl der Erzbischof von Köln wie die Grafen von Berg als Vögte der Abtei Deutz hatten Eigentumsrechte. Wie in Burscheid 96, mit dem der Ort 1856 gleichzeitig die Stadtrechte erhielt, dominierte seit dem 16. bis ins 19. Jahrhundert der Obstanbau, obwohl entlang der Wupper schon früh Schleifereien und Mühlen entstanden. Die Wassernähe steckt im Namen der Stadt: »Leich« kommt von »(Fisch-)Laich« und »lingen« steht für eine »Flussschlinge« oder »-schleife«. Bis heute spielt Obst eine gewichtige Rolle, wie der Beiname »Blütenstadt« verrät, der sich auf die zahlreichen Obst(streu)wiesen und -plantagen rund um Leichlingen bezieht. Davon zeugen auch der jährlich stattfindende Obstmarkt in der Balker Aue mit 120-jähriger Tradition und der acht Kilometer lange Wanderweg »Leichlinger Obstweg«, der über Hülstrung nach Bennert, Oberschmitte und Leysiefen führt, wo der östliche Scheitelpunkt erreicht ist. Zurück geht es über Dierath und Bergerhof.

Eins der ältesten historischen Baudenkmäler Leichlingens – mutmaßlich bereits im 11. Jahrhundert entstanden, 1297 erstmalig urkundlich erwähnt – ist die gut erhaltene Höhenburg Haus Vorst, an der Grenze zu Bergisch Neukirchen 103 gelegen. Sie wurde in der Neuzeit bis 2015 für Ausstellungen und Veranstaltungen genutzt und befindet sich nun in Privatbesitz, der Zugang ist nicht gestattet. Doch auch von außen ist sie absolut sehenswert.

Das 1762/63 im Rokokostil erbaute Schloss Eicherhof, Am Hammer, ist mittlerweile ebenfalls in privaten Händen. Dennoch kann es für standesamtliche Trauungen genutzt werden und ist seit 2007 außerdem Veranstaltungsort für die städtische Kleinkunst-Reihe »Kultur im Schloss«.

1865 zog als erstes Industrieunternehmen die Firma A. Weyermann-Söhne, eine Türkischrot-Färberei, nach Leichlingen. Als einer der wichtigsten Arbeitgeber hinterließ das Familienunternehmen auch baulich Spuren: drei Villen, von denen zwei inzwischen unter Denkmalschutz stehen. Die prächtigste wurde, nachdem die Familie nach dem Tod von Rudolf Weyermann 1890 weggezogen war, bis 1927 als Rathaus genutzt. Nach einem Brand wurde sie abgerissen und an ihrer Stelle eine Schule errichtet. Die älteste Villa, 1866 erbaut, zuletzt bis 2009 als Restaurant bewirtschaftet, befindet sich heute in Privatbesitz. In der »kleinen« Villa Weyermann – früher »Parkhaus« genannt, 1877 im Stil des späten Historismus entstanden – ist nun das Bürgerhaus der Stadt Leichlingen untergebracht. Den Fokus auf den Nachwuchs legt das Jugendzentrum »Balker Aue« in der Oskar-Erbslöh-Straße 24c. Die Betreiber bemühen sich nicht nur um die Jugend durch vielfältige Freizeitangebote, beispielsweise in den Ferien als zweiwöchige »Stadtranderholung«, sondern auch um generationenübergreifende Aktionen, im Zuge derer Alte und Junge miteinander Spiele spielen oder im Rahmen einer Börse Hilfsarbeiten wie Rasen mähen oder einkaufen gehen im Austausch gegen andere Gefälligkeiten oder für kleines Geld anbieten.

Solidarität und Nachbarschaftshilfe wurde in Leichlingen im Juni 2018 groß geschrieben, nachdem das Jahrhundertunwetter für Überschwemmungen gesorgt hatte. Statt der durchschnittlichen 85 Liter Wasser pro Quadratmeter im Monat Juni fielen in weniger als einer Stunde 65 Liter und sorgten dafür, dass der Welters- und Murbach sowie ein kleiner namenloser Bach in Unterberg zu reißenden Strömen wurden. Die Massen richteten erhebliche Straßenschäden an und überschwemmten nicht nur Keller, sondern Parterrewohnungen derart, dass die Bewohner bis zum Bauch im Wasser standen. Auch Kitas und Altersheime wurden schwer in Mitleidenschaft gezogen. Ein Grund für die überbordenden Fluten war die starke Bebauung der höher gelegenen Flächen, wodurch Niederschläge unzureichend versickerten. Beeindruckend: die tatkräftige Hilfe während und nach dem Unwetter und die Spendenfreude vieler Leichlinger für ihre betroffenen Mitbürger.

106 Oskar-Erbslöh-Straße

1879 in Elberfeld 45 als Sohn eines Manufakturinhabers geboren, schien der Lebensweg von Oskar Erbslöh bereits vorgezeichnet: kaufmännische Lehre und Übernahme des väterlichen Betriebs. Gerade 25-jährig wurde er Teilhaber im elterlichen Geschäft. Vorher ging er ins Ausland – für Söhne aus dem damaligen Großbürgertum üblich, schließlich hatte der Blick über den Tellerrand sich für jemanden, der die industrielle Entwicklung nicht verschlafen wollte, als hilfreich erwiesen. Dass der junge Erbslöh 1900 Nordamerika bereiste, mutet an, als hätte er höher hinaus gewollt als andere. Sein sportlicher Ehrgeiz führte ihn zur Luftschifffahrt. 1905 erwarb er den Ballonführerschein bei dem gerade drei Jahre zuvor gegründeten Niederrheinischen Verein für

Luftschifffahrt und errang verschiedene Preise bei internationalen Wettfahrten – die so heißen, weil ein Ballon gefahren wird, nicht geflogen. Außerdem sorgte er dafür, dass der renommierte Gordon-Bennett-Cup 1908 in Deutschland ausgetragen wurde. Erbslöh versuchte sich in der Folgezeit als Konstrukteur von motorisierten Luftschiffen, unter seinem Vorsitz wurde die Rheinisch-Westfälische Motorluftschiff-Gesellschaft gegründet, für deren Hangar die Stadt Leichlingen 105 1909 fünf Hektar Land zur Verfügung stellte. Das erste Leichlinger Luftschiff, die »Erbslöh«, verunfallte ein Jahr darauf in dichtem Nebel, der Konstrukteur Oskar Erbslöh und vier Mitfahrer kamen dabei ums Leben. Heute erinnert ein Denkmal an der nach ihm benannten Oskar-Erbslöh-Straße an das Leben und vorzeitige Ende des hoffnungsvollen Luftfahrtpioniers. Ein mit ausgebreiteten Flügeln am Boden liegender Bronze-Adler ist mit einer Bronzeplatte versehen, auf der geschrieben steht: »13. Juli 1910 – Himmelan ging euer Flug, wie ein Aar der Sonne entgegen. Doch ein widriges Geschick stürzte euch jählings herab.«

Erfolgreicher und bekannter wurde in der Folgezeit Graf Zeppelin, dessen Luftschiffe zunächst zivil, ab 1914 zudem zu Kriegszwecken eingesetzt wurden. Erst nach dem Zweiten Weltkrieg endete die Ära der Luftschiffe.

107 Wietsche

1287 findet sich ein erster urkundlicher Eintrag der Hofschaft »Withse«, 1590 der Hofschaft »Witschen« im Murbachtal auf heutigem Leichlinger 105 Gebiet, nahe bei Pattscheid 102 . Der Name stammt von dem althochdeutschen Wort für »weiß«. Unklar ist, ob dies auf die Wäschebleiche am Murbach oder doch den älteren Namen des Bachs zurückzuführen ist. Überregional bekannt ist die Wietsche durch den Skulpturenpark SinnesWald auf dem Gelände einer alten Bruchstein-Wassermühle aus dem 14. Jahrhundert, die 1855 von einem Tuchfabrikanten namens Pilgram übernommen worden war. Zuvor hatte Pilgram das Amt des Bürgermeisters von Leichlingen aufgegeben, nachdem er vor Aufständischen nach Köln geflohen war. Dem war eine dramatische Verschlechterung der sozialen Lage vieler Leichlinger Weberfamilien im Zuge der Industrialisierung vorausgegangen. Nachdem König Friedrich Wilhelm IV. die ihm von der Nationalversammlung in der Frankfurter Paulskirche angetragene Krone abgelehnt und damit die Bemühungen um eine liberale Reichsverfassung zum Scheitern gebracht hatte, war das erste demokratische Experiment in Deutschland gescheitert und der Frust groß. Pilgram bat um seine Demission, weil er, wie er sagte, nicht gegen seine Freunde habe vorgehen wollen, von denen sich offensichtlich ohnehin keiner dem Protestzug angeschlossen hatte. Er zog sich in das idyllische Murbachtal zurück, baute die dortige Mühle zu einer Fabrik aus und widmete sich der Wollspinnerei.

1916 ging die Fabrik an den Solinger **28** Unternehmer Witte, der hier chirurgische Instrumentarien, später Prothesen für Versehrte des Ersten Weltkriegs fertigte. 1923 soll das Notgeld der Stadt Leichlingen in dem Fabrikgebäude gedruckt worden sein. 1956 erwarben Flüchtlinge aus Ostpreußen das Anwesen und betrieben eine nebenberufliche Landwirtschaft. Ihre Tochter Wicze Braun und deren Lebensgefährte Wolfgang Brudes übernahmen 1986 Haus und Grundstück samt Mühlenanlage mit einem 1.500 Quadratmeter großen Teich und Steinbruch. Sie gestalteten das Gelände nach und nach zu einem Erlebensort von Kultur und Natur um. Jedes Jahr gibt es dort eine Skulpturenausstellung mit wechselnden Mottos und um die 100 Kunstwerken zwischen Wald, Steinbruch, Wiese und See. Regionale Künstler, Schulklassen und Initiativen stellen frei zugängliche Exponate inmitten schönster Natur im SinnesWald aus und bieten vielfältige Wahrnehmungen und Eindrücke, die zum Entdecken, Ausprobieren, Staunen, Bewundern, Rätseln und Nachdenken einladen. Ergänzend finden in den Räumen der ehemaligen Wollspinnerei oder unter freiem Himmel Veranstaltungen wie Lesungen, Konzerte, Tanz- oder Theateraufführungen, Workshops oder – im Steinbruch – Kinoabende statt.

Für ihr außergewöhnliches Engagement wurden Wicze Braun und Wolfgang Brudes 2007 mit dem Rheinlandtaler ausgezeichnet, 2012 zum Gartenfest des Bundespräsidenten ins Schloss Bellevue eingeladen, und 2014 erhielten sie die Ehrenplakette der Stadt Leichlingen.

108 Langenfeld

Feuerstein-Klingenfunde aus der Altsteinzeit, römische Scherben sowie Gräberfelder aus dem vorchristlichen Jahrhundert oder noch älter zeigen, dass auf dem Gebiet des heutigen Langenfeld, zwischen Leverkusen 42, Leichlingen 105 und Solingen 28, schon lange gelebt und gestorben wurde. Besonders interessante Funde sind der genagelte Schädel einer jungen Frau vermutlich höheren Standes, die im 17. Jahrhundert einen Tod durch Pfählen erlitten haben muss, und die Knochen eines Pferdes in Langenfeld-Richrath, das bestattet wurde, wann ist noch unklar.

Während ein Flurstreifen und ein Tal in Langenfeld bereits 1306 und 1336 erwähnt wurden, tauchte der Name »Langenvelt« erst 1396 in einer Urkunde auf. 1948 erhielt der Ort schließlich die Stadtrechte. Zu diesem Zeitpunkt war er schon 2.000 Jahre lang eine wichtige Station an der Via Publica – die heute größtenteils der B8 entspricht –, einer alten Post- oder Handelsstraße, die von Brüssel über Frankfurt, Würzburg und Nürnberg bis Prag führte. Konsequenterweise befand sich hier seit 1774 zudem eine Poststation der »Hochfürstlich Thurn und Taxis'schen Posthalterei«, woran sich Langenfeld noch immer gern erinnert. Dies hat in Form eines Posthorns im Stadtwappen sowie zweier Statuen, des Postillons und der Christel von der Post, vor der Stadtgalerie Verewigung gefunden. Diese beiden Figuren werden zudem mit einer Lebendversion als Brauchtumstraditionspaar gewürdigt, das bei offiziellen Anlässen die Stadt repräsentiert.

Die LVR-Klinik Langenfeld, früher »Provinzial-Heil- und Pflegeanstalt Galkhausen« für psychisch Kranke und Menschen mit anderen Beeinträchtigungen ist seit 1900 ein wichtiger Arbeitgeber vor Ort, dessen Mitwirkung an der Euthanasie im Nationalsozialismus ein ungutes Kapitel der Stadtgeschichte darstellt. Ebenso wie das Massaker am Wenzelnberg **92**, bei dem am 13. April 1945, unmittelbar vor dem Einmarsch der US-Truppen, 71 Häftlinge von der Gestapo ermordet wurden. Ein hier errichtetes Mahnmal ist Ort jährlicher Gedenkfeiern, an denen sich mehrere Gemeinden beteiligen.

An die Gewerbegeschichte erinnert am Volksgarten die seit 2008 unter einer Glaskuppel rekonstruierte Werkstatt »Wiescheider Kotten«, in der der Schalenschneider Wilhelm Jacobs in den 1920er-Jahren aus Baumstämmen Messergriffe für die Solinger Schneidwarenindustrie herstellte.

2008 gelang Langenfeld etwas, um das viele andere Kommunen es beneideten: Die Stadt befreite sich aus der kommunalen Schuldenlast. Zwei Themen, die Langenfeld sich auf die Fahnen geschrieben hat: Sport und Brauchtum. Das eine kann man rund um die Uhr betreiben, das andere in erster Linie in der Fünften Jahreszeit, dem Karneval.

Durch alle Jahreszeiten empfehlen sich zwei Kulturstätten: Der »Schauplatz« in der Stadtmitte und der »Schaustall« in Richrath sind die größten Veranstaltungsorte für Musikevents und Kabarett.

109 Altes Rathaus

Den Charme des rot ziegeligen zweigeschossigen Backsteinbaus mit Erkerzwiebeltürmchen im Neorenaissancestil von 1891, der an der Neukirchener Straße in Leichlingen 105 direkt vor dem Kreisel steht, beeinträchtigt nur eines: der moderne Flachdach-Anbau, den die Sparkasse ihm antat. Warum sie für das sanierungsbedürftige Haus zehn Jahre lang keinen Käufer fand, darüber kann man nur mutmaßen. Es wird am Preis von anfangs 1,5 Millionen Euro gelegen haben, den sie für das Schmuckstück forderte. Dabei wollte die Stadt ihr altes Rathaus gerne zurückkaufen, was ihr nach langen Verhandlungen 2018 schließlich gelang. Es soll zum soziokulturellen Zentrum umgebaut und der Anbau entfernt werden. Zu verdanken hat die Stadt das Zeugnis stolzen bürgerlichen Selbstbewusstseins ihrem damaligen Bürgermeister (1890–1902) Gustav Dahlmann. Als das Haus der Stadtverwaltung 31 Jahre später zu klein wurde, kaufte sie 1920 die oben bereits erwähnte Villa Weyermann von 1872, ebenfalls ein repräsentatives bauliches Schmuckstück. In das verlassene Gebäude zog die Sparkasse ein und vermietete es zuletzt an die Polizei. Diese gab jedoch zum Jahreswechsel 2015–2016 den Standort auf – nur ein Bezirksdienst verblieb im Ärztehaus neben der Stadtbücherei Am Büscherhof und dem heutigen, 1973 fertiggestellten Rathaus, das schon lange wieder zu klein geworden ist. Im Frühjahr 2018 wurde deshalb ein Neubau beschlossen.

110 Erlöserkirche

In Langenfeld-Immigrath/Hardt steht die 1909 eingeweihte, aus grauem Backstein gebaute Erlöserkirche – »ein feste Burg«, wie sie in metallenen Lettern verkündet. Entworfen und umgesetzt wurde sie von dem Architekten Arno Fritsche und ist das größte evangelische Gotteshaus Langenfelds 108 . Die Kirche sollte die bis dahin einzige protestantische Gemeinde um die im 17. Jahrhundert entstandene Martin-Luther-Kirche in Reusrath entlasten, nachdem die Zahl der Einwohner Langenfelds im Zuge der industriellen Revolution sprunghaft angestiegen war. Vier Fünftel der Gemeindemitglieder lebten 1876 bereits in Immigrath, weshalb sich der Standort anbot. Das 1877 errichtete Immigrather Bethaus konnte daraufhin durch ein Gemeindehaus ersetzt werden.

Der Besucher sollte insbesondere das Innere der zum Advent 1981 umgestalteten Kirche auf sich wirken lassen. Die dahinterstehende Idee, dass nicht der Pfarrer, sondern die Gemeinde den Gottesdienst feiere, hat in einigen Einrichtungsdetails Niederschlag gefunden. Der Chorraum sollte als Bühne auch für andere Zwecke – wie Konzerte, Musicals, Theateraufführungen oder Ausstellungen – genutzt werden können. Die »dienende Funktion« des Abendmahlstischs wird deutlich durch die angebrachten Rollen, mittels derer er problemlos bewegt werden kann, wenn andere Anliegen in den Mittelpunkt rücken. So wurde selbst das zentrale Symbol der Messe pragmatisch-alltagstauglich umgestaltet und eine im wahrsten Sinne des Wortes bewegliche Kirche ermöglicht.

111 Further Moor

Das Further Moor in der Niederrheinischen Bucht zwischen Leichlingen 105 und Langenfeld 108 ist Teil der Bergischen Heideterrassen am Übergang zu den Hochflächen des Rheinischen Schiefergebirges. Bereits 1937 wurde es unter Naturschutz gestellt. Eine Maßnahme, die heute angesichts zunehmender Zersiedelung des Grünstreifens zwischen den Gemeinden und damit der unwiederbringlichen Zerstörung von Böden umso dringlicher erscheint. Zumal sie durch eine nachhaltigere Nutzung von innerstädtischen Brachen vermieden werden könnte. Die Funktion dieses 42 Hektar großen Rest-Feuchtgebiets, das Überbleibsel einer ausgedehnten Sumpf- und Morastlandschaft ist, ist für Mensch und Tier essenziell: Es sorgt für den Luftaustausch der angrenzenden dicht bebauten Wohngebiete, dient als Pufferzone zur Autobahn A542 und als Jagdrevier von geschützten Greifvögeln wie Rotmilan und Mäusebussard. In unmittelbarer Nachbarschaft dazu befinden sich die aus dem Mesozoikum stammenden Leichlinger Sandberge, außerdem wird das Further Moor von dem Galkhauser Bach durchquert. Als Heidemoor ist es von einzigartiger Flora geprägt: Gagelsträucher, Bleich- oder Torfmoos, Moosbeere, Geflecktes Knabenkraut, Ährenlilie, Königsfarn und Rundblättriger Sonnentau wachsen hier. Die zu Langenfeld gehörende Reusrather Straße führt durch dieses Gebiet und ist als Fahrradstraße ausgewiesen, die die Innenstadt mit dem Naherholungsgebiet rund um das Further Moor verbindet.

Im Teilungsvertrag von Düsseldorf würdigten die Räte 1614 noch eine weitere – strategische – Bedeutung des Gebietes: »... sintemahl dieses Land mit stattlichen Sümpfen und Morästen wohl versehen sey, die zu Kriegszeiten einen Feind wohl abhalten könnten.«

10. DAS PILGERN IST
DES PETERS LUST

Nachdem ich bis zum Lebensspätnachmittag fleißig am Verfall gearbeitet hatte, tue ich nun etwas für körperliches Wohlbefinden und Seelenheil, lerne viele Menschen kennen – vor allem Frauen! – und habe immer eine gesunde Gesichtsfarbe. Ich habe das Pilgern für mich entdeckt. Das kann natürlich jeder für sich machen. Aber bequemer und lustiger ist es, wenn man sich Gleichgesinnten anschließt. Es gibt katholische, evangelische, freikirchliche, ökumenische, philosophische Gesangs-, Volkshochschul-, Rentner- und Sportgruppen sowie Büros, Stammtische und Vereine, die so was anbieten. Da ich keiner dieser Gruppierungen angehöre, probiere ich alles aus. Okay, das mit den Rentnern muss nicht sein. Das kenne ich, auch ohne dass ich laufen gehe.

Auf der letzten Tour, Etappe sieben der Strecke Wuppertal–Aachen, habe ich Hella kennengelernt. Sie trug den Wanderfrauen-Einheitslook – Haarknoten, Sonnenbrille, dezente Bluse, braune Kniebundhose, Stricksocken, festes Schuhwerk – und fiel mir erst auf, als sie mich kurz nach dem Start am Wermelskirchener Markt einholte, um auf gleicher Höhe mit mir zu marschieren.

»Wenn das kein Zeichen ist«, sagte sie.

Ich guckte nach rechts und links, konnte kein Zeichen entdecken.

»Hoffnung in Sicht«, sagte sie.

Die sah ich erst recht nicht. Aber hatte immerhin Hoffnung, sie würde mir erklären, was sie meinte.

»Gleich hier rechts um die Ecke«, sagte sie.
Nichts zu sehen! Hatte sie eine Ecke ab?
Da gebe es einen Weiler namens Hoffnung [112]. Sie halte es für ein Zeichen, dass sie just mir in dem Moment auf den Fersen gewesen sei. Ich riskierte einen Seitenblick. Schlanke Gestalt, dennoch ausreichend Holz vor der Hütte. Kein Grund, sie von der Wegkante zu stoßen. Einer, ihr Hoffnung zu machen? Ich lieh ihr mein Ohr, das sie mir in den folgenden Stunden unserer Wanderung durch das Eifgenbachtal [113] nahezu abkaute. Sie war anscheinend mit jedem Busch am Wegesrand persönlich bekannt. Erzählte was von mittelalterlicher Höhenstraße – der B51 – und Hohlwegen, Siefentälern und Sehenswertem: Ruinen der Burscheider Talsperre, Mühlen – und vor allem von sich. Sie komme aus Ronsdorf [114], und Ronsdorf gäbe es eigentlich gar nicht ohne sie, vielmehr ohne ihre Vorfahren. Besonders einen, dessen Namen sie immer hochhalten werde, weshalb sie ihn auch in der Ehe nicht abgegeben hätte: Sie heiße nämlich Hella Hella. So hörte es sich zumindest für mich an.

Ich lachte: »Wie dieser französische Schlager ›Ella, elle l'a‹?« Fühlte mich aufgefordert, mich im Gegenzug vorzustellen: »Peter – äh – Pilger.« Wenn mir jemand was vom Pferd erzählen will – das kann ich mindestens genauso gut.

Sie stutzte. »Heller!«, sagte sie. »Ich heiße Hella Heller! Also nicht dunkler, sondern das Gegenteil.«

»Ah!« Ich ließ das mal so stehen.

Sie kicherte. »Wenn dein Name kein Zeichen ist!«

Distanz ist unter Jakobsbrüdern und -schwestern verpönt. Man duzt sich.

»Du kennst Elias Heller nicht? Der war *wirklich* heller. Der hatte Visionen.«

»Sah der auch Zeichen?«

»Genau!« Der hätte die Zeichen der Zeit erkannt und sich hochgearbeitet und hochgeheiratet – sie zwinkerte mir zu – und sei so im 17. Jahrhundert ein einflussreicher Industrieller geworden. Und ein spiritueller Führer. Er hätte nämlich ein Dienstmädchen gehabt, das sich ihm offenbart hätte, woraufhin er sich von seiner Frau scheiden ließ ...

»Die, mit deren Hilfe er sich hochgeheiratet hatte?«, warf ich ein.

Sie kicherte. »Genau die. Sie ist kurz darauf wahnsinnig geworden und bald gestorben.« Diese Ehefrau hätte Elias das Mädchen erst nahegelegt. Es sei um die Offenbarung des Johannes gegangen.

Ja, der Johannes ihres Vorfahren musste wohl wegweisend gewesen sein.

Hella fuhr fort, gemeinsam hätten sie dann das neue Sion aufgebaut ...

»Ist das nicht eine *Kölner* Brauerei?« In Sachen rheinische Pilgermetropole kannte ich mich aus.

»Zion!« Ihr Ton hatte für einen Moment eine Schärfe, die das Holz vor der Hütte in Sägespäne hätte zerlegen können, wenn sie sich nicht gleich wieder gefangen hätte. »Zion ist Gottes Wohnsitz. Wo wir doch alle hinwollen.«

Ich persönlich hätte mich mit dem ehemaligen Zisterzienserkloster in Altenberg zufriedengegeben. Aber man muss ja Ziele über den Tag hinaus haben. Ich ließ Hella vom Auszug aus Elberfeld zwecks Errichtung eines Tausendjährigen Reichs erzählen, gab meinem Erstaunen Ausdruck, dass der Mann seiner Zeit weit voraus gewesen sein müsse, erfuhr, dass Elias den Familienhof seiner bäuerlichen Vorfahren, Ronsdorf eben, zu einer Art Tempelstadt ausgebaut habe, in der er als Bürgermeister, Richter und geistliches Oberhaupt gewirkt und für die er 1745 das Stadtrecht erwürgt habe ...

Ich prustete. »Das Stadtrecht erwürgt!«

Sie besah mich besorgt von der Seite. »Vielleicht solltest du über ein Hörgerät nachdenken?« Hörte trotzdem nicht auf. Elias hätte beste Beziehungen zum preußischen König Friedrich II. ausspielen können. Ausgesprochen ehrgeizig, aber durchaus jemand, der das Leben genießen konnte. In seiner Gemeinde habe er fleischliche Liebesmahle mit seinen Geweihten abgehalten – den Gedanken an »Gehörnte« behielt ich für mich –, die ihn abgöttisch verehrten.

Ich räumte ein, dass gewisse Aspekte an dem Ahnen was hatten.

Er habe schließlich, nachdem er die zweite Frau überlebt hatte, die Witwe des Elberfelder Bürgermeisters geheiratet. Seine Nachfahren aus zweiter Ehe – also auch sie, Hella – gehörten nach wie vor zu den Auserwählten, die ihr Christentum außerhalb der verfassten Kirche lebten.

»Einschließlich der Liebesmahle?«, vergewisserte ich mich.

Sie lächelte, beantwortete die Frage aber nur indirekt. Diejenigen, mit denen die Hellers sich verbänden, würden ebenfalls in den Kreis der Auserwählten aufgenommen. Wollte wissen, ob ich auch verwitwet sei.

Freute sich, dass wir das schon mal gemeinsam hatten. Das ließe sich doch mit einer weiteren Wanderung vertiefen. Wo ich denn wohne?

Dieringhausen [115] gefiel ihr ausnehmend gut. Dort führe ja in der Nähe der Jakobsweg …

Eine Pilgerin, die bis dahin vor uns marschiert war – ihr fröhlich wippender Pferdeschwanz hatte meine Aufmerksamkeit auf sich gezogen –, ließ sich zurückfallen. »Sie leben in Dieringhausen?«, fragte sie. »Was für ein Zufall!« Von da nicht weit weg hätte sie mit einigen Gemeindemitgliedern in 14 Tagen eine Wanderung auf den Spuren des Apostels Jakobus von Marburg nach Köln geplant. Sie bot mir ihre Hand: »Gerlinde!«

Ich schlug ein. »Peter.«

Beim Lachen zeigten sich zwei entzückende Grübchen auf ihren Wangen.

Aus den Augenwinkeln sah ich, dass Hellas Hand sich ebenfalls vorgeschoben hatte. Gerlinde achtete nicht darauf, sondern fuhr fort, ob ich Lust hätte, mitzumachen? Es handle sich um eine große Tagestour …

Genau das habe sie mir gerade vorgeschlagen, fuhr Hella dazwischen. Da komme Gerlinde nun leider zu spät.

»Aber wir können doch zusammen …«, wandte ich ein.

Das Gespräch wurde unterbrochen, weil wir die Rausmühle 116 erreicht hatten, wo wir eine Rast einlegten.

Die Pause dauerte länger als geplant. Genau genommen war die Wanderung danach zu Ende. Eigentlich hätten wir da noch den größten Teil der Strecke vor uns gehabt, doch die meisten traten nun den Rückweg an. Mir hatte es die Freude an der Fortbewegung verdorben. Hella machte sich ebenfalls auf den Heimweg. »Nomen est Omen«, sagte sie. Ihre Vorliebe für Fingerzeige war mir ja allmählich vertraut. Diesmal hätte ich es fast selbst auf der Zunge gehabt. Das Zeichen.

Was war passiert?

Gerlinde war aus dem Dachfenster des denkmalgeschützten Gebäudes gefallen. Gesprungen? So genau konnte man es nicht ermitteln, weil es hinter dem Haus geschehen war. Ihr Fehlen fiel erst auf, als wir die Wanderung fortsetzen wollten. Da fand man sie auf der Rückseite der Rausmühle mit verrenkten Gliedern und starrem Blick.

Hella rief mich drei Tage später an. Wollte wissen, ob ich den Spaß am Pilgern verloren hätte. Ihr mache der Schrecken zu schaffen. Aber man sollte doch immer nach vorn blicken. Ob ich schon über den anderen Pilgerweg nachgedacht hätte?

Ich gab zurück, natürlich gehe das Leben weiter und selbstverständlich würde ich wieder wandern wollen.

Sie zeigte sich erfreut. Werde gern die Planung übernehmen und für den zum Pilgern erforderlichen Proviant sorgen. Fragte nach Lieblingskuchen, Lieblingsaufschnitt und Lieblingsgetränk. Sie werde entsprechend backen und packen. Ihre Zuwendung stimmte mich zuversichtlich. Zehn Tage später fand ich mich bereitwillig wie bestellt an der Bushaltestelle in Bielstein [117] ein, von wo aus wir starten wollten.

Binnen kürzester Zeit holten wir eine kleine Pilgergruppe aus dem Kreis Mettmann ein. Sie bestand aus einem Geistlichen, Gerold, und zwei Gemeindehelferinnen, Greta und Hilde.

Hella wirkte distanziert, als die Geschwister im Geiste Jakobs uns herzlich grüßten – aus Sorge, wir müssten das Mahl teilen?

Hilde fand sich bald an meiner Seite ein. Erzählte, sie stamme aus Hilden [118]. Greta aus Erkrath [119] und der Monsignore aus Monheim [120]. Hella, die – einem Moment der Unaufmerksamkeit geschuldet – den Platz an meiner Rechten hatte aufgeben müssen, versuchte vergeblich, ihn zurückzuerobern, und fand sich schließlich zu meiner Linken ein. Zwischen den beiden Frauen entspann sich eine Diskussion über die Glaubenslehre, in deren Zentrum ich mich befand, ohne das Geringste dazu beitragen zu können. Was einerseits meinen mangelnden Kenntnissen auf dem

Gebiet, aber auch meinem mäßigen Interesse am Thema geschuldet war. Zudem beschlich mich das Gefühl, dass es eigentlich um etwas ganz anderes ging. Sie erkundigten sich wechselseitig nach den Beweggründen, die die jeweils andere auf den Weg gebracht hätten, und gerieten darüber in einen heftigen Disput.

Hilde erwies sich als recht belesen in Sachen Sekten. Sie wusste Hellas Vorfahren gleich als radikal-pietistische Absplitterung der Zioniten einzuordnen, redete überhaupt recht verächtlich, wie es mir schien, über Hellas Heimatstadt Wuppertal, der sie bescheinigte, eine Sekten-Hochburg zu sein. Allein über 50 christliche und ein gutes Dutzend nicht christliche Gemeinschaften seien dort angesiedelt. Offenbar habe die Enge im Tal der Wupper dazu beigetragen, dass die Erkenntnisfähigkeit exotische Blüten getrieben habe, mutmaßte sie.

Hella hielt dagegen. Die Glaubenslehre der katholischen Kirche weise mindestens ebenso absonderliche Annahmen auf, wie von den kleineren Konfessionen kolportiert werde. Der Glaube an die jungfräuliche Geburt, die Wandlung von Wasser in Wein oder – schlimmer noch – von Wein in Blut und Brot in Fleisch, das die Gemeinde sich einverleibe, sei doch letzten Endes genauso gewöhnungsbedürftig, wie Bilder brutal zu Tode Gefolterter den Glauben stärken sollten.

Mir wurde die Debatte zu degoutant, und so überließ ich den Damen das Feld, beschleunigte meinen Schritt und schloss zur Vorhutgruppe auf. Ich bewunderte Gerold für den Gleichmut, mit dem er an diesem ausgesprochenen Gutwettertag schwarzen Ornat samt rotem Gürtel trug, während ich, leicht bekleidet im kurzärmligen T-Shirt, bereits ins Schwitzen geriet. Er erzählte von der weiteren Strecke nach Santiago de Compostela, worin er sehr bewandert schien, da er sie bereits mehrfach erwandert hatte. Das Gespräch bewegte sich von den Pyrenäen zurück ins Bergische, bei dem er nicht müde wurde hervorzuheben, dass es seit der Reformation von einer wechselvollen Geschichte geprägt sei. Ganze Ortschaften hätten unter immer neuen Herrschern – aber auch freiwillig – die Konfession gewechselt wie die Hemden, Kirchen wurden umgewidmet. Abgeschiedene Täler bis hinunter zur Agger hätten sich gerade für radikale religiöse Reformer als Refugium und Rückzugsraum bewährt, was in der Neuzeit zu einem dichten Nebeneinander unterschiedlicher Glaubenslehren geführt habe. Diese Vielfalt von Religionsgemeinschaften und -strömungen hätte im Zuge der Zuwanderung im 20. Jahrhundert weiter zugenommen.

Die hier gepriesene friedliche Koexistenz schien sich zumindest in der Nachhut unserer kleinen Gruppe als eher konfliktträchtiges Kompromisskonstrukt darzustellen. Die Stimmung war dennoch beschwingt. Mit nur wenigen Pausen erreichten wir am frühen Nachmittag eine kleine Ortschaft namens Federath [121], in deren Kapelle wir Einkehr hielten. Sie war dem Drachentöter St. Michael gewidmet.

Drachen, gab Hella zu bedenken, würden als Feuerwesen in den meisten Kulturen als Zeichen des Göttlichen verstanden. Nur die Christen hielten sie für Symbole der Sünde.

»Zeichen des *Göttlichen?*«, echote Hilde, die an die Schlange erinnerte, die Verführerin Evas und Schwester des Drachen, den Michael hinab auf die Erde gestoßen habe.

»Auf die Erde!« Hellas Augen funkelten sie an. »Dann wäre er ja unter uns!«

Der Name des Erzengels Michael, belehrte uns Gerold, bemüht die Gemüter zu besänftigen, bedeute in der Übersetzung: »Wer ist wie Gott?« Er sei in allen drei monotheistischen Religionen, wenngleich nicht in allen mit göttlichen Tributen versehen, bekannt als Bezwinger Satans.

Gerold, Greta und ich hatten gerade die an der Kapelle einmündende Höhenwegstraße überquert, als knapp hinter uns ein Sattelschlepper einbog und Hilde, die auf die Erde stürzte, überrollte. Hatte sie zu lange gezögert beim Versuch, noch vor dem LKW über die Straße zu gelangen? Oder hatte sie den Versuch abbrechen wollen und sich nicht mehr rechtzeitig auf den Bürgersteig retten können?

So genau war es nicht zu ermitteln, weil Hella, die unmittelbar neben ihr gegangen war, unter Schock stand und nichts Sachdienliches zu sagen vermochte.

Zum zweiten Mal brachen wir eine Pilger-Wanderung ab. Auf dem Heimweg grübelte ich über Drachen. Die auf die Erde gestoßen gehörten. Oder doch als Zeichen des Göttlichen galten? Auf jeden Fall Feuerwesen.

Drei Tage später rief Hella an. Sie sei vollkommen fertig, sagte sie mit schwacher Stimme. Komme nicht darüber hinweg, dass es ihr nicht gelungen sei, Hilde zurückzureißen. Sie spüre den unwiderstehlichen Drang, den Weg noch einmal zu gehen. Oder vielmehr weiterzugehen. Nein, mit der Kreuzung wollte sie sich nicht konfrontieren. Aber man könnte ja ein Stückchen weiter westlich einsteigen. Die Begehung eines Pilgerwegs abzubrechen sei nicht ratsam. Eine böse Macht hätte versucht uns zu stoppen. Dem dürfe man nicht nachgeben.

Ich hatte mich zwischenzeitlich einigermaßen von dem Schreck erholt. Der Tod ist allgegenwärtig. Mich ging es im Grunde gar nichts an. Nur weil ich zufällig – zum zweiten Mal – mit einer Frau ein Stück gewandert war, was diese nicht überlebt hatte, würde ich nun nicht in Trübsal versinken. Auch wenn ich von Hellas These von der Macht des Bösen nichts hielt, war ich doch durchaus bereit, mich wieder auf Bewegung in der Natur einzulassen.

Wir brachen nicht allzu früh auf. Hella hatte wie beim letzten Mal für Proviant gesorgt. Die Etappe war keine sonderlich schwierige Strecke. Mit Pausen würden wir wohl einen halben Tag bis an die Kölner Stadtgrenze brauchen.

Wir sprachen über dieses und jenes, plauderten ein wenig aus der Privatschatulle, erzählten von den verstorbenen Ehepartnern, von dem Glück, ein beschauliches, unabhängiges Leben führen zu können. In dem wir allerdings etwas Vertrautes vermissten. Weshalb wir das gesellige Pilgern schätzen gelernt hätten. Ja, wir entdeckten gemeinsame Gefühle auf unserer Tour. Hella war stiller, als ich sie bisher erlebt hatte, sah keine Zeichen oder wenn, dann behielt sie sie für sich. Die Sonne strahlte mit ihr um die Wette. So ließ es sich aushalten.

Am Nachmittag erreichten wir den Königsforst [122], wo wir zu einem letzten Picknick auf dieser Wanderung am Ufer des Kettners Weiher rasteten. Hella hatte gedeckten Apfelkuchen gebacken und wieder einmal musste ich ihr zugestehen, dass sie bei aller Bekloppheit einiges ganz gut gebacken kriegte.

Eine einsame Wanderin näherte sich von links. Hella sprang auf. Packte Kuchen und Getränke zusammen und verstaute sie. Trieb mich zur Eile an. Dabei war es doch gerade so schön entspannt gewesen! Die Frau näherte sich zügig, winkte. Ich winkte zurück. Der sportliche Schritt, die bunte Funktionskleidung ließen einen Wanderprofi vermuten.

»Komm!«, zischte Hella.

Ich erhob mich, folgte ihr ohne sonderliche Eile. Der

Gang der Gestalt wirkte beim Näherkommen irgendwie vertraut, aber erst als sie uns erreichte, erkannte ich – Greta.

»Was für ein Zufall!«, rief sie.

Während ich sie vor lauter Überraschung und sicherlich auch übermannt von den erneut aufwallenden tiefen, ja, existenziellen Gefühlen, denen wir bei unserer letzten Begegnung ausgesetzt gewesen waren, umarmte, spürte ich geradezu körperlich Hellas negative Vibrations.

»Himmel«, zischte sie. »Nicht schon wieder!«

Natürlich. Die letzte Begegnung war auch an ihr nicht spurlos vorbeigegangen. Wenngleich ihre Reaktion – Abwehr – sozusagen das andere Ende der Gefühlspalette zeigte von dem, wie ich mich gerade fühlte, war es mir doch irgendwie nachvollziehbar. Dennoch unangenehm. Ich versuchte, ihre Unfreundlichkeit zu überspielen.

»Wo kommst du auf einmal her?«, fragte ich.

»Von Rösrath 123«, sagte Greta. »Ich habe den Wolfsweg genommen.«

»Wolfsweg!«, zischte Hella. »Wenn das kein Zeichen ist!«

»Hella«, gab Greta zurück. »Dass wir uns hier schon wieder über den Weg laufen, ist wirklich ein unglaublicher Zufall. Vielleicht auch keiner. Deine Reaktion macht mir gerade etwas klar.«

»Halt's Maul!«, giftete Hella.

»Selber«, gab Greta gelassen zurück. »Du wirst dich nicht erinnern, weil wir im Eifgenbachtal so eine große Gruppe waren und ihr beide euch die ganze Zeit angeregt unterhalten habt, bis Gerlinde dich ansprach, Peter. Dass sie das nicht überlebt hat, hielt ich damals noch für Zufall – oder vielmehr: Ich sah überhaupt keinen Zusammenhang. Habe mir nur den Kopf zerbrochen, wie das Unglück hatte passieren können. Hildes Tod hat mir erst im Nachhinein die Augen geöffnet.«

»Und warum bist du dann nicht zur Polizei gegangen, du Schlampe? Weil es Hirngespinste sind! Reine Hirngespinste!« Triumph klang in Hellas Hysterie mit.

»Dass das nicht stimmt, beweist du gerade sehr eindrücklich«, gab Greta zurück und zog ein Smartphone aus ihrem Bauchbeutel. »Ich werde sie jetzt sofort verständigen.«

Noch während sie mit dem Entsperren des Geräts beschäftigt war, fischte Hella eine Flasche aus dem Proviantrucksack, schraubte sie auf und schüttete den Inhalt über Greta aus. Der Geruch von Hochprozentigem biss mir in die Nase, meine Augen tränten. Greta sprang beiseite, während ich versuchte, Hellas Hand mit der Flasche festzuhalten. Von einer wahnwitzigen Wut beflügelt, verteilte sie den Rest aus der Flasche auf dem Boden ringsum, auf mir, aber vor allem auf sich selbst. Sie ließ die Flasche fallen und ich lockerte meinen Griff in der Annahme, sie hätte sich abreagiert. Blitzschnell griff sie erneut in den Rucksack, zerrte ein Päckchen Streichhölzer hervor, riss mehrere auf einmal an und warf die brennenden Hölzchen in Gretas Richtung. Der Effekt war enorm. An Gretas Kleidung sprang eine Stichflamme hoch. Sie schrie entsetzt auf. Die Hölzchen, die sie verfehlt hatten, setzten derweil den Boden in Brand, die begierig nach der durchtränkten Kleidung von Hella und mir leckten. Es hatte seit Wochen nicht geregnet. Der Boden im Königsforst musste knochentrocken sein. Das Feuer griff blitzartig um sich. »Hexe!«, schrie Hella gellend. »Sie soll brennen, die Hexe!« Da stand sie bereits selbst in Flammen, ihr Schreien ging in Husten über, und sie versuchte, die Flammen am eigenen Körper auszuschlagen. Als das misslang, lief sie panisch los. Eine rennende brennende Fackel, teuflisches Feuerwesen, das eine lodernde Schneise nach sich zog. Ich schnappte mir derweil

Greta und riss sie mit mir zum Weiher. Wir ließen uns ins Wasser fallen, es zischte, und als wir wieder auftauchten, stand rund um den Teich alles in Flammen.

Fügung oder Fortüne?, fragte ich mich, als ich, die zitternde Greta im Arm, fasziniert das Werk der Zerstörung beobachtete. Meine Frau war damals ähnlich lichterloh brennend blind durch die Blockhütte in Bulgarien gelaufen, während ich vom sicheren Pool aus *mein* Werk der Zerstörung betrachtet hatte. Damals hatte eine kleine Manipulation am Gasherd genügt, ein Löchlein am Schlauch direkt vor den Herdplatten.

Wer auf den Ausgang einer Angelegenheit Einfluss nehmen will, darf nicht auf Zufälle oder Zeichen warten. Er muss schlicht das Zeug dazu haben.

FREIZEITTIPPS:

112 Hoffnung

Der Weiler Hoffnung gehört zu Wermelskirchen **5**, liegt nicht weit von Jammertal zwischen Hinterhufe und Vorderhufe und Stumpf. Das Dörfchen, eher eine Wohnsiedlung, ist nicht sonderlich bedeutsam. Allenfalls interessant: Eine ehemalige Schule wurde dort zur Kirche umgewidmet. Es soll hier Erwähnung finden, weil es im Bergischen eine Fülle von Namen gibt, die einen Liebhaber skurriler Bezeichnungen immer wieder entzücken, seine Fantasie beflügeln und ihn grübeln lassen wird, wie es dazu gekommen sein mag. Weitere interessante Namensgebungen ganz in der Nähe sind zum Beispiel: Bärenloch (Nähe Solingen **28**), Böcke (Wermelskirchen), Garnixhäuschen (Lennep), Gosse (Solingen/Leichlingen **105**), Habenichts (Wermelskirchen), Kaffeekanne (eine der kleinsten Hofschaften bei Hückeswagen **2**), Sonne (Wermelskirchen) oder Wüste (Hückeswagen).

Eine Besonderheit Bergischer Ortsnamen sei an dieser Stelle außerdem erwähnt: Das feuchte Klima schlug sich im wahrsten Sinne des Wortes in Tausenden größeren und kleineren Bächen nieder, die Kerbtälchen, auch »Siefen« oder »Siepen« – mittelhochdeutsch für »Niederung« – entstehen ließen und die Landschaft prägten. Die bergischen Ortsnamen heißen dementsprechend: Siepen in Marienheide **76**, Klingsiepen in Wipperfürth **3**, Siefen in Wiehl **66**, Dassiefen, Krähsiefen und Fischsiefen in Lindlar **72**, Seifen in Morsbach **18** und Waldbröl, Fahrenseifen in Waldbröl **67** sowie Schmittseifen in Reichshof **70**.

113 Eifgenbachtal

Der Eifgenbach oder Eifgen erstreckt sich über kaum mehr als 20 Kilometer. Die haben es aber landschaftlich und historisch in sich. Er hat seinen Ursprung auf Wermelskirchener 5 Gebiet an der Stadtgrenze zu Remscheid 30, markiert im weiteren Verlauf die Grenze zu Burscheid 96, durchquert Odenthal 10 und mündet in die Dhünn. 2004 wurde das Eifgenbachtal samt seiner Seitentäler zum Naturschutzgebiet erklärt. Die für ein Überschwemmungsgebiet typische Ufer- und Unterwasservegetation, die umliegenden Misch- und Auenwälder sowie der Fischreichtum und die Fauna im Randbereich wurden damit besonders gewürdigt. Für die ersten Bewohner der Eifgenburg war dies vermutlich kein Kriterium, hier eine Burg zu bauen, sondern vielmehr die günstige Plateaulage auf einem Sporn hoch über einem uralten Verkehrsweg. Das einstige Ausmaß der Burg ist heute nur noch aufgrund der als Bodendenkmal erhaltenen, überwiegend unterirdischen Reste zu erahnen. Gräben und Wälle der ehemaligen Wehranlage sind bis zu 25 Meter breit, die Wallkrone liegt 6,5 Meter über der Grabensohle. In den 1930er-Jahren bereits entdeckten Archäologen Reste einer 1,30 Meter dicken und noch bis zu 1,80 Meter hohen Grauwackensandsteinmauer und Fundamentreste eines quadratischen Turms mit einer Mauerstärke von 1,80 Metern. Anhand von im Keller des Gebäudes gefundenen Gefäßscherben lässt sich die Burg auf das 11. Jahrhundert datieren. Eine Verbindung zu den Grafen von Berg, deren Stammburg Berge in Altenberg um 1060 errichtet, 1118 zugunsten der heutigen Schloss Burg 40 aufgegeben wurde und inzwischen ebenfalls nur noch als Bodendenkmal erhalten ist, konnte bisher nicht nachgewiesen werden.

Zum Jagen war das von Wasseradern durchzogene hügelige Gelände immer schon ideal, was deutlich ältere Fundstücke zeigen, die die Anwesenheit von Menschen bis in die Jungsteinzeit belegen.

Bevorzugten Siedler bis zum Mittelalter nicht nur aus strategischen Gründen, sondern auch aufgrund der Überschwemmungsgefahr die Höhenlagen in der Nähe von lebenswichtigen Fließgewässern, zog es die Menschen ab dem 16. Jahrhundert in die Täler, wo sie die Wasserkraft zu nutzen begannen. Davon zeugt nicht zuletzt das jüngste Denkmal im Eifgenbachtal, das Wehr der Eifgenbachtalsperre, die seit 2001 schrittweise geschleift wurde. Unter anderem wurde dabei ein Swastika-Relief entfernt – ein hinduistisch-buddhistisches Glücksbringersymbol, das wegen seiner Ähnlichkeit mit dem 1920 von Nationalsozialisten eingeführten Hakenkreuz oft mit diesem verwechselt wird.

Aus der Zwischenzeit gibt es auf dem Weg zur Eifgenburg beziehungsweise Mündung in die Dhünn eine Reihe von zumindest in Resten erhaltenen Anlagen, die von der Nutzung des Eifgenbachs durch die Jahrhunderte zeugen: die Eipringhauser Mühle, Bergermühle, Neuemühle, Rausmühle **116**, das Burscheider Wehr, Relikt der Burscheider Talsperre, die Markusmühle und die Fundamente des Bökershammer.

Durch das Eifgenbachtal führt ein Teil des Markuswegs, andere Wanderwege kreuzen es, ein zehn bis zwölf Kilometer langer Rundwanderweg startet bei Wermelskirchen unterhalb des Eifgen-Stadions und überquert den Eifgenbach an der Neuemühle. Auf der anderen Seite führt er wieder zurück. Es ist im Grunde egal, von wo man in das Eifgenbachtal eintaucht: Man kann sich seiner magischen Wirkung kaum entziehen.

114 Ronsdorf

Der 1494 erstmalig erwähnte, durch einen Johann von Ronsdorp gegründete gleichnamige Hof gehörte bis 1729 zu Lüttringhausen 30, heute ist Ronsdorf ein Stadtbezirk von Wuppertal 42. Als Ronsdorfer Stadtgründer gilt der Textilfabrikant und radikal-pietistische Zionit Elias Eller (1690–1750), der sich 1733 von seiner 20 Jahre älteren Ehefrau scheiden ließ, die bald darauf starb, laut Überlieferung »im Wahnsinn«. Eller heiratete unmittelbar danach das Dienstmädchen seiner Frau – die seit 1722 von göttlichen Inspirationen heimgesuchte Anna Catharina vom Büchel, von deren Offenbarungen Ellers Frau ihren Mann erst nach längerem Zureden hatte überzeugen können. Eine der Prophezeiungen der Anna Catharina vom Büchel hatte gelautet, dass sie und Eller – weil sie beide angeblich dem Stamme Juda, dem Geschlechte Davids, angehörten – das neue Zion aufbauen und ein Tausendjähriges Reich gründen würden. Ein selbst prophezeiter Sohn und Heiland starb allerdings bald nach der Geburt, danach gebar Catharina drei Mädchen, von denen eines ebenfalls einen sehr frühen Tod fand. Anna im Jahr 1743. Zu diesem Zeitpunkt hatte Eller längst Anhänger um sich geschart und sich mit den reformierten Gemeinden in Elberfeld, die er als »Sodom« beschimpfte, zerstritten. 1737 erwarb er den Ronsdorfer Hof, von der er abstammte, und zog mit Familie, Anhängern und seiner Bandfabrik dorthin, um mit despotischer Machtfülle als Hohepriester über seine Untergebenen zu herrschen. Die Gemeinde wuchs, bis sie aufgrund von Ellers guten Kontakten zum preußischen König Friedrich II. im Jahr 1745 das Stadtrecht erhielt. Außerdem wurde Eller Bürgermeister von Ronsdorf und ging eine dritte Ehe mit der reichen Witwe des Elberfelder Bürgermeisters ein, ehe er 1750 starb.

Ronsdorf soll hier weniger als Stichwort für einen weiteren wichtigen Wuppertaler Stadtteil herhalten als vielmehr exemplarisch für Wuppertal als Stadt der Sekten. Das Bergische Land bot aufgrund seiner Unwirtlichkeit Zuflucht für Gruppierungen, die aus der mittelalterlichen Gesellschaftsordnung fielen und dort keinen Schutz fanden. Daher ist es nicht verwunderlich, dass religiöse Minderheiten hier geradezu aufblühten. Wuppertal liegt zudem an der Grenze zwischen protestantisch und katholisch geprägten Gebieten, was religiöse Sondergemeinschaften möglicherweise erst recht beförderte. Es finden sich in der Stadt 130 Sakralbauten und rund 120 Gemeinden, davon mehr als 50 christliche, die in einem »Atlas der Glaubensgemeinschaften in Wuppertal« festgehalten wurden. Für interessierte Besucher werden entsprechende Führungen angeboten, bei denen man neben evangelischen und katholischen viele weitere Kirchen kennenlernt: Buddhisten und Zen-Buddhisten, Mormonen der »Kirche Jesu Christi der Heiligen der Letzten Tage«, Rosenkreuzer, Adventisten, Freimaurer, die Baptistische »Köbners Kirche«. Außerdem gibt es Moscheen, den hinduistischen Hinterhoftempel in der Hünefeldstraße, die Maranatha-Mission, die Pfingstgemeinde, die Katholisch-Apostolische und die jüdische Gemeinde, die Grace Temple Church, die – anthroposophisch geprägte – Christengemeinschaft und noch viele mehr. Das freikirchliche Bibelmuseum an der Bendahler Straße 58–60 verfügt über eine einzigartige Sammlung bedeutender religiöser Schriften seit der Antike, darunter eine Fülle von Bibelausgaben in über 1.400 Sprachen. Eine davon ist die sogenannte Elberfelder Bibel: eine Übersetzung des Alten Testaments von 1855, von 1871 des Neuen, die sich um größtmögliche Originaltreue bemühte.

Um nur eine spirituelle Richtung aufzugreifen, die sich in Wuppertal früh etablierte und weltweit in den 80er-Jahren eine Renaissance erlebte, die noch immer anhält: Die Anthroposophie entwickelte sich 1912 aus der Theosophie, einer Verbindung westlicher und östlicher Heilslehren, und versteht sich nicht als Religion, sondern als Geisteswissenschaft, die durch Meditation zu Erkenntnissen gelangt. Auf der Grundlage der anthroposophischen Menschenkunde ihres Begründers Rudolf Steiner wurde bereits 1946 in Wuppertal eine der ersten Waldorfschulen in NRW, die heute in der Schluchtstraße 21 ansässige Rudolf-Steiner-Schule, gegründet. Außerdem entstand in Wuppertal die erste anthroposophische Tagesschule für Menschen mit Beeinträchtigungen in Deutschland, die Christian Morgenstern Schule in der Wittensteinstraße 76. Eine weitere Waldorfschule mit dem Förderschwerpunkt geistige Entwicklung, die Troxler-Schule, ist seit 1972 im Nommensenweg 12 beheimatet.

115 Dieringhausen

Auch in Dieringhausen, einem Ortsteil von Gummersbach 81, gibt es Funde, die die Anwesenheit von Menschen bereits in der Steinzeit belegen. Tonscherben weisen die Gegend als römisches Durchzugsgebiet aus. Eine erste dokumentarische Erwähnung von »Dyrynchuß« wurde auf 1483 datiert. Hier ist die Lage an einem Fluss – der Agger – ebenfalls bedeutsam, ein Brückenbau von 1830 war ein wichtiger Schritt zum Ausbau der Handelswege, 1870 entstand eine Spinnereifabrik, die älteste Kirche ist evangelisch und stammt von 1890 – vieles davon ist exemplarisch für eine große Anzahl an bergischen Gemeinden. Dieringhausen soll aber außerdem für einen anderen Aspekt stehen, der bisher nur unzureichend gewürdigt wurde: die Erschließung des Bergischen durch den Bau von Eisenbahnlinien. Bedeutsamkeit erlangte der Ort 1887, als er ein wichtiger Eisenbahnknoten im Oberbergischen wurde, weshalb der damals errichtete Bahnhof seit 1989 als Baudenkmal unter Denkmalschutz steht. In Dieringhausen kreuzten sich die Bahnstrecke Siegburg–Olpe, die Vollmetalbahn zwischen Hagen und Brügge sowie die Wiehltalbahn. Außerdem hielten hier verschiedene Eilzüge. An diesem Bahnhof wurden die Züge nicht nur betankt, sondern er diente zudem nachts als Abstellmöglichkeit. Entsprechend entstand Anfang des 20. Jahrhunderts eine Eisenbahnersiedlung. Als 1920 ein neuer Bahnhof den Betrieb aufnahm, wurde der erste zum Güterbahnhof, später zum Bahnbetriebswerk, inzwischen zum Eisenbahnmuseum. Der historische Lokschuppen mit elf Unterständen und Drehscheibe, die Anlage zur Sturzbekohlung – wo die gebunkerte Kohle über Schüttrinnen in die Loktender verfrachtet wurde –, Wasserkräne und Werkstätten machen die Arbeitsprozesse anschaulich, die Dampfbahnen mit sich brachten. Mit der historischen Dampflokomotive »Waldbröl« kann man Touren auf der Wiehltalbahnstrecke bis Wiehl buchen.

116 Rausmühle

Der Wermelskirchener 5 Stadtteil Rausmühle besteht aus nur drei Häusern, darunter ein viel besuchtes Ausflugslokal, die ehemalige 1496 erstmals urkundlich genannte Rausmühle. Der eigenwillige Name wurde 1546 mit der Erwähnung des Besitzers Johann Rouwsmollen dokumentiert, 1692 ist von der »Raws Mülle« die Rede. Erst 1967 wurde der jahrhundertelange Mühlenbetrieb zugunsten einer gastronomischen Nutzung eingestellt, das seit den 20er-Jahren als Nebenerwerb betriebene Ausflugslokal hatte sich als gewinnbringender erwiesen. Das prächtige denkmalgeschützte Anwesen mit Wohn- und Mühlenhaus sowie zwei Wirtschaftsgebäuden, die Schankwirtschaft, Speisegaststätte und Außengastronomie sind allein schon eine Erwähnung wert. Daneben soll es illustre verwandtschaftliche Verbindungen der Vorbesitzer zur Industriellen-Dynastie derer von Bohlen und Halbach und zum holländischen Königshaus geben.

Als Mordort prädestinierte die Rausmühle, dass sie im September 2014 durch Dreharbeiten für den ZDF-Krimi »Mordshunger« bekannt wurde, wofür der Betrieb zwei Wochen lang eingestellt worden war. Die Gaststätte gab dabei die idyllische Kulisse für den fiktiven bergischen Ort Klein-Beken, in dem die Köchin Britta Janssen in ihrem Restaurant »Bei Britta« mithilfe ihres Bruders, des Polizisten Max, dem mysteriösen Verschwinden der 17-jährigen Lara nachgeht.

117 Bielstein

Eine Bielsteiner Mühle war bereits 1575 erwähnt worden. Der Ort selbst, der heute zur Stadt Wiehl gehört, erhielt seinen Namen erst mit dem Zusammenschluss mehrerer Ortschaften im Jahr 1901/02. Bis dahin hatte er der Ortschaft Drabenderhöhe 83 angehört.

1900 wurde hier die Adler Brauerei gegründet, deren Geschäftsführung 1910 durch Aktienübernahme der 1885 eröffneten Brauerei Siegtal eine Kooperation begann, die sich während der Kriegswirren festigte und schließlich 1979 zur Fusion beider Unternehmen zur Erzquell Brauerei Siegtal Haas & Co. KG führte. Die heutige Erzquell Brauerei Bielstein und die Erzquell Brauerei Siegtal verstehen sich als zwei selbstständige Schwesterbrauereien mit Standorten im Oberbergischen Land und im Siegerland. Dem ging voraus, dass bereits zum Ende der 60er-Jahre eine gemeinsame Marke, das Erzquell Pils, entwickelt worden war – nach wie vor eine der beiden Hauptmarken. Die zweite ist das Zunft Kölsch, das die Bielsteiner Brauerei nach dem Zweiten Weltkrieg in ihre Produktpalette aufgenommen hatte. Dies stellte sich im März 1986 als geschickter Schachzug heraus, weil die »höchstgelegene Kölschbrauerei der Welt« von der Kölsch-Konvention profitierte, die Kölsch als geschützte Marke ausweist: als eine »qualifizierte geographische Herkunftsbezeichnung für nach dem Reinheitsgebot hergestelltes helles, hochvergorenes, hopfenbetontes, blankes obergäriges Vollbier«. Der Kölner Brauerei-Verband schrieb den Status quo der Produzenten in und um Köln fest: »Zum Herkunftsbereich gehören darüber hinaus diejenigen Brauereien außerhalb des Stadtgebiets von Köln, die an der Bezeichnung ›Kölsch‹ bereits vor Inkrafttreten dieser Wettbewerbsregeln einen wertvollen Besitzstand erworben hatten.« Damit zog die fast 50 Kilometer außerhalb von Köln liegende Brauerei einen großen Vorteil aus der Bestandsschutzregelung einer Vereinbarung, die seither grundsätzlich alle Mitbewerber jenseits des Kölner Stadtgebiets ausschließt.

Die Erzquell Brauerei ruhte sich keinesfalls auf dem Erfolg dieser beiden Marken aus, sondern versucht neue Wege zu gehen. So hat sie 2001 als Erste die Kölsch-Cola auf den Markt gebracht. Seit 2010 trägt sie erheblich dazu bei, ihrerseits eine regionale Marke, das Bergische Landbier **84**, zu etablieren. Zur Erinnerung: Die zweitgrößte deutsche Biermarke, die Siegerländer Brauerei Krombacher, hat die Vorabend-Fernsehwerbung mit Bildern der Wiehltalsperre **71** geflutet und vermarktet sich so mittels einer

»fremden« Region. Für die kleine Wiehler Privatbrauerei in vierter Generation mit 60 Mitarbeitern heißt Marketing, sich mit der eigenen Region zu verbinden. Sie setzt auf klassisches Sponsoring von Benefizaktionen, Vereinen und Festen. Zweimal im Jahr veranstaltet sie in Zusammenarbeit mit der Agentur Bonn Musik das »Brauerei Open Air« im eigenen Biergarten. Und hinterlässt Spuren: Im Ortszentrum des Bierdorfs Bielstein befindet sich ein großes Fass mit dem Felsquell-Logo. Hier, an der urigen Gaststätte Haus Kranenberg, Bielsteiner Straße 92, startet und endet der »Bergische Bierweg«. Über eine Strecke von 13,3 Kilometern gelangt der Wanderer zu der Quelle, die das Wasser für das Bielsteiner Bier liefert. Sieben reich bebilderte Infotafeln am Wegrand geben Einblicke in die Geschichte des Brauens.

118 Hilden

Nördlich von Langenfeld 108, südlich von Erkrath 119 und westlich von Solingen 28 liegt Hilden als eine der Kommunen mit der größten Bevölkerungsdichte Deutschlands. Hier gab es tatsächlich nicht nur Funde, sondern nachweisliche jungsteinzeitliche Siedlungen. Hirten, Bogenschützen, Weide- und Ackerbauern prägten in der Bronzezeit eine Grabhügelkultur mit besonders verzierten Gefäßen, die in Hügelgräbern als Beigaben gefunden wurden. Unter den Römern, ab 58 v. Chr., wurde es zum Niemandsland erklärt, in dem Siedeln verboten war. Der dort ansässige westgermanische Volksstamm der Sugambrer wurde vertrieben. Danach ließ sich der germanische Stamm der Hattuarier in der Gegend nieder, bis er es nach Auseinandersetzungen mit den Römern 388 aufgab. Erst aus dem 10. Jahrhundert sind wieder Siedlungsspuren erhalten: die Ringwallanlage Holterhöfchen an der heutigen Gartenstraße.

Eine Weile zuvor schon hatten die Kölner Erzbischöfe Grundbesitz in dem ansonsten fast völlig verwaldeten Gebiet zugesprochen bekommen. Ein erster Kirchenbau muss im 9. Jahrhundert begonnen worden sein. 1074 findet sich eine Erwähnung in einer Urkunde von Erzbischof Anno II., in der es um einen Zehnt aus dem Wald »Heldein« geht, 1176 ist von »Helethen« und 1179 von »Helede« die Rede. Dessen Wortursprung liegt vermutlich in dem Wort »Halde« beziehungsweise »Abhang«. 1176 wurde Hilden vorübergehend an Graf Engelbert I. von Berg verpfändet, aber erst 1803 Gemeinde im Herzogtum Berg. 1803 bis 1813 stand das Großherzogtum Berg unter französischer Herrschaft, dann übernahmen die Preußen und die Industrialisierung setzte ein. In Hilden war es die Itter gewesen, ein 20 Kilometer langes Nebenflüsschen des Rheins, das zunächst von Textilunternehmen, später leder- und metallverarbeitenden Betrieben industriell genutzt wurde. Dies trug zu einem gewaltigen Wachstum der Bevölkerung bei und sorgte dafür, dass Hilden 1861 zur Stadt erklärt wurde.

Zu den ältesten Baudenkmälern aus der wechselvollen Geschichte Hildens gehören der einzige erhaltene Turm des 1250 angelegten Rittergutes Haus Horst an der Horster Allee und die Reformationskirche am Hildener Markt. Letztere wurde 1255 auf den Resten von drei Vorgängerbauten als älteste dreischiffige, spätromanische Kreuzbogenemporenbasilika im Rheinland erbaut. Unter anderem hatten die Emporen im Mittelalter als Schlafplatz für Jakobspilger gedient, die hier vor dem Tagesmarsch nach Köln rasteten. Aus dem Jahr 1588 stammt das in Fachwerkbauweise errichtete Schultheißenhaus »Haus auf der Bech« in der Schwanenstraße 17. Ganz in der Nähe, in der Schwanenstraße 12, steht das »Kückeshaus« von 1766, das ursprünglich als Armenhaus diente. Das Alte Rathaus in der Mittelstraße 40 von 1900 ist ein imposanter Spätrenaissancebau und heute ein Bürgerhaus, in dessen Umgebung sich weitere Wohnhäuser aus der Zeit sowie die neugotische St.-Jacobus-Kirche aus rotem Backstein von 1882 befinden. Medizinhistorisch Interessierte sollten das Wilhelm-Fabry-Museum in der Benrather Straße 32 gleich neben einer historischen Kornbrennerei besuchen. Es ist dem Leben und Wirken des Wundarztes und berühmtesten Sohnes der Stadt, Wilhelm Fabry (1560–1634), gewidmet. Daneben gibt es Wechselausstellungen zu medizinischen sowie künstlerischen Themen.

119 Erkrath

Der Ort an der Düssel – nördlich von Hilden 118, westlich von Haan 63 – ist die jüngste Gemeinde im Kreis Mettmann mit Stadtrechten, denn Erkrath erhielt sie erst 1966. Erste Besiedlungsspuren hinterließ der Neandertaler 13 in der Gegend. Am selben Ort fanden sich auch Spuren des späteren Homo sapiens. Neben den Frühmenschen tummelten sich hier Höhlenbären, Auerochsen, Hyänen, Wildpferde und Mammuts. Aus der Römerzeit gibt es Münzfunde – kein Wunder, da hier die Heerstraße Strata Coloniensis und der historische Handelsweg Mauspfad von Genua nach Holland hindurchführten. »Elekeroide«, »Elkeriode« oder »Erkerode« wird erstmalig 1148 als »Everekrothe« erwähnt. Die Namensherkunft ist umstritten. Der Ritter Daniel de Erkerode hat vermutlich den Grafen Adolf III. von Berg auf einem Kreuzzug begleitet. Stammsitz der Ritter von Erkrath war die Niederungsburg Haus Bavier. Diese gilt als Keimzelle Erkraths und diente zuletzt landwirtschaftlichen Zwecken. 1960 wurde das Haus Bavier abgerissen, heute erinnert ein Denkmalstein an der Bavierstraße an das Gebäude. Gleich dahinter befindet sich der Bavierpark mit dem denkmalgeschützten Kurhaus, das davon zeugt, dass Erkrath um 1830 als »Lunge Düsseldorfs« galt, zumal dort eine Heilquelle existierte, die um 1870 jedoch versiegte.

Von dem Herrengut Haus Morp an der Düsseldorfer Straße 16, 1144 erstmalig in einer Urkunde genannt, ist einiges erhalten. Auf dem Gelände befand sich ursprünglich eine Motte, eine hölzerne Turmhügelburg, deren Reste nun ein Bodendenkmal sind. Das später auf dem Grund errichtete Gebäudeensemble liegt inmitten eines Landschaftsschutzgebiets – der Name »Morp« kommt von »Moor«. Die ehemalige Wasserburg ist inzwischen ein umfassend saniertes Büroloft-Gebäude. 1897 entstand die Villa Grillo mit Turm, Giebel mit seitlichen Voluten und aufwendigen Fenstereinfassungen. Sie wurde nach einem gleichnamigen Industriellen benannt, der auch den umgebenden Park im englischen Stil anlegte. Zwei denkmalgeschützte Gebäude, die Villa Hecker und die Villa Sack, ergänzen die Gebäudegruppe im Grünen.

Ein weiteres historisch-bauliches Schmuckstück ist das Haus Brück aus dem 13. Jahrhundert – ein mit Wehrturm und Wassergraben befestigtes Rittergut, dessen Name auf die in unmittelbarer Nähe liegende steinerne Brücke über die Düssel zurückzuführen ist. Ab 1258, spätestens 1375 war das Gut Lehnseigentum der Grafen von Berg, das sie an ihre Ministerialen vergaben. In Erkrath-Unterfeldhaus befindet sich außerdem das Haus Unterbach – 1169 erstmalig beurkundet, um 1300 zu einer wehrhaften Wasserburg ausgebaut – die zu Teilen noch immer erhalten ist.

Sehenswerte Kirchengebäude sind die im Kernbau aus dem 12. Jahrhundert stammende imposante römisch-katholische, zuletzt neuromanisch neugestaltete Kirche St. Johannes der Täufer in Alt-Erkrath und die ebenfalls katholische Heilig-Geist-Kirche in der Brechtstraße. Letztere wurde 1974 vollendet, nach dem Entwurf von Gottfried Böhm in Betonbauweise mit einem markanten, 24 Meter hohen Treppenturm.

Abschließender Gastronomietipp: Im Café Neandertal No. 1, in der Straße Neandertal 1, werden dem Gast köstliche selbstgemachte Kuchen und fruchtige Limonaden, Kaffee aus Privatrösterei, hausgemachte Kost, regionale Produkte, vegane Speisen und Getränke serviert. Außerdem kann man hier eine Veranstaltungsreihe mit Kleinkunst, Lesungen, Vorträgen und mehr genießen. Besonderes Schmankerl: Ein hauseigener Felsenkeller wurde zu einem weiteren Gastraum mit »Höhlenfeeling« ausgebaut.

120 Monheim

Die südlichste Stadt des Kreises Mettmann, strategisch wichtig am Rhein gelegen, grenzt im Osten an Langenfeld 108 und im Süden an Leverkusen 42. 1157 wurde Monheim das erste Mal urkundlich erwähnt. 1275 erhielt es eine erste Stadtbefestigung durch Graf Adolf von Berg, 1415 eine zweite, 1423 eine dritte, von der heute noch der 26 Meter hohe Schelmenturm als Wahrzeichen erhalten ist. In seiner knapp 600-jährigen Geschichte wurde er unter anderem als Gefängnis genutzt, was ihm seinen Namen einbrachte. Seit 1972 dient er als kulturelle und bürgerschaftliche Begegnungsstätte.

Erst als die Franzosen 1806 das Rheinland eroberten, fand die Ära der Grafen von Berg ein Ende. 1975 wurde Monheim nach Düsseldorf eingemeindet, konnte sich aber mit einer Klage erfolgreich zur Wehr setzen und erlangte anderthalb Jahre später wieder seine Selbstständigkeit. Seit 2014 hat im Rat der Stadt die 1999 gegründete Jugendpartei PETO – »Ich fordere« –, die ausschließlich in Monheim agiert, die absolute Mehrheit. Seit 2009 stellt sie den Bürgermeister, den bei Amtsantritt mit 27 Jahren jüngsten Bürgermeister Deutschlands, Daniel Zimmermann. Er erregte mit einer Reihe von Maßnahmen Aufsehen. So initiierte er eine deutliche Senkung der Gewerbesteuer und lockte damit nicht nur in umliegenden Kommunen ansässige Unternehmen, sondern Firmen aus ganz Deutschland, ihren Firmensitz nach Monheim zu verlagern, womit die Stadt ihre Einnahmen erheblich steigern konnte. Seine nächste Amtszeit verkürzte er, um die Bürgermeister- mit der Ratswahl zusammen stattfinden zu lassen und auf diese Weise 50.000 Euro einzusparen, woraufhin er mit 95 Prozent der Stimmen wiedergewählt wurde. 2016 sorgte er dafür, dass zwei Moscheevereinen kostenlose Grundstücke für den Bau ihrer Gotteshäuser zur Verfügung gestellt wurden – mit der Auflage, dass die Vereine sich dem Grundgesetz und zu Toleranz verpflichteten. Das Wirken der Jugendpartei, die angetreten ist, Monheim zur »Hauptstadt für Kinder« umzugestalten, lässt sich am deutlichsten an dem Landschaftspark im Monheimer Rheinbogen zwischen Altstadt und Fluss erkennen. Er wurde zum Naturerlebnispark mit einer Skateranlage, einem Wasserspielplatz sowie Gokart-, Segway- und Fahrradverleih. Eine Erweiterung um einen Minigolfplatz und einen Streichelzoo sind die nächsten Vorhaben.

Etwas ruhiger, aber nicht weniger grün ist der um 1880 im Stil eines englischen Gartens angelegte und öffentlich zugängliche Schlosspark Marienburgpark. Er umgibt die zur gleichen Zeit entstandene, wie eine Backsteinfeste anmutende Marienburg, die sich heute in Privatbesitz befindet und als Tagungs- und Kongresszentrum genutzt wird.

In der Monheimer Altstadt laden viele restaurierte Fachwerkfassaden, urige (Außen-)Gastronomie, überall freies WLAN, ein Karnevalskabinett und – in Erinnerung an den ehemaligen Feuerwehrteich – der Kradepohl-Brunnen (»Krötenpfuhl«-Brunnen) zum Vorbeischlendern oder Verweilen ein.

Nach der bekanntesten Tochter der Stadt, der Autorin Ulla Hahn, ist der mit 6.000 Euro dotierte Ulla-Hahn-Autorenpreis benannt, der alle zwei Jahre vergeben wird.

121 Federath

An der mittelalterlichen Höhenstraße Brüderstraße liegt das Örtchen Federath – heute Ortsteil von Marialinden 65, das wiederum Stadtteil von Overath 79 ist. Bereits 1715 wird »Fetterath« urkundlich erwähnt. 1789 wird es als »Vederath« aufgeführt, 1824 schließlich als »Federath«, 1845 heißt es »Föderath«. Der Ort ist katholisch, das einzige Gotteshaus die Kapelle St. Michael. Im Inneren hängt ein Gemälde der Maria mit Kind, in Goldlettern benannt als »Mutter von der immerwährenden Hülfe« und mit einem aufwendig geschnitzten Holzrahmen versehen. In den Fenstern hinter dem Altar sieht man links den Namensgeber der Kirche, den Drachentöter Michael, rechts die Madonna mit Jesus auf dem Arm. Federath ist ein beschaulicher Ort, dessen Highlight das traditionelle Sommerfest ist, das der Kirchenchor veranstaltet, unterstützt von dem Bobbycar-Team, das entsprechende Rennen durchführt. Nach der alljährlichen Sommernachtsparty trifft man sich anderntags zum Frühschoppen.

Bei Ausflüglern mit sportlichen Ambitionen an frischer Luft ist der Wanderparkplatz Federath ein beliebter Ausgangspunkt für unterschiedliche Strecken: nach Norden durch das Schlingenbachtal oder in östlicher Richtung nach Heckhaus mit Fernsicht bis zum Siebengebirge (von da weiter nördlich zur ehemaligen Grube Silberkaule in Richtung Loope) oder am Fuß des 383 Meter hohen Heckbergs nach Süden in Richtung Much oder zu einem Rundweg über Drabenderhöhe 83, wo das Haus Wald-Eck sich zur Einkehr anbietet. Weiter nördlich kommt man bis nach Engelskirchen.

Pferdeliebhaber sollten nicht versäumen, dem Gestüt Federath einen Besuch abzustatten. Dessen Besitzer Styrmir Árnason importiert und züchtet Islandpferde – eine kleine, aber sehr robuste Pferderasse, die aufgrund ihres kräftigen Körperbaus auch von Erwachsenen geritten werden kann. Islandpferde und -ponys gehören zu den sogenannten Gangpferden, die nicht nur über die Fortbewegungsweisen Schritt, Trab und Galopp verfügen, sondern zusätzlich über die genetisch fixierten Gangarten Tölt – der ohne Schwebephase gelaufen wird – und/oder Rennpass, bei dem die rechten beziehungsweise linken Beine gleichzeitig auffußen.

122 Königsforst

Zwischen Bergisch Gladbach 35 und Rösrath 123 liegt der Königsforst, der mit 2.519 Hektar größte zusammenhängende Wald der rechtsrheinischen Mittelterrasse. Teilweise befindet er sich auf Kölner Grund und gehört daher den Naturschutzgebieten Königsforst Köln und Rhein-Berg an. Große Teile sind außerdem Vogelschutzraum, insbesondere wegen des Mittelspechts, zudem gibt es dort Eisvögel, Grauspechte, Schwarzspechte und Wespenbussarde. Im Süden schließt sich das Naturschutzgebiet Wahner Heide an. Neben einer Fülle an Tierarten, die man nur mit viel Glück zu Gesicht bekommt, hat man gute Chancen, in einem Wildgehege Rotwild, Wildschweine oder Dybowskihirsche beobachten zu können.

Die höchste Erhebung des Königsforsts ist mit 212 Metern der »Tütberg«. 118 Meter hoch ist der »Monte Troodelöh«, der zur Hälfte zu Köln gehört. Seinen Namen verdankt er drei Wanderern namens Troost, Dedden und Löhmer, die 1999 ein Gipfelkreuz auf dem Berg anbrachten. Exakt auf der Grenze zwischen Köln, Bergisch Gladbach und Rösrath wurde der Giesbach in einem Becken kanalisiert, hier findet man eine Wassertretstelle zum Kneippen. Weitere Bäche sind zum Teil zu kleinen Weihern gestaut. Direkt an der Brüderstraße liegt der zweiteilige Kettners Weiher, an dessen Ufer man auf Bänken rasten oder in einer Schutzhütte einkehren kann. Der Pilgerweg der Jakobsbrüder durchquert den Wald von Osten nach Westen am nördlichen Rand. Es gibt darüber hinaus ein gut ausgebautes Wegenetz, auf dem man wandern, laufen, reiten oder Rad fahren und sich entlang eines Waldlehrpfads schlaumachen kann. Mehrere Gedenksteine erinnern an Personen, die mit dem Wald zu tun hatten.

Die Nutzung des Königsforsts durch Menschen geht bis in die Eisenzeit zurück, aus der zahlreiche Hügelgräber stammen, die allerdings kaum noch zu erkennen sind. Dort ausgegrabene Fundstücke gehören heute zum Bestand des Kölner Römisch-Germanischen Museums. Unter den Frankenkönigen war das Areal Bannwald, das heißt hier durfte man nicht siedeln. Die späteren Besitzer, die Herzöge von Berg, nutzten den Wald zum Jagen. Während der französischen Besatzung wurde er weitgehend geplündert, das Nutzholz nach Frankreich verbracht. Die Preußen forsteten ihn systematisch wieder auf. Im Zweiten Weltkrieg war er militärisches Truppengelände, daher findet man in der Gegend immer noch Betonmauern von ehemaligen Bunkern und Fundamente des Fliegerhorstes Ostheim. Vielerorts wurde Bergbau betrieben. Von den ehemals 20 Gruben sind nur noch Rudimente erhalten.

123 Rösrath

Unter den Bergischen Städten ist Rösrath die jüngste. Sie liegt im südlichsten Zipfel des Rheinisch-Bergischen Kreises unterhalb von Bergisch Gladbach 35 und Overath 79. Erst 2001 erhielt Rösrath Stadtrechte. Grün ist sie aber nicht nur hinter den Ohren: Die Hälfte des Stadtgebiets ist Wald, teilweise dem Naturschutzgebiet Königsforst 122, teilweise der Wahner Heide zugehörig. Die Sülz durchquert Rösrath, bevor sie in die Agger mündet. Die höchste Erhebung ist der 260 Meter hohe Lüderich, an dem bereits die Römer Bergbau betrieben. Seit der Mitte des 19. Jahrhunderts wurden in Rösrath Buntmetallerze abgebaut. 1978 schloss das letzte Bleizinkwerk, die Grube Lüderich. Heute kann man auf einem zwölf Kilometer langen Rundwanderweg, der am Bahnhof Hoffnungsthal startet, an zehn Stationen etwas über den Bergbau am Lüderich erfahren.

Die Besiedlung Rösraths ist schon in der Mittelsteinzeit nachgewiesen. Eine erste Erwähnung wurde auf 1356 datiert, einzelne Höfe sind jedoch nachweislich älter. Die Silbe »ros« deutet auf ein feuchtes, sumpfiges Gebiet hin, »rath« auf eine Rodung. 1677 gründeten Augustiner-Eremiten eine Klosteranlage in Rösrath, von der im Stadtzentrum noch die katholische Barockkirche St. Nikolaus von Tolentino erhalten ist. Eine Vorgängerkapelle von 1448 ist zwar bereits dokumentiert, es gibt aber keine sichtbare Spur mehr von ihr. Im Kinder- und Jugenddorf Stephansheide steht die Stephanuskapelle. Hier wird Interessierten eine Ausstellung zum Kriegsgefangenenlager »Hoffnungsthal« geboten, in dem während des Zweiten Weltkriegs französische, polnische und russische Soldaten eingepfercht wurden, bis die einmarschierenden Amerikaner es 1945 auflösten.

Eine Reihe älterer Profanbauten steht heute unter Denkmalschutz und ist gut erhalten, allen vorneweg Schloss Eulenbroich. Es ist als »Gute Stube« von Rösrath bekannt und sein Torhaus wurde ins Stadtlogo aufgenommen. Die erste Vorgänger-Burganlage stammte aus dem 13. Jahrhundert, eine 1401 erwähnte Familie Staël von Holstein errichtete die zweite Burganlage samt umgebender Wassergräben. 1762 wandelte der Freiherr von Francken das Herrenhaus in ein Barockschlösschen um. Nach wechselnder Nutzung ist das Schloss Eulenbroich seit 1984 ein Bürgerhaus. Das benachbarte Haus Venauen stammt aus dem Jahr 1555 und wurde 2013 in 17 Eigentumswohnungen unterteilt. In dessen Innenhof steht eine denkmalgeschützte Adlerskulptur aus der Zeit des Nationalsozialismus. Der Rittersitz Haus Stade – 1363 dokumentiert, 1870 neu gebaut – liegt in der Nähe des Hoffnungsthaler Bahnhofs.

Das älteste Unternehmen Rösraths ist die nach wie vor in Familienbesitz befindliche Brennerei Hoffer Alter von 1880. Die zweitgrößte Firma der Region Rhein-Berg ist das Rösrather Möbelzentrum Höffner.

11. AUSTANZEN

Es lebte einmal ein Mädchen im Bergischen, das hatten seine Eltern Philippine genannt. Wir wissen nicht, was die Eltern sich dabei gedacht hatten. Im Griechischen ist der »Philippos« der »Pferdefreund«, und die Menschen im Bergischen hatten immer schon ein enges Verhältnis zu Pferden. Sicher nicht, was wir heute darunter verstehen, wenn wir an kleine Mädchen und Pferde denken: reiten, füttern, striegeln und von Märchenprinzen träumen. Die Menschen im Bergischen kalkulierten eher kaltblütig und hatten daher eine Vorliebe für Kaltblüter. Schwere Tiere von ruhigem Gemüt. Die sie gut gebrauchen konnten für Feld- und Waldarbeiten. Für das Holzrücken etwa. Wenn im Wald Bäume gefällt und abtransportiert werden mussten. Oder um sie vor ihre Karren zu spannen. Wenn sie die Ernte einfuhren. Sie waren nicht auf Augenhöhe, sondern Arbeitstiere. Als solche wertvoll. Man ging gut mit ihnen um. Aber nicht zu gut. Wenn Pferde zu viel hochwertiges Futter bekamen, kriegten sie zwar ein glänzendes Fell, wurden aber übermütig. Dann stach sie der Hafer.

Da Pferde im Gegensatz zu Ochsen alle Naslang beschlagen werden mussten, sorgten sie wiederum dafür, dass die Schmiede Arbeit hatten, die den Kaltblütern heiße Eisen anlegten. Im Bergischen Land gibt es viele Eisenerzvorkommen. Arm waren die Menschen trotzdem. Und sparsam. Wenn sie Geld hatten, legten sie es auf die hohe Kante, in ein spezielles Fach ganz oben in ihren Truhen oder in den Alkoven, die Bettnischen.

Das Mädchen, von dem unsere Geschichte erzählt, wuchs in einem Elternhaus auf, in dem es gar keine Pferde gab. Es war nämlich kein Bauern-, sondern ein Gasthof. Zu der Zeit, als es geboren wurde, gab es bereits viele Philippinas in Gasthöfen. Auch im Bergischen. Das ja nicht erst in der Moderne mit Gasthöfen gesegnet ist, wo viele Menschen aus den großen Städten Ausflüge in das ländliche Umfeld unternehmen und dort natürlich einkehren. Die Philippinas sind – anders als die Kaltblüter – in der Regel klein und flink und nicht einheimisch, sondern kommen von weit her, weit über das Meer. Kaltblütig und sparsam, wie die Menschen im Bergischen nun einmal sind, konnten sie die Philippinas gut gebrauchen. Für alle Arbeiten im Hause. Putzen, Spülen und Betten beziehen etwa. Was sollte man da mit einem Pferdetrampel?

Wir wissen nicht, ob die Eltern der kleinen Philippine eher an ein Arbeitstier oder eine Haushaltshilfe dachten, als sie ihrer Tochter diesen Namen gaben. Mit einiger Sicherheit dachten sie nicht an die Drasteria Philippina, die zwar martialisch klingt, aber in Wirklichkeit eher an einen Hauch gemahnt: Es handelt sich um ein Insekt, einen großen nachtaktiven Falter, der, wenn er zum Fliegen ansetzt, Flügel mit prächtiger Zeichnung in Brauntönen entfaltet. Kommt im Bergischen jedoch gar nicht vor, sondern ist in Nordafrika und auf den Kanaren heimisch. Was nützt denn schon Schönheit, wenn nur Schweiß einen weiterbringt? Wozu fliegen wollen, wenn einem keine Flügel gewachsen sind? Wer im Bergischen Land unterwegs ist, weiß: Das Gefährlichste am Fliegen ist der Boden. Den man besser nicht verlässt.

Wir wissen genauso wenig, was Philippine mit ihrem Namen verband. Damals zogen gelegentlich Zirkusse durch das Bergische Land. Vielleicht hatte das kleine Mädchen

Zirkuspferde kennen und lieben gelernt? Schlanke, heißblütige, tänzelnde Tiere, die ebenfalls schwer arbeiten, aber weniger zum unmittelbaren Lebensunterhalt als zur Erbauung der Menschen beitragen. In der Er-bau-ung steckt zwar ein solider Bau-Kern, aber in Wirklichkeit handelt es sich doch um überflüssiges Tandaradei. Wenn man die Menschen im Bergischen fragt.

Wie der Herr, so 's G'scherr, sagt ein altes Sprichwort. Gelegentlich schlägt das G'scherr aber aus der Art und wird dann eben nicht art-ig, sondern anders. Es sticht gewissermaßen der Hafer, sodass es aus der Reihe tanzt. So kann man wohl am besten beschreiben, wie die Sache mit Philippine weiterging.

Wo sie lebte? Möglicherweise ist das der Punkt, an dem das Schicksal seinen Lauf nahm. Ein dummes Missverständnis. Philippine dachte, als sie klein war, sie käme aus Sohlingen. Weshalb sie immer großes Augenmerk auf ihre Füße legte. Alle Menschen sind ja Sohlengänger. Sie kommen mit der ganzen Sohle in Bodenkontakt, in der Regel in einem abrollenden Vorwärtsimpuls. Im Gegensatz zu Katzen oder Hunden, die sich auf Zehen vorwärtsbewegen. Wohingegen Pferde auf den Zehenspitzen laufen und daher bei der Arbeit auf Menschenstraßen Hufeisen brauchen.

Philippine achtete nicht nur auf ihre Füße, sondern auch auf ihr Schuhwerk. Ihre Körperhaltung. Den Boden, über den sie ging. Das kennen alle kleinen Kinder: unterschiedliche Untergründe, unterschiedliche Fußbekleidungen erfordern unterschiedliche Gangarten. Mist, Schlamm und Pfützen werden mit Stiefeln durchwatet. Stock und Stein mit festem Schuhwerk erwandert. Dielen im Haus mit wollenen Socken beschliddert oder beschlurft. Gehwegplatten begeht man nicht, sondern behüpft sie. Geländer und Balken werden in Ballerinas bebalanciert. Fliesen in Vorratskammern barfuß auf Zehenspitzen beschlichen. Im Badezimmer hingegen bepatscht. Und so weiter und so fort. Alle Kinder tun das, ohne darüber nachzudenken. Philippine nicht. Sie saugte alles in sich auf, alle Wahrnehmungen, alle Empfindungen, alle Geräusche. Und experimentierte. Sie wurde Sohlingerin durch und durch. Aber eben ganz anders als die anderen Solinger. Die ohne H. Die bei dem Wort »Spitze« nicht einen Fuß, sondern ein Messer vor Augen hatten. Die bei »Wiegen« an eine Waage oder ein Wiegemesser, jedenfalls gewiss nicht an einen Walzer dachten. Die mit »Folgen« Gehorsamkeit und nicht Choreografie verbanden.

Da Philippines Eltern ihr Kind liebten und etwas auf die hohe Kante gelegt hatten, gaben sie seinem Drängen schließlich nach und schickten das Mädchen in eine Tanzschule. Wo sie den Zehen- und Spitzengang übte. Wo sie sich entfalten und fliegen lernen konnte. Oder jedenfalls fast. Sie war bald in der Lage, so hoch und weit zu springen, dass man hätte meinen können, sie würde die Bodenhaftung verlieren. Dass das Bedenken erregte, kann man sich denken. Die Menschen im Bergischen sind nicht nur bodenständig, sondern auch fromm. Wer auf dem Boden steht, hüpft oder fliegt nicht. Fortbewegung und Schuhwerk sollte zweckdienlich und angemessen sein. Wer das nicht beachtet, verstößt gegen Gottes Gebot. Was drastische Folgen nach sich ziehen kann. Der Überlieferung nach wurde ungewöhnliches Verhalten bestraft, indem es zum Zwang, zur radikalen Beschränkung und in der konsequenten Be- und Ausgrenzung selbst zur schlimmsten Strafe geriet. So schildert es zumindest das Märchen von dem Mädchen, das die Kirche zur Firmung mit roten Schuhen betritt und zur Strafe ohne Unterlass tanzen muss, bis es sich schließlich die roten

Schuhe samt den Füßen abhacken lässt, um fortan auf Krücken zu gehen. Andere Überlieferungen berichten ebenfalls von Schuhen, die böse Menschen zur Strafe tanzen lassen, bis sie tot umfallen, vom Veitstanz und von Hexentanzplätzen. Seit dem Mittelalter wurde Tanzen mit dem Bösen, Sündigen, mindestens Kranken verbunden. Auch und gerade in Solingen, wo es bis zum heutigen Tage Hexen [124] gibt. Philippines Eltern hofften daher inständig, dass ihr Kind sich mit dem nachmittäglichen Unterricht zufriedengeben und nicht auf weiteren Hochzeiten tanzen würde.

Wer beschreibt ihr Entsetzen, als sie herausfinden mussten, dass die Schuhe ihrer Tochter jeden Morgen löchrig und zertanzt im Regal standen, obwohl sie ihr doch streng verboten hatten, sobald die Sonne untergegangen war, das Haus zu verlassen! Man muss wissen, dass sie als Gastronomen natürlich nicht in der Lage waren, sich Abend für Abend vor der Kammertür ihres Kindes auf die Lauer zu legen. So engagierten sie schließlich für kleines Geld einen ehemaligen Bundeswehrsoldaten, der vor ihrem Wohnhaus Wache halten sollte, um in Erfahrung zu bringen, was ihr Töchterlein jede Nacht trieb. Dieser bezog brav Posten in einem gegenüberliegenden Portal und verhielt sich mucksmäuschenstill. Kaum schlug die Uhr zehn, sah er, wie die Haustür vorsichtig geöffnet wurde, und heraus schlich – Philippine! Sie blickte sich nach rechts und links um, und dann marschierte sie zielstrebig in Richtung Kurfürsten- und von da zur Burgstraße. An einem unauffälligen Grundstück verschwand sie schließlich hinter einem Busch. Leise, leise rückte der wackere Soldat weiter vor und sah zu seinem Erstaunen, dass das Mädchen sich hinhockte und auf den Boden klopfte. Nicht lange darauf wurde an genau der Stelle ein hölzerner Deckel hochgeklappt, er hörte jemanden einige Worte raunen, worauf Philippine in die Öffnung kletterte, die sich unter dem Deckel auftat, und dieser sich verschloss. Ihr Verfolger wartete eine Weile ab, ob sie wohl wiederkäme. Stattdessen näherten sich zwei weitere Mädchen und ein junger Mann, pochten ebenfalls an die geheimnisvolle Pforte und wurden hineingelassen.

Da hielt es unseren Soldaten nicht länger. Er schlich zu besagter Stelle, klopfte und – siehe da! – eine dunkle Gestalt gab ihm gegen geringes Wegegeld die Erlaubnis hinabzuklettern. Es ging viele Meter über in die Wand eingelassene Metallsprossen abwärts. Von ferne erklangen ungewöhnliche Töne und Rhythmen, die die unterirdische Welt auf seltsame Weise erfüllten und immer lauter wurden, je tiefer er stieg. Unten angekommen, fühlte er sich ganz umschlossen und – ja, elektrisiert davon.

Vor ihm öffnete sich ein schwach beleuchteter höhlenartiger Gang, der nach wenigen Metern in einen riesigen Raum mündete. Was er hier unter den Straßen der Stadt zu sehen bekam, damit hatte er nicht gerechnet: In einem haushohen, hell erleuchteten Saal hatten sich viele Menschen beiderlei Geschlechts versammelt, die sich zu lateinamerikanischen Rhythmen bewegten: Salsa, Merengue, Tango und wohl noch einige andere, die er nicht kannte. Er brauchte eine Weile, ehe er Philippine in der Menge fand. Sie tanzte mit einer Hingabe, die ihn Augen, Mund und Ohren aufreißen ließ. Erst 30 Minuten vor der Geisterstunde lief sie wieder in Richtung Ausgang, kletterte die Leiter hinauf und flitzte zu ihrem Zuhause, das sie nur knapp erreichte, bevor die guten Eltern Feierabend machten.

Wie diese Geschichte im Mittelteil weiterging, dazu gibt es mehrere Überlieferungen. Alle erzählen davon, dass der Soldat sich insgesamt dreimal nächtens an die Fersen Philippines heftete. Warum er seinen Auftraggebern nicht gleich nach dem ersten Mal Rapport erstattete, bleibt im Dunklen und lässt sich nur mit der magischen Zahl erklären oder aber mit Spesenschinderei. Die harmloseste Variante besagt, dass er ihnen drei Eintrittskarten als Beweis und Beleg präsentierte und, da die überführte Philippine nicht bereit war, einen Spion und Verräter zu ehelichen, mit ihrer Schwester vorliebnahm, mit der er später Gastwirtschaft und Hotel der Eltern erbte und erfolgreich weiterführte.

Die böseste und für einen Mörderische-Geschichten-Band daher geeignetste ist, dass die Eltern das unterirdische Treiben natürlich unverzüglich zur Anzeige brachten. Einerseits, weil sie der gastronomischen Konkurrenz einen Riegel vorschieben wollten. Nicht bedenkend, dass Speiselokale mit Tanzveranstaltungen nicht konkurrieren. Andererseits, weil sie ihr Töchterchen vor den körperbetonten Bewegungsmustern und dem Machismo der Lateinamerikaner bewahren wollten. Letzteren wiederum wäre eine Kundin mehr oder weniger egal gewesen. Die Schließung ihres Clubs und die empfindlichen Bußen, die man ihnen auferlegte, hingegen erwiesen sich als mit genau diesem Machismo unverträglich. Sodass der arme Soldat viele Wochen später mit gebrochenem Genick am Fuße der Leiter gefunden wurde, über die die Besucher die illegale Veranstaltungsstätte in dem ehemaligen größten Solinger Zivilschutzbunker erreicht hatten. Ob er schlicht abgerutscht, ob man seinem Abgang nachgeholfen hatte, wieso er überhaupt zu dem Ort geheimer Vergnügen zurückgekehrt war und den längst fest versiegelten Eingang aufgebrochen hatte, ließ sich nicht ermitteln. Wie überhaupt der Wahrheitsgehalt dieser Erzählung angezweifelt werden darf.

Ein gutes Ende findet sich allerdings in allen Überlieferungen: Philippine Rausch [125], von ihren Eltern zärtlich

Pina genannt, ließ sich mitnichten von ihrer Tanzleidenschaft abbringen. Auch nicht von den lateinamerikanischen Rhythmen. Ja, viele Jahre später gebar sie sogar ein Kind von einem Latino. Sie entwickelte das Tanzen zu einer Kunstform weiter, die in Collagen und Montagen Schauspiel, Pantomime, Akrobatik und Gesang und sämtliche Sinneserfahrungen vereinte. So gestaltete sie das enge Tal der Wupper zu einem wahrhaft inspirierenden Ort um, der internationale Künstler und Kunstbegeisterte magisch anzog. Den Namen des Bergischen Lands trug sie tanzend um den Globus.

Und wenn sie auch verstorben ist, so lebt ihr Ruhm hier und in aller Welt fort.

FREIZEITTIPPS:

124 Hexen

Zwischen dem 12., vor allem aber dem 15. und 17. bis ins 18. Jahrhundert griff der Hexenglaube im Bergischen wie in allen Regionen des heutigen Deutschland und Europa um sich. Da Hexen nach der Lehre von Albertus Magnus beziehungsweise seines Schülers Thomas von Aquin einen Pakt mit dem Teufel geschlossen hatten, fiel die Verfolgung solcher »Verträge« in die Zivilgerichtsbarkeit, die Anschuldigungen nachgehen, Beschuldigte gegebenenfalls verschärft – sprich unter Folter – befragen und im Falle von Geständnissen eine Hinrichtung vornahm. Für die Kosten des gesamten Verfahrens mussten die Familien der Verurteilten anschließend aufkommen. Genaue Zahlen sind schwer zu ermitteln, da nur wenige Dokumente erhalten blieben, aber es gab offensichtlich Regionen, die besonders verrufen waren. Darunter beispielsweise das bereits erwähnte Odenthal, das im 16. Jahrhundert den Namen »Hexenohnder« 37 erhielt, oder die Gegend um Radevormwald 4, damals noch »Remlingrade«, die zeitweise »Hexenland« genannt wurde, weil es dort allein drei Hexentanzplätze gegeben haben soll: den Altenhof bei Eistringhausen, einen Platz bei dem Gehöft Kamp und bei Ober-Oenkfeld. Auch eine Wiese zwischen dem Bock und Klauberg bei Solingen 28 galt als Sammelplatz und Tanzboden der Zauberinnen. Bensberg war ein Zentrum der Hexenverfolgung, weshalb heute am Rathaus am Wilhelm-Wagener-Platz eine Gedenktafel an die Hexenprozesse erinnert. Bei Nümbrecht 14 unterhalb des Dorfs Spreitgen befinden sich zwei Teiche, die »Hexenweiher« genannt werden. Dort sollen Beschuldigte zur Hexenprobe gefesselt ins Wasser geworfen worden sein. Wenn sie ertranken, war ihre Unschuld erwiesen, konnten sie sich befreien, wurden sie wegen Hexerei verbrannt. Der Aberglaube traf durchaus auch Männer und Kinder, die genauso erbarmungslos verfolgt, gequält und liquidiert wurden. Namentlich bekannte Fälle aus dem Bergischen sind neben der bereits genannten Katharina Güschen **37** Agnes Polwirth und Christina Kirschbaum, die 1612 in Bensberg hingerichtet wurden. Von der in Haan-Gruiten **63** gelegenen Düsseler Mühle, hinter der Grube 7 am Düsselbach, ist die Schauergeschichte der Gris Micken überliefert, die dort jahrhundertelang gespukt haben soll, nachdem die Frau des Müllers, der sie geschwängert hatte, sie der Hexerei bezichtigt hatte. Im Keller der Mühle wurde sie zur Strafe auf einem Tisch gefesselt. Man setzte ihr einen Rattenkäfig auf den Bauch, auf dem ein Feuer entfacht wurde, woraufhin die Ratten sich durch Gris' Leib einen Fluchtweg bissen und ihr so einen äußerst qualvollen Tod bereiteten.

Heute – nach Aufarbeitung dieses dunklen Kapitels des ausgehenden Mittelalters und der frühen Neuzeit – wird der Begriff der bösen Zauberin von selbsternannten »Hexen« neu besetzt. Er bezeichnet nun eine starke und weise, eine kräuterkundige, aber auch esoterisch bewanderte oder mit besonderen Kenntnissen, Einsichten und Begabungen hinsichtlich heidnischer Naturreligionen versehene Frau. Es gibt weltweite Hexen-Gemeinschaften wie die ursprünglich angelsächsischen Wicca, die Celtic Witches, die Fellowship of Isis oder hinduistische religiöse Richtungen, die Meditationen, Trancereisen, Riten sowie Jahreskreisfeste zelebrieren. In Solingen wurde ein Isistempel eingerichtet, das »Bastet & Tefnut Lyceum« sowie ein Hexenstammtisch, der einmal im Monat stattfindet, wo zwangloser Austausch und Tratsch gepflegt werden.

Eine weniger esoterische, dafür aber feministisch-sozialpolitisch besonders engagierte Hexengruppe ist der »Hexenkessel e.V.«, der 2012 von der Stadt Solingen für seine Aktivitäten mit dem Agenda-Preis ausgezeichnet wurde. Auch hier kommen Austausch und geselliges Miteinander nicht zu kurz: An jedem 30. April wird die Walpurgisnacht gefeiert und die »Solingerin des Jahres« gekürt.

125 Philippine Bausch

Die Märchenfigur Philippine Rausch soll an die 1940 geborene Philippine Bausch erinnern. Von den Eltern, die eine Gaststätte samt Hotel in Solingen an der Focher Straße betrieben, Pina genannt, erhielt sie als Kind bereits Tanzunterricht und trat unter anderem in Operetten auf. Ihr Tanzstudium absolvierte sie an der Folkwang-Hochschule in Essen, an die sie nach einem USA-Stipendium und diversen Engagements, unter anderem an der New Yorker Metropolitan Opera, als Solistin und Dozentin zurückkehrte. 1973/74 übernahm sie an den Wuppertaler Bühnen die Ballettdirektion und gründete das Tanztheater Wuppertal, das unter ihrem Namen weltweite Strahlkraft entfaltete, unzweifelhaft eine der zukunftsweisendsten künstlerischen Leistungen, die in der bergischen Region erbracht wurden. Die Anerkennung musste sie sich viele Jahre hart erarbeiten, wurde die deutsche Tanz- und Theaterlandschaft doch noch vom klassischen Tanz dominiert, während Pina Bausch Modern Dance, Elemente vieler Völker und anderer künstlerischer Genres in sehr subjektive, existenzielle Fragen aufwerfende Inszenierungen integrierte, die viele Zuschauer irritierten und bei ihnen auf Unverständnis stießen. Auch ihre Arbeitsweise, die den Tänzern Raum für Individualität, Authentizität und eigene Inspiration gab, war absolut ungewöhnlich in der durch äußerste Disziplin geprägten Ballettwelt. 2007 erhielt Pina Bausch den Kyoto-Preis für überragende Leistungen in Wissenschaft und Kunst.

Als sie 2009 starb, blieb dem Tanztheater Wuppertal ein Großteil ihres internationalen Ensembles und der 46 Stücke, die sie geschaffen hatte, erhalten. Die Aufführungen sind weiterhin lange im Voraus ausverkauft. Ihr Grab befindet sich auf dem Waldfriedhof in Elberfeld-Varresbeck. Die 2009 gegründete Pina-Bausch-Stiftung verwaltet seitdem ihren Nachlass und setzt ihr künstlerisches Werk unter anderem durch Workshops und Förderungen fort. 2011 feierte ein Dokumentarfilm von Wim Wenders, dessen Dreharbeiten schon zu Pina Bauschs Lebzeiten begonnen hatten, auf der Berlinale Premiere. 2012 wurde eine Straße in einem Solinger Neubaugebiet nicht weit von ihrem Geburtshaus nach ihr benannt, ein Pina-Bausch-Freundeskreis hält ihre Bedeutung für Solingen hoch. Die Städtische Gesamtschule Wuppertal-Vohwinkel wurde 2013 in Pina-Bausch-Gesamtschule umbenannt, 2015 das Wuppertaler Schauspielhaus in Pina-Bausch-Zentrum. Ein Anbau soll zukünftig Standort des Wuppertaler Tanztheaters werden. Anlässlich ihres 75. Geburtstags wurde sie 2015 mit einer Sonderbriefmarke mit ihrem Konterfei darauf geehrt.

Die Aufführungen des Ensembles finden im Wuppertaler Opernhaus in der Kurt-Drees-Straße 4 statt. Es wurde als Stadttheater von Barmen in einem Baustil zwischen Neobarock und Jugendstil erbaut, 1905 eröffnet und später generalsaniert, sodass es nun eine eindrucksvolle Kulisse für absolut sehenswerte Aufführungen bildet.

Jean Sasportes, einer der Solotänzer von Pina Bauschs Ensemble, machte in den 1990er-Jahren den Tango in Wuppertal salonfähig, weshalb seit 1997 ein Tangofestival in der dortigen Historischen Stadthalle stattfindet. Der Veranstaltungsort am Johannisberg in Süd-Elberfeld wurde Ende des 19. Jahrhunderts als repräsentativer Neorenaissance-Bau mit fantastischer Akustik und vielen Jugendstilelementen im Inneren erbaut und ist ein absolutes Muss, nicht nur für Eventbesucher.

Die weithin bekannte Wuppertaler Tango-Gemeinde trifft sich das Jahr über im »Café Tango« bei Luis Rodriguez in der Viehhofstraße 120 a, bei Doña Piedra im »Estudio de Tango« in der Gutenbergstraße 10–12 und in der Nordstadt im Café ADA, Wiesenstraße 6, in dem auch andere Kulturveranstaltungen wie Lesungen stattfinden.

DIE NEUEN Lieblingsplätze

ISBN 978-3-8392-2628-5
Lieblingsplätze SCHWARZWALD

ISBN 978-3-8392-2615-5
Lieblingsplätze DONAU PASSAU – WIEN

ISBN 978-3-8392-2620-9
Lieblingsplätze LAHNTAL

ISBN 978-3-8392-2635-3
Lieblingsplätze zwischen NORD- und OSTSEE

ISBN 978-3-8392-2618-6
Lieblingsplätze IN UND UM PASSAU

ISBN 978-3-8392-2623-0
Lieblingsplätze REGENSBURG UND OBERPFALZ

ISBN 978-3-8392-2630-8
Lieblingsplätze TEGERNSEE – SCHLIERSEE

ISBN 978-3-8392-2631-5
Lieblingsplätze VOGELSBERG UND WETTERAU

ISBN 978-3-8392-2632-2
Lieblingsplätze VON DER EIFEL BIS IN DIE ARDENNEN

ISBN 978-3-8392-2405-2
Lieblingsplätze ROMANTISCHER RHEIN

ISBN 978-3-8392-2622-3
Lieblingsplätze OSTFRIESISCHE INSELN

ISBN 978-3-8392-2545-5
Lieblingsplätze WEINVIERTEL

ISBN 978-3-8392-2629-2
Lieblingsplätze SPREEWALD

ISBN 978-3-8392-2634-6
Lieblingsplätze WESERMARSCH

GMEINER KULTUR

WWW.GMEINER-VERLAG.DE
Mensch, Kultur, Region

Zeitfracht Medien GmbH
Ferdinand-Jühlke-Straße 7
99095 Erfurt, Deutschland
produktsicherheit@kolibri360.de